Milena Jesenská

Prager Hinterhöfe im Frühling

Milena Jesenská

Prager Hinterhöfe im Frühling

Feuilletons und Reportagen
1919–1939

Herausgegeben von
Alena Wagnerová

Aus dem Tschechischen
übersetzt von Kristina Kallert

WALLSTEIN VERLAG

Herausgegeben mit freundlicher Unterstützung
des Deutsch-Tschechischen Zukunftsfonds,
des Kulturministeriums der Tschechischen Republik
und der Heinrich Böll Stiftung Saar.

HEINRICH BÖLL STIFTUNG

Bibliografische Information der Deutschen Nationalbibliothek
Die Deutsche Nationalbibliothek verzeichnet diese Publikation in der Deutschen Nationalbibliografie; detaillierte bibliografische Daten sind im Internet über http://dnb.d-nb.de abrufbar.

Zweite Auflage 2021

www.wallstein-verlag.de
Vom Verlag gesetzt aus der Stempel Garamond und der Thesis
Druck und Verarbeitung: Pustet, Regensburg

ISBN 978-3-8353-3827-2

Inhalt

II 1925–1930
Prag – die Jahre der Avantgarde

Vorwort

> Sagen Sie nicht daß zwei Stunden Leben ohne weiteres mehr sind als zwei Seiten Schrift, die Schrift ist ärmer aber klarer.
>
> *Franz Kafka im Brief an Milena Jesenská am 6. Juni 1920*

In Kafkas Schatten

In die Literaturgeschichte trat Milena Jesenská in der klassischen Statistinnenrolle als Adressatin der Briefe eines bedeutenden Mannes, als »Kafkas Freundin Milena«, ein. So begann 1952 mit der ersten Ausgabe der *Briefe an Milena* ihr Weg durch zahlreiche Studien und Zeitungsartikel über Franz Kafka. Unter dem Titel *Kafkas Freundin Milena* erschien elf Jahre später auch ihre Biografie von Margarete Buber-Neumann, die als Erste die Lebenslinie einer Frau zeichnete, mit der sie im Konzentrationslager Ravensbrück eine enge Freundschaft verband.

Für Franz Kafka selbst war Milena Jesenská allerdings nie nur die Adressatin seiner Briefe, wie es auch ihrem aufmerksamen Leser hätte einleuchten müssen. Es war für ihn eine Begegnung einer ganz anderen Art, eine Begegnung zweier Menschen, die sich in der existentiellen Tiefe ihrer Wesen erkannt haben. »Sie ist ein lebendiges Feuer, wie ich es noch nicht gesehen habe [...]. Dabei äußerst zart, mutig, klug [...]«,[1] charakterisierte er Milena Jesenská im Mai 1920 in einem Brief an Max Brod. Und als er ihre Artikel in der Zeitung *Tribuna* las, verglich er ihre Schreibweise mit der Klassikerin der tschechischen Literatur, Božena Němcová: »Ich kenne [...]

1 Brief an Max Brod nach dem 16.5.1920, in: Franz Kafka: Briefe 1918–1920, Kritische Ausgabe, hg. von Hans-Gerd Koch, Frankfurt a.M. 2013, S. 142.

im Tschechischen nur eine Sprachmusik, die der Božena Němcová, hier ist eine andere Musik, aber jener verwandt an Entschlossenheit, Leidenschaft, Lieblichkeit und vor allem einer hellsichtigen Klugheit.«[2] Und Milena Jesenská schrieb wiederum in ihrem Nachruf über ihn: »Er war viel zu hellsichtig, viel zu weise, als er hätte leben können, viel zu schwach, um mit jener Schwäche edler, schöner Menschen zu kämpfen, die ihren Kampf gegen die Angst vor Missverständnissen, gegen Unfreundlichkeiten und gegen die intellektuelle Lüge gar nicht antreten können, weil sie im Voraus wissen, dass sie ohnmächtig sind, unterlegen in einer Weise, die den Sieger beschämt.«[3]

Mit den vier Worten Entschlossenheit, Leidenschaft, Lieblichkeit und hellsichtige Klugheit erfasste Kafka in der ganzen Komplexität und Widersprüchlichkeit Jesenskás Persönlichkeit und ihren schöpferischen Typus. Eine genauere Charakterisierung kann man sich kaum vorstellen. Damit ordnete er sie zusammen mit Božena Němcová in die Reihe der »empathischen Frauen« der europäischen Kulturgeschichte ein, neben Bettina von Arnim, Else Lasker-Schüler, Caroline Schlegel-Schelling, aber auch George Sand, Bertha von Suttner, Clara Immerwahr und Sophie Scholl, um nur einige zu nennen. Jeanne d'Arc steht in dieser Reihe wohl als die Erste.

Es sind Frauen, die, ausgestattet mit einer starken Emotionalität und außergewöhnlichem Einfühlungsvermögen, in ihrem Verhalten und Handeln konsequent der Stimme ihres Herzens folgen; anders gesagt, mit dem Herzen sich dem Leben stellen. Es ist jedoch ihr klarer und kritischer Verstand – keineswegs das Sentiment –, der ihrer Empathie jene unüberwindbare Kraft gibt. Dieser empathische Charakterzug ihres Handelns, mit dem sie fast regelmäßig in Konflikt mit den Regeln des geordneten Lebens geraten – was nicht selten für sie tragische Folgen hat –, wird aber oft als bloße Exaltiertheit verstanden.

Trotz der Verschiedenheit ihrer Schicksale begegnen wir ihnen, oft unverstanden und belächelt, auf den zentralen Schauplätzen der europäischen Kulturgeschichte. Mit ihrer

2 Brief an Milena Jesenská-Pollak vom 29.5.1920, ebd., S. 148.
3 *Národní listy*, Jg. 64, Nr. 156 (6.6.1924), S. 5.

elementaren Lebenseinstellung bilden sie gewissermaßen ein Pendant zu den »verdammten Dichtern«, die die europäische Kultur seit Villon begleiten.

Das weibliche Spezifikum bilden hier sicherlich die eingeschränkten Möglichkeiten der Selbstrealisierung in einer durch männliche Normen dominierten Welt, an der sie so oft in dem Streben nach selbstbestimmtem Leben und Schicksal scheitern. Wahrscheinlich auch deswegen ist der Typus der empathischen Frau bisher, im Unterschied zum Topos des verdammten Dichters, kaum erfasst, aufgearbeitet und in angemessener Weise in die kulturhistorischen Zusammenhänge eingeordnet worden.

Zu dem vereinfachten Bild Milena Jesenskás als »Kafkas Freundin« trug aber zweifellos auch die Tatsache bei, dass ihr journalistisches Werk gänzlich unbekannt war, wenn auch Margarete Buber-Neumann in ihrer Biografie 1963 einige Zitate aus ihren Texten brachte.[4] In den sechziger Jahren wurde Milena Jesenská zwar langsam, vor allem im Zusammenhang mit der zweiten Frauenbewegung, bekannter, aber erst 1984 brachte Dorothea Rein unter dem Titel »Alles ist Leben«[5] eine Auswahl von 41 ihrer Feuilletons und Reportagen heraus. Und dabei blieb es.

Bei allen Bemühungen war es aber auch nicht einfach, im geteilten Europa an die Originale der Texte einer Person zu kommen, die ihrer Kritik des Stalinismus wegen als Trotzkistin und Renegatin galt. In den ersten Jahren nach dem Krieg wurde zwar über Milena Jesenská in ihrer Heimat viel und

4 Margarete Buber-Neumann: Kafkas Freundin Milena, München 1963. Die Texte und eine Reihe weiterer Informationen für Margarete Buber-Neumanns Buch besorgte der Autorin der tschechische Journalist und Emigrant Jaroslav Dresler (1925–1999). Aus ihrer umfangreichen Korrespondenz kann man den Schluss ziehen, dass Dresler ursprünglich der Mitverfasser des Buches über MJ sein sollte (39 Briefe in: DNB, Sign. EB89/193I.A.153). 1982 brachte er in Eggenfelden die Reedition Jesenskás Buches *Cesta k jednoduchosti* (Weg zur Einfachheit) heraus, und schon 1962 veröffentlichte er im Exilverlag Aréna in London das Buch *Kafkas Milena – Legende und Wirklichkeit*.

5 Milena Jesenská: »Alles ist Leben«. Feuilletons und Reportagen 1919–1939, hg. von Dorothea Rein, Frankfurt a. M. 1984.

mit hoher Anerkennung für ihren Mut, ihre Standhaftigkeit und Hilfsbereitschaft im Widerstand und im Konzentrationslager Ravensbrück geschrieben; nach der Machtübernahme der Kommunistischen Partei im Februar 1948 war aber ihr Name aus dem tschechischen Kulturgedächtnis so gut wie getilgt. In dem Sammelband über Ravensbrück hatte man sie noch 1960 als Trotzkistin bezeichnet.

In Prag begann allerdings in der gleichen Zeit Milenas Freundin, die avantgardistische Textildesignerin Slávka Vondráčková,[6] Erinnerungen, Fotografien und anderes Material über Milena Jesenská zu sammeln, und schuf damit ein wichtiges Archiv von Grundinformationen über sie.

Den Namen Milena Jesenská hörte man in ihrer Heimat zum ersten Mal wieder 1963 auf der Kafka-Konferenz in Liblice. Im Referat von O.F. Babler[7] wurde sie als die erste Übersetzerin seines Werkes in eine fremde Sprache gewürdigt, und die Schriftstellerin Marie Majerová[8] hat sich in ihrer Einführungsrede fast schwärmerisch an ihre Begegnungen mit Milena Jesenská erinnert. Der Literaturhistoriker František Kautmann[9] wiederum hat ihre in der westlichen Literaturwissenschaft übliche Reduktion auf Kafkas Freundin kritisiert.

Es war allerdings eine internationale Konferenz ohne Öffentlichkeit, wo dies schon möglich war. Als aber drei Jahre

6 Jaroslava Vondráčková (1894–1986), bedeutende avantgardistische tschechische Textildesignerin, Milena Jesenskás Mitarbeiterin bei der Propagierung des modernen Wohnens, arbeitete u.a. mit Otti Berger aus dem Dessauer Bauhaus zusammen.

7 Otto František Babler (1901–1984), tschechischer, in Bosnien geborener Schriftsteller und bedeutender Übersetzer aus mehreren Sprachen von insg. 4000 Werken, darunter auch Achim v. Arnim, Franz Kafka und Dante.

8 Marie Majerová (1882–1967), bedeutende tschechische Schriftstellerin, avantgardistische Journalistin, eng verbunden mit der KSČ, Nationalkünstlerin (1947).

9 František Kautmann (1927–2016), Literaturhistoriker und Russist, Unterzeichner der Charta 77, intensive Beschäftigung mit Leben und Werk Franz Kafkas. Seine innovative Studie über Franz Kafka, geschrieben 1972, ist im Samizdat erschienen und erst 1990 im Prager Torst Verlag herausgegeben worden.

Abb. 1: Milena Jesenská
als Schülerin des Mädchengymnasiums Minerva.

Abb. 2: Prof. MUDr. Jan Jesenský
1912, Vater Milena Jesenskás.

später, 1966, Eduard Goldstücker[10] mit dem Artikel *À propos Milena Jesenská* zu ihrem 70. Geburtstag einen weiteren Schritt zu ihrer Rehabilitierung unternahm, erntete er dafür harsche Kritik aus der alten Garde der Dogmatiker. Und dann, nur zwei Jahre später, kamen schon die sowjetischen Panzer ... Erst mit dem Ende der Teilung Europas 1989 konnte Milena Jesenská in ihre Heimat zurückkehren.

Die Geburt der Journalistin

Als Franz Kafka im Mai 1920 die Adressatin seines Briefes mit Božena Němcová verglichen hatte, kannte er aus ihrem Werk wohl kaum alle von den 13 Artikeln, »Prosastücken«, wie er sie nannte, die bisher in der Tageszeitung *Tribuna*[11] erschienen waren. Ihre Korrespondenz, unterwegs zwischen Meran und Wien, bestand erst aus etwa jeweils neun Briefen der beiden. Im April 1920 war allerdings schon Kafkas *Heizer* in der tschechischen Literaturzeitschrift *Kmen* (Stamm)[12] in Milena Jesenskás Übersetzung erschienen, die erste Übersetzung seines Textes in eine fremde Sprache.

Ob er damals auch eines von Jesenskás wichtigsten Prosastücken aus dieser Zeit, *Kinder in Wien*, gelesen hatte, in dem sie das ganze Elend der Armen in der Inflationszeit nach dem Zusammenbruch der Monarchie erfasste? Einer Situation, mit

10 Eduard Goldstücker (1913–2000), Germanist, Autor und Diplomat, im Slánský-Prozess 1951 zu lebenslanger Haft verurteilt, nach Entlassung Professor für Germanistik an der Karls-Universität, Spiritus rector der Kafka-Konferenz in Liblice, die dem sowj. Geheimdienst als die Vorbereitung der »Konterrevolution« des Prager Frühlings galt. Eduard Goldstücker: À propos Milena Jesenská, *Literární noviny*, 13.8.1966.

11 *Tribuna*, von 1919 bis 1928 existierende liberaldemokratische Tageszeitung.

12 *Kmen*, die 1917 von F.X. Šalda gegründete, von S.K. Neumann bis 1922 geführte und bis 1949 existierende Zeitschrift für Literatur und Kritik. Als Zeitschrift des Verbandes der modernen tschechischen Verleger entwickelte sich *Kmen* zu einer der wichtigen Plattformen der modernen tschechischen Literatur und Buchkultur der Vorkriegsjahre. Unter dem Titel Topič (Fragment) ist *Heizer* am 22.4.1920 in *Kmen*, Jg. 4, 1920–21, Nr. 6 erschienen.

der sie in der Stadt täglich konfrontiert war, sie selbst bereits verarmt?

»... die Kinder der Vorstädte tragen ab ihrem fünften Lebensjahr alle Sorgen der Mütter und Väter im Kopf, mit derselben zermalmenden, gewichtigen Last und Verantwortung; sie sind es gewohnt, unendliche Stunden in langen Schlangen vor dem Krämer zu stehen, bei Regen, Frost, Hitze, unausgeschlafen, seit drei in der Früh, todmüde oft, bis spät in den Abend. Sie finden sich in dem komplizierten Apparat von Lebensmittelmarken und Berechtigungsscheinen zurecht, ihnen obliegen die Einkäufe für die ganze Familie – den Kindern der Hausbesorger oft für das ganze Haus –; in der Hand, in den Taschen, den Schulheften knüllen sie Brotkarten, Kohlekarten, Mehlkarten usw. – tragen mit sich im Kopf herum, wann und wo die Ausgabe von Kartoffeln ist, von Holz, Gefrierfleisch, sie lesen die Lebensmittelrubriken der Zeitungen, kümmern sich, ärgern sich, schimpfen. – Die Schule, unregelmäßig allein schon mangels Heizmaterial, ist nur noch eine Art Nebensache, man schaut rasch mal vorbei, wenn man nichts Wichtigeres zu tun hat – und Wichtigeres hat man *immer* zu tun.«[13]

Sechsundneunzig Jahre waren diese erschütternden Zeilen in den Stapeln alter Zeitungen vergraben. Dass wir sie wieder lesen können, verdanken wir der jahrelangen mühsamen Arbeit der Literaturhistorikerin Marie Jirásková,[14] der Herausgeberin der 2016 erschienenen großen tschechischen Ausgabe von Jesenskás Reportagen und Feuilletons *Křižovatky* (Kreuzungen), die zu einer nicht versiegenden Quelle dieser Ausgabe wurde.

Während die zweite Frauenbewegung den so lange unterschätzten Beitrag der Frauen zur europäischen Kultur Schicksal für Schicksal ans Licht holte – in diesem Prozess trat auch Milena Jesenská aus dem Schatten Kafkas endlich heraus –, saß

13 *Tribuna*, 25.3.1920, der ganze Text S. 47ff.

14 Dr. Marie Jirásková, geb. 1938 in Vojkov, Bohemistin und Literaturwissenschaftlerin, die sich seit den sechziger Jahren mit Milena Jesenská beschäftigt und nach dem Tod von Slávka Vondráčková einen Teil ihres Archivs übernahm.

Marie Jirásková in Bibliotheken und Archiven und blätterte Tausende und Abertausende oft schon brüchige Seiten von 25 verschiedenen Zeitungen und Zeitschriften auf der Suche nach ihren Artikeln durch. In den 1980er Jahren, als sie ihre Arbeit begann, musste sie einige Texte zuerst von Hand abschreiben und dann zu Hause abtippen.

Die 1164 heute bekannten Feuilletons, Reportagen und Übersetzungen Milena Jesenskás, die Marie Jirásková in all den alten Zeitungen identifizierte und die jetzt in einer Bibliografie erfasst sind, werfen auf die Arbeit und das Leben Milena Jesenskás ein völlig neues Licht. Und schon die Auswahl von 366, mit Kafka gesprochen, »Prosastücken« für die große tschechische Ausgabe berechtigt, von der journalistischen Arbeit Milena Jesenskás als einem Werk zu sprechen, das in Kontinuität von klarer Haltung und Zuwendung zu Welt- und Menschengeschehen und mit Solidaritätsgefühl entstanden ist. Ihre »Arbeitsmittel« waren dabei: ein scharfer, kritischer, aber mitfühlender Blick, genaue Beobachtung, Unmittelbarkeit im Erfassen des Themas, Spontaneität der Wahrnehmung verbunden mit der Liebe zu den Menschen, die aber ohne Illusionen und Idealisierung auskam.

Dementsprechend mussten ihr auch die Filme von Charlie Chaplin so nahe sein, wie sie in einem ihrer Feuilletons formulierte: »… Die Gestalten seiner Filme sind echte Menschen. Sie sind weder gut noch böse. Sie sind aber so konsequent ganzheitlich, dass sie tausend Widersprüche haben. Nur papierene Menschen haben einen geradlinigen Charakter.«[15] Diese konsequente Ganzheitlichkeit verkörperte freilich auch Milena Jesenská selbst, und deswegen wurde über sie in Prag so oft getratscht, bürgerliche Verhaltensnormen beachtete sie kaum. Die Gesamtheit ihrer Arbeit, die wir jetzt vor Augen haben, macht alle diese Histörchen belanglos. »Der Sinn des Lebens ist zu leben. Wir sind in die Welt geworfen, es gibt keine alternative Geschichte.« Diese zwei Sätze Agnes Hellers[16] hätte auch Milena Jesenská sagen können. Und vielleicht noch hin-

15 *Národní listy*, 22.2.1922.
16 Agnes Heller in ihrem Vortrag in Saarbrücken im September 2017.

zugefügt: »Zum Leben gehört auch das Leiden und das muss man aushalten.«

Die Philosophie ihrer journalistischen Arbeit hatte Milena Jesenská selbst in einem Artikel, in Anlehnung an Chesterton, beschrieben: »Ein Journalist, würde ich sagen, ist wie die Resonanz einer Linse im Geschriebenen. Er ist ein Miniaturenzeichner, aber in seinen Details trifft er die Wirklichkeit. Er interessiert sich für unauffällige Kleinigkeiten, und auf einmal zeigt sich deren große Wichtigkeit [...]. Und der Feder, die sich auf einen Gegenstand richtet, nicht eine Philosophie, wie Chesterton, der Begründer der modernen Journalistik, uns lehrt. Aufmerksamkeit für das Detail macht aufmerksam für das Große, und die Liebe fürs Kleine befreit uns vom Kleinlichsein.«[17]

Mehr als zwei Seiten Schrift

Die insgesamt 20 Jahre journalistischer Arbeit Milena Jesenskás, zwischen den Jahren 1919 und 1939, kann man in drei Schaffensperioden mit unterschiedlichen thematischen Schwerpunkten unterteilen, wenn auch die zeitlichen Übergänge zwischen ihnen fließend sind.

Die Anfänge Milena Jesenskás Schreiben sind mit Wien verbunden, wo sie in den Jahren 1918 bis etwa 1924 mit ihrem ersten Mann, Ernst Pollak, lebte. Hier, in dem intellektuellen Milieu zweier literarischer Cafés, Central und Herrenhof, in welchen sich die Crème de la Crème der Wiener Feuilletonistik traf, absolvierte sie als Journalistin ihre Lehrjahre. Im krassen Gegensatz zu diesen Zufluchtsorten der österreichischen Spätkultur stand aber ihre tägliche Konfrontation mit Armut und Elend, die in Wien nach dem Zusammenbruch der Monarchie und mit der Inflation vor allem die unteren Schichten der Bevölkerung erfassten. Zu den Armen gehörte allerdings auch Milena Jesenská selbst, wie auch die Kaffeehausinsassen in den beiden Cafés. Was sie schützte und ihnen das Selbstbewusstsein

17 Role žurnalistiky v dnešním písemnictví (Die Rolle des Journalismus in der heutigen Literatur). *Národní listy*, 7.11.1926. In diesem Band S. 188–190.

gab, war freilich ihr Kultur- und Sozialkapital. Gehungert haben sie mitunter trotzdem. Doch das menschliche Elend jener Zeit war kaum ein Thema für sie, für Milena Jesenská schon. Ihre sozialen Reportagen und Feuilletons aus Wien in dieser Zeit stellen eine Entdeckung und den ersten Höhepunkt ihrer journalistischen Arbeit dar. Erschienen sind sie in den Jahren 1920–21 in der tschechischen Tageszeitung *Tribuna*. Täglich mit dem Kontrast zwischen der bitteren Armut und dem unverschämten Luxus der Neureichen konfrontiert, schrieb sie in einer ihrer Reportagen den erstaunlichen und sehr prägnanten Satz: »Der Luxus der Welt ist vielleicht nicht eine so große Sünde wie das Elend der Welt.«[18] Denn: »… solange unter uns auch nur ein einziger Mensch Hunger leidet, ist die Welt schlecht.«[19] Ihre Artikel hatte sie übrigens in Erinnerung an ihre ersten Schreibversuche in der Klassenzeitung *Naše snahy* (Unsere Bestrebungen) auf dem Minerva-Gymnasium oft als A.X. Nessey unterschrieben, mit ihrem rückwärts geschriebenen Nachnamen Jesenský in männlicher Form.

Wie es damals in der Frauenjournalistik nicht anders möglich war, schrieb Milena Jesenská für die Beilage *Moderevue* der *Tribuna* auch Modeartikel und propagierte darin den modernen Lebensstil einer selbstständigen und eleganten, aber auch praktisch angezogenen Frau.[20] Was sie anzieht, war für Milena Jesenská Ausdruck ihrer Persönlichkeit und Individualität, nicht etwa der Nachahmung eines jeweiligen Modetrends.

In den Wiener Lehrjahren entwickelt sich auch Milena Jesenskás journalistischer Stil. Die meisten ihrer Artikel sind in der ersten Person geschrieben oder sie spricht ihre Leser spätestens in der zweiten Hälfte des Textes direkt an. Es ist

18 *Tribuna*, 14.8.1921.

19 *Tribuna*, 9.12.1920.

20 In der *Prager Presse* publizierte in dieser Zeit ihre Artikel über die Mode auch die bewunderte und umworbene Muse Wiener Cafés Ea von Allesch (1875–1953). Einundzwanzig Jahre älter als Milena Jesenská, hat sie sich von ihrer Rolle der »Freundin bedeutender Männer« (R. Musil) und »Kindi« Hermann Brochs erst mit Nachdruck und radikal als Modeschriftstellerin emanzipiert. War für Milena Jesenská für die Mode das Innere des Menschen, seine Persönlichkeit wesentlich, so stellte für Ea von Allesch die Mode als Kunst das zentrale Thema ihres Interesses, sozusagen als eine Erscheinung des Weltgeistes, dar.

aber kein nur sachlich und von oben herab berichtendes Ich, sondern ein empathisches, das – manchmal etwas schwärmerisch – fühlt, leidet, trauert, sich freut bis zur Begeisterung, als hätte die Autorin alles, wovon sie schrieb, miterlebt. Es war aber nicht Mitleid, sondern Mitgefühl, manchmal auch die Radikalität des Herzens, die ihre Feder führte. Und dahinter stand das, was Milena Jesenská in einem Brief an Max Brod als ihre »unwillkürliche Liebe zum Leben« bezeichnete.[21] Cusanus' »Zusammenfall der Gegensätze« fand bei ihr im Leben des modernen Menschen selbst statt, begleitet von einer tiefen Verunsicherung, was das Leben eigentlich ist. Diese Frage wurde auch zum Thema Milena Jesenskás in ihren besten nachdenklichen, in den ersten Jahren zwischen den Modeartikeln verstreuten Feuilletons. Damit versuchte sie dem Alltag eine – manchmal wohl verborgene – geistige Dimension zu geben. Eine Art kleiner Philosophie des Alltäglichen ist damit entstanden.

Wie wir jetzt aus der Bibliografie des Werkes von Milena Jesenská wissen, war Franz Kafka bei weitem nicht der einzige Schriftsteller, den sie übersetzte. Und auch nicht der erste. Schon im November 1919 sind in der *Tribuna* ihre Übersetzungen der Texte von Francis Jammes, Romain Rolland, Charles Péguy und Franz Werfel erschienen – mit einer Ausnahme alles Texte französischer Autoren. Das Interesse an den »Prosastücken« von Franz Kafka brachte Milena Jesenská schon aus Prag mit, wo sie im Café Arco als Geheimtipp galten; nicht zuletzt für ihren Mann, Ernst Pollak.[22] Die Namen der französischen Autoren hörte sie wahrscheinlich zum ersten Mal in Wien.

Bei der Entstehung der Tschechoslowakischen Republik spielte Frankreich eine wichtige Rolle und das wirkte sich auch im regen Interesse an der französischen Literatur und Kultur aus. Für ihre Übersetzungen aus dem Französischen

21 Brief an Max Brod Januar/Februar 1921, in: Franz Kafka: Briefe an Milena, Frankfurt a.M. 1983, S. 371, aus dem Tschechischen übersetzt von Max Brod.

22 Ernst Pollak (1886–1947), ein Bankbeamter und Literat zugleich, hoch geschätzt als Literaturkenner und Autorenberater (u.a. Franz Werfel, Hermann Broch, Robert Musil).

stand Milena Jesenská in der *Tribuna*, wo ihre Freundin Staša Jílovská[23] als Redakteurin arbeitete, die Tür offen – bald auch als Journalistin. Nachdem sie in den letzten zwei Monaten des Jahres insgesamt acht Übersetzungen veröffentlicht hatte, erschien am 30.12. in *Tribuna* ihr erstes Feuilleton, *Wien* (Vídeň). Als Autorin war sie damit in der *Tribuna* etabliert.

Neben Übersetzungen von zehn Texten Franz Kafkas[24] übersetzte sie in den folgenden zwei Jahren Prosatexte einer Reihe damals aktueller zeitgenössischer Autoren: von den Franzosen Henri Barbusse, Paul Claudel, André Gide, Jules Laforgue, Charles Louis Philippe, Claire Goll, Claude Mirabeau; von den Deutschen Leonhard Frank, Franz Josef Jung, Gustav Landauer,[25] Rosa Luxemburg, Heinrich Mann, Gustav Meyrink, Karl Sternheim, Paul Wiegler, von den englischsprachigen Gilbert Keith Chesterton, Edgar Allan Poe,[26] Upton Sinclair, Jonathan Swift und Charles G.D. Roberts.[27] Sie vergaß auch nicht Maxim Gorkij und Klassiker wie Gustave Flaubert, Lev Tolstoj, Robert Louis Stevenson oder Brillat-Savarin.[28]

23 Stanislava Jílovská, geb. Procházková (1898–1955), siehe Anm. 64.

24 Insgesamt waren es folgende Übersetzungen: in der Literaturzeitschrift *Kmen* am 24.4. *Der Heizer* (Fragment) und am 9.9. eine Auswahl von 6 kleinen Prosatexten (*Der plötzliche Spaziergang*, *Der Ausflug ins Gebirge*, *Das Unglück des Junggesellen*, *Der Kaufman*, *Der Nachhauseweg*, *Die Vorüberlaufenden*), in der *Tribuna Der Unglückliche* am 16.7. und *Ein Bericht für eine Akademie* am 26.9. In der wichtigen Literatur- und Theaterzeitschrift *Cesta* (1918–1930) ist dann noch *Das Urteil* am 22.12.1922 (Jg. 5, Nr. 26/27, S. 369–372) erschienen.

24 Gustav Landauer (1870–1919), Schriftsteller und Anarchist, Vordenker der Münchener Räterepublik, nach deren Niederlage am 2.5. erschossen. Ein Jahr nach seinem Tod veröffentlichte *Kmen* in Jesenskás Übersetzung und in drei Fortsetzungen sein bis heute geschätztes Essay über Hölderlin, gehalten 1916 in Berlin. Landauers *Hölderlin in seinen Gedichten* ist 1922 im Verlag Kiepenheuer und Witsch erschienen.

26 Edgar Allan Poe (1809–1849); Milena Jesenská übersetzte die in der Zeitschrift *Cesta* in drei Fortsetzungen veröffentlichte satirische, bis heute populäre Geschichte »Die Liebe auf den ersten Blick«.

27 Charles G.D. Roberts (1860–1943), kanadischer Schriftsteller, der als Begründer der kanadischen Lyrik gilt.

28 Jean Anthelme Brillat-Savarin (1755–1826), Jurist und Gastrosoph, der sich in seinem 1826 publizierten Hauptwerk *La Physiologie du Gout* mit allen Aspekten der Esskunst beschäftigte. Das Buch wurde 1865 ins Deutsche als Die *Physiologie des Geschmacks* übersetzt. Wohl

Leonhard Franks *Die Räuber* und Robert Louis Stevensons *The Master of Ballantrae*,[29] zuerst als Fortsetzung erschienen, sind 1922 und 1925 auch in Buchform herausgebracht worden.

Die Namen der Autoren, die Milena Jesenská wählte, zeigen ihren guten literarischen Geschmack und Sinn für moderne Literatur, aber auch ihre sich abzeichnende politische Orientierung nach links, zu den Werken, die soziale Probleme thematisieren.

Es kann überraschen, dass unter all diesen Namen keiner von den »Kaffeehausinsassen« im Herrenhof oder Central zu finden ist. Ob darin Milena Jesenskás Fremdheit und ihre Abneigung gegen das Wiener Kaffeehausmilieu zum Ausdruck kam, von dem sie allerdings in ihren journalistischen Anfängen profitierte? Oder gab es damals in Prag ein Desinteresse an der Literatur der gerade untergegangenen Monarchie, dem »Kerker der Nationen«, wie man damals zu sagen pflegte, weil deutsche Autoren in ihren Übersetzungen durchaus präsent sind? Das Alltagsleben im Nachkriegswien war aber für die Leser und Leserinnen der *Tribuna* in Prag wohl interessant, ebenso wie die Wiener Mode, sonst hätte Milena Jesenská darüber nicht so viele Artikel für *Tribuna* schreiben können. Erst 1929 ist in *Lidové noviny* das Feuilleton *Auf dem Strand* vom Meister der Wiener Feuilletonistik Alfred Polgar[30] in ihrer Übersetzung erschienen.

Milena Jesenskás Zusammenarbeit mit *Tribuna* endete mit dem Jahr 1922. Sie folgte der Redaktion, die nach einer Kontroverse mit den Eigentümern die Zeitung verließ. Damit begann aber auch ihre zweite Schaffensperiode, verbunden mit ihrer Arbeit für die größte und bedeutendste tschechische Tageszeitung, *Národní listy*,[31] die ihren Höhepunkt 1928 erreichte.

aus dieser deutschen Übersetzung hat Milena Jesenská zwei Kapitel: *Über die Schokolade* und *Der Gourmet*, übersetzt.

29 Stevensons *Master of Ballatrae* hatte aber Milena Jesenská wohl nicht aus dem englischen Original, sondern aus der 1911 erschienenen deutschen Ausgabe übersetzt.

30 Alfred Polgar (1873–1955), ein hervorragender Meister der kleinen Form und angesehener Theaterkritiker, lebte etwa ab 1925 in Berlin.

31 *Národní listy* (1861–1941), die einflussreichste tschechische politische Tageszeitung in der Zeit der Habsburgermonarchie als auch der ersten Tschechoslowakischen Republik.

Das schon am 4.1.1923 erschienene Feuilleton *Interessante Menschen* (Zajímaví lidé) war nicht ihre erste Veröffentlichung in dieser Zeitung. Ebenso wie in *Tribuna* begann Jesenská auch in *Národní listy* mit einer Übersetzung; 1920 mit dem *Letzten Willen* (Poslední vůle) von Charles Louis Philippe.[32] Ein Jahr später veröffentlichte sie schon dort eines ihrer schönsten Feuilletons, *Das Fenster* (Okno),[33] und im folgenden Jahr, als würde sie langsam ihren Absprung von *Tribuna* vorbereiten, 13 Artikel und eine Übersetzung eines Textes von Paul Wiegler. Den Weg in *Národní listy* ebnete Milena Jesenská wohl ihre Tante, die Schriftstellerin Růžena Jesenská,[34] die selbst jahrelang Feuilletons und Kurzgeschichten für die Zeitung schrieb.

Gleich am Anfang ihrer Arbeit für die Zeitung ist am 18.1.1923 einer von Milena Jesenskás bekanntesten Texten, *Der Teufel am Herd* (Ďábel u krbu), erschienen, in dem sie für die moderne Ehe als einer Solidaritäts- und nicht Glücksgemeinschaft plädierte:[35] »Das größte Versprechen, das eine Frau einem Mann und ein Mann einer Frau geben kann, ist jener tiefe Satz, den man lächelnd zu einem Kind sagt: *Dich geb ich nicht her*. Ist das nicht mehr als »ich werde dich lieben, bis dass der Tod uns scheidet« oder »ich werde dir treu sein bis in den Tod«? Ich geb dich nicht her. Da drin ist alles. Anstand gegenüber dem anderen, Wahrhaftigkeit, Geborgenheit, Treue, Zugehörigkeit Entschluss, Freundschaft. Wie unermesslich sind diese Versprechen gegenüber dem erbärmlichen, schäbigen Glück!« Auf ihren Artikel reagierte Franz Kafka mit einem langen Brief,[36] in dem er die Parallele zu der Problematik des Judentums und seiner Existenz zog.

Als Milena Jesenská diesen Artikel schrieb, befand sich aber auch ihre Ehe mit Ernst Pollak in Auflösung. Und sie begann,

32 *Národní listy*, 15.8.1920, Nr. 224, S. 6–7.

33 *Národní listy*, 27.9.1921, Nr. 265, S. 1–2.

34 Růžena Jesenská (1863–1940), ältere Schwester von Milenas Vater Prof. Dr. Jan Jesenský, Dichterin, Prosaistin und Autorin von Jugendbüchern. Mit ihrer Nichte verband sie eine gute, verständnisvolle Beziehung.

35 *Národní listy*, 18.1.1923, Nr. 16, S. 1–2.

36 Franz Kafka: Briefe an Milena, Frankfurt a.M. 1983, Januar/Februar 1923, S. 309–317.

inzwischen eine bekannte Journalistin, ihre Rückkehr nach Prag vorzubereiten. Ihre Texte in *Národní listy* wurden sehr gut aufgenommen; sie wirkte aber auch durch ihre Eleganz, Fröhlichkeit, Weltoffenheit. Und für den Chefredakteur Karel Hoch[37] galt sie als das größte Talent unter den jungen tschechischen Journalisten. Milena Jesenskás Hoffnung auf eine feste Stelle in der Zeitung wuchs von einem Artikel zum nächsten. Was sie sich aber gewünscht hätte, war nicht die Arbeit für die Frauenseite, die jedes Wochenende auf der Seite 10 zu finden war, sondern eine Anstellung als Auslandskorrespondentin. Nur – eine Frau als Auslandskorrespondentin zu beschäftigen lag für Karel Hoch außerhalb des Vorstellbaren, und so musste sie die Stelle der verantwortlichen Redakteurin der Frauenseite akzeptieren. Das gab ihr allerdings die Möglichkeit, sie zu gestalten. Inzwischen zu Hause in den Kreisen der um die Gruppe »Devětsil«[38] rotierenden aufstrebenden, intensiv lebenden und über Konstruktivismus, Funktionalismus und Poetismus in Kaffeehäusern und Bars diskutierenden Prager Avantgarde, wusste sie ganz genau, was sie aus der Frauenseite machen wollte: eine Seite, die die Ideen des modernen Wohnens und Lebensstils den breiten Schichten der Bevölkerung vermittelt und popularisiert. Zu diesem Zweck umgab sie sich mit einer Gruppe von Frauen, die in verschiedenen Bereichen der Kultur, des Kunsthandwerks, des Tanzes wirkten und die neue tschechische Frauenelite repräsentierten. Eine aufgeklärte, selbstständige Frau, die ihr Leben selbst in die Hand nimmt war Milena Jesenskás Ideal. Die Familienarbeit, die Hauswirtschaft und Pflege galt für sie aber nicht als unproduktiv, sondern als gleichwertig mit der Arbeit im Beruf und für das soziale Leben unersetzlich, die potenzielle Mutterschaft als Bestandteil der weiblichen Identität. Die Befreiung der Frau bedeutete für sie aber auch die Befreiung des Weiblichen. Die Frau sollte nicht mehr das Abbild der Vorstellungen und Inte-

37 Karel Hoch (1882–1962), Historiker und bedeutender politischer Journalist, in den Jahren 1921–1926 Chefredakteur von *Národní listy*.

38 »Devětsil« (nach dem Pflanzennamen Pestwurz), tschechische, 1920 gegründete marxistisch orientierte avantgardistische Künstlergruppe, in der 1923 auch der ureigene tschechische Stil, der Poetismus, entstanden ist, der sich in den dreißiger Jahren mit dem Surrealismus verband.

ressen des Mannes sein, eine Art Resonanzfläche seiner Wünsche, sondern neben ihm als ein gleichwertiges selbstständiges Gegenüber aus eigenem Recht stehen.

In ihren Feuilletons für die Frauenseite entwickelte Milena Jesenská nach und nach ihre Art der Philosophie des Alltäglichen, die Deutung der Welt und des Lebens mit dem Blick einer empathischen Frau, in dem wir freilich auch das Echo des Poetismus erkennen.

So wie sie es in Anlehnung an Chesterton schon in ihrer Wiener Zeit formulierte, fand sie auch jetzt von der Aufmerksamkeit für Kleinigkeiten zur Aufmerksamkeit für die großen Dinge, und aus der Liebe zu Geringem hörte sie auf, kleinlich zu sein. Dieser Zugang zu dem, was den Menschen umgibt, fand eine besondere Form in dem Zyklus *Briefe aus Hinterhut* aus dem Jahr 1925. Die Landschaft öffnet sich hier dem Menschen und der Mensch der Natur im Einklang mit der Schöpfung. Freilich, Jesenskás emotionale Texte wurden von Anfang an ebenso bewundert wie belächelt. Diese Erfahrung machten aber fast alle empathischen Frauen.

Mit ihrer Frauenseite hatte Milena Jesenská Erfolg. Sie wurde gerne gelesen und manche Leserinnen warteten ungeduldig auf die nächste Nummer. Was ihr aber in zunehmendem Maße weniger Freude machte, war die Pflicht, Modeartikel zu schreiben. Einmal brachte sie ihre Frustration zu einem richtigen Aufschrei: »Mein Gott, gehen Sie mir doch weg mit der Mode! Ich schreibe darüber viel zu lang, als dass ich nicht wüsste, wie nebensächlich sie ist. Schöne Kleider, modische Linien, gesellschaftliche Formen, Gebote, Einwände sind wichtig, wie jede Form auf der Welt wichtig ist. Aber die Form ist eben wichtig erst dann, wenn der Inhalt in Ordnung ist.«[39] Als würde hier nicht nur ihre persönliche Wut, sondern die von allen ihren Kolleginnen zum Ausbruch kommen. Denn sie alle kritisierten und wehrten sich gegen die Beschränkung ihrer journalistischen Arbeit in den Tageszeitungen auf die Frauenrubrik.

Dass nicht die Kleider den Menschen machen, sondern der Mensch diese mit seiner Persönlichkeit, war auch der Titel des

39 *Národní listy*, 29.11.1923.

1927 erschienenen Bändchens *Člověk dělá šaty* (Der Mensch macht die Kleider), in dem sie die Auswahl ihrer Modeartikel versammelte. Ein Jahr vorher brachte sie ebenso die Auswahl ihrer Feuilletons unter dem Titel *Cesta k jednoduchosti* (Der Weg zu Einfachheit) heraus. Sie wurden gerne gelesen, aber auch belächelt. Die beiden Bändchen sind in der Reihe »Žena« (Frau) erschienen, die Milena Jesenská im Topič Verlag[40] herausgab. 1928 erschien hier auch ihre Übersetzung des Ratgebers von Otto Rühle *Umgang mit Kindern – Grundsätze – Winke – Beispiele* aus dem Jahre 1924.

Ende 1926 wurde Milena Jesenská zu ihrer Arbeit für *Národní listy*, ebenso wie Staša Jílovská, zum Redaktionsmitglied der neu gegründeten Illustrierten *Pestrý týden* (Bunte Woche). Für sie hatte sie zwei neue Autoren in ihrer Übersetzung vorgestellt: den Norweger Sven Elvestad[41] mit der Fortsetzung seines Kriminalromans *Montrose* und den Ungarn Béla Balázs.[42] Die Arbeit in *Pestrý týden* war aber für die beiden Freundinnen nur ein kurzes Zwischenspiel. Wegen ihrer linken Einstellung mussten sie die Redaktion Ende 1927 wieder verlassen.

Viel wichtiger ist aber für Milena Jesenská in dieser Zeit der Besuch der internationalen Werkbundausstellung *Die Wohnung* auf der Weißenhofsiedlung in Stuttgart geworden. Denn hier fand sie ihre Vorstellung vom modernen Wohnen in der Vielfalt zahlreicher Wohnhäuser, von den besten Architekten der Avantgarde gebaut, schon erfüllt. Fast einen Monat, zwischen dem 23. Oktober und 20. November 1927, beschäftigte sie ihre Leserinnen mit vier begeisterten Artikeln über ihr Erlebnis. Sie selbst hat im gleichen Jahr den begabtesten

40 *Topičovo nakladatelství* (gegründet 1885) mit seinem Sitz in Národní 9 war der wichtigste und größte tschechische Verlag in dieser Zeit.

41 Sven Elvestad (1884–1934), norwegischer Journalist und Schriftsteller, bekannt vor allem für seine Kriminalromane. Sein Kriminalroman über den Abbé Montrose lag 1927 schon in der deutschen Übersetzung vor und aus dieser Übersetzung hat ihn Milena Jesenská wohl auch übersetzt.

42 Béla Balázs (1884–1949), ungarischer Schriftsteller, Filmtheoretiker und Drehbuchautor, Freund von György Lukács, Mitgestalter des bekanntesten ungarischen Films *Irgendwo in Europa* (1947).

Architekten der tschechischen Avantgarde, Jaromír Krejcar,[43] geheiratet und erwartete mit ihm ein Kind.

Aber dann kam die Katastrophe, die auch auf ihre journalistische Arbeit für die nächsten fast acht Jahre einen Schatten warf. Mit einem gesunden Kind, aber mit einem nach einer schweren Gelenkentzündung unbiegsam gebliebenen Knie kehrte sie im Spätsommer hinkend und verzweifelt in das Alltagsleben und die redaktionelle Arbeit zurück.

Ihre Artikel erscheinen – als wäre nichts geschehen – in dem üblichen Wochenrhythmus wie früher. Wie es ihr aber wirklich geht, kann man aus einem Brief an den nahen Freund Adolf Hoffmeister[44] erfahren: »Werde ich, Ada, mit Euch so sein können, wie ich es auf beiden Beinen war? Und wird er mich weiter lieben, nachdem ich das häßliche, schwarze, geschwollene Bein, das schreckliche Bein, nicht verbergen konnte und nichts vom Elend des Kranken?«[45]

Im Frühjahr 1929 wechselte Milena Jesenská von *Národní listy* zu *Lidové noviny*.[46] Sie sollte auch hier die Frauenrubrik leiten und kämpfte hartnäckig darum, sie auch hier modernisieren zu dürfen, was letztlich zu ihrer Entlassung im Sommer 1930 führte.[47] Das Kapitel Modeartikel war für Milena Jesenská mit *Lidové noviny* abgeschlossen und die nächsten sieben Jahre musste sie recht und schlecht als freie Journalistin leben.

43 Jaromír Krejcar (1895–1950), einer der wichtigsten Repräsentanten der Architektur der tschechischen Avantgarde. »Poet am Bau« genannt, Mitglied des »Devětsils«. 1923 nahm er teil an der Bauhaus-Ausstellung in Weimar. Für seine Arbeiten bekam er mehrere Preise, für seinen Pavillon an der Weltausstellung in Paris 1937 die goldene Medaille. 1948 emigrierte er nach England und wurde Professor an der Association School of Architecture in London, wo er 1950 starb.

44 Adolf Hoffmeister (1902–1973), Literat, Zeichner und Karikaturist, gehörte in den zwanziger Jahren zu den treibenden Kräften der tschechischen Avantgarde. Enger Freund von Staša Jílovská.

45 Alena Wagnerová (Hg.): Die Briefe von Milena, Mannheim 1996, S. 93.

46 1893 in Brno/Brünn gegründete wichtige, moderne und kulturorientierte Tageszeitung.

47 Mehr darüber: Lenka Penkalová: Die ersten Journalistinnen in der tschechischen Tagespresse nach 1918 – Milena Jesenská und ihre Kolleginnen, in: Pavla Plachá und Věra Zemanová: Milena Jesenská. Biografie – Zeitgeschichte – Erinnerung, Praha 2014, S. 63–83.

Notgedrungen begann sie wieder zu übersetzen. Ihre erste Übersetzung, der offene Brief von Hannes Meyer *Mein Rausschmiss aus dem Bauhaus* ist am 11.9.1930 in der damals schon kommunistischen Kulturzeitschrift *Tvorba*[48] erschienen. Der gleichen politischen Orientierung wie die Zeitschrift – und inzwischen auch Milena Jesenská – sind auch die Autoren, deren Texte sie für *Tvorba* übersetzt: Theodor Balk,[49] Bertolt Brecht, Ilja Ehrenburg, Elisabeth Hauptmann[50] und Franz Carl Weiskopf.[51]

»*Ich bin nach meiner Krankheit und Verkrüppelung der KPTsch beigetreten in einer großen Sehnsucht, auf der Welt noch etwas Nützliches zu tun. Ich dachte, nur dort sei es möglich*«, begründete Milena Jesenská ihre politische Radikalisierung im Brief an die Schauspielerin Olga Scheinpflugová,[52] als sie ihre dogmatische Zeit schon hinter sich hatte. Es war aber ebenso die Weltwirtschaftskrise, die nach 1928 auch die Tschechoslowakei erfasste, zu Verarmung breiter Schichten der Bevölkerung führte und eine Million Menschen zu Arbeitslosen und oft auch Obdachlosen machte, die zu ihrer Radikalisierung beitrug. Nicht nur für Milena Jesenská, auch

48 *Tvorba*, 1925 von dem bedeutenden tschechischen Literaturtheoretiker F.X. Šalda (1867–1937) gegründet, wurde 1928 mit seinem Einverständnis von dem kommunistischen Journalisten Julius Fučík (1903–1943) übernommen und zu einer dogmatischen kulturpolitischen Zeitschrift gemacht.

49 Theodor Balk, im serbischen Zemun 1900 geborener serbisch-jüdischer, deutschsprachiger Schriftsteller und Arzt, im Exil in Prag und Mexiko, u.a. Ehemann der Prager Schriftstellerin Lenka Reinerová. Gestorben 1974 in Prag.

50 Elisabeth Hauptmann (1897–1973), Schriftstellerin, Übersetzerin und Mitarbeiterin von Bertolt Brecht, u.a. Mitautorin der Dreigroschenoper.

51 Franz Carl Weiskopf, 1900 in Prag geborener deutscher Schriftsteller, Lyriker und Essayist. Seit 1928 in Berlin lebend, wurde er Mitglied des Bundes der proletarisch revolutionären Schriftsteller, nach seiner Rückkehr nach Prag 1933 Chefredakteur der *Arbeiter Illustrierten Zeitung*. Während des Krieges im Exil in den USA, danach, bis 1953, im diplomatischen Dienst der Tschechoslowakei, gestorben 1955 in Berlin.

52 In: Alena Wagnerová (Hg.): Die Briefe von Milena, S. 109. Olga Scheinpflugová (1902–1968), bedeutende tschechische Schauspielerin und Romanautorin, langjährige Freundin und (seit 1935) Ehefrau von Karel Čapek (1890–1938).

für eine Reihe liberaler Demokraten wie Karel Čapek oder Ferdinand Peroutka rief die Krise die Frage nach den Grenzen des kapitalistischen Systems und die Notwendigkeit seiner Überwindung hervor. Betroffen hat die Arbeitslosigkeit nicht zuletzt auch die Avantgarde, vor allem die Architekten, die kaum Aufträge bekamen. Jaromír Krejcar eingeschlossen.

Nachdem Milena Jesenská ihre Stelle in der Kulturzeitschrift *Žijeme*[53] nach einem Jahr wieder wegen ihrer zu linken Orientierung verloren hatte, stellte sie ihre Feder in *Tvorba* und der Partei-Illustrierten *Svět práce*[54] ganz in den Dienst der Ideologie, die allerdings jetzt in der Einhaltung der Parteilinie im Zickzackkurs der stalinistischen III. Internationale bestand. Es war nur eine Frage der Zeit, wann sie nicht mehr bereit sein würde, sich permanent der »revolutionären Disziplin« zu unterwerfen und damit die Wahrhaftigkeit ihres Schreibens zu verlieren. Nach einem Eklat – die stalinistischen Prozesse in der Sowjetunion sind in vollem Gange – verlässt sie die Redaktion der Partei-Illustrierten. Seitdem gilt sie, ebenso wie ihr Lebensgefährte Evžen Klinger,[55] als Trotzkistin.

Was sie beide danach erwartete, waren fast zwei Hungerjahre. Denn als Trotzkistin war für sie die kommunistische Presse verschlossen, die bürgerliche für sie als eine Linke sowieso. Nur der alte Kollege Miloš Vaněk ermöglichte es ihr, unter Pseudonym für *Právo lidu*[56] zu schreiben, und Záviš Kalandra,[57] der alte Freund mit kommunistischer Vergangen-

53 *Žijeme* (Wir leben), Zeitschrift für modernes Leben und Bauen existierte in den Jahren 1931–1933.

54 *Svět práce*, 1933 gegründete Partei-Illustrierte, die 1938 verboten wurde.

55 Evžen Klinger (1906–1981), Funktionär der slowakischen Kommunistischen Partei, Journalist und Übersetzer, als Trotzkist 1935 aus der Partei ausgeschlossen, im Krieg im Exil in England, im Slánský Prozess zu sieben Jahren Haft verurteilt.

56 *Právo lidu*, Tageszeitung (1893–1948), zwischen 1897 und 1938 das Zentralorgan der Sozialdemokratischen Arbeiterpartei in Böhmen und ab 1918 der Tschechoslowakei. Miloš Vaněk (1897–1967), Journalist, 1927–1938 Redakteur von *Právo lidu*, nach 1948 im Exil, Wirtschaftsredakteur des Radios Freies Europa in München.

57 Záviš Kalandra (1902–1950), Literaturkritiker, Historiker und Journalist, unorthodoxer Marxist, 1939–45 im Konzentrationslager, 1950

heit, schuf für sie in der traditionsreichen Illustrierten *Světozor* eine kleine Moderubrik.

In dieser schweren Zeit haben sich Milena Jesenská und Evžen Klinger wieder mit Übersetzungen über Wasser gehalten: 1935 war es *Abessinien, Afrikas Unruhe-Herd* von Ludwig Graf Huyn und Josef Kalmer, 1936 *Blauer Staub* von Herman Franz Erman und 1937 aus dem Ungarischen *Mária jól érett* (Marias Reifeprüfung) von Jolán Földes, einer damals bekannten ungarischen und in Paris lebenden Autorin.

In der Bibliografie von Milena Jesenskás Arbeiten klafft zwischen dem Mai 1936 und dem September 1937 eine Lücke. Mehr als ein Jahr lang veröffentlichte sie keinen Artikel, wohl auch nicht unter einem Pseudonym. Der am 27. Januar 1937 geschriebene schon erwähnte Bittbrief an Olga Scheinpflugová kann als ein Zeugnis dafür gelten, in welcher materiellen wie auch psychischen Notsituation sie sich in dieser Zeit befand. In dem gleichen Brief steht aber auch: »Ich muss wieder hochkommen«, und dass sie immer noch Kraft zum Leben und Arbeiten in sich fühle. Den Beweis dafür wird sie in den nächsten zwei Jahren ihrer dritten Schaffensperiode erbringen.

Verbunden ist sie mit der Wochenzeitschrift *Přítomnost* (Gegenwart), einer unabhängigen politischen Zeitschrift par excellence, gegründet und geleitet von dem wohl besten tschechischen Journalisten Ferdinand Peroutka,[58] den sie schon aus ihren Anfängen in *Tribuna* kannte.

Bei ihm bekommt sie im Herbst 1937 endlich ihre Lebenschance, als politische Journalistin zu arbeiten und gründlich recherchierte Reportagen zu aktuellen Themen zu schreiben.

Die Zeit dafür ist reif. Seit Hitlers Machtübernahme ist die Tschechoslowakei, vor allem Prag, zum Zielort Tausender Flüchtlinge und Emigranten aus dem Dritten Reich geworden,

in den Schauprozessen zum Tode verurteilt und hingerichtet. *Světozor* (Weltblick) von 1834 (mit Unterbrechung zwischen 1836 und 1867) bis 1943 existierende Illustrierte.

58 Ferdinand Peroutka (1895–1978), seit 1919 verantwortlicher Redakteur der *Tribuna*, gründete 1924 mit finanzieller Hilfe von T. G. Masaryk die politische liberaldemokratische Wochenzeitschrift *Přítomnost* (1924–1939), 1939 verhaftet, bis 1945 inhaftiert in Buchenwald, nach 1948 im Exil in den USA, 1951–1961 Redakteur beim Radio Freies Europa.

Sozialdemokraten, Kommunisten, Juden. Ihnen wird auch gleich die zweite Reportage Milena Jesenskás in *Přítomnost*, *Gestrandete Menschen*[59] (Lidé na výspě), gewidmet sein. »Ich sollte vielleicht die Not, in der sie leben, noch ausführlicher schildern«, schreibt sie, »[e]in Viertel ist krank, alle sind unterernährt. […] Sie sprechen von ihrem Schicksal, wie Menschen nach einer schweren Krankheit mit Gesunden reden …« Gleichzeitig schämt sie sich dafür, dass es ihr selbst doch viel besser geht: »Die Aufgabe des Reporters gleicht mitunter dem einer Hyäne. Er geht umher mit seinem Block und notiert sich menschliche Drangsale, um sie an die Zeitung weiterzuleiten. Täte er dies ohne jedes Fünkchen Hoffnung, daß seine Worte einmal abgedruckt etwas bewirken, wäre er keinen Händedruck wert …«

Stand in den zwanziger Jahren im Mittelpunkt Milena Jesenskás Feuilletons die Lebenswelt des modernen Menschen, die Bewältigung des Alltäglichen und sein Sinn, ist es jetzt die große Geschichte, die das Menschenleben beherrscht und bestimmt. Prägte in den zwanziger Jahren eine Art fragender Nachdenklichkeit ihre Feuilletons, bestimmt jetzt den Schreibstil Milena Jesenskás Reportagen die aktuelle Gegenwart. Ihre Berichte sind engagiert, faktenreich, sachlich, genau recherchiert, brillant, mit einem klaren politischen Verstand und ohne ein überflüssiges Wort geschrieben. Sie bezieht zwar eine eindeutige Position, bleibt aber gerecht. Das gilt vor allem auch für ihre Reportagen aus den aufgewühlten Sudeten, die sie im Frühjahr und Sommer 1938 mehrmals bereist und worüber sie dann die Reportagen *Es wird keinen Anschluss geben I – Die Burgen der SdP* und *II – Quer durch die Familien*, *Wie viel hat Henleins Karlsbader Rede gekostet?*, *Im Grenzgebiet: Wie viele Punkte für uns? Was denkt der kleine Henlein-Anhänger?*[60] geschrieben hat. Hinzu kam dann noch eine Reihe weiterer Reportagen und Berichte. Sie beschäftigten sich mit den vielfältigen Folgen der Bedrohung der Tschechoslowakei vor und nach dem Münchener Abkommen, über die Okkupation am 15. März 1939 bis zum Verbot der Zeitschrift

59 *Přítomnost*, Jg. 14, Nr. 43, 27. 10. 1937.
60 In diesem Band S. 264–266; 275–278; 289–300; 324–332.

Ende August 1939. Zu den hervorragenden, mit klarem politischen Blick geschriebenen Artikeln aus dieser Zeit gehört Jesenskás kritische Auseinandersetzung mit der Kommunistischen Partei der Tschechoslowakei *Was bleibt übrig aus der KPTsch*[61] (Co zbývá z KSČ) nach ihrem Verbot. Ohne Groll und mit einem genauen Blick unterscheidet sie zwischen den stalinistischen Apparatschiks und den einfachen Mitgliedern als den tatsächlichen Trägern der Idee von einer besseren Welt. Und zum Schluss fasst sie zusammen: »Kommunistische Parteien entstehen und vergehen. Der Gedanke des Rechts und der Freiheit ist alt und ewig. Er kann nicht untergehen. Er wird immer wieder auftauchen, wird, wie immer, neu aus dem Dunkel tauchen.«

Mit dem Münchener Abkommen und der Besetzung der »Resttschechei« am 15. März 1939 ist der Wertezerfall, von dem Hermann Broch schon im Café Herrenhof sprach, für die Tschechen vollzogen. Milena Jesenská wird in dieser Zeit der tiefen Enttäuschung über den Verrat der Westmächte ihre Landsleute nahezu beschwören, auf Tradition, Kultur und Muttersprache gestützt, aufrecht stehen zu bleiben: »... in den heutigen Tagen scheint es vielen, die Werte wie Ehre, Wahrheit, Gerechtigkeit sind in den Abgrund gestürzt. Nein, sie sind nicht abgestürzt. Wir werden sie in unseren Herzen weiter durch die Welt tragen ...«[62]

Insgesamt hatte Milena Jesenská in diesen zwei Jahren ihrer letzten Schaffensperiode 55 Reportagen und Artikel für *Přítomnost* geschrieben.

Die Auflage der Zeitschrift wuchs in dieser Zeit auf dreißigtausend Exemplare und der Name Milena Jesenská erschien jedes Mal mit Ankündigung ihres Beitrages auf der Titelseite. Mit ihren politischen Reportagen erreichte sie zweifellos den Höhepunkt ihrer eigenen journalistischen Arbeit, aber auch der tschechischen und der europäischen Journalistik dieser Zeit. Die Vergangenheit ist in ihren Texten aus diesen Krisenjahren im Vorfeld des Zweiten Weltkrieges für den Leser so lebendig geblieben, als wäre sie noch Gegenwart.

61 *Přítomnost*, 26.10.1938.
62 In: *Eva*, Jg. 10, 1937–1938, Nr. 21, S. 4.

Zwei Stunden Leben waren für Milena Jesenská, wie sie in einem Brief an Franz Kafka[63] schrieb, wichtiger als zwei Seiten Schrift. Sie selbst hatte allerdings Tausende Seiten geschrieben. Und ihr Leben?

Auf die Welt kam sie am 10. August 1896 in Prag als Tochter von Jan Jesenský, Dozent für Zahnmedizin an der Karls-Universität, und dessen Frau Milena, geb. Hejzlarová. Der Gegensatz zwischen dem vitalen Lebemann, der seine Tochter – die für ihn allerdings auch den Sohn ersetzte – fast tyrannisch liebte, und der kultivierten, zarten und bald schwer erkrankten, schon 1913 verstorbenen Mutter wurde zum prägenden Faktor ihrer Charakterbildung.

In ihrem Leben ist Milena Jesenská mit den wichtigsten Milieus der modernen mitteleuropäischen Kultur in Berührung gekommen. Schon der Besuch des 1890 gegründeten Mädchengymnasiums Minerva in Prag, der ersten Anstalt dieses Typs in der Monarchie, aus der fast die ganze gebildete Frauenschicht der späteren Tschechoslowakischen Republik hervorging, war in der damaligen Zeit etwas Besonderes. Eine gebildete Frau, die sogar Latein konnte, hatte in Milenas Jugend einen Seltenheitswert.

Als sie 1915 die Matura ablegte, gehörte sie schon längst mit ihren Eskapaden zur Prager *jeunesse dorée*, zugleich aber mit ihren Freundinnen Staša Jílovská[64] und Jarmila Ambrožová[65]

63 Franz Kafka: Briefe 1918–1920, Kritische Ausgabe, Frankfurt a. M. 2013, hier in Kafkas Brief vom 6. Juni 1920, S. 165.

64 Staša Jílovská (1898–1955), geb. Procházková, Journalistin und Zeitungsredakteurin, bedeutende und prägende Übersetzerin der modernen französischen und englischen Literatur ins Tschechische, Mitarbeiterin von Milena Jesenská. 1947 organisierte sie die Verschickung der in Prag bei den Verwandten von Willy Haas aufbewahrten Originale der Briefe Kafkas an Milena mit der diplomatischen Post nach England in die Hände von Ernst Pollak (1886–1947), der sie in Zusammenarbeit mit Willy Haas herausbringen sollte, aber schon im gleichen Jahr starb.

65 Jarmila Ambrožová (1896–1990), später Haasová-Nečasová, tschechische Journalistin, u. a. Redakteurin der kommunistischen

zu den regelmäßigen Besucherinnen des berühmten Café Arco, der Brutstätte der Prager deutschen Literatur, in der Max Brod, Felix Weltsch, Franz Werfel, Franz Kafka, Ernst Pollak, Willy Haas, später Johannes Urzidil verkehrten, aber auch junge Tschechen wie Josef Kodíček, Ferdinand Peroutka und Fráňa Šrámek. »In Milena waren wir alle ein bißchen verliebt«, wird sich Ferdinand Peroutka an ihre und seine Jugendzeit später erinnern. Den Wunsch des Vaters, ihm folgend Medizin zu studieren, erfüllte Milena Jesenská bloß vier Semester lang. Dem sachlichen Zugang zum menschlichen Körper stand ihr starkes Mitfühlen entgegen.

Die dramatische Liebe zu dem in der Arco-Runde hoch angesehenen Literaturkenner Ernst Pollak hatte zwar eine vom Vater veranlasste zeitweilige Internierung in der psychiatrischen Anstalt zur Folge, letztlich aber brachte sie die ertrotzte Heirat im Frühjahr 1918 nach Wien. Hier, in den benachbarten Cafés, Central und Herrenhof, zwei Zentren der Wiener Feuilletonistik, lernte die in diesem Kreis fremd wirkende »slawische Schönheit« aus Prag ihr journalistisches Handwerk. Freilich, bekannt gemacht hatte sie sich hier auch mit dem damals in Wien als Modedroge geltenden Kokain. Nach dem Morphium aus der Praxis des Vaters war es allerdings schon ihre zweite Erfahrung mit einer Droge.

Es waren die letzten Monate der Monarchie, die Milena Jesenská noch in Wien erlebte. Im Herbst 1918 folgte ihr Zusammenbruch, damit Hunger und Inflation. Davon betroffen, begann sie neben dem tschechischen Unterricht Ende 1919 für die tschechischen Zeitungen Feuilletons über das Leben in Wien zu schreiben und zu übersetzen. So trat im Frühjahr 1920 Franz Kafka in ihr Leben. Die Zeit der »geschriebenen Küsse« zwischen ihr und Frank, wie sie ihn nannte, begann; eine große unwiederbringliche Liebesbeziehung zweier Menschen, die in sich selbst Erfüllung fand.

Etwa im Jahr 1923 löst sich die Beziehung zwischen den Eheleuten Pollak auf, für beide eine schwere Trennung. »Es

Frauenzeitschrift *Rozsévačka*, Übersetzerin und Kommentatorin des Gesamtwerks von E.E. Kisch ins Tschechische. Mit ihrem zweiten Mann, Willy Haas, lebte sie zeitweilig in Berlin.

ist, als würde man einem das Fleisch mit dem Messer herausschneiden«, schrieb damals Milena Jesenská in einem Brief an Karel Hoch.[66] Denn trotz Pollaks ständiger Untreue verband sie, wie sie sagte, die gleiche innere Sprache.

Als bekannte, erfolgreiche Journalistin kehrt Milena Jesenská nach Prag zurück. Aber nicht direkt, sondern mit einem Umweg über Buchholz bei Dresden zu ihrer alten Freundin, der Psychologin Alice Gerstel,[67] die inzwischen mit dem sozialistischen Politiker und Individualpsychologen Otto Rühle verheiratet war. Die beiden Eheleute gründeten dort den Verlag und die Zeitschrift für sozialistische Erziehung *Am anderen Ufer*. Milena Jesenská kommt allerdings nach Buchholz nicht alleine, sondern mit ihrem neuen Freund, dem adeligen Bolschewiken Graf Franz Xaver Schaffgotsch.[68] Er begleitet sie auch nach Prag. Dort entfremden sie sich jedoch, und er kehrt zurück nach Wien.

Milena Jesenská findet sich schnell zurecht in dem Milieu der tschechischen Avantgarde, die einen regen Austausch mit dem Bauhaus und den französischen avantgardistischen Architekten und Literaten unterhält. Die Leitung der Frauenseite in *Národní listy* macht es Jesenská möglich, die Ideen der Avantgarde dem breiten Kreis der Leserinnen zu vermitteln. Als sie in dem jungen Architekten Jaromír Krejcar die zweite große Liebe ihres Lebens findet, ihn 1927 heiratet und schließlich das lang ersehnte Kind erwartet, ist ihr Glück vollkommen – aber nur für kurze Zeit: Eine schwere Infektion macht ihr rechtes Knie unbeweglich und die Geburt zu einer Sache zwischen Leben und Tod. Als sie hinkend wieder ins Leben zurückkehrt, steht sie vor den Ruinen ihres bisherigen Lebens: Sie hat keine Arbeitsstelle, kein Geld, und ihre Ehe keinen Bestand mehr.

66 Alena Wagnerová (Hg.): Die Briefe an Milena, Mannheim 1996, S. 67.

67 Alice Rühle-Gerstel (1894–1943), in Prag geborene Individualpsychologin, die Marxismus mit der Individualpsychologie zu verbinden versuchte. Im Exil in Mexiko beging sie nach dem Tod ihres Mannes Selbstmord.

68 Franz Xaver Schaffgotsch (1890–1979), Spross einer alten schlesischen Adelsfamilie. Marxist, Autor, Übersetzer und Nacherzähler aus dem Russischen.

Abb. 3: Milena Jesenská um 1927.

Als Jaromír Krejcar 1933 in die Sowjetunion fährt, bedeutet es auch das Ende einer Beziehung, die mit so vielen Glücksgefühlen begann.

In dieser Zeit tritt ins Leben Milena Jesenskás der Journalist und Funktionär der Kommunistischen Partei der Slowakei Evžen Klinger. Sie nahm ihn in ihre Obhut, als er in Prag illegal und schwer krank in einer Kellerwohnung hauste. Mit der Zeit kommen sie sich näher und Evžen Klinger wird zu ihrem letzten Lebenspartner. Und wie alle ihre Freunde sagen: dem besten, den sie je hatte, einem freundlichen, verständnisvollen, geduldigen, aber auch tapferen Menschen. Politisch und materiell haben sie aber nur schwere Zeiten miteinander erlebt. Nicht zuletzt war es die große Geschichte, die an ihre Tür laut klopfte, einerseits der Nationalsozialismus, andererseits der Stalinismus, die »Kominterna Pest«, wie es Milena Jesenská nannte. »Ja, ich war für den Kommunismus, aber nicht für den, wie es in der Sowjetunion und den Parteien in anderen Ländern heute der Fall ist. Die Kommunisten haben alles kaputt gemacht, und wir werden jetzt wieder neu anfangen müssen«,[69] sagte sie dem jungen in sie verliebten Marxisten Kurt Konrad.[70] Diese kritische Haltung reichte, um als Trotzkist und Renegat gebrandmarkt zu werden. So ging es auch Evžen Klinger und vielen anderen, die mit dem stalinistischen Kurs nicht einverstanden waren.

Zu ihnen gehörte auch der aus Wien emigrierte Journalist Willi Schlamm, den Milena Jesenská in der Redaktion von *Přítomnost*[71] kennenlernte und zu dem sie eine tiefe platonische Zuneigung empfand. Ihre Briefe an ihn nach seiner Emigration in die USA stellen ein mit starker Empathie geschriebenes Do-

69 Jaroslava Vondráčková: Kolem Mileny Jesenské (Um Milena Jesenská herum), Praha 2014, S. 200.

70 Kurt Konrad (1908–1941), geb. als Kurt Beer, marxistischer Literaturkritiker und Theoretiker, Bruder von Fritz Beer, im Krieg illegal für die KPTsch tätig, nach der Verhaftung nahm er sich im Gefängnis in Dresden das Leben.

71 William S. Schlamm (1904–1978), kommunistischer Journalist, Redakteur der Wiener *Roten Fahne*, brach mit dem Kommunismus, 1938 emigrierte er in die USA, nach dem Krieg in der Bundesrepublik als extrem rechter Journalist tätig und kritisiert.

kument über das Ende des letzten demokratischen Staates in Mitteleuropa dar und eine Art Ergänzung ihrer Reportagen. Es ist das größte erhaltene Konvolut der Briefe von Milena Jesenská.[72]

Nur die Ereignisse lassen nicht auf sich warten. In der Zeit nach dem Münchener Abkommen genügt es Milena Jesenská nicht mehr, nur zu schreiben, sie beginnt als Fluchthelferin zu handeln. Ermutigt, getröstet, versorgt gehen aus ihrer Wohnung Menschen in die Emigration, vom Netz der Helfer über die Grenze in die Sicherheit begleitet. Nach der Besetzung des Restes der Tschechoslowakei am 15. März 1939 wird auch Evžen Klinger, als Jude bedroht, diesen Weg nehmen müssen. »Stehen bleiben! Nicht weggehen!«, wiederholte Milena oft in ihren mobilisierenden patriotischen – nicht nationalistischen – Artikeln in *Přítomnost*. Und damit hatte sie sich auch selbst verpflichtet, zu bleiben.

Nachdem Ferdinand Peroutka verhaftet worden war, übernahm sie die Leitung der Zeitschrift bis zu ihrem Verbot Ende August 1939. Damit hatte sie freie Hand für ihre Arbeit in der illegalen Zeitung *V boj* (Auf in den Kampf) und die Zusammenarbeit mit der illegalen militärischen Organisation Obrana národa (Die Verteidigung der Nation). Und in diesem Zusammenhang, der Gestapo schon seit ihrer Zeit in *Přítomnost* nicht unbekannt, wurde sie am 12. November 1939 verhaftet. Dank ihres Geschicks bei den Verhören konnte man ihr aber nichts nachweisen. Trotzdem wurde ihr Fall als Verdacht auf Hochverrat im März 1940 an den Volksgerichtshof in Dresden weitergeleitet. Die Strafverfolgung wurde aber im Juni vom Volksgerichshof in Berlin aus Mangel an Beweisen eingestellt und Milena Jesenská an die Gestapo Prag zurücküberführt. Als sie dann in schlechtem gesundheitlichen Zustand aus Dresden nach Prag gebracht wurde, erfuhr sie, dass auf sie die Schutzhaft im Frauenkonzentrationslager Ravensbrück auf unbestimmte Zeit wartete, wohin sie auch Ende Oktober 1940 gebracht wurde. Hier wird sie auch ihrer späteren Biographin Margerete Buber-Neumann begegnen und mit dieser Zeugin

72 Alena Wagnerová (Hg.): Die Briefe an Milena, Mannheim 1996, S. 117–196.

des stalinistischen Terrors eine enge Freundschaft schließen. Ravensbrück selbst wird für sie zum letzten Kampfplatz, auf dem es um das tätige Bewahren und Retten wenigstens der letzten Reste menschlicher Würde und Menschenleben geht und damit des humanen Erbes der europäischen Kultur gegen das barbarische System. An ihren Mut und ihre Standhaftigkeit gegenüber der Nazigewalt werden sich viele ihrer Mithäftlinge noch Jahre erinnern. Den Kampf um ihr eigenes Leben hatte aber Milena Jesenská am 17. Mai 1944 verloren.

Alena Wagnerová

I 1919–1924

Auf den Straßen Wiens

Abb. 4: Milena Jesenská 1917, Fotografie Atelier Vaněk, Praha.

Wien

Am besten in die Federn kriechen, die Decke bis über die Ohren ziehen und vorkriechen erst wieder nach dem Fest. So wollte ich die Feiertage verbringen! Merkwürdig: Was in Prag, in Berlin, überall sonst, in jeder beliebigen Stadt der Welt seit Monaten längst eine Katastrophe wäre, was anderswo bereits Demonstrationen ausgelöst hätte, Geschrei, Proteste, womöglich auch eine Revolution – hier nimmt man es hin, als wäre es nach der Ordnung, mit halb stumpfer, halb humorvoller Resignation. Tut ein Wiener den Mund auf, so macht schon sein Zungenschlag sich über ihn lustig, jedes Wort ist kugelig, komisch, kullert, auch wenn es schimpft, droht, wütet, heiter von seinen Lippen und ist letzten Endes ganz und gar unernst.

Es gibt nichts zu heizen, keine Kohle, kein Holz, keinen Koks. Züge fahren im ganzen Land nicht, die Fabriken stehen jeden Augenblick still, um fünf sind die Geschäfte geschlossen, im Restaurant und im Kaffeehaus flackert ab acht ein kleines Karbidlicht. Es steht zu befürchten, dass der elektrische Strom für den Privatverbrauch abgedreht wird und man mit Kerzen wird leuchten müssen, die nirgends zu haben sind! Nichts, womit man heizen, nichts, womit man kochen könnte. Tausende gehen täglich um Holz in den Wienerwald und bringen nasse Baumstücke mit, die in den Öfen im wahrsten Sinne des Wortes gekocht werden, Wärme freilich geben sie nicht. An den Endstationen der Wiener Peripherien warten geduldig Heerscharen mit Säcken, Rucksäcken, Taschen voll Holz; Frauen, Alte, Kinder mit gewaltigen Lasten. Im Dunkeln nimmt diese Karawane sich grotesk aus bis ins Erschreckende, wie ein geheimnisvoll sich voranbewegender Wald. Unter ihren Holzlasten sind die Menschen kaum mehr zu sehen. Sie alle schichten sich einer neben den anderen mit Eselsgeduld in die Elektrische, mit frostklammen Händen, zerstoßenen und zerschürften Gliedern, und mit selber Geduld lässt der Fahrer Schläge und Püffe geschehen, die ihm die holzbeladenen Rücken erteilen. Nach zwei Minuten scheint der Wagen mit Holz randvoll gestopft. Natürlich, man schreit herum, schimpft, ist ärgerlich, beschwert sich, aber das alles ist nicht so schlimm, ist nicht so gemeint, ist so lustvoll nachbarschaftlich, harmlos und deppert und dumpf – du spürst, da regt sich nicht der geringste Protest, man untermalt grade nur die ganze alltägliche Prozedur verbal, wie wenn man beim Arbeiten singt; damit es leichter von der Hand geht.

Die andere Hälfte der Leute verkauft das Holz. Für 2 K das Kilo. Auf den Bahnhöfen stehen Männer mit Säcken und Wägelchen. Durch die Straßen fahren Karren mit Holz. Wenn du einheizen willst, mach dich auf, such dir so einen Mann mit Holz, den nächstbesten Karren halt an und zahl, handle herunter, zahl und zahl wieder. Das Holz allerdings ist nicht gespalten, nicht klein gesägt. Fürs Kleinsägen zahl erneut. Und noch mal fürs Liefern. Bis das Holz freilich in deine Wohnung gelangt, ist nur noch die Hälfte da. Dann zahl noch ein saftiges Trinkgeld, spendier ein Glas Wein, schüttle dem guten Mann die Hand und bedank dich. Und sei froh, dass du überhaupt etwas hast.

Mit dem Essen ist es dasselbe. Das, was man für eine Woche bekommt, reicht bei größter Bescheidenheit – quantitativ und qualitativ – für ein einziges Abendessen. Für eine Person gibt es einen Laib Brot (ein Laiberl!), und obwohl ich die Schule der Wiener Not und Armut inzwischen zwei Jahre besuche, gelingt es mir immer noch nicht, diese gelbliche, harte, alte, schimmlige »Gabe Gottes« hinunterzuwürgen. Es bleibt nichts, als sich das Nötigste im Schleichhandel zu verschaffen, der hier vermutlich verzweigter ist als irgendwo sonst. In der Stadt unten gibt es Delikatessengeschäfte, die im Fenster ein paar Äpfel haben und ein Johannisbrot – damit keiner was sagen kann. Die Theke leer, die Körbe leer, die Fässer leer, und trotzdem: Der Laden ist voller Leute. Die gehen aber nicht zur Theke und sagen, wie üblich in einem Laden, geben Sie mir dies oder jenes. Nein, sie flüstern dem Verkäufer etwas zu, der flüstert zurück, und nach kurzem Gewisper verschwindet er und bringt ein schon eingewickeltes Päckchen, nimmt das schon abgezählte Geld, und der Kunde geht. Für einen Unbekannten ist nichts zu bekommen. Für Eingeweihte gibt es Likör, Wein, Schokolade, Fleisch, Schinken, Geflügel, Salami, was immer du willst. Frag aber nicht nach dem Preis. Du bekommst dein Packerl, man flüstert den Preis, dann zahl und mach, dass du fortkommst.

Neulich bin ich um Brot gepilgert. Zu allen Hökern, Bäckern, Milchmännern, Kellnern – natürlich vergebens. Bis eine gute Frau mir den Rat gab, auf die Brotbörse am Gürtel zu gehen. Unter der genannten Adresse fand ich ein kleines Weinbeisl, von der Decke zum Boden stockte undurchdringlicher blauer Qualm, so dass fast nichts zu erkennen war. Die Menschen standen dicht an dicht. Und ab und zu löst sich einer von einem Zweiten, um zu einem Dritten zu gehen. Alle reden, rufen, alle handeln was aus. Hier kriegst du alles. Hier kriegst du Brot – freilich für 50 K ein! Laiberl – von diesem muffigen, schimmligen Brot!, hier kriegst du Mehl 50 K das Kilo, Reis 8 K das Kilo, ein Ei 8 K, Kerzen 8 K das Stück, Butter 200 K das Kilo, Fleisch – 150–200 K das Kilo, eine Gans 1000 K!, alles! Kohle, Holz, Lebensmittel, Stoffe, für ein Wahnsinnsgeld. Und das Bemerkenswerteste: Die, die hier verkaufen, sind durch die Bank ausnahmslos Arbeiter. Ich stand bass erstaunt mitten im Raum, als wäre die Welt nicht einmal, sondern dreimal von den Füßen auf den Kopf gestellt, und du erkennst gar nicht mehr, wo unten ist und wo oben! Die ganze Welt, jede Zeitung, jede Versammlung, jeder Vortrag dreht sich um die Arbeiterschaft. Alle rufen sie nach Hilfe, Hilfe für das Proletariat, nach Hilfe für die rachitischen Kinder, die sich zu fünft, zu acht in einer Stube mit zwei Betten drängen, nach Abhilfe für die durch die Not verursachte Prostitution! Alle – fast alle – sind wir uns einig, sind begeistert, bereit; und diese Arbeiter hier haben Geld in Hülle und Fülle und verkaufen die besten Sachen zu schamlosen Höchstpreisen; Hunderte sind es, Aberhunderte; von Elend nicht die geringste Spur. Sie haben Pelze. Sie haben gute Schuhe, haben freie Zeit, haben Geld. Ich kenne ein paar Familien. Eine dreizehnköpfige – in ihren drei täglich geheizten Zimmern ist es viel wärmer als in meinem einen, und nie kochen sie zu Abend das, was ich koche – damit nämlich gäben sie sich nicht zufrieden. Zum Frühstück gibt es Milchkaffee mit Buchteln aus Weißmehl, und alle dreizehn haben frische, runde Wangen, von Unterernährung haben sie nicht den geringsten Begriff! Der Wiener Arbeiterschaft geht es nicht schlecht, es sei ihr dreimal gegönnt! Aber schlecht geht es ihr nicht! Schlimmer steht es da um die Beamtenschaft, um die Leute mit den miserablen Gehältern und vielköpfigen Familien, um die Postbeamten etc. – bei ihnen herrscht die wohl größte Not, aber sie zeigt sich nicht! Und natürlich bei denen, die eben keine Arbeiter sind, bei vielen Witwen, Krüppeln, Straßenfegern, Briefträgern, kleinen Handwerkern – diese Familien drängen sich in der Tat in Favoriten und Ottakring in ihren dumpfigen Zimmern zwischen der aufgehängten Wäsche in beklemmender, nackter Not. Und zugleich spielen draußen fünfzehn Theater und sind trotz der enormen Eintrittspreise Tag für Tag ausverkauft (ein Logenplatz bei der Premiere der *Frau ohne Schatten* von Strauss kostete 1000 K!, ein normaler Parkettplatz in der Oper für die allereinfachste Aufführung 60 K!). Zwanzig Kabaretts, zwanzig Bars, zahllose Restaurants, in denen man unter 200 K nicht zu Abend speist, und alles voll. In den Straßen die buntesten Plakate und Reklamen von Vergnügungseinrichtungen aller Art. Die Kinos – in fast jeder Straße, die Kaffeehäuser – in fast jeder Straße – sind überfüllt. Die Modehäuser in der Kärntner Straße sind voller Menschen. Pelze, Kleider, Stoffe, Hüte, Schuhe. Ein Paar Schuhe 1200 K! Schwindelerregende Preise für Wäsche, für Kleidung, für Handschuhe. Und man kauft gleichsam immer wütender, immer toller. Für manche Leute ist nichts teuer, nichts modern und nichts neu genug. Wien kaut mit vollem Mund, Wien tanzt, Wien vergnügt sich, singt, spielt Walzer und Operetten, und unsinniger all das denn je. Aber dasselbe Wien stirbt, appelliert an die ganze Welt, ist voller Reparationskommissionen, und seine politischen Führer reisen auf der Suche nach Unterstützung rund um die Welt. Es fahren keine Züge, die Gemeinde hat kein Brot, kein Mehl, keine Kartoffeln, die Post, das Telefon und der Telegraph, alles funktioniert nur mit Müh und Not unglaublich langsam, in den Krankenhäusern und Kliniken liegen die Menschen in zerrissener Wäsche, und in den Gefängnissen brüllen die armen Übeltäter vor Hunger und Kälte so laut, dass die Anwohner rings um die staatliche Haftanstalt kein Auge zutun!

Und gleichzeitig gibt es Räumlichkeiten, Spielhallen, die bis zum Morgen geöffnet sind – Hunderttausende lassen sich dort verdienen, und an der Börse werden fantastische Valutageschäfte gemacht. Tausend Kronen bedeuten und sind nichts. Nichts für den Geschäftsmann, nichts für den Neureichen,

Abb. 5: Slávka Vondráčková, Textildesignerin und Freundin Milena Jesenskás 1913.

nichts für den Gastronomen, nichts für den Kaffeehausbesitzer, nichts für den Käufer und nichts für den Dieb. Für tausend Kronen bekommst du eine Bluse, ein paar Schuhe, fünf Kilo Schmalz. Noch letztes Jahr konnte man mit einem Tausender durch den Monat kommen. Heute kommst du damit keine Woche mehr aus.

Wien ist verrückt – oder ist es die Welt? –, Wien liegt in den letzten Zügen seines Ruhmes; wovon es getragen wird, ist die alte Tradition der Großstadt, ist nichts als der Umstand, dass seit Jahren alles in Gang ist, dass die öffentlichen Gebäude bereits gebaut sind, auch die Hotels, Restaurants, Bars, Theater, dass der ganze Mechanismus auch da funktioniert, wo er leerläuft. Am schlechtesten jedoch geht es hier uns, uns Tschechen. Im Grunde sind wir in Böhmen zu Hause, und hier sind wir gezwungen, die Bürde der anderen mitzutragen, ohne dass unsere Landsleute uns auch nur ein bisschen helfen! Wäre es denn nicht möglich, für die Bürger der Tschechoslowakei die Grenzen ein wenig zu öffnen oder Post und Verkehr zu ermöglichen? Wir konnten von unseren Verwandten weder ein Stück Weihnachtsstollen noch ein bisschen Mehl zum Christkind bekommen. Also bleibt – wie schon gesagt – nichts anderes übrig, als Weihnachten unterm Federbett zu verschlafen wie eine Zieselmaus.

Tribuna, 30.12.1919

Kino

Ich wundere mich immer wieder, wenn man das Kino mit dem Theater vergleicht, wenn man eine Aufführung verurteilt oder verteidigt, indem man eins gegen das andere ausspielt und vom Künstlerischen oder Nichtkünstlerischen des Kinos im Vergleich mit dem Theater spricht. Ich meine, über das Kino ließe sich viel Interessantes sagen – zum Beispiel über seine sexualisierende Wirkung auf die Massen (weit mehr als über seine ethische oder ästhetische), über seine Propagandafunktion oder den Geschmack und die Ausstattung und vielleicht auch über die in vieler Hinsicht äußerst interessante technische Seite – aber gerade das Herumreiten auf dieser Konkurrenz scheint mir schlichtweg überflüssig – vielleicht ist sie auch oberflächlich?

Gibt es eine Konkurrenz, dann ist sie rein äußerlich: Da wären die Sitzplatzpreise zu nennen; Länge und Vielfalt des Programms; die geheizten Säle; die billigen rsp. teuren Eintrittskarten dieser oder jener Art von Unterhaltung für ein bestimmtes Publikumsniveau; das Umfeld, hundert andere äußere Dinge. Doch gerade die innere, künstlerische Konkurrenz fällt von selbst aus der Rechnung heraus – und zwar deswegen, weil beim Kino das Künstlerische auf einen Bereich begrenzt ist, der sich mit dem Theater in keinem Punkt berührt. Spricht man beim Theater von Kunst, dann meint man den Autor, den dramatischen Aufbau, das Wort, das Problem, die Tiefe des Gedankens und seinen Bezug zum Leben. Spricht man beim Kino vom Künstlerischen, so spricht man von der technischen Leistung, die vollkommen sein kann – ob Fotografie, Regisseur, Schauspieler, Sujet –, aber stets nur im Sinne der Reproduktion; im Theater werden wir nicht unterhalten, im Theater hören wir zu, vergleichen, lassen uns belehren, suchen. Schlimmstenfalls interessieren wir uns. Im Kino? Und hier liegt der Hund begraben: Was machen wir im Kino? Ich kenne so manchen, der täglich von mittags bis in die Nacht im Kaffeehaus sitzt. Nicht dass er kein Zuhause hätte, dass es dort nicht warm wäre und nichts gäbe, was und worauf sich kochen ließe, dass man zu Hause nicht Platz und Ruhe hätte. All diese Ausreden der heutigen Zeit gelten nicht für die, die ich hier im Sinn habe. Die haben schon vor dem Krieg im Kaffeehaus gesessen (nur, und das ist der einzige Unterschied, sehr viel länger, denn es war länger geöffnet), und sicherlich sitzen sie da auch nach dem Krieg. Ich meine nicht die Bärenhäuter, Müßiggänger und überhaupt die in jedwedem Sinne des Wortes unnützen Leute. Viele von ihnen sind ganz hervorragende Künstler, haben Gedanken und Ideen, denen sie mit allen möglichen Mitteln Gestalt geben. Viele gehen auch einer bürgerlichen Beschäftigung nach und versitzen im Kaffeehaus den Rest des Tages. Das ist etwas anderes als eine äußerliche Unordnung des Lebens. Es ist sozusagen die Suche nach einer neutralen Atmosphäre. Die Möglichkeit, sich selbst zu vergessen – gedanklich ganz von sich abzusehen. Das Bedürfnis, so wenig wie möglich im Modus eines privaten Ichs zu existieren. Das Leben ein wenig leichter zu nehmen.

Nun gut! Ich kenne so manche, die tagtäglich im Kino sein können. Nicht dass sie nicht arbeiten wollten oder nichts zu tun wüssten. Sondern weil es für die Seele so bequem ist, im Kino zu sitzen. Alles, was man sieht, ist scheinbar so wie im Leben. Und dennoch, welch enormer – und welch bequemer Unterschied. Da geht es um Liebe und Hass, um Gut und Böse, um Ehre und Niedertracht. Da tritt ein Intrigant auf, rollt mit den Augen, ballt die Fäuste, und du kannst ganz sicher sein, dass er schließlich erwischt wird und dass der unbescholtenen Jungfrau, die inbrünstig einen armen Jungen liebt, der ihr treu ist und der ganz sicher Karriere macht, einfach so, gewissermaßen aus Zufall – ganz sicher nichts passiert. Ist das nicht schön? Es kann ihr gar nichts passieren, sonst wäre das Ganze ja nicht moralisch, sonst ginge es gar nicht durch die Zensur. Da gibt es die verdorbenen Frauen, die rauchen und sich im Negligé auf der Ottomane räkeln, und es gibt die guten Frauen, die sich Wäsche nähen, Bücher lesen, Klavier spielen oder kleine Kinder mit Lockenkopf herzen. Wir wissen todsicher, dass sie gut sind, und es ist völlig ausgeschlossen, dass sich in ihrer Seele etwas Böses fände, und von den bösen wissen wir, dass sie böse sind, dass sie unsere Verachtung verdienen, unser Nichtmitgefühl. Wir müssen nicht im Geringsten fürchten, ihnen Unrecht zu tun, und können uns darauf verlassen, dass sie bestraft werden, noch bevor wir gegangen sind, und dass diese Strafe gerecht ist. Hier wagen heldenhafte, ehrliche Männer für die geliebte Frau ihr Leben, die Ehre, Vermögen, Ruf, Gesundheit und Existenz. Und die anderen, die eine Frau einfach nur wollen, nähern sich ihr von hinten, mit teuflischer Miene, und fassen sie an der Schulter – werden sie abgewiesen, folgt eine elegante Verbeugung, werden sie nicht abgewiesen, sitzen sie »hinterher« im Lehnsessel, aber auf jeden Fall haben sie eine Zigarette im Mundwinkel stecken, was sehr zynisch ist, tragen einen Pyjama und haben schwarzes Haar, man erkennt sie sofort und verachtet sie voller Abscheu. Wahrlich, wie schön wäre die Welt, wenn sie so wäre. Wie bequem wäre es, wäre ein

Mensch garantiert gut oder böse, eine Frau schlecht oder brav, treu oder untreu, verführt oder ehrbar, wohltätig oder verbrecherisch! Wie liebenswürdig, wie barmherzig ist die Welt hier, wo vollmundig absolute Größen verkündet werden, die wir im Leben nie finden, nie erråtseln, nie ertasten werden. In unserer Welt sind die Menschen gut und böse zugleich, treu und untreu, erniedrigt und stolz. Jedes Herz ist kompliziert, jedes Leben schwer und nicht bis ins Letzte gelöst, Glück zufällig und von Gut oder Böse nicht abhängig. Alles ist tausendmal anders, als wir selbst es wissen. Wir sind nicht in der Lage, in letzter Minute aus dem Fensterchen eines hohen Turms an einem hundert Meter langen Seil zu fliehen, das wir uns aus dem eigenen Hemd gedreht haben – wir verstehen nicht, glücklich zu springen, wenn wir gut sind, und unglücklich, wenn wir böse sind, über die Dächer fahrender Züge und von den Brücken ins Wasser, auf unser Erbe warten keine Verbrecher, die unsere rechtmäßigen Erben in unterirdischen Gewölben einmauern, und die Huren, denen wir begegnen, sind keine dämonischen Frauen, auch keine Frauen mit tragischem Schicksal, die unser Herz mit verzweifeltem Lachen zerreißen; die Männer, die wir haben, betrügen uns, und dennoch gehören sie nicht zum Abschaum der menschlichen Gesellschaft, und unsere Geliebten sind ganz normale Beamte, Kaufleute, Minister, Schauspieler, ohne dass sie verführerisch wären oder unwiderstehliche Höllenkinder!

Wir versuchen, das Rätsel unseres Seins zu lösen. Und siehe, hier ist es gelöst, und zwar gelöst mit aller Verkehrtheit unserer Lebensvorstellungen! So angenehm! So liebenswert! So bequem! Wie betörend ist es, einen Augenblick lang mit dem Gehirn dieser Leute auf der Leinwand zu denken, von eigenen Lebensproblemen auszuruhen und ein durchschaubares, selbstverständliches Leben von Lichtgaukeleien zu sehen und mit der großen Leidenschaft und den starken, aufrechten, unproblematischen, einfachen Herzen aller Figuren zu fühlen, die vor uns in herrlicher Toilette über die Leinwand schwirren (auch wenn es gerade nichts zu essen gibt), im Glanz einer herrlichen Szenerie und zu den Walzermelodien, die das Orchester kratzt.

Kino ist etwas anderes als Unterhaltung. Kino ist zu vergleichen mit dem Alkohol eines Trinkers, mit dem Opium des Opiumrauchers – mit etwas, was vergessen lässt, was angenehm kitzelt, sanft einlullt. Mit etwas, dem wir Feiglinge uns allzu gern ergeben, ohnmächtig gegenüber dem, was das Leben verzerrt – damit es sich darin etwas besser – etwas leichter aushalten ließe – damit es sich etwas leichter ertragen ließe zu leben.

Tribuna, 15.1.1920

Wie man sich in Wien ernährt

Die meisten Normalsterblichen essen in so genannten Gemeinschaftsküchen. Davon gibt es verschiedene: für Journalisten, für Künstler, Bürger, Akademiker, Beamte – sie sind in verschiedenen Bezirken, fast in jedem Bezirk ein oder zwei, und sie gleichen einander aufs Haar. Alle sind sie gleich billig – 6 bis 6,50 österr. K. für ein Mittagessen, in allen riecht es unerträglich nach Kraut und schlechtem Fett, in allen isst man ohne Tischtuch mit verbogenem Blechbesteck und in allen auch jeden Tag dasselbe: Suppe: Schmutzwasser mit gekochten Graupen, Fisolen oder Kraut respektive Kraut oder Fisolen, an einem Fleischtag kommt dazu ein Stück ranzige Salami oder Faschiertes, ein merkwürdiger Brei aus Salami und Semmel. Danach ein Stückchen Kolatsche mit Powidl, aus einem Teig, in dem Roggenmehl ist, Wasser und sehr viel Hefe, damit er schnell nach oben schießt. Für 6 K lässt sich mehr nicht zubereiten, wenn obendrein dabei noch verdient werden soll. Aber satt wird man von dieser Kost auch nicht, und nach vierzehn Tagen kann man einen solchen Raum einfach nicht mehr betreten, ohne sich allein schon bei dem Geruch zu erbrechen. Und dennoch: Was bleibt einem übrig? Für 6 K kocht sich keiner zu Hause auch nur Karotten, und wohl auch nicht dieses Kraut, dieses schreckliche, verfluchte, nach dem ganz Wien riecht, jedes Haus vom Dach bis zum Keller. Ich weiß ganz sicher, ich nehme nie wieder Kraut in den Mund, solange ich lebe, außer ich muss – so ständig voll Kraut stecken hier Nase, Mund, Magen und alles. –

In diesen Küchen essen Studenten, Beamtengattinnen (die Beamten haben in den Banken eigene Kantinen, in denen sie etwas weniger zahlen und ein klein bisschen besser essen, aber immer noch grässlich), Professoren, alle Theaterleute mit kleinen Gagen, doch großen Hoffnungen, die Lehrerschaft, die Journalisten, Witwen aller möglichen Räte und Würdenträger. Bisweilen auch ganze Familien mit Kindern und Dienstmädchen. All die zahllosen Seelen einer großen Stadt, die entweder nicht genug Geld haben, um richtig zu essen, oder nicht genug Mut, um überhaupt nicht zu essen – das heißt, um ohne feste Ordnung zu leben und sich zu ernähren, wie Gott es gibt. Das ist die am härtesten betroffene Bevölkerungsschicht in Wien – die Menschen, die nicht die Möglichkeit haben, sich zu beschweren, zu protestieren, zu streiken, zu fordern, die schweigend am Ersten ihre Kreuzer einteilen und die, wenn sie Schuhe brauchen, im selben Monat nichts essen können, und wenn sie essen, so müssen sie auf Zehenspitzen durch den Morast, denn für Sohlen hat es nicht mehr gereicht.

Aber in Wien kann man auch essen und trinken, wonach es den Gaumen gelüstet, sofern der Geldbeutel es gestattet. Es gibt Hotels und Restaurants, die schlichtweg alles im Angebot haben. In jedem größeren Restaurant in der Innenstadt (im Opernrestaurant, im Imperial, bei der Schöner im Mozartrestaurant, beim Hopfner und Dutzenden anderen) bekommt man Geflügel und Braten, zubereitet auf jede erdenkliche Art, vorzügliche Suppen, exquisite Torten und Mehlspeisen. Auf der Karte steht züchtig und keusch nur das, was erlaubt ist. Aber wenn du wählst, beugt sich der Ober zu dir und flüstert geheimnisvoll: »Ungarisches Kraut gefällig, bitte schön?« Kraut! Du erschrickst und fragst: »Was ist das?« »Ha, was Famoses«, entgegnet er herablassend und mitleidig. Fragst du danach, was das ist, dann bist du nicht allzu »nobel«, mein Lieber. Wenn du es wärest, wüsstest du es. »Na gut, bringen Sie Kraut«, entscheidest du dich. Nach einer Weile bringt er mit fließender Bewegung einen Teller mit einem Haufen Kraut. Aber unter dem Haufen ist wirklich immer »etwas Famoses«, zum Beispiel: ein Schweinsbraten! Oder: ein Kalbsbraten! Ein paniertes Schnitzel! Ein Schnitzel natur! Ein Stück Hendel! Ein Gänsebein! Eine Hirschkeule! Ah – welche Wunder!

Mit der Mehlspeise ist es dasselbe. Auf der Karte steht: Nudeln. Powidlstrudel, Griesfleckerl. Aber verstehst du dich auf ein intelligentes Gespräch mit dem Ober, dann erscheint in der Ecke ein Schränkchen und in dem Schränkchen Torten mit Sahnecreme, Butterbuchteln, hauchzarte, mit besten Konfitüren gefüllte Kolatschen, von denen man zwanzig auf einen Sitz essen könnte, Gugelhupf mit Puderzucker. In Restaurants wie dem Sacher, wo heute fast nur noch Ausländer essen, kann man die raffiniertesten Speisen mit Kaviar und Mayonnaisen bestellen, Schokoladenpudding mit Sahne oder »péche à la Melba« – Eis mit Früchten und Schlagobers. Freilich, im Sacher isst man nicht unter 500 K zu Abend. Ich glaube, in ganz Prag wäre kein Essen zu haben, das so angerichtet und so ausgezeichnet ist wie in Wien. Und nicht nur in Prag – in vielen Städten nicht. O ja – Wien weiß zu genießen, Wien lässt sich das nicht nehmen, mögen auch Tausende seiner Kinder verzweifelt Kraut essen. Hin und wieder ist das ein oder andere namhafte Restaurant für einige Tage polizeilich geschlossen. Aber das schadet nicht. Im Gegenteil – das macht Reklame. – Fürwahr – sie haben gewusst, warum sie es schließen – vermutlich ließ sich dort über die Maßen gut essen! Ebenso vortrefflich isst man in den großen Hotels. Im Bristol, im Grandhotel, im Hotel Kranz, wo vor allem Ungarn, Engländer, Franzosen und andere Leute mit sehr viel Geld wohnen. Diese Ausländer bekommen täglich Milch, Butter, weiße Semmeln, Schinken und Eier von verschiedenen Händlern, die ihnen das alles bis auf die Zimmer liefern, für – ausländische Währung und zu relativ niedrigem Preis. Was sind für einen Franzosen schon ein paar Francs, wenn er so an ein köstliches Frühstück kommt? Für den Händler freilich ist ein Franc weitaus mehr als ein noch so unverschämter Betrag in österreichischen Kronen. –

In letzter Zeit führen Kaffeehäuser oft auch einen Restaurationsbetrieb. Sicher wäre es schwer, sich eine Stadt auszudenken mit so vielen Kaffeehäusern wie Wien. Keine Straße, in der nicht mindestens eines ist, aber wahrscheinlicher findest du drei oder vier und immer gut voll. Und alle haben sie ihr Gesicht; jedes ein anderes! Es gibt die Kaffeehäuser der Bohème, da sitzen die Journalisten, die Literaten, Schauspieler und Künstler – aber auch die wunderlichsten Menschen und merkwürdigsten Typen, von denen unbekannt ist, wie und woher sie aufgetaucht sind, Leute in grotesker Kleidung, mit groteskem Gesicht und einem grotesken Leben. Man kommt seit Jahren hierher, man kennt sich.

Von den Frauen weiß jeder, wann sie zum ersten Mal hergeführt wurden und von wem. Weiß, mit wem sie dem ersten Liebhaber untreu waren, warum und wegen wem sie sich scheiden lassen. Sie ziehen von Tisch zu Tisch und sehen ihre einstigen Geliebten oder Männer täglich an anderen Tischen mit anderen Frauen. Hier gibt es Feindschaft und Freundschaft, verschiedene Lager, Kreise, Meinungen, all diese Menschen verbringen Jahre ihres Lebens rund um die Kaffeehaustischchen, und das Kaffeehaus gewöhnt sich an Szenen, Tragödien, Komödien, die Feiern frisch publizierter Bücher, das Geschimpfe über eine schlechte Kritik. Ein Kaffeehaus bekommt ein Gesicht. Nun, auch hier kann man das Nachtmahl nehmen, mehr noch – hier kann man das Nachtmahl anschreiben lassen. Hier ist immer der Kellner Anton oder der Kellner Franz – und der kennt seine Dichter und Kritiker und weiß, wie viel man am Ersten von ihnen erwarten kann. Und entsprechend gibt es ein Nachtmahl auf Pump – Käse. Oder – heute: Corned beef. Auch Ei im Glas oder eine Sardine. Freilich, alles fürchterlich teuer. Aber ein teures Nachtmahl auf Pump ist manchmal billiger als ein billiges Nachtmahl, das bezahlt werden muss – ein Geheimnis, das nicht jeder begreift. Andere Kaffeehäuser haben ein anderes Gesicht. In der Mitte spielt eine Kapelle. Und an den Tischchen sitzt eine Melange aus unterschiedlichsten Leuten, redende Gattinnen, schweigende Liebhaber, irrlichternde Mädchen auf Suche. Hier herrscht ein betäubender Lärm, der Walzer bewegt die Zungen im Rhythmus, man trinkt Schokolade und isst exquisites Gebäck!

Es gibt Kaffeehäuser auch für »Knauser«. Hier stehen fast alle, in Mantel und Hut. Vor sich ein Getränk von der Bar, essen sie Brötchen mit kaltem Braten oder Semmeln mit Butter und Marmelade, im Stehen. Schwindelerregende Geschäfte werden geschlossen. Und Vermittler ist immer – der Oberkellner. Du musst nur hin zu ihm, drückst ihm den ein oder anderen Hunderter in die Hand – so ein Kellner verdient *täglich* Tausende – und sagst: »Mein Herr, ich hab soundso viele Waggons Kohle, Mehl, Kerzen, Kondensmilch, Orangen« – na, was du halt grade zu bieten hast –, »wem soll ich verkaufen?« Er wird antworten: »Der Herr am dritten Tisch links würde wohl kaufen, aber nicht einen ganzen Waggon.« Oder: »Ach je, mein Herr, grad ist der, den Sie brauchen, gegangen. Kommen Sie doch morgen um halb vier wieder her, gewiss ist er da!« Oder: »Nein, Kohle verkaufen Sie heute nicht, aber Medikamente, wenn Sie Medikamente hätten? Dann da drüben, mein Herr, in der Ecke am rechten Tisch können Sie die verkaufen.«

Das sind die Hände, durch die die Medikamente gehen, die in ganz Wien nicht zu haben sind und die sofort in einen Staat mit besserer Valuta wandern, und weil sie hier fehlen, leiden die Menschen in den Krankenhäusern und Sanatorien Qualen und sterben vielleicht sogar. –

Die Oberkellner der Wiener Kaffeehäuser, Bars und Gaststätten leben wie folgt: In der Nähe von Wien eine modern eingerichtete Villa mit allen Bequemlichkeiten und Personal; dort fährt man jeden dritten Tag hin und ist sein »eigener Herr«. Die beiden Tage dazwischen hilft man in Mäntel und nimmt mit Kratzfuß ein Trinkgeld entgegen.

Wie viel Unsinnigkeit birgt die Einrichtung, die wir Großstadt nennen! …

Tribuna, 27. 1. 1920

Die Kinder in Wien

Das bitterste und schwerste Los haben die noch nicht erwachsenen, vor der Zeit gealterten kleinen Bürger. Längst sind das keine Kinder mehr. Waren es nie. Vielleicht ein paar tausend Kinder aus reichen Familien, die – mit den ersten Frühlingssonnenstrahlen, gleichzeitig mit den neuen Tulpen- und Hyazinthenbeeten – in den Parks auftauchen, sorgfältig gekämmt, mit reizenden Kleidchen und neuen Bällen, Reifen und Strohkörbchen, in Begleitung französischer Fräuleins, die konnten sich ihre Kindheit bewahren, auch unter dem unglücklichen Schicksal der Stadt. Aber die Kinder der Vorstädte tragen ab ihrem fünften Lebensjahr alle Sorgen der Mütter und Väter im Kopf, mit derselben zermalmenden, gewichtigen Last und Verantwortung; sie sind es gewohnt, unendliche Stunden in langen Schlangen vor dem Krämer zu stehen, bei Regen, Frost, Hitze, unausgeschlafen, seit drei in der Früh, todmüde oft, bis spät in den Abend. Sie finden sich in dem komplizierten Apparat von Lebensmittelmarken und Berechtigungsscheinen zurecht, ihnen obliegen die Einkäufe für die ganze Familie – den Kindern der Hausbesorger oft für das ganze Haus –; in der Hand, in den Taschen, den Schulheften knüllen sie Brotkarten, Kohlekarten, Mehlkarten usw. – tragen mit sich im Kopf herum, wann und wo die Ausgabe von Kartoffeln ist, von Holz, Gefrierfleisch, sie lesen die Lebensmittelrubriken der Zeitungen, kümmern sich, ärgern sich, schimpfen. – Die Schule, unregelmäßig allein schon mangels Heizmaterial, ist nur noch eine Art Nebensache, man schaut rasch mal vorbei, wenn man nichts Wichtigeres zu tun hat – und Wichtigeres hat man *immer* zu tun. Der Lehrer ist machtlos. Die Mutter braucht Petroleum, am Montag muss jemand beim Köhler die Holzration holen. Am Morgen kann man auch nicht rechtzeitig da sein, wenn der Bäcker sich mit dem Brot verspätet. Mindestens zweimal in der Woche fährt die Mutter zum »Hamstern« – das heißt, sie fährt mit etwas Petroleum oder Seife in einem überfüllten Zug ein paar Stationen hinter Wien hinaus, um einen Bittgang von Hütte zu Hütte zu machen und ihre wöchentlichen Ersparnisse gegen etwas Milch, einen Kanten Brot oder ein Ei zu tauschen. Und da müssen die Schulkinder dann den Haushalt versorgen, für den Vater kochen, die kleinen Geschwister kämmen und hüten, wo bleibt da noch Zeit fürs Rechnen und die Grammatik! Nachmittags fahren die Kleinen regelmäßig mit der Elektrischen bis zur letzten Station ins Holz und kehren mit Bündeln und Bündelchen und erfrorenen Händen und Füßen heim. An Hausaufgaben kann da kein Gedanke sein. Sie sind ein kleines, kränkliches Völkchen, schlecht ernährt und in den Jahren ihres Heranwachsens von ebenso schwerer Arbeit gedrückt wie die Erwachsenen, die keine Verschnaufpause kennen.

Eine völlige Gleichgültigkeit hat sich unter ihnen breit gemacht. Strafen und schlechte Zensuren halten sie – zu Recht!? – für eine Ungerechtigkeit der Welt. Da sie beständig Hunger haben, stehlen sie ohne Ausnahme Geld, Lebensmittel, Kohlestücke, schlicht alles, was geht. Sie sind flink wie die Eidechsen, huschen lautlos heran, ob es ein Korb mit Karotten ist, ein umgekippter Karren mit Holz, ein vorüberfahrender Laster mit Äpfeln. Sie sind dreist, frech, gewohnt, sich ihren Platz beim Höker, beim Kohlenhändler, beim Bäcker, in der Elektrischen, auf dem Bahnhof mit Schimpfwörtern zu erobern. Sie sind erpresserisch – wie jeder heute – und fordern ein schamloses Geld für Dienste, die sie erweisen: für Besorgungen, fürs Geschirrspülen, für Einkäufe. Sie sind düster und unglücklich, seelisch verkümmert und trotzdem selbstständig wie Erwachsene, Geschöpfe, von Gott bestohlen um ihre Naivität.

Erst heuer hat man sich ihrer ein bisschen angenommen. In allen Bezirken gibt es jetzt Küchen, in denen arme Schulkinder von amerikanischen Wohltätigkeitsvereinen sehr gute Mittagessen bekommen, kräftige Essen, die vorhalten, und lachhaft billig. Die Kinder strahlen. Der Speiseplan ist abwechslungsreich. Kakao und Nockerl; Fisolen und Milchkaffee; Milch und Suppe, Weißbrotscheiben. Das kleine, rothaarige Mädchen, das mir täglich die Zeitung bringt, verkündet mir stets mit großen Augen die Neuigkeiten aus der amerikanischen Küche: »Heut hat es Knödel gegeben. Mit Schmalz; und ich hab zweimal bekommen. Und die Mottl, die magere, dreimal!« Die Augen lachen, die Wörter schmecken noch immer nach Knödel. – Arme Kleine – sie ist schon zum dritten Mal in der ersten Klasse der Bürgerschule sitzengeblieben und immer dafür geprügelt worden, weil das so sein muss; bleibt ein Kind sitzen, muss man es prügeln. Dabei versorgt es mit seinen Gängen ein ganzes Haus, spült in jedem Stockwerk Geschirr, kauft ein und verdient in der Woche 100–150 K, läuft in zerrissenen Schuhen herum und hat jeden Abend geschwollene Beine. Wenn sie mit einer unlösbaren Rechenaufgabe bei mir sitzt und sie meinem Verstand anvertraut, klatscht sie mit den Händen auf ihre Schenkel und tratscht los: »Der alte Mottl war heut schon wieder besoffen und hat sich ein Mädl nach Haus gebracht, aber die Mottl'sche hat sie rausgeworfen, haben Gnädige den Krach nicht gehört? Oje oje, das Stiegenhaus hat nur so gebebt!«

Das ganze Leben liegt vor ihr, hässlich, roh, unverhüllt, ohne jedes Geheimnis. Die einzige Freude dieser kleinen Welt ist die Sonntagsvorführung im Kino. Und weil es am Ende der kilometerlangen radialen Straßen der Wiener Vorstädte kleine, billige Lokale mit günstigem Eintritt gibt, ziehen alle Kinder aus dem Bezirk in Scharen dorthin. Natürlich sind diese Filme alt, schlecht, und was das Schicksal nicht verdirbt, verdirbt diese Art des Vergnügens.

Und nicht nur zu essen bekommen sie, auch Schuhe, Strümpfe, Kleidung und Wäsche. Sie laufen in klappernden Holzpantinen, in Mänteln aus altem Uniformstoff, sind schmutzig, verdreckt, blass, abgezehrt, haben blaue Ringe unter den Augen, wirken wie peinliche Schatten.

Erst in jüngster Zeit hat sich die Welt ihrer erbarmt, und Menschen im Ausland, wo man in märchenhaften Verhältnissen lebt, nehmen Kinder aus Wien für drei vier Monate zu sich. Das ist eine große Freude, eine große Neuerung. Man schreibt Gesuche, trägt sie in alle möglichen Kanzleien, man geht zur ärztlichen Untersuchung. Wartet täglich auf Post, und kommt endlich der gelbe Brief, der verkündet, wohin das Kind fährt und wann man sich auf dem Bahnhof einfinden soll, dann werden eilig ein paar ärmliche Kleider zusammengepackt, und der kleine Pilger reist in die weite Welt, nach Holland, Italien, nach Belgien. Auf dem Bahnhof versammeln sich Hunderte Kinder und Hunderte Mütter. Die Kinder freuen sich wegzufahren, sind fröhlich und ohne Angst. Der Zug fährt an, Tücher winken und aus den Fenstern schauen je fünf Köpfe, zwitschern, wie ein Schwarm Spatzen im Herbst. Die Kinder kommen meist zu reichen Familien, erleben dort wahre Wunder. Die fröhlichsten, entzückendsten Briefe kommen. Im ersten: Was er alles gegessen hat. Butter und Fleisch und Milch und Kaffee und Kuchen und wieder von vorn. Wirklich, fünfmal am Tag hat er gegessen! Und so lange, wie er nur wollte und bis er gar nicht mehr konnte, und dieses Glück hat er schon ganze sechs Jahre nicht mehr erlebt! Im zweiten: Was er alles bekommen hat: einen Anzug, Schuhe, eine Mütze, Wäsche, Spielzeug, Bücher. Auch eine Fotografie kommt mit, der Bub ist ein junger Mann und elegant; er ist dick, rot, ein Stück größer, er strahlt. Und in den weiteren: Was er alles macht … Er hat sich schon satt gegessen, ist eingekleidet, hat Zeit, die Wunder zu beschreiben, die ihm widerfahren: Er nimmt täglich ein warmes Bad! Wäscht sich vor jedem Essen die Hände und säubert die Nägel! Er hat Lehrer, er lernt all das, was er seit Jahren vernachlässigt hat: Rechnen, Schreiben und Sprachen. Die Mädchen lernen Handarbeiten, Nähen. Sie gehen ins Theater, in Ausstellungen, lesen, erfahren, dass es auf der Welt etwas gibt, was man Kunst nennt. »Franz ist in einem Automobil gefahren«, hat mir mein kleiner Rotschopf bestellt. »Er fährt überhaupt nur im Automobil«, fügt sie mit gespielter Gleichgültigkeit noch hinzu, »und er hat einen neuen Winterrock, einen Stock, einen Ball und Hosen.«

Die Kinder bekommen im Ausland Geld auf der Straße. Unser Fränzchen hat der Mama aus Holland zehn Gulden geschickt, und das waren tausend Kronen, und die Mama war sehr glücklich. Und Fränzchen, der Lausebengel, hat sie über die Bank geschickt und den Scheck wie ein Erwachsener selbst unterschrieben, der fürsorgliche Sohn, und das hat die Mutter auf den Gipfel des Stolzes geführt. – Und er hat ein sehr hübsches und ergreifendes Schreiben dazu verfasst. Fränzchen versteht zwar nicht so ganz, wie das zugeht, dass bei der Mama daheim, wenn er zehn Gulden schickt, tausend Kronen ankommen, aber er weiß, dass sie für diese tausend Kronen beim Pfandleiher alle Sachen wird auslösen können und dass sie sich daheim ein paar Mal ordentlich satt essen. »Ich schick dir wieder«, setzt er philosophisch hinzu, »das lohnt sich.«

Die Kinder kommen verwandelt zurück. So ein Stück Welt! Runde Gesichter und ein ordentliches Stück größer geworden, neu ausstaffiert und eine Menge Geschenke von den ausländischen Wohltätern für die Eltern in Wien, die Kinder erzählen von den großen Ereignissen; freilich, lustig ist das nicht, nach so einem Ausflug zurückzukehren in die gewohnte Schinderei. Aber die Nerven sind erfrischt, der Körper hat sich gestärkt, alles geht fröhlicher von der Hand. Und im Sommer? Wer weiß! Vielleicht fährt man im Sommer ja wieder für ein paar Monate irgendwohin? Heimlich tuschelt man neue Hoffnungen.

– – –

Kürzlich musste ich lachen, und wenn es Sie auch betrifft, lachen Sie doch mit mir! Auf der Straße spielte ein kleiner

Schmutzfink, und aus dem Fenster des Hauses ruft eine Mama: »Kommst du jetzt rein?« Aber draußen ist Sonne, es ist viel wärmer als drinnen; und außerdem die kleine Grube und die Fisolen und der schmuddlige Kläffer, so einen Luxus erlebst du zu Hause nicht. Was soll er zu Hause schon machen? Die Mama droht und ruft und der Fratz tut, als wäre nichts. Und da hat die Mama einen glücklichen Einfall: »Sonst holt dich der Tschechoslowak!«, schreit sie. Das scheint dem kleinen Wiener dann doch gefährlich. – Der Bub überlegt eine Weile und verschwindet ins Haus. – Man kann ja nie wissen – – –

Bitte sehr! Wir genießen hier mehr Autorität als die Mittagshexe und auch als der Schwarze Mann!

Tribuna, 25.3.1920

Im Prater

Krähwinkel, Narrenhaus, Unsinnigkeit. Für die Wiener der lustigste Ort in ganz Wien. In Wirklichkeit der bedrückendste Ort der Welt. Musik im Freien, bunte Glühbirnen, Lärm, Walzer, Menschenmengen, Freudenschreie, Polyphongedudel – das alles ist eine krampfige, sinnlose Lust, dem Schmerz so nah wie der Freude.

Stellen Sie sich eine endlose, staubige Straße vor, ausgedörrt, in der Hitze der Vorstadtsonne, in wirbelnden Staub gehüllt. Zu beiden Seiten bunte Buden, Aufbauten, marktschreierische Plakate, Polyphone, die alle auf einmal plärren – die grellen Clownskostüme der Ausrufer, von denen jeder sein »So laang wie die Bude ist, so brreieit ist sie auch« in die Welt krakeelt. Die Ohren gellen, der Kopf dröhnt. Zu guter Letzt bleibt nur: entweder die Flucht ergreifen oder mit der ausgelassenen Menge von einem Vergnügen zum nächsten zu treiben, alles durchzuprobieren und sich auf der anderen Seite in den Schatten der breiten Allee spucken zu lassen.

Jede Bude hat ihr Geheimnis. Hier setzt du dich in ein Gefährt, und dieses Gefährt fliegt mit einem Mal durch die Lüfte, das Polyphon spielt *Die geschiedene Frau*[1] oder den Marsch aus dem *Tannhäuser*,[2] das alles ist eins, Backfische mit ihren ersten Liebhabern kreischen, die Welt wird für eine Weile zu einem bunt wirbelnden Narrenhaus. In der nächsten Bude fährt der Wagen durch eine Unterwelt der Schrecknisse, am Nordpol vorbei nach Pompeji, das in Flammen steht und zusammenstürzt, immer wieder von neuem, und das, in der Tat, ist entsetzlich, vorbei an einem Scharfschützen mit angelegtem Gewehr, vorbei an einem Bergwerk, in dem kleine hölzerne Arbeiter mit ihren Hämmerchen in Papierwände hauen.

Anderswo gelangst du in ein Spiegellager, rennst mit der Nase gegen deine eigene Nase – enorm schön –, gehst in konkaven und konvexen Spiegeln in die Breite wie eine Kröte, ziehst dich zu einer Giraffe zusammen, suchst vergeblich nach einem Ausgang, umarmst fremde Leute, und schließlich flüchtest du vor den Lachsalven und der Peinlichkeit, dass du dich fünfmal nebeneinander siehst, durch ein zufälliges Loch, das den Ausgang darstellt.

Gleich daneben befindet sich ein großes Wunderwerk: das Panoptikum. Als ich klein war (und sicher ist es nicht nur mir so ergangen), war dieses Panoptikum für mich ein fürchterlicher, schmerzhaft quälender Ort, der mich ganze Nächte der Wachträumerei gekostet und mich immer aufs Neue gelockt hat, wie alles, was Schmerz verursacht und Furcht einflößt.

Noch heute gehe ich nicht ohne ein Gefühl der Beklemmung an den abgebrochenen wächsernen Beinen vorüber, an den Figuren mit verbundener Stirn und blutenden Wunden. Im Halbdunkel der Plachenbude werden sie »echten Menschen« unangenehm ähnlich, und du fragst dich verblüfft, was im Menschen es ist, das diesen teuflischen Winkel ersonnen hat, wo man für eine Krone Eintritt *zum Vergnügen* alle erdenklichen blutigen und qualvollen Szenen des menschlichen Lebens versammelt zur Schau stellt? Ein wächsernes Liebespaar in Unterwäsche liegt mit Loch in der Stirn und Revolver in der Hand auf dem Fußboden eines Vorstadthotels. Eine nackte

1 Operette von Leo Fall (Olmütz 1873 – Wien 1925), uraufgeführt 1908 im Wiener Carltheater.

2 »Freudig begrüßen wir die edle Halle«, Einzug der Gäste, im 2. Akt von Richard Wagners *Tannhäuser.*

Jungfrau mit aufgelöstem Haar ist an eine Säule genagelt und wird für ihren christlichen Glauben gemartert. Eine alte Mutter stirbt an der Schwindsucht und neben ihr jammern die Kinder. Ein verwundeter Soldat küsst, in den letzten Zügen liegend, die kaiserliche Fahne. Zwischen alldem hängen entstellte Gliedmaßen aus Wachs, Köpfe mit kranken Augen, alle möglichen und unmöglichen Haut- und Geschlechtskrankheiten, mit drastischen Beschriftungen: »Zum Zwecke der medizinischen Volksbildung«. Ich gehe mit demselben Gefühl des Grauens davon wie in der Kindheit. Wie kann es sein, dass noch niemand gegen diese Art »der Unterhaltung« und »Erziehung« aufbegehrt hat?

Die nächste Bude ist fröhlicher. Ein Wunder-Theater. Ein Feuerschlucker wirft fünfundzwanzig Ringe in die Luft und fängt dreißig wieder auf, brütet aus einem Ei eine lebende Henne aus, lässt Tische, Stühle, Bänke erscheinen und Uhren verschwinden. Redet mit dem Bauch, durchbohrt sich mit dem Schwert und geht auf dem Seil. Die aufgerissenen Augen der Buben in den vorderen Reihen sind ein größeres Spektakel als das Spektakel selbst. Aber auch der Zauberer ist ein erfreulicher Anblick: ein kleiner, drahtiger, geschmeidiger Italiener, sein Mundwerk geht, dass Gott erbarm, und er schwatzt so viel herrlichen Unsinn zusammen, dass du lachen musst, ob du willst oder nicht.

Zwischen den Buden verstreut finden sich alle Arten von Ringelspielen und Schaukeln. Holzpferde, Schiffe, Schwäne, Schweine, Enten, und alles so berückend bunt; mit Plüsch und Perlen besetzt, kreisen sie zum Geplärr der Musik vor deinen Augen durch den Staub und das Gekreisch der Passagiere wie ein einziges wildes Wirbeln.

Die Krönung von allem ist die Hochschaubahn; sie ist, Ehre, wem Ehre gebührt, in der Tat fantastisch. (Als meine Freundin, damals noch Gymnasiastin, heute Mutter ständig staunender Zwillinge, vor einem Jahr nach Wien kam und die Sehenswürdigkeiten besuchen wollte, habe ich sie direkt vom Bahnhof zur Hochschaubahn geführt. Wir haben den ganzen Nachmittag und unser gesamtes Kapital verfahren. Aber mein Besuch hat erklärt, nach Wien zu kommen lohne sich.) Zehn große Hügel, zehn Täler, der Zug braust wie der Wind in die

Höhe, in die Tiefe, in die Höhe, in die Tiefe, der Hut fliegt davon, die Haare wehen, im Bauch spürst du jenes bewusste heftige Kribbeln, in der Brust den Sieg überstandener Gefahr. Ringsum Ketten bunter Glühbirnen, die im Flug zur bunten Linie verschmelzen. Das ist herrlich, großartig.

Die zweite Besonderheit ist das Riesenrad, ein ungeheuer großes Rad mit einem Durchmesser von 30 m und gläsernen Kabinen. Du steigst ein, das Rad dreht sich, langsam, ganz langsam geht es aufwärts. Das Leben unter dir ist wie ein chinesischer Reigen. Und die Stadt unten spannt sich wie eine notwendige Spinne, deren Tentakel ins Unabsehbare greifen. Vielleicht ist keine andere Stadt von oben so formlos, so wenig charakteristisch wie Wien. Das Häusermeer verschwimmt zu einer formlosen Masse mit ein paar unbedeutenden Türmen, wie eine trübe, flache Pfütze. Auch der Turm von St. Stephan taucht unter und ist fast nicht mehr zu finden. Und auf einmal wird dir bewusst, was dich da unten in den Gassen so drückt: Nirgends kannst du hinaufsteigen über die Stadt, sie liegt ganz in der Ebene, und nie, nie kannst du dich über ihre Dächer erheben, es sei denn, du steigst in dieses lächerliche, ganz Wien kompromittierende, sinnlose, dumme Monstrum.

Durch ein Gewirr von – natürlich überfüllten – Restaurants, Kneipen, Cafés, ein Gewirr von Schießbuden, Tombolas, Zirkussen aller Art und Gott weiß was noch für Erfindungen treibst du am anderen Ende hinaus in die freie Allee zum Viadukt, in eine graue Wiener Vorstadt mit ihrem Papiermüll, den Weibern, die klebriges Zuckerzeug und rote Limonade verkaufen, gasgefüllte Luftballons und blaue, befranste Pfeifen.

Unter einem Baum eine Menschenmenge, und nur weil du schon mittendrin bist, strengst du dich an und zwängst dich hindurch. In der Mitte des Kreises steht ein Blinder mit zwei kleinen roten Wunden im Gesicht und spielt Geige – böhmische Volkslieder, Lieder aus der mährischen Slowakei und aus dem südböhmischen Auenland, und da auf einmal stockt dir der Atem, als hätte mitten in dieser Kasperlmaskerade etwas Schreckliches aufgeschrien, in schönster Schönheit, wie du sie dir von zu Hause mitgenommen hast und überall in der Welt mit dir trägst und singst und liebst. – Beklemmend fast, wenn eine Münze in das Schüsselchen fällt.

»Von wo sind Sie?«, frage ich. Und schäme mich zugleich, dass ich frage.

Die kleinen blutigen Wunden irren über mein Gesicht, und die Geige verstummt.

»Aus Böhmen. Aus Slaný.«

Mein Gott. Aus Slaný.

»Soll ich etwas für Sie spielen?«, erbietet er sich und die Wunden suchen vergeblich.

Vielleicht – »Šly panenky silnicí«, bitte ich und habe im Voraus Angst.

Tribuna, 20. 5. 1920

Die Wiener Märkte

Trapp, trapp, trappeltrapp, trapp – im frühen Dämmerlicht trappelt ein kleines Pferdchen die leere Straße entlang, sein Wägelchen ist mit einer Plane bedeckt. Das erste Geräusch nach der nächtlichen Stille. Lange vor der Elektrischen. Über den Häusern graut erstes Morgenlicht, und hier und dort geht ein Laternenwärter, über der Schulter die lange Stange, und löscht die Gaslampen. Der erste Morgengruß ist ebenjenes Pferdchen aus der fernen Vorstadt; noch brennt hinten die am Wagen pendelnde Laterne und auf der Plane oben kläfft breitbeinig ein struppliges Hündchen. Der Wagen rattert übers Pflaster wie ein kleines Gewitter. Und hinter ihm noch einer und noch einer.

Wien erwacht. Zur Bäckerei gegenüber rasselt ein Karren mit schwarzem Brot: zwo, viere, sechse, achte – – – Nebenan beim Milchmann, vor der Menschenmenge, die hier seit vier Uhr früh steht, wird in Henkelkannen Sauermilch abgeladen. Der Krämer trägt Strohschüsseln mit Gemüse vor den Laden hinaus, Morgenblattausträgerinnen geben sich die Klinke der Trafik in die Hand; vor der Brandweinschenke warten ein paar Droschken. Die erste Elektrische saust heran, mit Arbeitern gesteckt voll. Aus der Nachbarstraße klingt immer wieder die Glocke der Mistkutscher herüber, und vor den Haustoren drängen sich kleine Schäffer, Kästen und Körbe mit Kehricht --

Unten in der Stadt kommen die Pferde zusammen, die Morgen um Morgen ihren Weg aus der Vorstadt machen. Nebeneinander aufgereiht stehen sie da, das Maul in einen Sack Heu vertieft oder ins Wasserschaff, eine Decke über dem Rücken, ergeben und geduldig wie einer, der seine Arbeit kennt und sie täglich verrichtet.

Die abgeladenen Spanholzstiegen haben Beine bekommen, Schirme haben sich aufgespannt, die Weiber laden die Ware vom Wagen und bestücken die Stände. Die Wiener Märkte haben sich in den letzten Monaten gründlich gewandelt: Das günstige Wetter hat eine Fülle an schönem, gesundem Gemüse hervorgebracht und auch die Hoffnung auf wahre Fluten an Obst. Noch vor kurzem war der Markt erbärmlich leer, bot nur weniges welkes Grünzeug. Heute lacht er vor Reichtum und schillert in allen Farben. Halden von grünem Kohlrabi, die roten Schwänzchen junger Karotten, zerzauste Kohl- und Krautköpfe, fester Salat, Berge von violettbraunen Zwiebeln und jungfräulichen Gurken reichen bis an den Rand der Schirme. Das Gemüse, geputzt und besprengt, duftet frisch und lässt in der Frühmorgenluft seine Farben spielen. Um den Stand stehen Körbe voller Spinat. Alte Kartoffeln sind keine Seltenheit mehr und kosten 8 K das Kilo. Aber vor einigen Tagen kamen auch neue Kartoffeln, da war hier in Wien ein wahrer Tumult, liebe Zeit, man hat sich gerauft darum, auch um die kleinen runden und um die länglichen Hörnchen, Sie wissen schon, diese honigsüßen, und dabei hat das Kilo 35 K gekostet!

Aber noch viel seltenere Dinge zeigten sich vor den Augen der erstaunten Stadt, die sich längst abgewöhnt hatte, dass etwas Gutes und Nahrhaftes frei und ohne Karte, ohne Kettenhandel und ohne »Schlange« zu haben sei und man also einfach hingehen und kaufen kann.

Ganze Kisten Eier, herrliche frische Eier für 6 K lachen der Hausfrau beim Einkauf entgegen. Eier, in Stroh gebettet, groß und schneeweiß. Nach fünf, sechs Jahren zum ersten Mal! Und gleich daneben Körbchen mit knackigen Champignons – 160 K das Kilo –, und im Geiste malst du dir schon dein Nachtmahl aus: Schwammerl mit Ei, schon lang haben wir so was Gutes nicht mehr gegessen! Könnte es sein, dass es auch in Wien besser wird?

In Wien sind Obst-, Gemüse- und Blumenmarkt nicht getrennt wie bei uns. Auf dem riesigen Platz steht Marktweib an Marktweib, alles auf einem Fleck. Der Markt duftet bereits von weitem nach Früchten und Blumen, und trotz des Lärmens der Busse, der Autos und der Elektrischen hört man schon einige Straßen vorher das Plappern und Schwatzen, das Schreien und Durcheinandergerufe – ein buntes, fröhliches Stückchen Großstadt eben!

Die Blumenfrauen haben ihre Sträuße nicht auf Strohtellern ausgelegt wie bei uns (in Prag), sondern in großen Bottichen und Spülschäffern, in dunkelbraunen Krügen und blauen Blechschüsseln, in anmutigem, schlichtem Durcheinander tanzen die Flecken weißer Nesseln, rosafarbener Pfingstrosen, gelber Dotterblumen, blauer Kornblumen, und in den letzten Tagen – heisassa – flattern die kleinen Kronen des Klatschmohns wie Hochzeitsfahnen. Und viele Alpensträußchen, mit denen unsereins erst bekannt werden muss: Sie sind kleinwüchsig, duften kräftig und haben die sattesten Farben, die ich kenne, und sie sind nicht so schlicht wie die Wiesenblumen, sie sind kompliziert und geheimnisvoll – gebirglerisch. – An Obst bisher Erdbeeren, Frühkirschen, reizende Körbchen mit Grasbeeren und die ersten Hülsenfrüchte des Frühlings. Aber davor stehst du mit sehr langem Gesicht: Erdbeeren 140 K, Kirschen 50 K, Erbsen 20 K das Kilo. Na ja, da warte ich halt, denkst du betrübt.

Aber die Wiener Marktweiber erleben, was sie schon lange nicht mehr gewohnt waren; die ersten Vormittagsstunden schwinden dahin, mit ihnen der Hauptstrom der Käufer – und die Tücher sind immer noch voll, in den Eierkisten lediglich eine kleine Lücke; von den Schwammerlkörbchen sind nur ein paar verkauft. Der Mittag rückt näher, es wird schwül, es ist tot zum Ersticken. Auf den Markt herab prügelt die Sonne mit senkrechten glühenden Strahlen, das Gemüse wird welk, die Blumen lassen die Köpfchen hängen; die Eier kochen hart. Die Weiber hocken da und blicken trüb vor sich hin. Die Leute kaufen nicht, und wenn, dann kleckerlweise. Für die meisten ist es viel zu teuer. Die Frauen gehen die Reihen mit den unglaublichen Wundern ab und schütteln traurig den Kopf: unmöglich; sie zählen die schmuddligen, halb zerrissenen Wiener Papierlappen, das Geld, erkundigen sich, beäugen dies und jenes – aber sie kaufen nicht. –

Und mit den Weibern ist ein Wunder geschehen! Erstmals seit fünf Jahren sind sie wieder höflich und honigsüß! »Schau'n S' Ihna die Eier an, schönes Fräulein!«, lockt die eine. »Kaufen S' ma schöne g'sunde Erdäpfel ab, gnä' Frau!«, schnattert die Nächste. – Ja liebe Frau, das Mundwerk geht wie gebuttert, hast es also über den Krieg hin doch nicht vergessen! Ich stehe wie vom Donner gerührt und trau meinen Ohren nicht: Also im Ernst? Frieden?

Tribuna, 30. 5. 1920

Der neue Großstadt-Typus

Fünf Jahre Krieg haben die Welt geschüttelt wie einen Sack Birnen, heute, wo dieser Sack wieder einigermaßen ruhig in einer Ecke des Weltalls steht und wir Zeit haben, um Köpfe und Gliedmaßen zu betasten, uns umzuschauen und wieder zu uns zu kommen – zählen wir allmählich auch all die Veränderungen und Umstürze, Einwirkungen und Auswirkungen – und in der Tat, sie sind groß, sie sind *für uns* gewaltig, sind sozusagen unbegreiflich. Aber wenn ich es weiterdenke: Was ist so unbegreiflich? Wo hat das alte Lied der Welt sich geändert? Diejenigen, die Geld haben, haben einen vollen Magen und es geht ihnen gut. Diejenigen, die kein Geld haben, haben Hunger und es geht ihnen schlecht. War das nicht immer so auf der Welt? Heute sind es nur *andere*, die Hunger haben, als vor dem Krieg, als vor hundert Jahren, als vor der Revolution und vor der Revolution, die vor dieser letzten Revolution war, und vor der, die wiederum dieser voranging – – – und ich habe den Eindruck, dass es vor den Augen Gottes sozusagen gleichgültig ist, wer von uns Not leidet, diese oder jene Schicht, und dass es letztlich einerlei ist, wer satt ist und etwas anzuziehen hat und wer hungrig ist und zerlumpt. Und wenn es dann denen, die heute Geld haben, allzu gut in der Welt geht, schüttelt sich der Sack, und es werden wiederum die oben sein, die unten waren – wenn freilich nicht ein Wunder geschieht und die Menschen sich endlich einig werden und Ausgleich schaffen auf Erden, so dass alle zu essen hätten. –

Freilich, mag es auch der Geschichte gleichgültig sein, was mit den Menschen passiert, uns ist es und kann es und darf es nicht gleichgültig sein. Und daher ist es eben doch richtig, wenn ich sage, dass die ganze Welt sich verändert hat.

Es haben sich aber nicht nur die grundlegenden Verhältnisse in der Welt verändert; sondern jedes ihrer Teile, jede Kleinigkeit, die Gesichter der Städte und Straßen. Hier ist etwas weggekommen, dort etwas dazu. Existenzen sind aufgetaucht, von denen wir alle wissen, aber die Welt weiß von ihnen eigentlich nicht, denn man hat sie noch nicht offiziell festgestellt. Sie sind da. Sie schieben sich zwischen uns durch, und wir sind einen Augenblick konsterniert und fragen uns: »Wo kommen denn die her?«, antworten wir: »Na ja, der Krieg.« Und auf diese Weise selbstverständlich geworden, bleiben sie unter uns heimisch, lassen sich nieder, leiben und leben, beanspruchen Gegenwart und haben Zukunft.

Zum Beispiel: Der Mann, der alles kauft. – Kennen Sie den Mann, der alles kauft? Kann sein, dass er aus jenem Lumpensammler hervorgegangen ist, der auf den Höfen rief: »Luuumpen, Knochen, altes Glaas!« Und mit dem man uns Angst eingejagt hat, wenn wir nicht brav waren. Ich weiß nicht. Vielleicht hat er keine Vergangenheit. Aber er ist da. Er ist unwiderruflich da, treibt schamlos seine Wurzeln in die Erde, wächst, wird kräftiger und gedeiht ausgezeichnet – – –

Nun ja, der Mann, der alles kauft, klopft eines Tages an die Tür Ihres Haushalts und – wie der Teufel so will – gerade in dem Moment, wo Sie kein Geld haben. Das riecht so jemand schon auf der Stiege, wie Zwiebelsoße – das ist so sein Beruf. Sie öffnen, fragen, was er wünscht. Der Mann an der Tür zerfließt vor Höflichkeit. Haben Sie nicht etwas zu verkaufen? Kleider? Schuhe? Wäsche? Hüte? Federbetten? Bücher? Möbel? Glas? Bilder? Porzellan? Die ganze Flutwelle spült über Sie hin. Haben Sie keine Schuhe, so haben Sie sicher Bücher. Oder wenigstens alte Teppiche! Auch nicht? – Aber alte Flaschen? Alte Flaschen haben Sie, natürlich: Sie stören nur, warum sollte er sie nicht mitnehmen? Doch wehe! Haben Sie den Mann, der alles kauft, erst einmal in Ihre Wohnung gelassen, wird er nicht wieder gehen, bis er auch etwas gekauft hat. Er ist vorsichtig, um Sie nicht zu verschrecken. Entdeckt im Eck einen Schrank! Was für ein schöner Schrank! – Verkaufen Sie ihn! Ich zahle gut! Sie lachen. Wie könnten Sie auskommen ohne Schrank? Aber der Mann, der alles kauft, lässt nicht locker. Nach und nach (und vergessen Sie nicht, Sie haben gerade kein Geld!) hören Ihre Gedanken ihm zu. Schließlich kann man die Wäsche auch in dem anderen Schrank unterbringen, ohnehin ist er halb leer; wo der Schrank stand, könnte das Tischchen stehen. – Sie geben nach. Und siehe da! Genau in dem Moment wird aus einem schönen, einem sehr schönen Schrank auf einmal ein alter, unbrauchbarer Kasten für einen Mann, der alles kauft. Da ist die Kante angeschlagen. Und er ist alt, unmodern und viel zu klein (oder eben auch viel zu groß), und innen hat er fünf Fächer – hätte er wenigstens nur vier (hat er vier, heißt es: ja, wenn er fünf hätte!), und braun ist er, wenn er halt schwarz wäre! (wäre er schwarz, heißt es: wäre er braun!) – Aber der Teufel hat sich schon in Ihre Seele gesetzt. Auf einmal hat sich ein Weg aufgetan, die Sorgen, die Ihnen zusetzen, loszuwerden (und Sie vergessen, dass Sie am Ende des nächsten Monats dieselben Probleme haben, die umso größer sein werden, da nun auch kein Schrank mehr vorhanden ist). Aber jetzt wollen Sie Ihren Schrank schon um jeden Preis verkaufen. Der Mann, der alles kauft, steht da und überlegt, die Hände in den Hosentaschen, rümpft die Nase, zuckt die Achseln, redet und redet in einem Schwall, immer von neuem, und stimmt endlich zu. Zweihundert Kronen! Aber nur, weil es für Sie ist, nur, weil Sie es sind! Andernfalls? Von wegen zweihundert Kronen! Sie ahnen ja nicht, wie viel er daran verliert! Oder glauben Sie, er wird für dieses Gerümpel zweihundert Kronen bekommen? Sie stehen demütig, mit niedergeschlagenen Augen! Was für ein guter Mensch! Was für eine schöne Seele! Nur »weil Sie es sind«, verliert er Zeit und Geld, trägt euren Schrank fort! Was für ein Altruismus!

Ah ja, das ist der Mensch, der alles kauft. Schaut euch nur um, in den Straßen der Vorstadt hat er seinen Laden; früher saß er in irgendeinem proletarischen Winkel als einziger Altwarenhändler der Stadt. Heute ist in den Straßen Laden an Laden, einer rätselhafter als der andere. Hinter einem jahrelang nicht geputzten Schaufenster ein Durcheinander rührender Dinge – Hemden, Blusen, Spiegel, Tischchen, Vasen, ein Hut, ein Papageienkäfig.

Vor der Auslage zu stehen ist geradezu schmerzhaft: Was war das wohl für eine Not oder Sorge, die diesen Spiegel hierhertrug, diese Statuette des heiligen Georg unter dem Glassturz, dies Nachthemd mit der abgerissenen Spitze am linken Ärmel, dieses hübsche Paar weißer Schuhe – hierher, unter dieses Gerümpel, in den dunklen Verhau dieses Menschen, der in löchriger Jacke auf seiner erhandelten Ware sitzt wie eine garstige, widerwärtig sich breit machende Spinne, schmierig und abgerissen, arm und notleidend, so will es scheinen – aber in der Lade unterm Pult liegt eine Butterstulle, von der er sich mit seinem schmutzigen Klappmesser runterschneidet, wenn es grad keiner sieht. Und im Rockschoß hat er eine alte lederne »Harmonika«, in der lauter Hunderter und Tausender stecken?

Da hat sich einer lang in der Wohnung umgeschaut, worauf er verzichten könnte, was ihn am wenigsten schmerzen würde. Eine zermürbende Notwendigkeit, ein fürchterlicher, erniedrigender Hunger haben ihn von der einen in die andere Ecke getrieben, bevor er gerade diese Uhr hier mit den Marmorsäulchen fortzugeben bereit war, bevor er sie eingepackt und hierhergetragen hat, damit er für die paar Kreuzer, die er dafür ergattert, etwas Gemüse kauft? Ein Stück Brot? Ein Medikament? Eine Sohle?

Wie viele Menschen haben den ganzen Krieg über in diese Winkel Dinge getragen, »die man nicht mehr braucht«. Die Not hat bewiesen, dass man die sechs linnenen Hemden nicht braucht, die für die Tochter, wird sie erst einmal groß sein, im Schrank liegen. Der Hunger hat einem eingeflüstert, man braucht unterm Kopf nicht drei Kissen, es reichen zwei, es reicht auch eins. Und hatte die Krankheit irgendwo Einzug gehalten, gab es kein Überlegen, da sind selbst Tisch und Stühle fortgewandert. Da ging auch der Wintermantel dahin! Und schließlich – elende, löchrige Not! –, schließlich auch dieser Spiegel mit dem Herzchen in der Ecke, dieser geschmacklose, billige Spiegel! Schauen Sie doch und sagen Sie mir: Können Sie sich vorstellen, dass einem Menschen, der ein so lächerliches Spiegelchen verkauft, *überhaupt irgendetwas geblieben ist*?

In diesen Auslagen liegt angehäuft und verstaubt das Leben all derer, die hungern. Dass das nicht so tragisch sei, wenden Sie ein? Dass es auf der Welt andere Dinge gibt, die wichtiger, dringlicher, schmerzlicher sind? Mag sein. Doch die Verlassenheit, mit der jener Mensch wohl daherschritt und sich keinen anderen Rat mehr wusste, als ein wertloses Spiegelchen zu verkaufen, scheint mir, offenbart mehr, als dass jemand Hunger hatte. – Zum Beispiel, wie erbarmungslos wir gegeneinander wüten und wie verlassen und einsam der Mensch in seinem Unglück ist und welch armselige, bemitleidenswerte Dinger wir alle sind, wir alle – wenn jener Unbekannte gezwungen war, sein Spiegelchen zu verkaufen.

Aber der Mann, der alles kauft, verdient glänzend. Für das Hemd, für das er 20 Kronen gezahlt hat, bekommt er hundert, und den Schrank, für den er Ihnen 200 zahlt, handelt er hoch auf achthundert. In nur einer Straße hat er zehn, zwanzig Auslagen. Aber der Mann, der alles kauft, ist kein Kriegsgewinnler, das ist, mit Verlaub, eine andere Sorte. Er ist keiner, der sein Geld mit vollen Händen hinauswirft, der sich Autos und Frauen hält, der in den Logen der Theater sitzt und in den Bars, nein, das ist ein Mensch, der sich außer Essen nichts gönnt. Der auf seinem Geld sitzt, sich daran festbeißt wie ein Schröpfegel, der vom Leben nicht etwa wie der Neureiche *Genuss* verlangt, sondern *Sicherheit* will, eine schamlose, billige Sicherheit, Auge in Auge mit denen, die untergehen!

Am Bettler vorüber geht der Mann, der alles kauft, in zerschlissener Jacke, mit gebeugtem Rücken, armselig, unauffällig, und sein Gesicht sagt: Armer Freund, wir beide wissen, was das ist, Hunger und Not – – –

Tribuna, 2.7.1920

Die Jugend

Zu den Sachen, mit denen Eltern ihre Kinder auf die Palme bringen, gehört nun mal der Satz: »Wir, als wir jung waren, wir waren anders.« Sicher haben die Eltern ihn, als sie jung waren, auch von ihren Eltern gehört, so etwas vererbt sich von Generation zu Generation, das liegt in der Familie, das wirst du nie los – und resigniert gebe ich zu, dass ich meine Kinder damit ebenso traktieren werde, wie man mich damit traktiert hat.

Doch Spaß beiseite: Haben die, die der Jugend, den Heranwachsenden diesen Satz heute sagen, wirklich Recht? Hatten sie es nicht leicht, viel zu leicht, »anders« zu sein, und wenn es leider nur allzu wahr ist, dass die meisten der jetzt Heranwachsenden von Grund auf krank und unfähig sind, elend und angeknackst, wäre es da nicht besser, dass diejenigen, die die schrecklichen Kriegsjahre als Erwachsene und schon gefestigt durchgemacht haben, Erbarmen hätten mit denen, die, noch unreif und im Wachsen, unsicher und schwach, ins Kreuzfeuer nicht zu beantwortender Fragen gerieten, wie etwa, dass es möglich ist, einen Menschen zu töten, dass es möglich ist, in Massen zu töten, möglich ist, die Menschen durch Hunger, Not und Krankheit zu quälen, möglich auch, die Menschen auszupressen bis auf den letzten Tropfen Blut?

An den Erwachsenen ist der Krieg fürchterlich schuldig geworden, durch Verluste und Leiden, aber vielleicht gehen wir auch endlich den ersehnten besseren Zeiten entgegen! Etwas besser haben wir es heute ja schon, und so ist es, alles in allem, nicht ganz so unüberlebbar, das Leiden dieser fünf Jahre. An den Kindern ist er viel schuldiger geworden; denen hat er die Lebenskraft geraubt, und die armen, blassen Kleinen haben die Keime der Krankheit geschluckt und gelitten wie kleine Märtyrer. Aber auch hier macht die Welt gut, was sie verschuldet hat, und geb's Gott, dass es durch gemeinsame Sorge aller gelingt, denen, die so viel und so unschuldig gelitten haben, die Fähigkeit zu leben zurückzugeben.

Doch die, die schon in wenigen Jahren die Welt auf ihren Schultern tragen sollen und mitten in ihrer Entwicklung vom Krieg getroffen wurden, in der Zeit ihres Heranreifens, sind sozusagen tödlich verwundet; ihnen wurde mehr genommen als nur fünf ruhige Jahre, mehr als die körperliche Tüchtigkeit, ihnen wurde der Wille und die Lust zu leben genommen.

Sicher, nicht allen. Was bliebe von uns und was von der Welt, wenn allen beides genommen wäre? Es gibt durchaus einige, die sich mit jugendlicher Frische und voller Mut behaupten. Aber sehen Sie sich doch um: Wie viele sind es?

Vereinfacht und verallgemeinernd gesagt: Heute gibt es zwei schreckliche Arten von Jugend: Die eine sitzt im Kaffeehaus, die andere macht Geschäfte.

Die einen sind unfähig, die anderen allzu fähig. Die einen allzu schwach und zu passiv, die anderen allzu stark und überaktiv. Beide sind von den Wegen gerissen, die ins Leben führen – ich will damit nicht sagen, dass nur normale Wege ins Leben führen – beide haben sich auch nicht so sehr in der Welt verirrt, sondern in deren Bedingungen: Beide wurden vom Leben gezwungen, dass sie den größten Irrsinn, den die Welt je gesehen hat, diesen Krieg, hinnehmen wie die Luft, die sie täglich atmen, denn eine andere haben sie nie geatmet.

Die einen sind überempfindliche, überfeinerte junge Einzelgänger, Menschen von sicher großen und ernsthaften Möglichkeiten, schwächliche Träger eines schwachen, enttäuschten Geistes. Man staunt, was so ein junger Kerl gelesen hat und was er kennt und wie geläufig er durch die Oktaven der geistigen Menschheitsleistungen präludiert, sich hier den Ton leihend, da den Akkord. Menschen, die mit schmerzhaftem Ernst und geradezu krankhaft angespanntem Hirn die dringlichsten Probleme der Menschheit zu lösen versuchen, nur um leichter ins Leben zu finden, nur um sich überhaupt irgendeine sichere Richtung in einer unsicheren Welt zu ermöglichen, einer Welt, die ihnen immerzu mit neuen Absurditäten antwortet. Mit der vergeblichen Suche macht sich Müdigkeit breit, eine Unfähigkeit zur Tat, die scheinbare Sinnlosigkeit der Tat. Die Arbeit ist kein Zweck an sich mehr, sie ist ein Mittel, ein relativ unwürdiges, ja lächerliches Mittel, um zwischen Börsenhäusern und millionenschweren Palästen zu überleben, in der Lücke zwischen dem Wahnsinn des Luxus und dem Wahnsinn der Armut. Doch nicht nur Arbeit ist Tat. Eine Tat ist, in letzter Konsequenz, auch das Leben selbst. Jedwedes Tun ist eine Tat, selbst irgendeine alltägliche Verrichtung, also auch essen, schlafen, trinken, atmen – für einen verwirrten, unsicheren, nicht zu sich selbst findenden Mann-Jungen. Diese unausgegorenen Philosophen und blutarmen Arbeiter wandeln in gleichsam trunkener Bewusstlosigkeit umher, voller Fragen nach Gott, Mensch, Gesellschaft, Sexualität und sind kaum fähig, mehr als ein Zehntel dessen, was die Welt an Rätseln aufgibt, zu verdauen und in Leben zu verwandeln; sie winden sich in einem halb megalomanen, halb morbiden Gefühl der eigenen Kleinheit, sezieren sich mit psychologischen Phrasen, und anstatt aufrecht und ganz voranzuschreiten, schleichen sie, zerlegt in psychologische Einzelteile, physisch und seelisch gelähmt in den großstädtischen Kaffeehäusern von einem Tischchen zum anderen und klammern sich dabei begierig an die Weisheiten und Geistreichigkeiten dieser Institutionen wie an ein Dogma.

Die Jahre gehen dahin, und es wäre an der Zeit, auf eigenen Beinen im Leben zu stehen. Irgendwo im Hintergrund wachen ein Vater, Eltern, Verwandte und fangen die zermürbenden Kämpfe, mit denen die Zeit seines Heranreifens auszufüllen der Junge sich vergönnt, finanziell ab. Schließlich ist aber doch eine Entscheidung vonnöten, wenigstens der Versuch eines Kampfes, das Leben ist böse und rau, und vor allem: nicht immer »erhaben«! Und da erwachsen aus der Unfähigkeit zur Tat Katastrophen der Tat. Da geht man ohne einen Heller in der Tasche in eine fremde Stadt, einfach so, auf gut Glück – arbeiten? Und nach mehreren entsetzlichen Monaten auf dem brutalen Asphalt der Fremde gerät die Rückkehr zum kleinlauten Einmünden in eine ewig unglückliche, ewig in Zweifel gezogene Existenz. Oder aber das Leben rutscht im Glauben an einen Genius, dem alles zu opfern erlaubt ist, von kleinen Übergriffen zur Übertretung, von der Übertretung zur Untat, rutscht über die glatte Fläche der nächtlichen Kaffeehäuser bis in die Tiefen der Kanalisation, in die entsetzlichen Sphären der von der Großstadt Ausgestoßenen, von denen bisher viel – o ja viel zu wenig laut genug die Rede war. Das sind die einen, die ehrlichen, die, die wirklich gekämpft haben, die, die wollten.

Die anderen sind schlimmer: Immer waren, sind und werden diejenigen auf der Welt die Schlimmsten sein, die es sich leichtmachen –. Gut, sie haben die Sorge ums Leben abgeworfen und leben, leben einfach auf Kosten der Menschheit. Nicht zu fassen, welche Zahl dieser Fast-noch-Kinder heutzutage vom Schleichhandel »lebt«, von Devisengeschäften, Börsenhandel und all den Finanzraffinessen der jetzigen Zeit. Ein nicht mal zwanzigjähriger Bengel hat in seinem Geldbeutel tausend, auch zehntausend Kronen stecken, und natürlich, da weitet die Welt sich mit einem Mal, da fliegt mit der vollen Tasche auch das Fieber der Genusssucht heran, und dieser Genuss – wie armselig – ein Automobil, ein Bordellbesuch, ein teures Restaurant und ein paar Flaschen Champagner – o armseliges, löchriges, wenn auch »wildes« Leben –! Wie groß, wie herrlich und weltläufig mag das alles der Seele erscheinen, die eine Schellenkappe braucht, damit ihr das Leben gefällt –!

Je robuster diese anderen sind, umso weniger droht ihnen Gefahr. Doch dafür droht eine mehr: die Gefahr des Zynismus – aber vielleicht ist er gar nicht so sehr Gefahr, sondern der einzige Ausweg für einen Menschen, den dieses »wilde« Leben noch nicht seelisch erstickt hat (auch solche gibt es), für den es vielmehr »a Hetz« war.

Und der Zynismus? Lesen Sie doch einmal die Kurznachrichten in den Tageszeitungen, die man zwischen der Politik und dem Theaterprogramm so leicht übersieht, mein Gott, lesen Sie nur genauer, und Sie werden sich das Hirn zwischen den Händen zerdrücken. Ein neunzehnjähriger Bub hat Vater und Schwester erschlagen, weil seine Liebste ihn angestiftet hat, ein paar Gulden zu stehlen. Zwei Buben haben einen Bauern auf dem Feldweg erschlagen – um den Lohn eines halben Schweins. Genug! Genug! Und dabei habe ich nur die Morgenausgabe einer Tageszeitung zufällig irgendwo aufgeschlagen.

Die ganze großartige russische Literatur, Turgenev, Dostojevskij, Tolstoj, Korolenko, Gorkij und zahllose andere, hat sich jahrzehntelang mit dieser Frage befasst, damals, als sie noch nicht so brennend war wie heute, damals, als sie sich noch nicht so sehr in alle Ecken, durch Fenster, Türen, Wände, durch Decken und Böden unserer Quartiere drängte.

Ist das zugleich ein Vorwurf, wenn mir scheint, dass wir zu wenig getan haben, in jeder Hinsicht zu wenig für alle unsere Verirrten? Gewiss nicht, denn so ein Vorwurf, laut geäußert, und sei es aus noch so bedachtem Mund, würde viel zu schwer wiegen – wie könnte ich sein Gewicht allein tragen?

Aber mit diesen Menschen, die gerade heranwachsen, wird die Welt überschwemmt sein und von ihnen werden die Kleinsten erzogen werden. Von diesen armen Menschen, denen man Feuchte, Licht und Wärme entzogen hat, als ihre Knospen sich öffnen sollten. Haben Sie nicht den Eindruck, dass es angesichts dessen nicht ausreicht zu sagen: »Ha, wir, als wir jung waren, wir waren anders?«

Tribuna, 29.7.1920

Der neue Großstadt-Typus II

Ich muss Sie nicht allzu sehr auf denjenigen aufmerksam machen, über den ich schreiben will. Es ist nicht »der, der alles kauft«, jenes unauffällige, schäbige Männchen mit der banknotenprallen Börse, das sich fest in sein Geld verbissen hat und sich allein schon an dem Gedanken sättigt, dass dieses Geld da ist, dass es in zugeknöpfter Tasche im fettigen Rockschoß steckt. Nein, der hier hockt nicht in einem finsteren Winkel der Vorstadt, er hat kein Kabuff mit rührenden Dingen. Der hier sticht jedem ins Auge, er ist ein soziales, kulturelles, gesellschaftliches Ausrufezeichen, du findest ihn überall, wo es teuer ist, du findest ihn in allen Ländern der Welt, in allen Städten, in allen Bädern, allen Hotels, findest ihn auch auf den Titelseiten humoristischer Blätter und in den Leitartikeln der Zeitungen! Der Kriegsgewinnler! Natürlich! Wer sonst? Der Kriegsgewinnler. Pilze, die nach der Katastrophe aus dem Boden schießen. Bis auf den heutigen Tag hat jede Katastrophe Menschen gezeitigt, die alles »am richtigen Ende zu packen« wissen, will heißen, Menschen, die aus einer kampfgesättigten, vor geistiger Elektrizität sirrenden Luft, aus Tagen, wo andere durch den Boden brechen, den Verstand verlieren, ihr Leben opfern, heraussaugen, was sich heraussaugen lässt. Und sieh da, es zeigt sich stets von neuem, dass es reichlich zum Heraussaugen gibt.

Die Psychologie bestimmter gesellschaftlicher Gruppen ist nie bedingungslos richtig, aber sie kann das Wesentliche zumindest in etwa erfassen, und wenn sie nur einen Teil vom Ganzen beleuchtet, so genügt das doch immerhin, damit sie auch etwas bewirkt.

Die gängige konventionelle Psychologie des Kriegsgewinnlers ist: ein dummer, leerer, vom Geld abhängiger Mensch, ein Protz und also jemand, der seinen Luxus an unmögliche Grenzen treibt, um vor den Leuten zu glänzen – usw.

Zunächst: Es stimmt nicht, dass Kriegsgewinnler immer dumme Menschen sind, o nein. Nur weil sie sich in den Bars grundsätzlich die fürchterlichsten musikalischen Machwerke spielen lassen, nur weil sie in den Theatern bei einem guten Stück gähnen und bei einem schlechten lachen, nur weil in ihren Bücherregalen die unaufgeschnittenen Gesamtausgaben großer Autoren stehen, die sie sich beim Buchhändler bestellt haben, aber nie lesen werden, nur weil sie über alle politischen, kulturellen, moralischen und ästhetischen Ereignisse ein möglichst dummes Urteil fällen, nur deshalb sind sie noch lange nicht dumm. Mitunter sind das sogar ziemlich gewitzte, gerissene, mit beinharter Schläue begabte Menschen: Diese Schläue gleicht der Schläue des Raubtiers, sie stürzt sich genau im richtigen Augenblick auf die Beute, mit einem ausgezeichneten Sprung, und lässt nicht locker und gibt nicht nach, bis das Opfer verendet. *Geist freilich haben sie nicht.* Aber ein Mensch mit Geist kann kein Neureicher sein. Ein Mensch mit Geist kann nie und nimmer ein Neureicher sein, denn er ist nicht imstande, so viel Energie und Interesse auf *die Geldfrage* zu konzentrieren. Nicht dass er dazu keine Möglichkeit hätte, keine Energie, gar kein Interesse dafür, aber ein geistiger Mensch weiß aus der Welt einen Ausweg, und selbst wenn er bedrückt ist, selbst wenn er Hunger hat, selbst dann, wenn er sich seiner wirtschaftlichen Gefährdung bewusst ist und er große Hoffnung ins Geld setzt, so ist es ihm letztlich doch, ganz am Grunde der Seele, und wäre es nur in einem hintersten Winkel, gleichgültig – *und damit hat er es schon verloren.*

Manche Menschen setzen sich aus Verzweiflung über ihr eigenes Elend in den Kopf, Geschäfte zu machen. Wenn Herr X. das kann, ein Dummkopf im Vergleich zu mir, warum sollte ich es nicht können? Sieh an, bei Herrn A. läuft's, bei unserem Mann aber nicht. Warum? Die Aktien sind im letzten Moment gefallen. Firma Z. hat den von ihm vermittelten Eisenpreis nicht akzeptiert. Er hat Herrn J., die Seele des Betriebs, nicht rechtzeitig zu Hause angetroffen. Oder man hätte telefonieren müssen, und er hat keine Verbindung bekommen. Das freilich sind alles nur äußere Gründe, »Pech« ist kein Grund an sich, es ist Anzeichen eines Grundes. Bei unserem Mann hat es nicht geklappt, weil ihm nicht wirklich daran gelegen war, weil er es widerwillig betrieben hat, mit Unlust, Verachtung, weil er ganz einfach nicht dieselbe Leidenschaft dafür aufbringt wie der Geschäftemacher: diese fiebrige, diese besessene Leidenschaft und diesen alles beherrschenden, unumstößlichen Willen zum *Geld*.

Zweitens: Was man dem Kriegsgewinnler vorwirft, sind meist nur Eigenschaften von nachgeordnetem Rang: hemmungsloser Saus und Braus, Faulheit, Hochmut, Arroganz usw., das alles ist der Kehricht, den erst das trübe Wasser nach oben trägt. Der eigentliche Antrieb, die Pferdestärken, die einen solchen Menschen vorwärtstreiben, das ist der Ehrgeiz. Und jeder Ehrgeiz, auch der großer Staats- und Finanzmänner, großer Unternehmer, jeder Ehrgeiz, wohl auch der eines Napoleon Bonaparte, hat einen höchst erstaunlichen, ungeahnten, überraschenden Hintergrund: nicht die Sehnsucht, nach vorne zu kommen, sondern die Angst vor dem, was hinter einem ist. Dass dieser Mensch Geld will, ist nicht das Entscheidende. Das Entscheidende ist die Angst vor der Armut. Wenn er nur Geld wollte, würde ein geringer Betrag für ein ruhiges, zufriedenes Leben reichen. Aber er hat eine schädliche Angst vor Armut, Geringheit, Bedeutungslosigkeit, und deshalb jagt er mit Wahnsinnskraft voran, will Armut, Geringheit, Bedeutungslosigkeit möglichst weit hinter sich lassen. Und nur ein armer Mensch kann Angst vor der Armut haben, nur ein geringer vor dem Geringsein, nur ein bedeutungsloser vor der Bedeutungslosigkeit. Ein Mensch hat nie Angst vor dem, was er gar nicht kennt, von dem er zumindest nicht weiß, wie weh es tut: Und weil die Armen und Bedeutungslosen nie genug schlagende Beweise für ihren Reichtum und ihre Bedeutung haben, ja gar nicht haben können, führen sie sich und der Welt einen ununterbrochenen Über-Beweis, führen Beweise über Beweise. *Nur Mangel übertreibt. Das Hinreichende ist fest und ausgeglichen.*

Ja, Beweise. Es geht darum, sich und der Welt zu beweisen, dass ich sicher, dass ich gesichert bin. Womit beweise ich das? In erster Linie mit Genuss und Luxus. Mit Genuss mir selbst, mit Luxus der Welt. Man sagt von den Neureichen, dass sie ihr Geld mit vollen Händen hinauswerfen. Ein Neureicher spart nicht, aber er wirft auch nicht hinaus – indem er davon ausgeht, dass man als rausgeworfenes Geld eine Ausgabe für etwas Unwichtiges oder Überflüssiges bezeichnet. Ein Neureicher zahlt Tausende für eine Flasche Champagner, für ein Automobil, für einen Aufenthalt in einem französischen Kurbad, für eine Frau, seine Garderobe, ein Abendessen. Für etwas Greifbares, Genuss und Bestätigung Verschaffendes. Für das, was ihm am wichtigsten ist. Ein Neureicher aber gibt einer Bettlerin nicht eine einzige Krone, wenn keiner zuschaut. Der Neureiche veranstaltet einen schrecklichen Aufstand, wenn der Bedienstete den Wagen überflüssigerweise bestellt, und er 40 K für etwas zahlen muss, was er *gar nicht in Anspruch nimmt*. Der Neureiche zahlt einem wohltätigen Verein einige tausend, wenn es in der Zeitung gedruckt wird, aber seine Verwandten und seine unehelichen Kinder leben in Hunger und Elend. Wehe, wenn es irgendeinem Schmarotzer gelingt, dem Neureichen ein paar Kronen »aus der Tasche zu ziehen«, und dieser dann erfährt, dass sie womöglich nicht nur fürs Allernotwendigste verwendet wurden, dass man dafür zum Beispiel – außer etwas zu essen – ein kleines Billet fürs Theater erstanden hat. Er wird schrecklich beleidigt sein: Was denkt sich denn dieser Mensch! Dass er Geld hat, damit andere sich amüsieren? Solange der andere nicht am Verhungern ist, gesteht er ihm keinen Hunger zu. Solange ein anderer nicht nackt geht, gesteht er ihm keinen Mangel an Kleidung zu. Aber ein Bedürfnis nach Luxus wird er nie irgendwem auf der ganzen Welt zugestehen. Wie könnte er? Das schließlich ist *sein* Beweis, für ihn ganz allein.

Der Mann, »der alles kauft«, wird abgesichert sein (nicht reich, aber abgesichert) fürs ganze Leben. Seine Kinder erben das Kapital, seine Kinder sind todsicher so erzogen, dass sie das Kapital bewahren und mehren und sich von Zeit zu Zeit »etwas« gönnen oder »erlauben«. Ein Kriegsgewinnler hat diese Sicherheit einfach nicht. Er versteht sich nicht aufs Sparen, es geht ihm auch nicht um Sicherheit. Er läuft gleichsam aus Angst davon, rennt, stürmt, jagt wie besessen voran, nach oben, soweit seine Kräfte reichen. Schließlich stolpert er und stürzt ab, über Nacht, genau wie er über Nacht hochkam. Er hatte kein Maß. Hat übertrieben. Bis heute jedenfalls sind all die Pilze nach dem Regen der Katastrophen unauffällig vermodert, ohne, außer dem eigenen Wüten, Spuren zu hinterlassen. Es gibt also auch Hoffnung für uns …?

Tribuna, 7. 8. 1920

Das Kaffeehaus

Das menschliche Bedürfnis nach Zusammensein, nach einem neutralen Platz für Gespräche ist so alt wie die Welt. Einzelgänger waren immer schon Wunderlinge, sind es und werden es bleiben, und im Übrigen, das Bedürfnis nach Einsamkeit wie das nach Gesellschaft schließen sich gegenseitig nicht so ganz und gar aus, wie es scheinen mag: Es gibt Menschen, die nur in einem bewegten Umfeld denken und geistig arbeiten können, mitten im Gelärme, in den sich verändernden Kulissen einer betriebsamen Straße, und sie schreiten ganz für sich in ihrer Gedankenversunkenheit durch die größte Menschenmenge. Es gibt Menschen, die täglich mit anderen zusammensitzen, man redet, ohne über sich und sein Privatleben ein Wort zu verlieren, und pflegt auf diese Weise Einzelgängerei in Gesellschaft. Es gibt Menschen, die es aushalten, über Stunden hin melancholisch an der Straßenecke zu stehen und die Menschenströme zu beobachten, und es gibt Menschen, die ganze Stunden in einem nächtlichen Kaffeehaus versitzen, ohne mit jemandem Bekanntschaft zu schließen, ohne einen zusammenhängenden Satz zu äußern. Es gibt verschiedene Arten von Einzelgängern – aber von ihnen will ich heute nicht sprechen, ich will damit nur sagen, dass auch ein Einzelgänger Gesellschaft nötig hat, und wenn nicht das Zentrum dieser Gesellschaft, so doch ihren Randbereich oder zumindest die Aussicht darauf.

Auf dem Forum kamen die Menschen zusammen, in den Klöstern, in den Salons. Heute gibt es kein Forum mehr, keine Klöster mit dieser Funktion, keine Salons mit entsprechender Atmosphäre. Heute gibt es das Kaffeehaus. Ich meine nicht die artigen Kaffeehäuser, wo die Mütter am Sonntagnachmittag ihre Töchterchen hinführen, wo man eine Schokolade trinkt und ein Stückchen Kuchen isst. Ich meine auch nicht die, die tagsüber müde wirken, halbergraut und erst am Abend mit einer Kapelle, ein paar angemalten Mädchen und »Lebensabenteurern« ihre Verschlafenheit abschütteln und eine rote Laterne aushängen.

Ich meine die ausgesprochen »literarischen« Kaffeehäuser, diese weithin und der ganzen Stadt bekannten Versammlungsorte des geistigen Lebens und der Bohème, wie das Prager Union, das Wiener Central, das Berliner Café des Westens, das Pariser Montmartre. Kaffeehäuser mit einer ganz eigenen Existenz, die keiner begreift, wenn er nicht bis an ihren Grund dringt und ihre Luft in vollen Zügen atmet.

Die ersten Gäste – das sind die großen. Die, die draußen in der Welt schon einen Namen haben, die dem Kaffeehaus Ehre machen und deren Bilder und Karikaturen an den Wänden des Lokals hängen, die, wenn sie sich einfinden, am Tisch sitzen wie Kapitalisten des Geistes, und nur wenigen ist es erlaubt, sich dazuzusetzen. Das sind freilich seltene Gäste. Merkwürdig, hat sich jemand erst einmal irgendwie abgesichert, sei es finanziell, gesellschaftlich oder geistig, ist er irgendwo so sehr vor Anker gegangen, dass man annehmen muss, er wird bis zum Tode dort bleiben, so ist ihm das unordentliche Leben der Bohème ab sofort etwas fast Verächtliches, und obwohl er fraglos selbst daraus hervorgegangen ist oder zumindest sich eine Zeit lang darin bewegt hat, hält er es dennoch auf einmal für etwas Unwürdiges – mit einem Wort, er wird ganz einfach – bürgerlich. Die allgemeine Unterscheidung: hier Bürger, da Revolutionär, trifft es nicht ganz. Ab einem gewissen Punkt verbürgerlicht auch der Revolutionär (bürgerlich bzw. revolutionär sein sind beides rein geistig-seelische Kategorien), und selbst wenn der Revolutionär lebenslang Mitglied einer radikalen Partei bleibt und Artikel für eine radikale Zeitschrift schreibt, so wird er doch seelisch und seiner Lebensart nach zum Bürger. Angemessener, als die Menschen in Revolutionäre und Bürger zu unterteilen, wäre es, in den einzelnen Leben zwischen einer revolutionären und einer bürgerlichen Phase zu trennen, die im Übrigen nicht an ein bestimmtes Alter gebunden sind; solange jemand Vorkämpfer einer neuen Idee ist, solange er einen neuen Gedanken hat, einen neuen Einfall, so lange ist er Revolutionär. Von da an, wo er nur noch aus diesem einen Gedanken schafft, den er einmal hatte (und jeder wirklich große Mensch hat nur einen *einzigen* Gedanken, wer mehr hat, hat eigentlich gar keine, zumindest keine eigenen), das heißt, wenn er sich also einmal aufgemacht hat und seine einzige Bewegung bestenfalls die Vervollkommnung einer Form darstellt – ist er Bürger. Von da an ist er nicht mehr Pionier, sondern ein Besitzender, der spart und spart und dick wird. Man kann auch im geistigen Sinne dick werden.

Nun, das sind seltene Gäste, Ehrengäste an den Kaffeehaustischchen, Ehrengäste und undankbare Zöglinge. Sie alle haben heute eine Vorstadtvilla oder einen bereitwilligen Verleger oder einen sie erwartenden Hörsaal oder das Anrecht auf den Leitartikel in der wichtigsten Tageszeitung. Sie alle haben irgendwo ihren festen Platz, Zuflucht im Kaffeehaus haben sie gar nicht nötig.

Den eigentlichen Humus, die eigentliche Atmosphäre eines Kaffeehauses bildet die Schar der Journalisten, von allen möglichen Zeitschriften, namhaften, weniger namhaften und ganz und gar nicht namhaften. Die Schar der Literaten, derer, die ihre ersten Gedichte in der Brusttasche stecken haben und sie hier und dort vortragen, wenn sich die Gelegenheit dazu bietet. Und derer, von denen hie und da schon einmal etwas gedruckt worden ist, für die es also doch vorangeht, die auf dem besten Weg zum Kapitalismus des Geistes sind. Aber vor allem, vor allem: die Schar der Gescheiterten, eine Schar höchst bemerkenswerter Gestalten mit rätselhafter Existenz, Menschen, die nie irgendein Ziel erreichen und nichts zustande bringen, heldenhaft resignierte, stille Melancholiker, von denen die Welt nicht weiß und nie wissen wird. Mitunter sind in diesen Schichten die eigentlichen Geister der Welt begraben, Träger und Schöpfer eines Gedankens, die nur keine Kraft hatten, ihm eine Form zu geben. Meist jedoch sind es erschreckende Existenzen wie Dostojevskijs General Zvolgin und Korolenkos Ex-Beamter Vojkov und alle die anderen, mit denen die russische Literatur sich so gutmütig lustvoll und mit so warmem Humor befasst, von denen unsere Literatur aber, obwohl wir von ihnen umgeben sind, so gut wie nichts wissen will.

Die einzelnen Typen dieser Sphäre wären freilich Stoff für zwanzig Artikel und könnten gut und gern auch zwanzig Romane füllen. Um sie geht es nicht. Das Bemerkenswerteste an einem Kaffeehaus ist seine Lebensgemeinschaft, allesamt vom Besitzer über den Marquer, die Kellner, die Pikkoli bis hin zur Garderobiere und Toilettenfrau, diese ganze Gemeinde, ihre Gesetze, ihr Jargon, das ist es, was so hermetisch geschieden ist von der ganzen übrigen Welt.

Die Leute kennen sich dort seit Jahren, kennen das Leben des anderen, seine Entwicklung, seine Erfolge und Niederlagen; jahrelang behalten sie einander im Auge, wie Nachbarn auf einer Pawlatsche. Die Frauen, die hierhergeführt werden, ziehen langsam von Tischchen zu Tischchen, sei es »nur so« oder in Ehe, Untreue, Scheidung. Und eines Tages gehören sie dem Kaffeehaus, verlieren ihren Familiennamen, nennen sich bei der Kurzform ihres Taufnamens, sie freunden sich an, verlieren mit der wachsenden Zahl an Zigaretten und Liebhabern ihre eigentliche Weiblichkeit, verstauben, werden öde und hässlich. Die vergangenen Jahre, als es nichts zu essen und nichts zum Anziehen gab, als zu Hause nicht eingeheizt war, haben dieses Kaffeehaus verwandelt: in eine Gemeinschaftsbleibe für die Bohème, der es im Krieg verdammt schlecht ging. Einige fehlen, sie sind an Hunger, Entkräftung, Krankheit gestorben. Andere wärmen sich weiterhin an einer Schale Türkischem auf. Im Kaffeehaus wird geschrieben, korrigiert, diskutiert. Im Kaffeehaus kommt es zu jeder Art von Familienszene. Im Kaffeehaus wird geweint, über und auf das Leben geschimpft. Im Kaffeehaus isst man auf Pump, im Kaffeehaus tätigt man die halsbrecherischsten Finanztransaktionen. Im Kaffeehaus wird gelebt, gefaulenzt, die Zeit totgeschlagen.

Ein schöpferischer Mensch ist allein. Ein nichtschöpferischer sucht nach Zerstreuung. Nach Unterhaltung, die seinem seelischen Niveau entspricht: nach einem Gespräch, nach Literatur, nach dem Beigeschmack des Schöpferischen zumindest. Und ansteckend wie eine Krankheit ist auch jede geistige Atmosphäre; wer einmal in das träg sich schleppende Lebenstempo dieser Kaffeehäuser hineingerät, drängt sich nur selten noch nach vorn. Freilich, freilich, ganz so ist es nicht, denn wer in der Lage ist, sich nach vorn zu drängen, gerät da erst gar nicht hinein.

Tribuna, 10.8.1920

Die Vorstadt

Auf der Welt gibt es ein paar unendlich traurige Sachen. Ich meine jetzt nicht, wenn die gedemütigte Menschlichkeit Klage erhebt oder Krankheit und Armut weinen – sondern wenn das Herz sachte, stoßweise schmerzt vor plötzlicher Sehnsucht nach Feld und Dorf, nach den Bergen und den erlengesäumten Ufern des Baches, nach der schreitenden Reihe getreideschneidender, schweißglänzender menschlicher Leiber, nach einer Kuhherde, die dir bei Sonnenuntergang auf der Straße entgegenkommt.

Ich werde einiges nennen, und sogleich werden Sie wissen, Sie, die Sie genau wie ich in den weit gespannten Kreuzen der Großstadtstraßen aufgewachsen sind, was ich meine:

Stellen Sie sich die Rückseite der Häuser vor, die Sie aneinanderkleben sehen, wenn Sie in den Bahnhof einer großen Stadt einfahren, mit ihren graugelb schimmernden Küchen, den Treppenabsätzen und der Wäsche, die bis zum Klosett hin über dem Pawlatschengeländer hängt – oder auch an einem Augustabend, wenn die glühende Stadt leer ist, eine Gartenkapelle zwischen den Kronen der von unten beleuchteten Kastanienblätter, oder das Ringelspiel an der Peripherie mit Drehorgel, Perlen, blauen Diamanten und hölzernen Pferdchen, oder ein Naturpanorama im Kino, bei dem die Stadt, Gewässer, Hügelkuppen und Fernen zum Hm-ta-ta-Hm-ta-ta des Klaviers vorübereilen, oder die Droschke, die an der Ecke steht, mit einer resignierten Stute und zerschlissenen Polstern – – –

An *dieser* Trauer am schwersten tragen Vorstadtstraßen an einem sonnigen Sonntagnachmittag. Die geöffneten Fenster spucken verstimmte Walzer aus, die Läden sind geschlossen, nur höchst eigentümliche Leute sind unterwegs, die sich zum Fröhlichsein zwingen, weil Zeit dafür ist. Die Straßen atmen Resignation und Unfruchtbarkeit, durchs Hirn blitzen die wehmütigsten Erinnerungen und aus den Tiefen der Seele taucht die klagende Frage hoch: »Warum?« zu aller menschlichen Sinnlosigkeit, allem Leid und aller Freude, aller Arbeit und aller Hoffnung. Sonntagsvorstadt. In der Stadt selbst kann man an Pracht und Verderbtheit, Begabung und Zweck glauben; in den Feldern lebt es sich still und arbeitsam, die Erde atmet und gebiert, schläft, um wiederum zu atmen und zu gebären. In der Vorstadt gerinnt alles Sein wie Sauermilch zu nichts, ein jämmerliches, lausiges, unbedeutendes Nichts, ein Elend, dem Drama und Freude abgehen, dem jede Hoffnung fehlt. Hier kann man nicht aufwärts noch abwärts. Das Leben ist auf eine verzweifelte Weise unerhört, unerhört von Gott und der Vergangenheit, wird aufs Haar dasselbe auch in der Zukunft sein mit ihren Tausenden Sonntagnachmittagen, die einander gleichen wie ein Ei dem anderen. Hier werden niemals Menschen geboren, wie sie die Welt noch nicht gekannt hat, und wenn du die Augen schließt und Hunderte und Aberhunderte Jahre zurückdenkst, so waren es immer und immer dieselben Leute, dieselben Statisten der Geschichte und des Lebens, derselbe schlecht bezahlte Lauf der Welt, und er schminkt und kostümiert sich einmal zur Revolution, dann wieder zum Frieden.

Die Tragik des Untragischen!, der Unfähigkeit zur Tragik! Wie fürchterlich, schmerzlich, traurig! Die Menschen hier haben resigniert, ohne es auch nur zu merken, haben resigniert, kampflos und selbstverständlich, mit einer Selbstverständlichkeit, die erschreckend ist. Der Fluch der Unvollkommenheit und Unfertigkeit, eine Mittelmäßigkeit wie aus zweiter Hand haftet den Kleidern an, der Körperhaltung, den Möbeln, Theatersitzen, Schaufensterauslagen. Die ewige Unfreiheit des Eng-Aufeinanderlebens, der Widerklang jeder Träne, jedes Seufzers aus dem Nachbarzimmer, das gleichermaßen überfüllt ist mit Menschen, ein Schicksal in den Fesseln genauer Beobachtung durch die anderen: Jeder ist Zuschauer, Schauspieler und Souffleur zugleich!

Die Unmöglichkeit jeder Entwicklung, denn hierhin schmeißt die Welt nur die Schmierenstücke des Lebens und der Kunst, für diese Straßen sind die Operetten und billigen Possen geschrieben, die plumpesten sentimentalen Walzer, Reizmittel einer armselig abgedroschenen Sexualität von Wesen, deren Seele genau wie der Wochenlauf zwischen Alltag und Sonntag unterscheidet, hier verkaufen sich die zum Broterwerb geschriebenen Romane, die kleinen Abendausgaben und illustrierten Blätter, die voll sind von Mord, Diebstahl und Vergewaltigung, und dieser traurige, beklemmende Sonntag, an dem es sich um jeden Preis zu vergnügen gilt, reicht nicht, um mehr als die erbärmlichsten Freuden zu verschaffen.

Hier ist die Masse in Bröckchen über die Schachteln verstreut, über Zimmer mit Fensterlöchern, über melancholische Läden und übelriechende Küchen. Ist es verwunderlich, dass diese Menschen, die mit ihren Hirnen und Herzen den Kreislauf eines monströsen Apparates finanzieren, die über Jahrzehnte hin nicht für sich leben und nicht individuell fühlen, sondern in der Masse, nebeneinandergeschichtet wie in einem Lagerraum, die allesamt erfüllt sind vom selben Gefühl resignierter Ohnmacht, wie Bestandteilchen eines elektrischen Drahtes zwischen der Welt und Gott, dass diese Menschen als Masse mit einem Mal aufschreien und dass sie – für einen kurzen Augenblick in hundert Jahren – schrecklich sind, schrecklich in ihrer Gesamtheit, wie sie zuvor in ihrer Gesamtheit wehrlos waren?

Was für ein Luxus ist auch nur die Hälfte der Freuden und Schmerzen derer, die sich als Individuen durch ihr Schicksal bewegen, und wie gering die Luxussteuer an das Leben für das Kapital, das aus den Errungenschaften eines Beethoven – Mozart – Balzac – Dostojevskij geschlagen wird, aus der Möglichkeit, dem Alltag auch *ohne Sonntag* zu entfliehen.

Wie unerlaubt dieser Kapitalismus: ein Individuum zu sein! So viel schlimmer und wählerischer, als Millionär zu sein! Welch ein Luxus im Angesicht dieser Straßen: Probleme zu haben, an Problemen zu leiden, sich mit Nervendramen zu quälen. Und schließlich! Welch ein Luxus – die Kunst, die Liebe, das Verbrechen, der Selbstmord, alles, was nicht in Alltag und Sonntag getrennt ist!

Mir scheint, eine wahrhafte Bejahung des Lebens atmet nur da, wo lediglich Erde und Himmel sind und dazwischen Gott, wo das Sein elementar voranschreitet, ununterstützt; unverfolgt. Wir hier, wir Menschen der Großstadt, sind verdammt zu unausweichlichem Irrtum, verurteilt dazu, dass wir wohl wissend und sehenden Auges falsch leben, denn uns ist die fundamentalste Voraussetzung des Lebens genommen: seine Selbstverständlichkeit.

Tribuna, 13.11.1920

Ein Zwiebelchen als Almosen

Die Weihnachtszeit ist im Grunde eine widerwärtige, böse, grausame Zeit. Eine Art Befehl zur Großzügigkeit, Gemütlichkeit, Freude liegt in der Luft. Schon der ganze Dezember atmet in sentimentaler Weise die Vorbereitungen auf das Fest: der Duft der feilgebotenen Bäumchen, die Schaufenster, das Spielzeug, das Zuckerwerk – offizielle Gelegenheiten zur Freude. »Alles freut sich«, sagen die Texte in den Lesebüchern. Trotzdem gibt es Tausende Menschen, die sich nicht freuen. Und merkwürdig, wer das Jahr hindurch Hunger hat, hat an Weihnachten gewiss einen ganz anderen Hunger, der die Seele und das Herz zerfrisst. In der Alltagshetze nimmt man Hunger und Not wie eine grausame Unabänderlichkeit des Lebens. Im festlichen Getriebe der Dezemberstraßen, angesichts der Vorbereitungen zum Nikolausmarkt und der Weihnachtsstände wird die Not plötzlich zu hartem Unrecht und schmerzhafter Kränkung, zu einem unbarmherzigen Ausgeschlossensein von Menschenrechten und öffentlichen Freuden. Und solange diese tausend Ausgebürgerten an Heiligabend hungrig und ohne Gaben bleiben, ist die Weihnachtszeit eine grausame Zeit, ist die Freude unterm Weihnachtsbaum im Grunde ein egoistisches Unrecht.

Bettler! Welch ein vertrautes Bild. »Mitglied der Kommission zur Bekämpfung von Bettelei und Hausierertum!« lauten hart die Blechschildchen an den Türen der Vermögenden. An den Ecken stehen zerlumpte Gestalten stundenlang an den lautesten Stellen, den belebtesten Straßen, bevor sich aus den Scharen ein Einzelner löst, um zu geben. Wir brummeln etwas von Arbeit und Leuten, die es sich einfach machen, von Lumpen, die Beschäftigung scheuen. Ach ja, ach ja, ich stimme zu, vielleicht sind fünfzig Betrüger unter hundert Bedürftigen. Vielleicht spielen fünfzig von hundert eine Komödie des Elends, vielleicht könnten fünfzig von hundert arbeiten; und doch bleiben ebenjene fünfzig enterbten Leben, jene anderen fünfzig, die echte Not leiden; auf die Gefahr hin, dass du betrogen wirst, gib, schenke! So entgehst du der größeren Gefahr, dass du einem Menschen, der wirklich leidet, nichts gegeben hast.

Die Bettler sind ständige Gäste in unseren Straßen. Manche halten ihre Winkel und Ecken seit Jahren und stehen mit einer Art Handelskonzession frühmorgens auf ihrem Posten, den sie spätabends verlassen, tauchen auf, tauchen weg, du weißt nicht und errätst auch nicht wohin; in Erdlöcher gleichsam. Sie werden zu Bekannten, sie fehlen dir, wenn sie verschwunden sind, du wunderst dich, wenn sie den Platz wechseln. Stets sind es scharfe Silhouetten im Hintergrund der Straße, keine Alltagsgesichter, scharfe Bewegungen, auffällige, hinter der monotonen Bittstellermaske blitzt manchmal ein bisschen Privatmensch wie ein Lichtstrahl durch eine Ritze, und es ist ein merkwürdig gemartertes Leben, immer, jedes Mal, ein alltägliches Drama und auch wieder nicht, eine Tragödie, über die niemand ins Grübeln kommt. Die Tragödie des Hungers ist heute allzu verbreitet und abgedroschen. Sie werden »schrecklich« sagen und weitergehen. Und doch formt der Schrecken des Hungers sich seine Opfer in vielerlei Weise, und bei genauerem Nachdenken würde man staunen. Jede Stadt hat ihre Bettler, ihre alteingesessenen Bettler, die Gäste jener bezeichnenden Ecken. Am Platýz[3] sitzt ein Alter mit schmutzig grauem Vollbart, win-

3 Jesenská nennt hier verschiedene Orte in Prag: den Platýz, einen Durchgang zwischen der Národní třída (ehemals Ferdinandstraße) 37 und dem Ovocný trh (Obstmarkt); mit Museum ist das heutige Nationalmuseum am oberen Ende des Wenzelsplatzes gemeint, mit Karlsuniversität vermutlich das Gebäude des Karolinums; außerdem: Sophienbrücke zur Sophieninsel, tsch. Žofín bzw. Slovanský ostrov (Slawische

ters wie sommers mit einer Wollmütze über den Ohren, und verkauft in einer Strohschüssel Vogelmiere und Spitzwegerich. Schon als kleines Mädchen bin ich an ihm vorüber zur Schule gegangen. Er ist für mich mit dem Bild des Platýz-Durchgangs verschmolzen, er gehört dorthin wie der Randstein vors Tor. Was für ein schreckliches Leben.

Erinnern Sie sich! Auf dem Josefsplatz, beim Museum, an der Karlsuniversität, bei der Sophienbrücke. Die Kandelaber werden lebendig. Wir sehen sie gar nicht mehr, so vertraut sind sie uns. Erinnern Sie sich nur: Hunderte Male haben Sie in ihre Gesichter geblickt, kennen ihre Gesten, ihre Dankesworte auswendig, und dennoch wissen Sie von ihnen nichts, und wenn sie die Erde verschluckt, ist keine Spur mehr von ihnen zu finden. Und doch gehören sie zu uns. Sie gehören uns. Genauso wie unsere Brücken, unsere Theater, unsere Gassen, unsere Felder und Bäume, genauso gilt: unsere Bettler.

Viel zu oft gibt man der Faulheit nach – ich glaube nicht, dass die Menge, die an einem Bettler vorübergeht, ohne ihm etwas zu geben, schlecht ist, sie ist faul – indem sie sich herausredet, moralisiert, predigt. Bloßes Elend reicht uns nicht, um zu geben; die Not müsste schon zum Himmel schreien, sie müsste fürchterlich sein, eklatant, verzweifelt. Es reicht nicht, dass ein Mensch Hunger hat, umfallen muss er vor Hunger, und spielen die Bettler auf der Straße Theater, so sollten wir es sein, die sich schämen: Diese Komödie, diese traurige Komödie muss sein, damit sie von uns ein paar Kreutzer bekommen? Der Satz: Ich habe Hunger, ich bin ein Krüppel, eine bloße Bitte genügt nicht, damit unsere Taschen sich öffnen. Es bedarf der Gesten, man muss die Not übertreiben – als ob das überhaupt möglich wäre.

Wie heimtückisch die Menge Rache für das schlechte Gewissen nimmt, das ihr die Faulheit macht: »Du bist ein Komödiant, dir geb ich nichts!« Ganz wie's beliebt, Herr Regisseur!

Manchmal begegnest du zufällig einem Menschen, dessen Not deine Seele erschüttert bis an den Grund. Des Öfteren

Insel) und Josefsplatz, mit Josefskaserne und St. Josef, einer der großen Plätze Prags; nach der Gründung der Tschechoslowakischen Republik 1918 umbenannt in náměstí Republiky (Platz der Republik).

hält eine Frau dich an oder ein Mann, anständig gekleidet, und bittet, über deine Schulter hinwegblickend, hastig, mit überstürzten Worten um ein paar Kreutzer. In ihren Gesichtern erkennst du Scham und Hass zugleich, Demut und Stolz, du spürst, wie sie am liebsten vor ihren eigenen Worten davonliefen, dich am liebsten ins Gesicht schlügen, am liebsten aus vollem Hals etwas ganz anderes herausschrien. Ihr Erfolg ist fast sicher; aber sich richtig zu verhalten ist völlig unmöglich. Ein Ausdruck von Mitleid kränkt sie, eine Frage verärgert, ein Zeichen von Unwillen verbittert sie bis ins Innerste, und du kannst dich nur schämen, dass in nächster Nähe deiner gefüllten Schüsseln und deines warmen Quartiers ein Mensch lebt, der hungert und friert.

Ich bin kein Politiker. Welche Wege man gehen muss, damit den Armen geholfen ist, weiß ich nicht. Heißt dieses Mittel Sozialismus oder Kommunismus oder Wohltätigkeit oder Arbeit, ich weiß es nicht; ich weiß ganz sicher nur eines: Solange unter uns auch nur ein einziger Mensch Hunger leidet, ist die Welt schlecht.

Alle Mittel zur Beseitigung der Armut, alle Theorien über Hilfsmaßnahmen sprechen von der Zukunft: Aber der, der an der Ecke steht, hat heute Hunger. Er hatte gestern Hunger und er hat heute Hunger. Dem, der an der Ecke steht, krampfen sich vor Hunger die Eingeweide zusammen, der Magen verursacht ihm Übelkeit und ihn schwindelt. Es bleibt nur ein Mittel: geben. Augenblicks geben, immer von neuem geben; jeden Tag, blindlings, ohne zu fragen warum und wozu und wofür; ohne die Rechnung, wie viel du gestern gegeben hast und wie viel ein anderer geben wird. Zu geben auf die Gefahr hin, dass du einem Geizhals gibst, der es in den Strumpf steckt, und wenn er tot ist, wird man Tausende finden. Ach, seien Sie nicht so bange, betrogen zu werden, was liegt schon daran? Was liegt daran? Seien Sie lieber bange, nicht genug getan zu haben. Zu viel werden wir nie getan haben. Und ein Zwiebelchen ist dünn; der Engel, der Sie an diesem Zwiebelchen in den Himmel zieht, wird weggefegt und fliegt davon: Das Zwiebelchen platzt und Sie stürzen hinab in die Hölle.

In richtiger Berechnung saßen die Bettler früher neben den Eingangstüren der teuersten Luxusgeschäfte. Damen in Seidenstrümpfen steigen über hölzerne Stümpfe und zitternde Glieder, verärgert über das Hindernis. Ein wenig zögerlich und weil es ja beinah nicht anders geht, lassen sie eine Münze in die hingehaltene Mütze fallen. Das Schaufenster sprüht raffinierten Luxus und ein bisschen von diesem Glanz fällt auch auf die Krüppel, die unten auf dem Pflaster ihre sinnlosen stumpfen Bitten murmeln. Und ich denke: Vielleicht werden wir ja tatsächlich einmal von den Toten auferstehen. Dann müssen all diese Pelze und Seidenroben, die hier auf hölzernen Ständern hängen, hinter diesen Bettlern einherschreiten, beleuchtet vom selben elektrischen Licht und mit demselben Schildchen versehen: allerletzte Neuheit. Ja, das muss entschieden so sein, diesen Hintergrund braucht der Bettler, damit Gott die Wirklichkeit schaut, die er heute, in seiner Großmaßstäblichkeit, nicht schauen kann. Dieser Hintergrund zeigt das Elend im richtigen Licht; im grausam paradoxen wahren Licht der Welt.

Erstaunlicherweise sind die Reichen am wenigsten wohltätig. Beobachten Sie einmal einen Winkel, in dem ein Bettler steht. Es ist immer die Köchin, der Soldat, der Legionär, der Arbeiter, der Gehilfe, die Frau aus dem Volk, die eine Münze geben. Nie irgendwer anders.

Kinder noch. Aber erwachsene Leute in Pelzmänteln haben keine Zeit stehen zu bleiben. In der Tat, so eine Beobachtung lehrt Sie das Zähneknirschen. Wie viele eilen hier vorüber – ins Kino, ins Theater, zu Vergnügungen, Fräuleins, Herren, Gespräch, Gekicher und Wichtigkeit. Und nebendran steht eine lange, dürre Gestalt mit einem Hut in der Hand, und der Hut bleibt leer. Jedes Marktweib hat eine Münze übrig. »Fürs Glück«, macht sie ihrem Herzen Luft. Die Reichen geben nichts. Reiche brauchen kein Glück?

Ich will Sie nicht mit einer Moralpredigt ennuieren. Ich will auch keine Rechnungen anstellen oder Sie durch die Tatsache beschämen, dass Sie täglich zehnmal mehr für Ihre Bonbons und Leckereien ausgeben, als Sie ausgeben würden, wenn Sie *jedem* Bettler, dem Sie begegnen, eine kleine Münze geben. Ich will Ihnen nur eines sagen: Ist Ihnen nie in den Sinn gekommen, dass das Gute *bequemer* ist als das Böse? Haben Sie sich nie klar gemacht, dass dieses Gefühl, das sich einstellt, wenn Sie an einem Bettler vorübergehen und nicht nach einer

Münze in die Tasche greifen, diese hässliche Faulheit und Verlegenheit, diese Momente unfreiwilliger Verärgerung und das dringliche Verlangen, wäre es auch nur für eine Sekunde, doch umzukehren und etwas zu geben, viel *unbequemer* sind, als die Münze einfach hervorzuziehen und sie tatsächlich zu geben. Faulheit und Unmoral sind manchmal dasselbe. »Ich weiß nicht, warum das Gute schön ist und das Böse hässlich, aber ich weiß, warum solche Herren wie Stavrogin[4] es nicht wissen«, sagt Šatov zutiefst überzeugt. Weil sie faul sind. Ich wundere mich nur, dass ausgerechnet faule Menschen nicht auch aus *Faulheit* gut sind; ist doch das Gute – wenn ich von all seinen schönen Eigenschaften schweige – das Simpelste, Einfachste und Unmittelbarste, was der Mensch tun kann, und das Erste – davon bin ich tief überzeugt –, was jedem, auch dem Schlechtesten, einfällt.

Aber lassen wir die Erwachsenen. Die Erwachsenen haben ihr Schicksal und ihre Kräfte, ihre Möglichkeiten zum Kampf, zu Verteidigung und Wettstreit. Und auch der Dezember, der mir Anlass zu diesen Zeilen gibt – ist nicht der Monat der Großen, sondern das Fest der Kleinen. Wir sind faul in unserem Wohltätigsein – gut.

Aber die Kleinen, die Lumpenkinder der Straßen, die halb verrohten, undankbaren, stibietzenden, erpresserischen, die armen Kinder mit ihrer freudeleeren, unreinen Seele, halb schon verschluckt von der Not und von dem Zynismus, den die Not nach sich zieht, und nicht nur sie, sondern Hunderte andere in den Waisenhäusern, Heimen, in den Armenquartieren und Krankenhäusern – an sie lasst uns denken! Zuallererst an sie, die für nichts können, die vom Schicksal Gebeutelten, die nichts verschuldet haben, die einzig und allein deswegen hungern und leiden, weil die Welt nicht gut ist. Wir können nicht genug an sie denken, jetzt, vor dem Nikolaustag und dem Christkind. Alles, was wir tun, ist wenig, und doch ist jedes Wenige unendlich viel.

Dostojevskij hat der Gedanke an das Leiden von Tausenden Kindern zum Wahnsinn getrieben. Der Gedanke, dass Kin-

4 Stavrogin und Šatov sind zwei Figuren aus Dostojevskijs Roman *Besy*, dt. »Die Dämonen«, in der neueren Übersetzung »Böse Geister«.

der in den Fabriken arbeiten, dass Kinder hungern, dass ihre Gliedmaßen sich durch schwere Arbeit und Unterernährung verbiegen, dass sie verkrüppeln, der Gedanke an die entstellten Kinderkörper der Vorstadt – was für seltsam große Köpfe, dünne Beine und Arme, verschiedenste Buckel und Verkrümmungen – das Wissen darum, wie viel unentwickelte Seelen durch den drastischen Zynismus der Not und des Elends vernichtet werden, reicht, um einen Menschen zum Rebellen gegen Gott zu machen. Es sind vor allem die Stadtkinder, die auf ihren Schultern den Fluch des ganzen Jahrhunderts tragen, den Fluch unserer Maschinen- und Fabrikenwelt; wir sehen in ihnen nicht nur die Kinder der Armen, wir sehen in ihnen uns selbst und die nächste Generation des Volkes; auch sie gehören zu uns, gehören uns. Wie viele trübe Dezember haben diese kleinen Dulder hinter sich? Wie oft haben sich im Dezember vor den Schaufenstern die Keime menschlicher Bosheit zusammengeballt: Neid, der Wunsch zu stehlen, Wut, Erniedrigung? Die kleinen Lumpenkinder, die Sie täglich abweisen, weil sie Ihnen allzu vehement die Abendausgaben aufdrängen, die kleinen Köpfchen vor den Schaufenstern, die kleinen Diebe an den Buden des Nikolausmarktes, diese armen Nichtsnutze – das sind die, für die ich heute bitte. Geben Sie! Geben und geben Sie! Zum Nikolaus und zum Christkind! Geben Sie ein Almosen, geben Sie Ihr Zwiebelchen.

Tribuna, 9. 12. 1920

Meine Freundin

Zur Freundschaft befähigt ist der Mensch nur in ganz jungen Jahren. Haben Sie das nie bemerkt? Später, wenn er älter wird, oder sagen wir, wenn er reift, schließt er Freundschaften sehr schwer, nur mühsam, gewissermaßen ungern, unwillig und ganz bestimmt nicht auf Dauer. Aber manchmal drängt einem das Leben so eine Freundschaft auf, eine mitunter sehr merkwürdige, und wenn Sie so wollen ein Unfreundschaft. Beethovens bester Freund war angeblich ein breiter, alter Brotschrank mit Schnitzwerk, der in der Zimmerecke stand. Meine Freundin ist meine Hauswirtin, Frau Kohler, die jeden Morgen um sieben Uhr mit zärtlichem Gesichtsausdruck und Besen in der Hand über mein Bett gebeugt voller Mitgefühl wartet, von einem löchrigen Pantoffel auf den anderen tretend, bis ich das Zimmer verlassen habe, damit sie putzen kann.

– – –

Sie glauben, ich will eine Humoreske schreiben? Ganz und gar nicht. Ich schreibe gerührt und mit Tränen in den Augen. Diese Frau aus dem Volk, ein echter, ungebildeter, proletarischer Trampel der alten Generation, hatte das beste Herz von allen Menschen auf der Welt, und ich liebe sie mit einer tiefen Liebe und Zärtlichkeit. Immer wenn ich an sie denke, werde ich sentimental. Verzeihen Sie, bitte, wenn ich mich so ungewohnt weich ausdrücke. Die Vorstellung ihres Gesichtes, rund wie der Mond, in dessen genauer geometrischer Mitte ein kleines stumpfes Näschen sitzt und darunter ein breiter, spärlich bezahnter Mund, eines Gesichtes, das in irgendeiner Verlegenheit gegenüber der Welt beständig schwitzt, rührt mich stets und stimmt mich mild. Es hat lange gedauert, ehe ich unterscheiden konnte, welche der Grimassen ihrer Gesichtszüge Freude bedeuten und welche Schmerz und Zorn, aber mit der Zeit habe ich mir die untrüglichen Anzeichen ihrer Stimmungen eingeprägt: zum Beispiel wenn sie sich freut, stülpt sich ihre vereinsamte Oberlippe bedrohlich in die Welt hinaus, ist sie traurig, werden ihre Äuglein violett, als wollten sie weinen, und die Nase bläht sich zu ungeahnter Dimension. Will sie etwas, wieselt sie um mich herum in einer Art Hastigkeit, wischt dreimal hintereinander mein Tintenfass ab und erinnert sich, ganz von selbst, dass man Mehl bringen müsse, und sie heizt ein, ohne dabei die Fenster sperrangelweit aufzulassen, was sonst selten der Fall ist. Hat sich aber etwas Schreckliches zugetragen, dann sitzt ihr dieser Schrecken tatsächlich auch im Gesicht, es ist bleich, erstorben, wie leblos, und der ganze Körper dreht sich gleichsam um die eigene Achse, als wäre von oben, direkt von oben unversehens ein Keulenschlag niedergegangen. Sehe ich diesen Ausdruck in ihrem Gesicht, erstarre ich vor wahrem

Entsetzen bis in die Tiefen der Seele: Denn dieser Ausdruck hat immer Recht.

– – –

Das Angenehmste an ihr ist eine gewisse Regelmäßigkeit der Verrichtungen. Ich kann mich blindlings darauf verlassen, dass sie, auf die Minute genau, alles eine Stunde später macht als verfügt. Sie werden zugeben, dass das eine gute Eigenschaft ist, sofern sie zu einem so unumstößlichen Grundsatz geworden. Will ich, dass sie um sechs einheizt, bitte ich sie, es um fünf zu tun, dann hab ich es um halb sieben warm im Zimmer. Im Übrigen zeigt sich diese Regelmäßigkeit durchweg in allem. Ich weiß ganz sicher, dass sie mir nicht mehr Strümpfe im Jahr stiehlt als vier Paar, für jede Jahreszeit eins, womit sie bestens über die Runden kommt. Mehr als fünf Stückchen Zucker sind nie auf einmal aus meiner Dose verschwunden. Mehr als ein Scheibchen Butter nie vom Butterstück, das im Kühlschrank liegt, abgeschnitten, und aus der Kondensmilchbüchse werden höchsten zwei Kaffeelöffel täglich verschwinden. Sie nimmt mir nie mehr weg, als sie braucht, und sie braucht wenig. Vor einem Jahr, durchdrungen vom Gedanken sittlicher Veredelung, Verbrüderung und Gleichheit, schlug ich ihr vor, in Zukunft das Stehlen zu lassen, ich würde ihr das regelmäßig Gestohlene lieber geben. Damit habe ich die arme Seele zu Tode erschreckt. Weil aber sie in meinem Gesicht keinerlei List ausmachen konnte, wagte sie nicht zu behaupten, sie würde nicht stehlen, und wusste nicht recht, wie mit mir zu verfahren wäre. Ihre ängstlichen Augen richteten sich zunächst vorwurfsvoll auf mich, dann mit Verbitterung. Ich erkannte voll und ganz an, dass sie im Recht ist, und seit dieser Zeit ist alles beim Alten.

– – –

Es ist nicht wenig, was wir zusammen durchlebt haben. Die drei Jahre über, die ich in dieser verfluchten Stadt sitze, war sie mein Trost. Ich weiß, dass ihre Liebe zu mir ebenso groß ist wie meine zu ihr und dass ich mich auf sie verlassen kann. Aber das wusste ich nicht immer. Damals, als ich diesen dummen Einfall hatte – nun ja, wenn Sie ehrlich sind, wer auf der Welt hätte ihn nicht gehabt? –, mich zu vergiften, hatte ich davon noch keine Ahnung. Als ich eine Woche in der leeren Wohnung lag, ohne eine lebende Seele zu kennen, halb bewusstlos, erwachte ich jeden Mittag durch ein gewaltiges Rütteln, mit dem mich Frau Kohler ins Leben zurückrief. In den Nebeln meiner Bewusstseinstrübung schwamm vor mir ein verheultes, rundes Gesicht, das wie Wasser in alle Richtungen zerfloss, und Hände, die nach Petroleum rochen, stopften mir ein großes rundes, schwarzes Knödel in den Mund, das eigenhändig für mich gekocht worden war – aus einer sentimentalen Vorstellung vom böhmischen Knödel heraus, von dem ich stets laut geträumt hatte. Das wiederholte sich so lange, bis ich genügend Kraft hatte, diese schwarze Kugel zu erbrechen. Ich denke aber, vergiften werde ich mich nicht mehr. Nicht aus Angst vor dem Tod, sondern weil ich schwerlich davon ausgehen kann, dass wir zwei uns irgendwann voneinander trennen, und wenn ich ehrlich sein soll: Ich fürchte Frau Kohlers erneute Knödel.

– – –

Im Übrigen war das nicht das Schlimmste, was wir gemeinsam durchgemacht haben. Es kam so weit, dass wir, durch die politischen Verhältnisse von unserer Heimat abgeschnitten, ich von Böhmen, sie von Ungarn, Monate ohne einen einzigen Heller mit knurrenden Mägen und beim blakenden Licht der Petroleumleuchte auf dem Aschenkasten in ihrem Kellerloch saßen und uns den Kopf zerbrachen, wo Geld aufzutreiben wäre. Hunger ist eine böse Sache, und eine fremde Großstadt ist grausam. Der Altwarenhändler nebenan im Haus hatte unsere ganzen Hemden geschluckt, und unsere Ringe lagen beim Pfandleiher, davon hatten wir, solange es ging, Rote Rahnen und schmuddligen Kohl zu Mittag gegessen, zu Abend, zum Frühstück und zur Jause. Aber nichts dauert ewig. In dieser Nichtewigkeit erwies ich mich als der schwächere Kämpfer. Der Magen wollte den Kohl nicht ertragen, und meine allgemeine Schwächung erlaubte mir nicht, mich weiterhin für unsere gemeinsame Speisekarte zu interessieren, die mir, wie das Leben überhaupt, höchst überflüssig erschien. Aber Frau Kohler hat für uns beide gesiegt. Je apathischer ich wurde, desto lebendiger zeigte sich dieses kleine Persönchen, und ihre gichtgeschwollenen Beine vollbrachten Erstaunliches und ihr Hirn ersann wahrhaft börsianische Transaktionen. Im dumpfen Glauben, dass gelebt werden müsse, wirkte sie Wunder, die mir noch heute schleierhaft sind. Keine Krone, die sie mit mir nicht geteilt hätte, kein Stückchen Brot, dessen größere Hälfte nicht ich bekam. Wo wäre ich heute, wäre sie nicht gewesen? Damals habe ich mir geschworen, dass, wenn ich erst einmal Millionärin bin, sie von mir auch die Hälfte bekommt, und an diesem Versprechen halte ich fest. – Sie werden ja sehen.

– – –

Mein Gott! Drei Jahre – wie sie den Menschen zu beuteln wissen! Damals waren wir das, was man eine Bohème nennt. Im Großen und Ganzen hatten wir alle nichts zu beißen, und weil es bei uns doch etwas weniger kalt war als auf einer Bank im Bahnhof, kam es oft vor, dass eines der verzweifelten Mitglieder dieser Gesellschaft das kleine Kabinett hinter unserer Küche bewohnte, wo heute in bürgerlicher Aufgeblasenheit und Wohlstand das Brennholz bis unter die Decke geschichtet liegt. Frau Kohler wurde mit ergreifender Opferbereitschaft zum Freund all dieser Leutchen. Abgeplatzte Knöpfe, gerissene Schnürsenkel, zerfranste Kragen, kotige Schuhe, alles glättete und ordnete sich unter ihrer mütterlichen Hand zu einer anständigen Erscheinung. Sie nannte sie beim Taufnamen und war böse, wenn sie gingen, ohne etwas von dem schwarzen, zerkochten Zichorientrank zu schlucken, den sie kredenzte. Ihre Gedichte schnitt sie sich aus und ging sie stolz den Nachbarn zeigen und holte sich die Polizei auf den Hals, denn von einem dachte sie, er sei Kommunist und »ließ nichts auf ihn kommen«. Mit aufrichtiger Freude verfolgte sie unsere Fortschritte, und sie sind keineswegs undankbar, die ehemals hungrigen Lumpenkerle. Kommt W. aus Italien zurück – dort war er für das Honorar seines letzten Romans –, kommt L. aus Prag in wichtiger Mission für eine große Zeitschrift hierher, oder macht F., heute Handelsvertreter für Wein, einen Besuch in unserem Nest, oder S., der jetzt bei einer Bank angestellt ist, dann schauen sie auch unten in ihrer Küche vorbei. Und sie bewundert dann selig die Bügelfalten in ihren Hosen und schüttelt den »Gnädigen Herren« die Hand, die sie zuvor an der Schürze abgewischt hat. Aber in den Augenblicken, in denen uns beiden traurig und einsam zumute ist, gedenken wir all derer, die aus dieser Freundesschar damals der Not erlagen und starben. Drei sind es. Sie haben es einfach nicht geschafft zu »verbürgerlichen«. Frau Kohlers Augen schwimmen in Tränen und durchs Halbdunkel im Zimmer trompetet ihr ergriffenes Geschnäuz.

– – –

Frau Kohler ist Witwe. Ihr Mann ist im Krieg gefallen, und würden Sie seine Fotografie sehen, Sie würden sich wundern. Ein enorm fescher Kerl mit langem Schnauzbart. Aber Frau Kohler mangelt es nicht an Verehrern. Um sie bemühen sich ältere, junge, und sie bewirken sogar, dass Frau Kohler in der Straße im Ruf einer Sirene steht, was sie nicht verdient, denn schuld an allem hat nur ihr gutes Herz, das niemandem etwas abschlagen kann. Ihre Liebe aber gehört nur einem einzigen, und der freilich hat einen schlimmen »Charakterfehler«: Jeden sechsten Sonntag säuft er sich bis obenhin zu, kommt um Mitternacht wankenden Schritts zu Frau Kohler, schlägt grölend die Haustür ein (sollte sie zufällig abgesperrt sein, für gewöhnlich ist sie das nicht, Frau Kohler ist nicht so kleinlich) und prügelt sie mit seiner betrunkenen Faust dermaßen durch, dass meine Fußböden am nächsten Tag weder gekehrt noch gebohnert werden. In den sechs folgenden Wochen ist er friedlich und still wie ein Lämmchen, geht Kohle holen und bringt ihr kleine Sträußchen und Schokoladenstückchen. Am sechsten Sonntag wiederholt sich dann alles. Frau Kohler zerbricht dann vor Kummer beim Aufwaschen die Teller in meiner Küche, schüttelt den Kopf und jammert: »Also na, so was auch! So a Ungeheuer, so a brandrotes.« Ich fühle tief mit ihr. Nur eins ist mir nicht klar: Warum schimpft sie ihren einzig Geliebten »brandrot«, wenn er doch nachtschwarz ist wie ein Rabe? Aber womöglich verwechsle ich ihn ja mit einem anderen.

– – –

Das ist meine Freundin. Sehen Sie, ich kann mir das Leben ohne sie gar nicht vorstellen. Emigriere ich nach Amerika, wird sie mein voluminösestes Gepäckstück abgeben. Ich kann einfach in der Früh nicht erwachen, wenn sie nicht mit Besen und speckiger Schürze am Bett steht. Würde mir etwas zustoßen, ich hätte niemanden, um mich anzuvertrauen, wäre nicht sie zur Hand, und auch das Abendessen würde nicht schmecken, wenn ich wüsste, dass sie sich den ihr zustehenden Teil davon nicht gestohlen hat, was manchmal versehentlich vorkommen kann. Wir haben die schweigende Abmachung, dass wir uns voneinander nicht trennen. Und wenn Sie mich sehen, so sehen Sie auch Frau Kohler, und sollten Sie Frau Kohler aufsuchen, so werde auch ich nicht weit sein.

Tribuna, 27. 1. 1921

Flucht zu den Hilflosen

Manchmal regt sich die Straße mit einer Geste, die dir die Augen öffnet. Mit einem Mal tut sich ein tiefer Durchblick in Welten auf, von denen du nichts geahnt hast. Er schreckt dich, er rührt dich an, ringt dich nieder zu innerster Ergriffenheit. Vor einem epileptischen Anfall stellt sich angeblich eine klare Sekunde ein, ein so verzweifelter, entsetzlich klarer Augenblick von Hellsicht und glücklicher Gewissheit, dass ihn die Seele nicht erträgt. Solche Augenblicke kennt, denke ich, jeder. Sie fassen urplötzlich ans Herz, versetzen einen gewaltig schmerzenden Stich. Du spürst neben dir eine unbekannte neue Welt, fühlst, als wärst du eine Kelter, die alles auftrinkt. Du musst Halt suchen, an einer Wand, an einem Gitter, an irgendetwas in deiner Nähe, um nicht zu stürzen. Du atmest tief durch, wenn dieses Glück sich verflüchtigt hat. Einige Tage denkst du daran wie benebelt, aber du hast keine Worte, um davon zu erzählen.

Auf der großen Fläche des Platzes, zwei Fuß hoch frisch verschneit, kugelte in verzweifelter Erschöpfung ein kleiner japanischer Pinscher von Schneewehe zu Schneewehe. Für Augenblicke schloss die weiße Decke sich über ihm ganz, und er war ertrunken; dann wieder tauchte ein höchst unwahrscheinlicher Teil seines Körpers an die Oberfläche, eine Pfotenspitze, ein Stück Bauch. Im Übrigen ein Ball aus Fell, taumelnd, rollend, hochschnellend, zurücksinkend, sich durchkämpfend, quiekend, knurrend, prustend, kläffend. Wie er hierhergekommen war, weiß ich nicht. Wahrscheinlich durch einen komischen Zufall. Es schien aber ziemlich ausgeschlossen, dass er sich je würde herausarbeiten können.

Da geschah etwas Merkwürdiges. Von der Straßenecke löste sich der Kastanienverkäufer, der gerade noch dorthin gehört hatte wie ein Steinblock in der Mauer des Zinshauses, an das er sich gelehnt hatte, und bis zu den Knien im Schnee versinkend, bahnte er sich seinen Weg zu dem kleinen Tier. In seinem Gesicht leuchtete etwas Zärtliches. Kurz darauf hockte er mit seiner Wollmütze mitten auf dem verschneiten Platz und wärmte in seinen Händen das Luxushündchen, das als Begleiter von Schauspielerinnen auf Seidenkissen zu Hause ist. Ein rosa Schnäuzchen und ein bebarteter Mund mit Schnapsfahne erzählten einander etwas, was ich nicht hören konnte. Aber dieses verhätschelte, goldig-garstige Tier war nicht im Geringsten ergriffen. Ergriffen war der große, ungelenke Klotz von Kastanienverkäufer. *Und da fiel es mir wie Schuppen von den Augen*: Nicht der Hund hatte den Menschen nötig, sondern der Mensch den Hund. Der Mensch hatte es nötig, die paar Riesenschritte zu tun und mit nur einem Finger das winzige, zottelige Körperchen aufzufischen, mit seinem Atem zu liebkosen. Der Mensch hatte Zärtlichkeit nötig, mehr noch: Er hatte es nötig, Schutz zu bieten.

– – –

Ich kenne keine größere Verzweiflung als die der Hilflosigkeit gegenüber dem Leid eines uns Nahestehenden. Du stehst vor einem Menschen, dem das Herz voll ist, einem Menschen mit Sprache, mit Armen und Gesicht, und siehst, dass man ihm helfen muss wie einem, der ertrinkt. Und doch ist es, als stehst du hinter einer Tür, drückst dein Gesicht ans Schlüsselloch und wartest, wie das da drinnen ausgeht. Das größte Unglück auf Erden ist, wenn man einander nicht helfen kann. Manchmal wanderst du im Zimmer von einer Ecke zur anderen und fühlst dich dem Tod näher als dem Leben. Und nicht weit von dir zittert ein Mensch, folgt mit dem Blick deinen Schritten, blass, angespannt, und kann nichts als warten, warten. Wie tödlich dieses Warten ist. Nicht nur der Kranke ist von den Gesunden verlassen, auch die Gesunden sind von dem Kranken verlassen. Die ganze Vertreibung aus dem Paradies liegt in den Momenten zwischen den Menschen, wenn jemand im Sterben liegt. Der ganze Schrecken der bedingungslosen menschlichen Einsamkeit. Retten muss jeder sich selbst, erst dann lässt sich ihm helfen. Aber dieses Tier hier erlöst die menschliche Einsamkeit durch ein paar Sprünge im Schnee. Dieses hilflose Geschöpfchen hat meine Rettung dringend nötig und muss nicht darauf verwiesen bleiben, dass ich um es zittere: Ich kann meine Hand ausstrecken und es vor dem Unglück bewahren. Dann können wir beide, es mit seiner tierischen, ich mit meiner menschlichen Stimme jubeln, und niemand auf der Welt wäre mir in diesem Augenblick so nahe wie dieses Tier.

Ich denke an die kleinen Gemüsekarren, die in der Frühe den Schlaf der Stadt durchtrennen. Das Pferdchen hängt in den Zügeln und es trabt brav dahin, zieht Krautköpfe, Karottenbünde, Kartoffelberge Morgen für Morgen über dasselbe Pflaster, durch dieselben Straßen, von irgendwoher aus der Vorstadt. Und egal welche Straße, immer sind sie einsam unter den eiligen Menschen. Warum springt auf dem Karren hinten ein struppliger bellender Hund über der Laterne, die überm Straßenkot schaukelt? Warum, wenn der Mann vom Bock springt, dem Pferd Heu gibt und seinen Stand aufbaut, warum wirken vor der Markthalle der großen Stadt diese drei, der Mann, das Pferd, der Hund, wie Freunde, die niemand trennen kann?

– – –

Immer wieder siehst du auf der Straße Fußgänger mit Tieren, an die sie sich, wie es scheint, sehr gebunden fühlen. Tier und Herr haben Ähnlichkeit miteinander, in ihren Zügen, den Bewegungen, ihrem Blick aufs Leben. Du spürst, dass die beiden durch ihre Gemeinschaft, durch dieselben vier Wände, dieselbe Ernährung miteinander verwachsen sind. An ihren Mienen kannst du erkennen, dass die Tage und Nächte des einen sich nicht allzu sehr unterscheiden von denen des anderen. Vielleicht auch haben ihre Freuden etwas gemein. Aber ihr Kummer ist sicher derselbe. Kein Mensch auf der Welt wäre, wenn du traurig bist, so beredt traurig und so anspruchslos fröhlich, wenn du fröhlich bist, wie ein Hund. Er wird aus seiner Welt heraus immer ein Symbol menschlicher Rede finden, um dir dann, wenn du es nötig hast, zu sagen, dass er dich liebt. Manchmal ist seine Geste von solch respektvollem Feingefühl und so vornehmer Zurückhaltung, dass du erstaunt darüber nachdenkst, ob du etwas so Liebenswürdiges je von einem Menschen erfahren hast. Da ist ein Gefühl für die Welt, das dich an sich zu reißen vermag und dir den Glauben gibt, dass du verstanden wirst.

Was fehlt uns, dass wir Hilfe bei denen suchen, die unsere Hilfe einfordern? Lachen Sie nicht über alte Jungfern. In ihrer Tierliebe ist ein blankes Stück Grausamkeit der Welt. Sie sind auf jemanden angewiesen, für den sie sorgen können. Auf jemanden, der edler ist als der Mensch und nicht danach fragt, ob wir schön oder hässlich sind. In ihren Gefühlen ist all das, was Gott zum Vorwurf zu machen wäre: eine Anklage gegen die Unvollkommenheit der Welt. Es ist nicht nur Sentimentalität, Hunde zu lieben, Katzen, Papageien und Kanarienvögel. Es ist auch eine Flucht vor der Einsamkeit, es ist Enttäuschung, Leid und Edelmut und Freundschaft und Liebe und alles, was im Menschen an Gutem sein könnte. Etwas, was eher zum Weinen ist als zum Lachen.

– – –

Wie kommt es, dass ein Kind einem Tier so anhängen kann? Ein Kind, dem die Welt ja am ehesten noch entgegengeht? Wie kommt es, dass das Vertrauen zu einem Kläffer größer ist als zu Geschwistern und Eltern? Hat Gott die Menschen einander nicht zum Feind erschaffen, was hindert sie dann, sich dem Gefühl so bedenkenlos hinzugeben wie das Tier? Warum kann man daran ebenso wenig ändern wie Berge versetzen? Warum führt in Freud und Leid kein Weg von Mensch zu Mensch, sondern viel eher von Mensch zu Tier? Warum stehst du hundertmal vor einem Menschen, hast den Wunsch, deinem Gefühl freien Lauf zu lassen, und doch wirst du diesen Wunsch überwältigen, und vor dem Tier bist du direkt, mitteilsam, lächerlich, überwältigt?

Vor dem Tier empfinden wir keine Scham. Und das ist, was ich uns Menschen zum Vorwurf mache.

Tribuna, 15.2.1921

Melancholie bei Regen

Ach ja, es gibt Städte, die unter Palmen blühen, weiße Städte hoch überm Meer. Es gibt Berge in ewigem Schnee, mit auskragenden Straßen und Blicken von schwindelerregender Schönheit, es gibt thujengesäumte Wege, traurig, wie ein Weg, der zum Friedhof führt, und Inseln, umwogt von Wassern und herrlicher Einsamkeit, mit einem Felsenriff voll nistender Vögel inmitten. Und es gibt Städte, die von Kartoffelbrachen umlagert und von Fabriken umstellt sind. Öde Landschaften mit Abbrüchen voller Robinien und den krummen Linien der Schlehen am Rand des Hohlwegs.

Aber über beiden geht die Sonne auf und wieder unter, über beiden fällt Regen, weht Wind, steigt Nebel, über beide legt sich die Nacht.

In Dubrovnik habe ich eine sterbende Greisin gesehen, mit gelbwächsernem Gesicht stand sie am Fenster. In Wien habe ich gesehen, wie eine Frau von der Elektrischen erfasst wurde und unter dem Wagen starb, ohne dass Hilfe möglich gewesen wäre. In Prag habe ich gesehen, wie jemand von der Brücke in die Moldau sprang und ertrank, und am nächsten Tag lag seine Leiche blau angelaufen und aufgedunsen auf den Steinen der Uferbefestigung, und einen anderen, der ohne Hut und Jacke den Polizisten davonlief, und als er die Vergeblichkeit seiner Flucht sah, schoss er sich in den Mund und stürzte aufs Pflaster. Ich habe einen buckligen Clown gesehen, er hatte sich im Zirkuswagen an einer bunten Schnur aufgehängt, sein spitzer Hut lag ihm zu Füßen, und ich kenne eine Frau, ein junges, hübsches Mädel, das sich prostituiert, um einen unflätigen Faulpelz durchs Leben zu bringen, der sie schlägt, wenn er betrunken ist; ich hatte zu einem Menschen Kontakt, der verhungert ist, zu einem anderen, der drei Monate mit seiner Frau unter Ratten in einer Höhle gelebt hat, und als er an ihr – er war Arzt – die Anzeichen nicht heilbaren Wahnsinns erkannte, gab er ihr Gift; inzwischen ist er schon tot; an Auszehrung in Berlin gestorben, und beider Kind, ein kleines rothaariges Mädchen, kränklich und rachitisch, das jetzt bei einer Wiener Proletarierfamilie lebt, trägt die nicht zu Ende gekommene Tragödie dieser zwei Menschen einsam weiter durch die Welt.

Aber sind das Erlebnisse, die unser Leben erschüttern? Ist nicht ein kleines Mädchen auf der Straße, das weint, und eine junge Frau in einer engen, schäbigen Joppe nicht ebenso merkwürdig und unvergesslich?

Oder der kleine Gefangene, verklebte Haare, blasses Gesicht, der kleine Soldat, der am Zugfenster aufgetaucht ist, als Sie am Sonntag unten am Bahndamm standen, was wird mit ihm geschehen, was ist aus ihm geworden? Und der Arbeiter, dem Sie begegnen, oder die alte Magd in den abgetretenen Schuhen? Und jeder, der neben Ihnen in der Elektrischen sitzt, im Wartesaal des Bahnhofs, wo kommt er her, was wird aus ihm werden? Und dann die, die Sonderbarsten, deren Leben kein Roman ist, in deren Leben sich nicht am Tag und nicht in der Nacht auch nur irgendetwas ereignet, nichts geschieht?

Haben Sie einen Menschen gesehen, der schläft? Um wie viel schrecklicher als ein Toter! Voller Gedanken, Wünsche, Sehnsüchte, voller Tücke ist ein Mensch, der schläft. Niemand weiß, was in ihm vorgeht. Er atmet und weiß selbst nicht, was in ihm vorgeht, wie er erwachen wird, was morgen geschieht.

Und der gepflasterte Hof mit den Grasbüscheln in den Ritzen zwischen den Steinen und die abgeblätterte Mauer mit den zerstoßenen Ziegeln, das Sirren der Telegraphenmasten entlang der staubigen Straße, das Bohnenfeld mit den Stangen, die aus der Erde ragen, der Rain und der Kartoffelacker mit den violetten Juliblumen, der Graben hinter der Scheune mit dem rostigen Topf ohne Boden und dem Schuh ohne Sohle, das

Hinterteil des Ziegenstalls und der Trampelpfad ins Nachbardorf, was für eine unvergessliche, schmerzlich süße Gegend!

Hier ein Schaufenster, dahinter eine kleine Budike. Da kann man einen Indianer sehen und eine Frau mit Schlange. Und auch ein Grammophon gibt es und Musik zu hören, das Stück für 2 Kronen. Mozart, Verdi, spanische Tänze und Aida und Don Giovanni; aber im Rigoletto die Stelle »Tempi buone, tempi buone«[5] – und die singt Caruso, als würde er es auf eine Trommel schlagen. So viel Schönheit und so viel Begeisterung unter so viel Schmutz und Elend sind unerträglich. Tränen steigen mir in die Augen.

Vor mir liegt eine kleine Ansichtskarte, eine kleine Fotografie, Charlie Chaplin mit Melone, in schäbigen Kleidern, ohne Kragen, in zerschlissener Weste. Er sitzt auf einem Treppchen und hat neben sich einen kleinen Hund. Dieser Film ist sehr lustig und heißt »Hundeleben«.

Aber Charlie sitzt da so hilflos und anrührend, dass du nicht weißt, ob du lachen oder weinen sollst. Und der Hund neben ihm sieht geradeso aus wie er. Er hat sich hingesetzt und lehnt sich an seinen Herrn. Die Pfoten, noch groß und weich, sind ihm ein wenig nach vorn gerutscht. Aber noch rührender ist sein Herr, noch ärmer dran, und noch unglücklicher schaut er mit großen Augen in die Welt. Gott möge den beiden helfen.

Kennen Sie die kleinen Bahnhöfe zwischen Prag und Paris? Wenn Sie mit dem Zug fahren, sehen Sie durchs Fenster eine Frau beim Aufstehen, sehen die Kinder, die zu Menschen heranwachsen. Täglich fahren die Züge hier vorbei, und die Menschen, die darin sitzen, werden am nächsten Tag an der Seine und vor dem Montmartre stehen; die kleine Station gibt mit einem Lichtsignal, einem Glöckchen das Zeichen zur Weiterfahrt und begleitet täglich mit seiner Kettenreihe den Schnellzug Prag–Paris. Wenn Sie das sehen, sehen Sie ein köstliches Stückchen Laforgue'scher[6] Komik, und Sie werden

5 Hier ist die Erinnerung der Autorin offenbar ungenau; die zitierte Stelle – korrekt müsste es heißen tempi buoni – gibt es im Libretto des Rigoletto nicht.

6 Jules Laforgue (Montevideo 1860 – Paris 1887), französischer Dichter und Schriftsteller; ganz abgesehen davon, dass Jesenská franzö-

sich verwundert fragen, warum hier Menschen schlafen, essen, lieben und leben?

»Mein Großvater pflegte zu sagen« schrieb einst der Dichter Kafka: »Das Leben ist erstaunlich kurz. Jetzt in der Erinnerung drängt es sich mir so zusammen, daß ich zum Beispiel kaum begreife, wie ein junger Mensch sich entschließen kann bis ins nächste Dorf zu reiten, ohne zu fürchten daß – von unglücklichen Zufällen ganz abgesehen – schon die Zeit des gewöhnlichen, glücklich ablaufenden Lebens für einen solchen Ritt bei weitem nicht hinreicht.«[7]

Tribuna, 29.4.1921

Die Not macht Reklame

An der Ecke einer lauten Straße habe ich einen Bettler gesehen, einen blinden Bettler. Doch an diesem schrecklichen Elend war es noch nicht genug. Es brachte offensichtlich nicht das Nötige ein. Der arme Kerl hatte vor sich ein recht seltsames Instrument, eine Art Harfe, an der unten ein Glöckchen befestigt war und oben eine Trompete. Mit den Fingern stöberte er in den Saiten, mit dem Fuß versetzte er das Glöckchen in Schwingung und sein Mund atmete in die Trompete. Eine entsetzliche Dissonanz, ein fantastisches Gekreisch erhob sich aus diesem Durcheinander von Tönen, ein bellendes Lied, das die Passanten zwang, aus ihrer Gleichgültigkeit zu erwachen. Begreifen Sie: Dieses Geschäft mit der Not und Erbärmlichkeit warb mit einem guten Plakat. Gewissermaßen eine geniale Verkehrung des Kapitalismus, der mit grellen Bildern an den Baustellen inseriert. Ein unendlicher Zynismus der Hilflosigkeit, alle Hässlichkeit des Menschentums. Geld ist eine abscheuliche Sache, und es ist – ganz abgesehen von seiner Wirklichkeit – auch ein Symbol. Die marktschreierische Reklame des Blinden sei ihm zum Fluch!

sisch las, war 1909 in der Übersetzung von Franz Blei und Max Brod eine Textauswahl unter dem Titel »Pierrot, der Spassvogel« erschienen.

7 Jesenská schließt hier mit einer tschechischen Übersetzung von Kafkas Kurztext »Das nächste Dorf«, der hier nach dem Original zitiert ist.

Seit dieser Zeit schaue ich mir die Bettler genauer an. Eine Art Instinkt hatte mich früher veranlasst, an ihnen vorüberzugehen, ohne sie zu beachten, den Blick beim Näherkommen anderswohin zu richten. Vielleicht konnte ich so viel Erniedrigung nicht ertragen, vielleicht hatte ich Angst vor der eigenen Scham. Inzwischen aber sehe ich mir ihre Plakate gut an. Die kleinen Ausrufezeichen, die den Passanten hindern, einfach weiterzugehen. Vielleicht wird diese Reklame die Menschen beim Jüngsten Gericht in die Hölle schicken. Vielleicht ist sie aber auch die allerfantastischste, sublimste Verteidigung der menschlichen Scham; wer weiß.

Manchmal sind es Tiere, manchmal Kinder. Die Maus, die Buchstaben zieht und also eine Prophezeiung, der Papagei mit seinen zugeklebten Briefchen, das Äffchen mit der Glocke – das alles ist abgedroschen. Aber doch hält es die Schritte stets an, das seltsame Zusammenspiel von Tier und Mensch. Hier stehen sie bei der Arbeit, und beide arm. Doch unwillkürlich denken Sie an die Hütte, in der diese Gefährten die Nacht gemeinsam verbringen. Es fröstelt Sie. Sie fühlen, dass Mensch und Tier in ihrer Bettelei der Göttlichkeit beraubt sind. Und geben eine Münze.

Ein kleines, zusammengerolltes, sich kauerndes Kind, oft ausgeliehen, ein kleines Wesen, zitternd im Frost der Straße, ein Köpfchen mit wirrem Haar, da kann nur ein hartes Herz vorübergehen, ohne euch ein Almosen in die Hand zu drücken. Manchmal seid ihr Komödianten, denn ihr begreift nicht, was Not ist, und im Grunde seid ihr manchmal auch fröhlich; Dankbarkeit ist euch ebenso fremd wie Ehrlichkeit, und ihr sprecht von der Krankheit eurer Mutter und dem Tod eures Vaters im Tonfall des Spekulanten. Aber ist euer Komödiantentum nicht unsere Schuld, und sind wir, die wir eurem Einfallsreichtum so vieles abverlangen, nicht größere Lebensjongleure als ihr?

Einige Leute sind in ihrem künstlichen Heischen nach Aufmerksamkeit fast schon auf groteske Weise genial. Vor Jahren hat eine Bettlerin am Museum zu mir gesagt: »Ich war nicht immer so, ach, ich war nicht immer so.« Diese Worte werde ich nie vergessen. Eine Bitte um Vergebung und doch auch sentimentaler Betrug. Mitleid und Ekel. Aber sie haben ihr Ziel erreicht. Sie haben mich angehalten.

In Smíchov saß vor dem Krieg eine Alte, die Ihnen zurief: »Ich kann auch Französisch!« In der Tat, sie konnte Französisch. Sie sprach ein hartes, stumpfes, unmusikalisches Französisch, für sich genommen kein Grund zum Staunen. Aber sie bot ihre französischen Sätze feil wie ein Händler die Äpfel, zwei Stück für fünf K. Natürlich hatte niemand Bedarf an französischen Sätzen, doch das bizarre Schauspiel eines französisch parlierenden Bettelweibs, das wollte jeder.

Durch die kleinen Prager Cafés dreht ein Zeitungsverkäufer die Runde, den ich geradezu liebe: Früher war er Lakai, von seiner Uniform hat er noch die Hose und die Weste mit den goldenen Knöpfen, und er hat graue Koteletten. Er verkauft die Abendausgaben. Mit dem Gestus des Lakaien, voller Melancholie, eine Čechov-Figur. Sein Gesicht sagt: »Schließlich muss man ja leben?« Ein armseliges Relikt, ein armes Opfer der alten Kultur. Er schlurft durch den Saal, von Tischchen zu Tischchen. Und leid ist es dir nicht nur um ihn, sondern auch um das verlassene Portal des Adelspalais. Wie der Schatten eines unbarmherzigen Lichtes schleppt sich die alte Zeit neben der neuen her. Der alte Lakai schlurft mit der demokratischen Republik, und du spürst, dass er irgendetwas nicht ganz verstanden hat.

Gleich bei der Wiener Oper hat sich ein Invalide mit Unternehmergeist eine Beschäftigung organisiert, und die Menschen bleiben in Scharen stehen: Er putzt Schuhe. Aber das ist es nicht. Es kommt darauf an, *wie* er sie putzt. Neben seinem Holzbein steht ein Dreifuß mit zahllosen Fläschchen aus farbigem Glas, Krembüchsen, Bürstchen, Pinselchen, Stöffchen, Schächtelchen, Wässerchen. Seine Hände huschen wie Quecksilber. Das offene, helle Gesicht bestätigt, dass es Menschen gibt, denen das Leben nichts kann. Weiße, gelbe, schwarze, rote, graue, blaue, grüne Schuhe – alle werden bedient. Für jede Raffinesse der Mode hat er ein Mittelchen parat. Und mit seiner fröhlichen Dienstfertigkeit bringt er die neugierigen Grüppchen zum Lachen. Einer der Helden der Stadt, und Frau und Kinder hat er angeblich auch. Sein Beinstumpf hindert ihn nicht daran, zufrieden zu sein.

Aber gestern habe ich etwas Entsetzliches erlebt. Eine Frauengestalt ließ mich innehalten, sie hatte sich zwischen die Kirchenpfeiler gedrückt, blass wie ein Schatten. Hier war nichts von Reklame. Hier war nichts als abgrundtiefes Leid. Keine Bitte, keine Träne, nur ein in der Klage verstummtes Gesicht. Im Arm trug sie ein gerade gestorbenes Kind. Es war von Ausschlag übersät. Sie blickte nicht zu mir her. Gab keine Antwort. Doch als ich auf sie zutrat, stieß sie mich mit einer plötzlichen Bewegung zurück, in der so viel Verachtung gegenüber *jedem* lag und so viel Einsamkeit eines Menschen, *der bettelt*, dass ich, von Grauen erfasst, das Weite suchte, als gelte es mein Leben.

Tribuna, 29.4.1921

Vater Prokop

Eine kleine tschechische Bastion in der Šumava, an der bayerisch-böhmischen Grenze. Wie ein Keil sitzt der dreistöckige Ziegelbau in den Wäldern über dem Tal der Eisensteiner Bahnlinie, eine Wegstunde entfernt, doch sichtbar auf der Kuppe wie ein rotes Fähnchen zwischen den Fichten. Ein goldenes, so goldenes Nest, ein seliges, warmes Plätzchen, und wer es kennengelernt hat, wird voller Liebe vom Ende der Welt dahin zurückkehren.

Im Jahr 1905, als ich zum ersten Mal herkam, stand dort noch eine niedrige Hütte mit fünf Fenstern und ein paar Gästezimmern. Als man 1874 den Bau der Eisensteiner Bahnlinie in Angriff nahm und einen Tunnel durch den Špičák[8] trieb, hat sich dort oben der alte Prokop niedergelassen und eine Kantine eröffnet, die 1200 Arbeiter versorgte. Und als die Eisenbahn fertig war, blieb Prokop droben auf seiner Baude, zum einen aus Gewohnheit, zum anderen aus Liebe zur Gegend und auch aus Opposition zum Deutschtum. Nie werde ich ihn vergessen: Er war groß, war wie eine Eiche, breitschultrig, mit mäch-

8 Špičák, dt. Spitzberg, 1202 m hoher Berg im Böhmerwald, oberhalb von Železná Ruda (Markt Eisenstein); heute befindet sich hier das Skizentrum Železná Ruda – Špičák.

tigem Oberkörper, einem schönen, markanten grauen Kopf. Ein Dickschädel von Tscheche – gebürtig aus Volyně[9] – ein stattlicher, standhafter, gewaltiger Patriot, ein Moralist und Grübler. Ein einzelgängerischer Philosoph mit einer Seele wie Quarz. Jan Neruda, der ihn einige Male besuchte und ihn durch ein ebenso liebenswürdiges wie herzliches und begeistertes Feuilleton in den *Národní listy* im Grunde populär gemacht hat, dachte ihm auch jenen Namen zu, der ihm geblieben ist: *Vater Prokop.* Und als Graf Jan Harrach die Skier aus Norwegen in Böhmen einführte, wurde die Prokopei zum Anlaufpunkt der ersten tschechischen Skifahrer und Vater Prokop ein aufrichtiger Freund all derer, die den Winter in den Bergen für sich entdeckten.

An diese Zeiten habe ich zwar keine ganz deutlichen, doch umso liebere Erinnerungen. 1905 kam ich als kleines Mädchen zum ersten Mal in die Prokopei. Sie lag eingeschneit bis zum Kamin hoch. Berge, Wälder, Wiesen, unterm Schnee verstummt, die blauen Fernen, waschblau, wie nur die Winterkälte in den Bergen sie malen kann, schneesatt die Luft und Wunder zaubernd. Und die winzige Hütte von Vater Prokop, sein einsamer Sessel am Kamin, in dem ich bis über die Nase versank und in dem man mich, wenn wir bis auf die Haut durchnässt heimkehrten, zusammen mit den Pullovern und Strümpfen trocknete, waren mir wie ein kleines Schloss voller Poesie. Durch das Gebirgsfensterchen führte der Blick ins Land – dieses von Bergen umschlossene Tal hat sich mir tief in die Seele gebrannt, und immer wenn es mir in der Welt draußen schlecht erging, erschien es mir als Sehnsuchtsbild.

Die Menschen, die an Prokops rundem Tisch zusammenfanden, waren anders als heute. Damals war Sport – und vor allem der Wintersport – etwas sehr Seltenes in Böhmen, und wer ihn liebte, musste Beschwernisse auf sich nehmen, von denen die bequemen Sportler von heute nicht die geringste Ahnung haben. Damals waren die Leute nicht zimperlich, vielleicht etwas raubeinig. Und dieses Vergnügen schien für sie nach den Anstrengungen des Lebens wie eine Erlösung. Als brächten die

9 Volyně, Kleinstadt in Südböhmen unweit von Strakonice, oft als »Tor zum Böhmerwald« bezeichnet.

verschneiten Berge Trost in Leid und Schmerz. Wenn sie sich nach ihren Ausflügen um Prokops Kamin versammelten, sprachen sie von ihren Sorgen und Ängsten, und ich schlummerte langsam auf Vater Prokops Knien ein, unter seinem weißen Bart (denn ich, damit Sie es wissen, war sein »Lämmchen«) und sah im Halbtraum Menschen vor mir, wie sie die Blaník-Ritter[10] erwarten und sie in den Wäldern suchen. Auch das Gesicht des Vaters, auf den Wiesen so heiter und hell, war dann in sich gekehrt, still, betrübt, und die Rauchwölkchen, die aus den Pfeifen stiegen, rissen immer wieder auf und gaben den Blick frei in den echten Kummer eines Augenpaars.

Seit damals fuhr ich jeden Sommer, jeden Winter dorthin. Mit dem Vater habe ich bei Schnee, Regen und Sonne kreuz und quer die ganze Gegend durchkämmt. Ich kenne hier jeden Baum. Die Wiesen, die sich so unversehens zu einer ruhigen, friedlichen Gegend hin öffnen, liebe ich so inbrünstig, dass ich wohl mein ganzes Leben hier zubringen könnte. Die Pfade, die durch den Wald und über die Hänge zur Hauptstraße führen, die geheimen Schneisen, die du das eine Mal findest, ein anderes Mal im Nebel vergeblich suchst, die Holzhäuser, in denen Menschen, Kühe, Ziegen und Hühner unter einem Dach vereint leben, die mit violettem Blutweiderich bestickten Lichtungen, die Blaubeerfelder und das bizarre, groteske Gesicht des verschneiten Waldes – alles das liebe ich, liebe ich mehr als die übrige Welt.

Als die Mutter starb und der Vater und ich daheim verwaisten, fuhren wir vor dem Fest immer zum Prokop hinauf und verbrachten die heilige Nacht bei ihm. Nicht nur uns trieb die Erinnerung an einen Verstorbenen von zu Hause fort. Und dort oben, in der Einsamkeit des Winters, des Schnees, der langen Abende feierten wir stille Weihnachten, die festlicher waren als unten die in der Stadt, erfüllt von dem selig intimen Zauber dieser Gegend, saßen wie eine Familie um den Tisch

10 Der Sage nach schläft im mittelböhmischen Berg Blaník eine Ritterschar, die erwacht und unter Führung des heiligen Wenzels den Tschechen und dem böhmischen Land zu Hilfe eilt, wenn diese sich in höchster Not befinden. Die Blaník-Sage ist zentral für den tschechischen Nationalmythos; so hat auch Bedřich Smetana sie in seinen Zyklus *Mein Vaterland* integriert.

vereint, der alte Prokop an der Stirnseite, und überließen uns ungestört dem stillen, maßvollen Festmahl der Heiligen Nacht.

Vater Prokop starb. Die Prokopei übernahm sein Sohn – dessen Seele aus demselben Stoff gewebt war – und machte daraus ein Hotel, aus einer Gesellschaft von zehn wurde eine von Hunderten. Fremde Gesichter und Gäste, Touristen und Nichttouristen findest du dort. Aber ich fahre immer hierher wie nach Hause. Jeder Winkel atmet eine heimatliche Wärme. An St. Anna 1914 saßen wir nach einem herrlichen Ausflug in heiterer Stimmung am Tisch, als Vater Prokop in den Saal trat und direkt auf uns zu kam, wie jemand, der etwas zu sagen hat, was keinen Aufschub duldet. Die Nachricht, man habe den Thronfolger ermordet, platzte zwischen uns wie eine Bombe. Niemand wusste Genaueres. Zeitungen kamen nicht. Erst auf dem Bahnhof in Pilsen erfuhren wir Einzelheiten. Und die erstickende, wie gasdurchsättigte Luft des kleinen Eisenbahnabteils, das über die Hügel hinab nach Prag zu eilte, war ein winziges Atom der Anspannung, die sich vor dem Krieg aller bemächtigte.

Nach Jahren bin ich wieder einmal hergekommen. In manchen Augenblicken erfasst mich ein Schwindel bei dem Gedanken: *Tut sich denn auf der Welt gar nichts?* Ein ganzes Leben und wie viele Kämpfe mit ihm. Und der Krieg. Der Umsturz. Ein ganzes Kapitel ungeheuerlicher Geschichte liegt zwischen meinem heutigen und meinem letzten Aufenthalt. Und ich finde hier Pfad um Pfad, Schneise um Schneise, Lichtung um Lichtung: unverändert, in ihrer stillen, freundlichen, sanften, warmen Schönheit. Als gäbe es weder Zeit noch Schicksal.

Und ich denke an den Satz des Malers Rousseau, der unter der Gleichgültigkeit der Natur gegenüber dem Menschen so bitter gelitten hat: *Und wenn der letzte Erdensohn stirbt, erzittert darum kein Tannenreis.*

Goldene, liebe, geliebte Gegend: Trüge mich das Schicksal auch ans Ende der Welt, du bist am schönsten, am süßesten.

Tribuna, 25.6.1921

Kurz zu Mode, Eitelkeit und weiblichen Pflichten

In den Anfängen unserer Moderevue fielen einige Käufer über uns her – schriftlich, öffentlich und mündlich, was wir denn da, in diesen ernsten Zeiten, bloß trieben, und warum es uns angeblich nur um Kleider und die sündhaften Nichtigkeiten der Welt zu tun wäre und wir die Frauen verführen und zum Bösen überreden. Schon lange schicke ich mich zu einer Entgegnung an. Aber bisher blieb dazu keine Zeit. Und dann müssen Sie wissen, dass ich nur selten kampflustig aufgelegt bin. Noch war kein Ding auf dieser Welt, das jedem und allen gefallen hätte, denke ich mir. Und in der Schmähung verbirgt sich manchmal eine interessantere Erkenntnis als im Lob.

Also: Wann immer sich in der Welt eine schreckliche, entsetzliche Katastrophe ereignet, wird sie missbraucht, und, wie ich meine, sehr geschickt, durch folgende Feststellung: heute, in diesen ernsten Zeiten. Ich denke, das Leben ist immer eine ernste Sache und jede Zeit höchst ernst. Es hat stets Menschen gegeben, die Hungers starben, und solange das so bleibt, werden die Zeiten ernst sein. Ich weise den Vorwurf zurück, dass ich heute weniger Recht habe, über Damenröcke zu schreiben als zehn Jahre früher oder zehn Jahre später. Wirft mir jemand Leichtsinn in den Zielen meiner Arbeit vor, dann soll er das konsequenter tun. Soll er sagen: Ich habe eine Frau mit einem Kind an der Hand gesehen, das Hunger hatte, und da schreiben Sie über Pariser Hüte. Und ich werde antworten: Dieselbe Frau, lieber Herr, habe ich auch gesehen und habe lange darüber nachgedacht und war lange traurig über ihr Schicksal und meine Arbeit. Aber doch ist ein Unterschied zwischen uns: Sie werfen der Welt vor, dass sie sich gern kleidet – während andere hungern. Sie wollen der vermögenden Frau den schönen Mantel wegnehmen, und ich will der armen Frau einen schönen Mantel geben. Der Luxus der Welt ist vielleicht keine so große Sünde wie das Elend der Welt. Zumindest meine ich, dass es schlichtweg einerlei wäre, wie viele Paläste Frau X. besäße und wie viele Blusen Frau J., wenn auch der letzte unter uns vor dem Hunger gerettet wäre. Die Idee der Brüderlichkeit war immer edel und schön. Die Idee der Gleichheit ist nicht so ganz rein von hässlichen menschlichen Gefühlen.

Und noch etwas, ich schreibe in der Tat nicht nur für Reiche. Im Gegenteil, schreibe ich über Kleidung, habe ich immer diejenigen im Kopf, die sich gerne schön anziehen würden und dafür kein Geld haben (ich kenne dieses Gefühl mehr als gut, mein Herr). Und schreibe ich darüber, was modern ist, schreibe ich immer mit dem Nebengedanken, dass es bei etwas Geschicklichkeit nach irgendeinem weltgegebenen Gesetz, schöne Röcke betreffend, möglich sei, sich so ein Röcklein aus altem Stoff zuzuschneiden: und zwar ein ganz hinreißendes.

Bleibt also, den Frauen Eitelkeit vorzuwerfen und ihre Lust, sich schön zu kleiden. Aber zuallererst sollte man den Männern den Wunsch vorwerfen, schöne Frauen zu haben, den Wunsch, dass ihre Töchter und Gattinnen schön aussehen und ihnen »Ehre machen«. Und andererseits ist die Frau sicher von Gott geschaffen, damit sie ihrem Mann Gefährtin, Freund und Trost wäre. Vielleicht ist es die Verderbtheit der Welt, dass ich mir diesen Trost nicht in Barchent-Unterhosen vorstellen kann. Und dass eine Frau, die einen wahrhaft schönen, stillen, bedeutenden Platz im Haus einnimmt, hell und schön ist, »in Spitzen gehüllt«? Eines ist gewiss, Kleidung von Geschmack ist schöner als geschmacklose – aber nicht teurer. Ach zum Teufel, hören Sie endlich auf mit dieser heuchlerischen Sparsamkeit und dummen Herumrechnerei! Wenn Sie sich ein einziges Kleidungsstück für zwei Jahre anschaffen, habe ich nichts dagegen, im Gegenteil, ich werde Sie loben! Aber sollte es hässlich sein, so treten Sie mir nicht unter die Augen! Ein für alle Mal werde ich die Moral der Geschmacklosigkeit nicht verstehen. Eine Frau hat die Pflicht, schön zu sein, weil sie Frau und Mutter ist. Sie hat die Pflicht, schön zu sein, weil sie den Menschen zum Schönen erziehen soll. Und in schönen Kleidern steckt wie in jedem schönen Ding eine tiefe Moral.

Nein, mein Herr, gelingt es mir nur ein bisschen, ihren Töchtern Geschmack beizubringen, eine natürliche, einfache, distinguierte Eleganz, so habe ich sehr viel getan, wahrlich, sehr viel. Die Frage: ob es mir wohl gelingt?

Tribuna, 14. 8. 1921

Das Fenster

Es gibt Wunder auf Erden, die allen gehören, auch den Ärmsten; Wunder des einfachen täglichen Lebens, und haben Sie diese Wunder, womöglich an einem vergrübelt mürrischen Regentag erst einmal unter all den vielen ganz gewöhnlichen Dingen, die Sie umgeben, entdeckt, so werden Sie sie für immer lieben, wie Robinson Crusoe seinen Topf, der in den Trümmern des zerschellten Schiffes überlebt hatte. Bis zu einem bestimmten Augenblick haben Sie mit diesen Dingen gelebt, ohne sie zu bemerken. Und auf einmal offenbaren sie sich, erscheinen so wert und unverzichtbar, so tröstlich in ihrer bescheidenen Normalität, in ihrer schlichten Einfachheit, und von nun an bleiben sie Ihnen eine heimliche, süße Neigung, ein kleiner Trost im Meer der Sorgen, ein winziges bisschen Gesellschaft in den Stunden der Einsamkeit.

Linealgerade, kilometerweit, in vierfach übereinander sich spannenden Kreuzen, leuchten die regelmäßigen Fenster der abendlichen Stadt in die Nacht, verbergen Tausende menschliche Gesichter, Leben und Seelen. Sind Sie schon einmal abends in eine fremde Stadt eingefahren, vorbei an den entblößten Rückfronten der Häuser, der fauchende Schnellzug hat sein Tempo gedrosselt, und haben durch die kleinen Fenster die Treppenabsätze gesehen, die Küchen, die Frau, die ein Bett zurückschlägt, mit rotgestreiftem Bezug, auf dem Tisch der Lichtkegel der Petroleumlampe und ein Suppe schlürfender Mann in Hausweste, Hemd und Pantoffeln? Eine Wanduhr, ein Lehnstuhl am Ofen, auf dem Fußboden Kinder, und ein Käfig mit Kanarienvogel in der Stube der alten Jungfer. Der Zug erreicht, immer langsamer rollend, die sich spreizenden Bögen der Bahnsteighalle, und unversehens stehen Sie auf einer beleuchteten Straße, stehen mitten im Getriebe, Glanz, Gefunkel einer unbekannten, schönen Straße. Aber das Herz ist beklommen, gepresst von einer schmerzlichen Trauer, die Sie beim Anblick der Menschen befallen hat, die Ihnen, nicht ahnend, dass sie beobachtet werden, für Sekundenlänge einen Bruchteil ihrer Behausung, ihres faden Elends, ihres erbärmlichen, rauen, spärlich beleuchteten Alltags preisgeben.

Manchmal am Abend, wenn Sie durch die Straßen gehen, machen Sie Halt unter einem beleuchteten Fenster, sind voller Neugier und sind gespannt. Die Wohnung, die Sie sehen, erscheint Ihnen voller Rätsel, verlockend, ein Leben voll stillen Zaubers. Die Umrisse des Menschen, der soeben eintrat, sind unergründlich, geheimnisvoll. Sie kennen seinen Namen nicht, wissen über ihn nichts, Sie sehen nur die Fältchen und das Lächeln auf dem Gesicht und die Bewegung seiner Hände. Sie sehen, wie er den Mantel ablegt, in den Spiegel blickt und wie er sich an den Tisch setzt, um einen Brief zu schreiben. Womöglich fällt draußen Schnee, oder die Sterne schimmern, oder es nieselt. Sie stehen wie verzaubert, machen sich plötzlich die ganze Welt in den Bewegungen des unbekannten Zimmers bewusst. Sie sind erschüttert von der wortlosen Erkenntnis, dieser ungeheuren Erkenntnis des Lebens, die über Sie kommt, wenn Sie einen Hund, eine Statue, einen Baum oder ein grelles Plakat *gut* anschauen. Wenn Sie Ihren Menschen unmittelbar neben sich sähen, erschiene er Ihnen keinesfalls so bewundernswert. Aber zwischen Ihnen und ihm liegt ein *Fenster.* Eine quadratische Glasscheibe. Und sie hat Zauberkraft.

Haben Sie schon einmal hinter Gefängnisgittern das Gesicht eines Häftlings gesehen? Ein vom Gitterkreuz zerschlagenes Gesicht? Dann hätten Sie verstanden, dass nicht die Türe, sondern das Fenster das Tor zur Freiheit ist. Vor dem Fenster liegt der Himmel. Ein Gesicht hinter einem vergitterten Fenster ist schlimmer als ein Mensch hinter einer verriegelten Tür. Weil im Fenster die ganze Hoffnung auf Licht liegt, auf den Sonnenaufgang und den Horizont; im Fenster liegen Sehnsucht und Wunsch. Hinter einer Tür liegt nur die Wirklichkeit. Ich liebe die Fenster der Straßenbahnen, der Schnellzüge, die Fenster der Busse, vor denen der Lärm der Straße vorübergleitet. Ich liebe es, stundenlang hinter einer Glasscheibe durch die Stadt zu fahren. Etwas durchs Fenster zu sehen erscheint mir viel verlockender, unterhaltsamer, spannender, als es unmittelbar zu sehen. Etwas durchs Fenster zu sehen heißt: nicht involviert zu sein. Außerhalb. Heißt, sich ein fest umrissenes Stück eigenständiger Sehnsucht nach dem, was man sieht, zu bewahren, es nicht völlig zu beherrschen, wie den Raum, in dem wir uns physisch bewegen. Eine Landschaft durchs Fenster zu sehen heißt, sie zweifach zu erkennen: mit den Augen und mit dem Wunsch.

Denken Sie nur an die vielen tausend Momente, in denen Sie, von aller Kraft verlassen, *zum Fenster blickten.* In dem Moment, als man Sie der Lüge überführte, als Sie von jemandem gekränkt wurden, den Sie liebten; als ein Ihnen naher Mensch starb; als Sie angespannt einen Brief erwarteten, der wieder nicht kam; als Leid und Kummer Sie fast erdrückten; im Moment des Abschieds; in dem Moment, als Sie eine schreckliche, eine schmerzhafte Scham empfanden: *haben Sie zum Fenster geblickt.* Und es war nicht die gegenüberliegende Häuserfront, auch nicht ein Stück Himmel, die Kronen der Bäume, die Sie gesehen haben, es war die einzige menschliche Möglichkeit der eigenen Last zu entkommen, dieses Fenster, das in die Welt führt. Eine Tür ist kein Ausweg, ein Fenster schon. Der Blick zum Fenster war es, der mich immer beruhigt und zu mir selbst gebracht hat. Nein, nicht mich, sondern Tausende, Millionen anderer.

Wie oft sind Sie in einem Moment seelischen Erstickens ans Fenster getreten und haben es aufgerissen? Wie oft haben Sie sich hinausgelehnt und in vollen Zügen den sich breitenden Raum geatmet, um Kraft für die nächste Sekunde zu schöpfen?

Jeder, der einmal schwer krank war, weiß, welche Zauberkraft ein angelweit offenes Fenster übt. Der Kranke ist von allen der Verlassendste, denn mit den ersten Fiebergraden tritt er in Empfindungsregionen, in die ihm ein Gesunder nicht folgen kann. Zwischen dem Kranken und dem, der ihn versorgt, gibt es keine Verbindung. Ihre Welten sind geschieden wie die Welten derer, die keine gemeinsame Sprache haben. Straßen, Städte, Wiesen und Himmel werden für den Kranken, der an sein Lager gebunden ist, zum Gegenstand einer schmerzlichen Sehnsucht, die er schamhaft vor dem Gesunden verbirgt, für den all das im Bereich des Möglichen liegt. Der Bäckerladen in der Straße, den der Kranke täglich auf seinem Weg gesehen hat, erscheint ihm nun als ein unerreichbares Glück. Nicht nur dass die Gesundheit den Kranken verlässt, auch der Kranke verlässt die Welt samt ihren Gesunden. Sein einziger Besitz ist das Fenster, dieser Durchbruch zum Horizont. Die Wolke, die durch diesen rechteckigen Ausschnitt schwimmt, ändert ihre Gestalt, dunkelt und färbt sich. Und vielleicht bringt eine der Wolken dem Herzen die Lust zu leben. Und die Lust zu leben vertreibt die Krankheit. Schon halb genesen, sitzen Sie im Lehnstuhl, von Kissen umringt, in der Sonne am Fenster, und an dieses Fenster hängen Sie all ihre wiederkehrende Lebensfreude und Lebenssehnsucht.

Einmal hat mir jemand die verzweiflungsvollste Nacht seines Lebens geschildert: »... der einzige schamlose Trost war mir das Fenster gegenüber dem Bett, ein Fenster im vierten Stock. Wie ein Seekranker sich an die Reling klammert, um dem Moment des Erbrechens gefasster entgegenzusehen, habe ich mich an dieses Fenster geklammert, denn sollte alles zunichte werden – und dieser Augenblick näherte sich im Laufe jener Nacht, gleichsam als Blitzableiter – würde ich mein Leben zu ihm hinausstürzen.« –

Ist es Ihnen nie passiert, dass Sie beim Nachhausekommen zu Ihren Fenstern hinaufgeblickt und allen Mut verloren haben, nach oben zu gehen? Die Fenster waren grau und verstaubt und dahinter lag ein viel zu vertrauter, immerzu gleich genutzter Raum, der den Kummer und die Freuden langer Jahre enthielt – und jetzt auf einmal stehen Sie niedergeschmettert und erschöpft auf der Straße, lenken Ihren Schritt noch einmal langsam zum Krämer am Eck, um Mut zu fassen, und kommen wieder zurück, und auf der grauen Scheibe da oben steht immer noch unsichtbar: Wie hast du das, wie hast du das all die Jahre nur ausgehalten? Ein andermal wieder sind die Fenster überraschenderweise erleuchtet, vielleicht wartet oben ein Gast, vielleicht ist irgendwer wider Erwarten zurückgekehrt, die Treppen scheinen Ihnen leicht, und die Tür öffnend, sagen Sie dankbar: Guten Tag. Und eine freudige Demut besänftigt Sie, wenn Sie das so lange Jahre vertraute Geschirr zum Tisch tragen, die Tellerchen mit dem blauen Rand, den zerdellten Salzstreuer, Demut, weil Ihnen das erleuchtete Fenster eine Überraschung bereitet hat, ein kleines Geschenk. Und mit einem Lächeln halten Sie in der Tür eine Sekunde inne, durch den Kopf schießt ein Gedanke, flammend hell: Wie gut, wie süß ist es doch zu leben!

Národní listy, 27.9.1921

Zwei Stuten auf der Straße

… und in den Augen ein so kaltes Weh,
und einer staunt darin, der seine Hände ringt,
und eine Frage, die in ihnen klingt …

Šrámek[11]

Gestern hat es geschneit, und heute breitet sich unter eisglitzerndem, sonnengeflutetem Himmel weiß und prächtig ein so festlicher Tag, wie ein wehendes Banner, ein Tag, an dem alles gelingen wird, ein weißer Sonntag zwischen zwei Wochen, die Hände in den Taschen, schlenderst du durch die Straße, staunst und staunst, freust dich, lachst, summst vor dich hin und hast Tod und Unglück vergessen.

Und auf einmal, an der Straßenecke, stehst du vor zwei kleinen Stuten. Sie sind vor eine schwere Fuhre gespannt, einen langen Karren, entsetzlich grau und rundum verbrettert wie ein Sarg. Unter den Hufen gefriert der Schnee glatt, und die beiden Pferde, erstarrt in ihrer Bedrängnis und angstentkräftet, können nicht weiter. Der Kutscher ist kein böser Kerl. Er redet zu, knallt mit der Peitsche ins Leere, ist gut gelaunt und schlägt nur ein bisschen, über die Kruppe, dann stärker, über den Kopf, die Pferde stemmen sich ins Geschirr und kommen nicht vom Fleck. Zwei lange, besorgte Köpfe schauen dir groß ins Gesicht, zwei Paar schwarze Augen, dass das Herz sich zusammenkrampft, und an den Mäulern zittert die Unterlippe in verzweifelter Ohnmacht und höchster Not. Die Peitsche zischt, die Pferde drängen wieder nach vorn, rutschen weg, und das linke stürzt. Es stürzt schwer, mit verdrehtem Kopf, die Beine wie weggeknickt, und der Bauch, der plötzlich so sichtbar vorquillt, hebt und senkt sich wie eine aufgeblasene Trommel.

11 Fráňa Šrámek (Sobotka 1877 – Prag 1952), bedeutender antimilitaristischer Vertreter der literarischen Moderne der Zwischenkriegszeit. Die hier zitierten Zeilen stammen aus seinem Gedicht *Raport* (Rapport), erschienen 1905 in der Sammlung *Života bído, přec tě mám rád* (Elend des Lebens, ich liebe dich trotzdem). In ihm berichtet ein Soldat seinen Traum von dem Tod, den er gemeinsam mit dem Pferd seines Hauptmanns stirbt, beide mit zerschossenem Bauch.

Das rechte Pferd steht. Wirft den Kopf zurück, schüttelt ein bisschen Schaum ab, ein bisschen Bangigkeit, neigt sich zu dem gestürzten, fasst es mit weichen Lippen am Ohr, hält das Ohr und rüttelt es sachte. Lässt aus, fasst es und rüttelt von neuem. Dann wiehert es leise und zärtlich.

Wie's weiterging, ich weiß es nicht. Ich konnte es nicht mehr ertragen. Verfluchter Schnee! Verfluchter Sonnentag!, an dem alles bis zum Ende gelingen sollte. Der Stute ist es nicht gelungen, über die Straße zu kommen. Was also ist er noch wert?

Národní listy, 20.12.1922

Die schöne Frau

Sie behaupten, ich würde die Mageren protegieren; die Dicken ablehnen; nur den Dünnen zur Seite stehen; ungerecht sein zu den Fülligeren. Nun, da werden Sie mir nicht ganz gerecht. Ich liebe nur schöne Menschen und keine hässlichen. Aber lesen Sie den Text ganz, bevor Sie Ungerechtigkeitsvorwürfe über mir ausschütten.

Genau wie man sich, bevor man ein Urteil fällt, dem Einzelnen zuwenden muss, so unmöglich ist es, einen allgemeinen ästhetischen Standpunkt zu vertreten. Es stimmt nicht, dass magere Frauen schön und dicke hässlich sind. Es stimmt nicht, dass große Frauen schön und kleine hässlich sind. Es kann überhaupt keine derartige Unterteilung in solche oder andere geben; es gibt schöne Frauen und hässliche; schöne Menschen und hässliche.

Schönheit ist nichts Physisches. Schönheit ist keine Gottesgabe. Schönheit ist ein persönliches Verdienst. Ein regelmäßiges Madonnengesicht ist manchmal quälend unangenehm; das unansehnlichste Gesicht hingegen kann wunderbar sein. Es gibt nicht Körper und Seele. Ein Mensch hat keinen hässlichen Körper und eine schöne Seele und umgekehrt. Der Mensch ist eine Einheit, ein Ganzes. Seine Bewegungen, sein Ausdruck, der Gang, die Kopfhaltung, wie er die Hand reicht, sein Gesicht und sein Herz, seine Handlungen, all das ist eine Kette, steht in Verbindung. Alles bedingt einander. Eine Frau, die ein waches, seelisch durchgeformtes Gesicht hat, einen direkten Blick und die Fähigkeit, ihren Zügen einen milden, stillen und zärtlichen Ausdruck zu geben, eine Frau mit sanftem Lächeln, aufrichtigen Gesten, einem reinen Leuchten kann überhaupt nicht mehr hässlich sein. Und all das ist durch innere Arbeit an sich selbst zu erreichen.

Mein Gott, gehen Sie mir doch weg mit der Mode. Ich schreibe darüber viel zu lang, als dass ich nicht wüsste, wie nebensächlich sie ist. Schöne Kleider, modische Linien, gesellschaftliche Formen, Gebote, Einwände *sind* wichtig; sind tausendmal wichtig, wie jede Form auf der Welt wichtig ist. Aber die Form ist eben wichtig nur dann, wenn der Inhalt in Ordnung ist.

Zunächst und vor allem: Seid Menschen; denkt eure Gedanken zu Ende, denkt offen und ehrlich; übt euch in Güte und in Geduld. Hütet euch vor dem Gemeinen, vor den kleinen, winzigen Gemeinheiten, den kleinen Unaufrichtigkeiten und Hässlichkeiten; seid gradheraus in euren Beziehungen, seid aufrichtig in eurer Liebe, habt euch in der Gewalt, beherrscht euch, lernt zu verbieten, abzulehnen, und lernt zu nehmen, was euch gehört; seid Menschen; nicht solche oder solche, sondern seid das Eigene. Erkennt euch und seid; seid ohne Vorlagen und Muster, seid ihr selbst; eine Frau, deren Ausdruck aus einer Tiefe des Inneren strahlt, die Seele hat in jedem Blick und in jeder Bewegung, ist eine schöne Frau. Eine Frau mit einem stimmigen Wesen, mit einer bis ins Innerste entwickelten Individualität ist eine schöne Frau. Alles Übrige, kosmetische Töpfchen, modische Toilette, dick oder dünn, groß oder klein, das kommt erst danach. Das alles sind Hilfen und Mittel zur Vervollkommnung; Schöne Kleider werden immer schöne Kleider bleiben; aber Kleider machen keine Menschen, Menschen machen Kleider. Glücklich die schönen Frauen, die durch gute Kleidung noch *schöner* werden. Aber weh denen, die glauben, dass sie durch gute Kleidung *schön* werden.

Natürlich kann man sich – wenn wir nun schon auf diesem gerade gelegten Grund weiterbauen – vor Hässlichkeit schützen und seine Schönheit bewahren. Ein unförmig dicker

Mensch ist wirklich nicht schön und ein formlos dünner auch nicht. Natürlich deklariert jede Zeit ihr eigenes Ideal, und heute gilt als idealer weiblicher Körper weder die klassische Schönheit der Venus von Milet noch die üppige Schönheit der Rubens-Frauen, auch nicht die zarte, zerbrechliche Schönheit der Rokoko-Jungfern, sondern das schlanke (nicht das dünne), sportliche Mädchen, das fest ist, eigenständig, hell, geschmeidig und frisch. Und natürlich richtet die Mode sich immer nach diesem von der Zeit erhobenen Ideal, und es ist an Ihnen, sich diesem Ideal anzupassen, wenn Sie denn wollen, und nicht an der Mode, sich nach Ihnen zu richten.

Ich weiß nicht, inwieweit der Mensch sich und sein Äußeres in der Gewalt hat. Das ist individuell sicher verschieden; so viel aber weiß ich gewiss: Ist eine Frau unförmig dick, ist es zu spät, an Ideale der Schönheit zu denken; Abspeckkuren helfen höchst selten, schaden fast immer, und wenn sie auch noch so gut anschlagen, rächt sich ihre Gewaltsamkeit, indem sich unter den normalen Lebensbedingungen der frühere Zustand mit bestürzender Schnelligkeit von neuem einstellt. Jedes Hungern vernichtet ihre Haut, den jugendlichen Ausdruck in Ihrem Gesicht, und was Sie erreichen, ist die Magerkeit der Kranken, der aschene Teint der Unterernährten, die unschönen Formen der Hungrigen. Der einzige Weg zur Schönheit ist *kein Fett anzusetzen*. Jeder Frau über dreißig droht, dass sie dick wird; jede Frau läuft nach der ersten Geburt Gefahr, hässlich zu werden; nun, lassen Sie es nicht so weit kommen. Pflegen Sie sich, bevor Sie hässlich geworden sind. Nehmen Sie diese Pflege nicht als Mittel, Hässlichkeit zu beseitigen, sondern um Schönheit zu erhalten. Welcher junge frische Körper wäre nicht schön, wenn er in der richtigen Weise ertüchtigt wird? Widmen Sie ihm von jungen Jahren an so viel Sorgfalt wie der Seele, dem Magen, der Körperpflege; machen Sie Gymnastik, treiben Sie Sport; gehen Sie zu Fuß, laufen Sie, schwimmen Sie, baden Sie, springen Sie!

Neunzig Prozent unserer Damen – zwischen dreißig und vierzig – wären verärgert, wenn ich von ihnen verlangen würde, dass sie auf dem Teppich zu Hause einen schönen Purzelbaum schlagen, hurtig hinter der Elektrischen herlaufen oder über einen Zaun klettern; dass sie zwei Stunden in scharfem Schritt auf der Landstraße gehen, sich mit einer Bürste schrubben und bei offenem Fenster schlafen. Und warum? Für sich genommen sind das keine schwierigen oder allzu närrischen Dinge. Aber der Körper wird bequem, die Wirbelsäule steifer, die Muskeln schlaffer, wenn man sie nicht übt. Fett setzt sich an; und Fett ist der Feind der Jugend und Schönheit, der körperlichen und seelischen Frische. Fangen Sie doch einmal an mit Gymnastik; beim ersten Mal werden Sie entsetzt sein von der Erkenntnis, wie wenig Sie Ihren Körper im Griff haben, wie wenig Sie sich drehen und beugen können, wie wenig Sie imstande sind, zu gehen, zu springen, sich zu wenden. Und das sind Hässlichkeiten, *die unnötig sind.* Überflüssige Hässlichkeiten.

Was alles ist bei uns nicht modern! Nicht etwa gute, angemessene, elegante Kleidung, sondern Karikaturen auf die modischen Bilder. Nicht das freie, ausgezeichnet genähte, hygienische Kleid, das die gerade moderne Linie betont, sondern unsinnige Übertreibungen, schmerzhafte Monstrositäten; viel zu hohe Absätze, die Schuhe viel zu klein, die Röcke zu kurz und zu eng, die Haare von der Brennschere allzu onduliert; jeder Begriff von menschlicher Natürlichkeit steht kopf.

Kopf hoch, also: Auf den Kehricht mit den Idealen der Modepuppen! Zum Fenster hinaus mit allen Sorgen ums Äußerliche. Und im Innern begonnen, im Tiefstinnern. Von der Mitte, vom Zentrum, vom Grund.

Národní listy, 29.11.1923

Der Teufel am Herd

Warum sind alle oder fast alle modernen Ehen unglücklich (als wären nur die modernen unglücklich und die nichtmodernen glücklich), ist eine der Modefragen, um die sich – in ernsthafter Absicht – die gesamte Literatur dreht –, in weniger ernsthafter jedes Five-o'-clock-Gespräch. Jede Frage der Welt eignet sich für den Smalltalk der Gesellschaft ebenso wie für eine philosophische Abhandlung, und Themen, die sozusagen auf der Straße liegen, greifen auch wir Journalisten auf. Bei dieser

Abb. 6: Milena Jesenská
am Moldauufer 1909.

Abb. 7: Ernst Pollak 1913.

Frage muss ich mich doch immer wieder ein wenig wundern; – nicht etwa, dass ich darauf nicht zu antworten wüsste, warum moderne Ehen unglücklich sind – auf was bliebe ein Journalist eine Antwort schon schuldig? Sondern weil ich immer wieder aufs Neue frage: Warum sollten sie glücklich sein?

Das nämlich ist der Punkt. Zwei Menschen – zwei kleine, einsame, so vielen Hoffnungslosigkeiten, Trübseligkeiten und Lebensverzweiflungen ausgesetzte menschliche Läuse, zwei winzige Menschen auf dem riesigen Erdball, der so unausdenklich, so entsetzlich und beunruhigend groß ist, diese beiden, die nach natürlichem und gerechtem Gesetz unglücklich sind, sollen nun auf einmal im Handumdrehen, sagen wir um halb zehn vormittags, nachdem man sie in eine gemeinsame Wohnung, einen gemeinsamen Namen, ein gemeinsames Hab und Gut, ein gemeinsames Schicksal eingesperrt hat, plötzlich und im Nu, nur weil sie jetzt zu zweit sind, glücklich sein?

Mir scheint, dass in dem Augenblick, wo zwei Menschen heiraten, um miteinander glücklich zu sein, dass sie sich genau in diesem Augenblick die Möglichkeit zum Glück schon genommen und verschlossen haben. Wer um des Glückes willen heiratet, ist ebenso habsüchtig wie der, der es um zwei Millionen tut, um ein Auto oder einen Baronstitel, und Glück gereicht ebenso wenig zum Glücklichsein wie zwei Millionen, ein Auto oder auch ein Baron. Wenn sich auf Erden etwas rächt, dann sind es Spekulationen und Zahlenspiele in seelischen Dingen. Zwei Menschen können nur einen einzigen vernünftigen Grund haben, sich zu heiraten, und der wäre: Sie können sich nicht nicht heiraten. Sie können einfach nicht ohneeinander leben. Das nämlich gibt es täglich – ob das schon Liebe ist oder etwas anderes – es ist auf jeden Fall das am meisten berechtigte und stärkste Gefühl auf Erden. Nur, wie viele Menschen gibt es nicht, die genau das in ihrem Leben übergehen, es reduzieren, ihm ausweichen, es zerbrechen?

Zwei Menschen heiraten, um zusammenzuleben. Aber, warum braucht es zu diesem unermesslich großen Geschenk noch Glück? Warum können sich die Menschen nie, einfach nie mit einer echten unbeschönigten Größe zufriedengeben und wählen lieber eine hübsch herausgeputzte Lüge? Warum versprechen sie einander etwas, was nicht nur sie, sondern die ganze

Welt, die Natur, der Himmel, das Schicksal, das Leben nicht erfüllen können, was nie irgendwo irgendwer erreichen kann. Warum beschweren sie den reellen, wirklichen, heiligen, irdischen Vertrag durch Bedingungen von literarischer Fantastik wie Glück? Warum fordern sie von dem anderen mehr, als sie selber zu geben imstande sind, warum fordern sie überhaupt etwas angesichts eines so großen Ereignisses, eines so ernsten, tiefen Ereignisses, wie ein gemeinsames Leben es ist?

Wenn wir uns über die Ehe bewusst Gedanken machen, bevor wir sie schließen, würden uns einige Dinge ganz von alleine klar, an die wir heute nicht denken. Zum Beispiel, dass ein Zusammenleben nicht leichter, sondern schwerer ist als ein Leben allein. Der Alleinstehende bekommt seine Einsamkeit durch viele Erleichterungen vergütet: sei es halbe Verantwortung, sei es Freiheit, Unabhängigkeit, sei es einfach die Möglichkeit, nach Australien zu gehen. Die Ehe ist aber deshalb schwierig, weil Sie in dem Moment, wo Sie sich binden, all das aufgeben – ganz aufs Innere bezogen –, was sie Ihnen nicht bieten kann. Und das ist der zweite Punkt, an welchem die moderne Ehe zerbricht: *Die Leute heiraten, ohne dass sie sich positiv füreinander entschieden hätten: oder besser gesagt; ohne dass sie sich entschieden hätten, allen anderen zu entsagen.*

Einen Menschen richtig kennenzulernen ist geradezu fantastisch schwer. Ich denke, dass ich nicht übertreibe, wenn ich sage, dass man einen Menschen in der ersten halben Stunde eines Gesprächs zum ersten Mal erkennt und zum zweiten Mal nach zehn Jahren gemeinsamen Lebens. Ich denke außerdem, dass es so gut wie unmöglich ist, dass zwei Leute vor der Hochzeit auch nur ahnen könnten, wer sie selbst sind und wen sie heiraten. Und würden sie auch alle ihre Handlungen, ihre Ideen, all ihre Begeisterung, ihre Überzeugungen, ihren Glauben und ihre Bekenntnisse kennen, so dennoch nicht ihre Strümpfe, ihre verschlafenen Augen und wie sie beim morgendlichen Zähneputzen gurgeln oder die Art und Weise, wie sie dem Kellner Trinkgeld geben – denn in den Tiefen des Innern trügt ein Mensch, aber an der Oberfläche erkennst du ihn. So birgt jede Heirat ein tausendfaches Risiko der Enttäuschung und alle Möglichkeiten inneren Scheiterns, gegen das es nur ein Mittel gibt: es von vornherein auf sich zu nehmen. Die Konvention der Welt verlangt, dass man einem Menschen im Namen der Liebe das Anderssein seiner inneren Formung verzeiht, etwa Nationalität, politische und konfessionelle Zugehörigkeit, und wir verzeihen. Aber gehen wir tiefer: Verzeihen wir ihm auch die Oberfläche. Legen wir die moderne Karenin'sche Hysterie[12] ab und verzeihen wir abstehende Ohren und schief gebundene Krawatten. Jeder Mensch ist eine fest umgrenzte Welt für sich. Ja, je ausgeprägter ein Mensch ist, desto geschlossener ist er auch. Je weniger Möglichkeiten und Talente er hat, umso tiefer und stärker hat er sie. Und hat er nur eines, ist es umso wertvoller. Aber genauso wenig, wie man von einem blonden Menschen verlangen kann, dass er zugleich – sagen wir am Dienstag und Freitag, um der Abwechslung willen – dunkles Haar hat, genauso wenig kann man von einem Pedanten verlangen, dass er gern Shimmy tanzt, von einem Dummkopf, dass er Kierkegaard versteht, von einem Maler, dass er sich für Mathematik interessiert, von einem Trauerkloß, dass er Lieder singt, von einem Einzelgänger, dass er eine Soirée veranstaltet. Das ist eine sehr einfache Rechnung, doch nur wenige Leute begreifen sie. Meist werfen sich die Leute genau das vor, was den Wesenskern darstellt, und kommen nicht darauf, dass es gerade die Aufgabe der Ehe ist, dass man das Wesen des anderen erträgt, und zwar in einer Art und Weise erträgt, dass sich der andere dazu berechtigt fühlt, so zu sein, wie er ist. Letztendlich ist es immer nur eine Selbstbestätigung, die der eine vom anderen erbittet. Den Beweis, dass er geliebt wird, dennoch. Dieses »dennoch« hat jeder von uns, und deshalb gerade ist er unglücklich. Die Menschen leben nie nur aus sexueller, erotischer, finanzieller oder sozialer Notwendigkeit zusammen, nie und nimmer werde ich das glauben; zwei Menschen leben miteinander, um einen Freund zu haben. Einen Gefährten. Um in der Einsamkeit der Welt jemanden zu haben, der die Berechtigung ihrer Existenz mit allen Fehlern und Unzulänglichkeiten bestätigt – denn was anderes ist Freundschaft als eine Stütze für ein lahmendes Selbstbewusstsein? Damit sie

12 Anspielung auf Lev Tolstojs Roman *Anna Karenina*. Anna fallen eines Tages die abstehenden Ohren ihres Mannes auf; in dieser Äußerlichkeit verdichtet sich der Beginn ihrer unaufhaltsamen inneren Abwendung.

jemanden hätten, bei dem sie sicher wären vor Strafe, Rache, niedriger Meinung, Gerechtigkeit, schlechtem Gewissen. Oder glauben Sie wirklich, dass das Zuhause etwas anderes sei und eine andere Aufgabe hätte, als den Menschen zu schützen, zu schützen und nochmals zu schützen vor der Welt und vor allem vor dem inneren Spiegel? Das größte Versprechen, das eine Frau einem Mann und ein Mann einer Frau geben kann, ist jener tiefe Satz, den man lächelnd zu einem Kind sagt: *Dich geb ich nicht her*. Ist das nicht mehr als »ich werde dich lieben, bis dass der Tod uns scheidet« oder »ich werde dir treu sein bis in den Tod«? Ich geb dich nicht her. Da drin ist alles. Anstand gegenüber dem anderen, Wahrhaftigkeit, Geborgenheit, Treue, Zugehörigkeit Entschluss, Freundschaft. Wie unermesslich sind diese Versprechen gegenüber dem erbärmlichen, schäbigen Glück!

Nun, kurz gesagt, fast scheint mir, dass unsere Ehen deshalb so unglücklich sind, weil wir es uns verteufelt leicht damit machen. Es ist sehr einfach, sich von einem anderen ein Versprechen geben zu lassen, das er nicht erfüllen kann, und nach einem Jahr, wenn er es nicht erfüllt hat, beleidigt davonzurennen. Ich denke, es wäre um vieles schwerer, das zu versprechen, was man halten kann, und es auch wirklich zu erfüllen. Alle diese fantastischen Tiefsinnigkeiten sind eine Ausrede, die an der ersten wirklich schwierigen Situation, in der man sich anständig verhalten müsste, zu Bruch geht. Aber warum versprechen die Menschen einander nicht, dass sie zum Beispiel kein Gezeter machen, wenn der Braten verbrennt oder wenn einer von ihnen zu spät zum Abendessen kommt? Warum versprechen sie einander nicht, dass sie niemals zu faul sein werden, in der Manteltasche eine Orange mit nach Hause zu bringen, einen Veilchenstrauß, einen nagelneuen Koh-I-Noor-Stift oder Weintrauben? Warum versprechen sie einander nicht, dass sie morgens zum Frühstück gewaschen erscheinen, nach Wasser und Seife duftend, frisch und sorgfältig gekleidet, auch am Tag nach ihrer goldenen Hochzeit und alle Tage davor? Warum versprechen sie einander nicht, sich im Zorn lieber zu schlagen, als sich irgendeine kleine Hässlichkeit vorzuwerfen, eine kleine Feigheit, eine kleine Gemeinheit, eine kleine Geschmacklosigkeit? Warum versprechen sie einander nicht, dass sie sich immer für den anderen und seine Interessen interessieren werden, egal, ob diese Interessen der Kunstgeschichte, dem Fußball oder einer Schmetterlingssammlung gelten? Warum versprechen sie nicht, einander die Freiheit des Schweigens, die Freiheit des Alleinseins, die Freiheit eines Freiraums zu lassen? Warum versprechen sie einander nicht diese unendlich schweren Kleinigkeiten, die man erfüllen kann und doch immer beiseitelässt, statt solch nebensächliche Dinge beiseitezulassen wie das Glück.

Wenn die Ehe einen Sinn haben soll, muss sie auf einer breiteren und wirklichkeitsnäheren Basis stehen als auf der der Sehnsucht nach Glück. Mein Gott, wozu dieses bisschen Leid fürchten, dieses bisschen Schmerz und Unglück. Versuchen Sie es, wenden Sie in einer Sternennacht ihr Gesicht zum Gesicht des bestirnten Himmels und schauen Sie aufmerksam, aufrichtig, hingegeben fünf ganze Minuten lang. Oder stellen Sie sich irgendwo in die Berge, von wo aus man ein Stück Erde von oben sieht wie vom Himmel. Und Sie werden sehen, dass Sie an die Wichtigkeit des Lebens zu glauben beginnen und an die Unwichtigkeit des Glücks. Glück! Als ob die Möglichkeit zum Glück nicht einzig und allein in unserer Hand läge! Als ob das Talent zum Glück nicht ein spezielles Talent wäre, wie das Talent zum Singen, zum Schreiben, zur Politik, zur Schusterei! Geben Sie einem Menschen alles, was er begehrt, überhäufen Sie ihn mit Liebe, mit Geschenken, Privilegien und allem, was er sich wünscht, und er wird trotzdem nicht glücklich sein. Und prügeln Sie einen anderen, er atmet kaum noch, aber dann geht er durch die Straße und sieht vielleicht frische Karotten, feucht glänzende, rote Karotten mit grünem Kraut, und schon ist er glücklich.

Es gibt zwei Möglichkeiten zu leben: Entweder man nimmt sein Schicksal an, entscheidet sich und richtet sich ein, erkennt und verpflichtet sich Vor- und Nachteilen, dem Glück und Unglück, mutig, ehrlich, ohne um Groschen zu feilschen, großzügig und in Demut; oder man sucht sein Schicksal; doch mit der Suche verlierst du nicht nur Kraft, Zeit, Illusionen, richtige und gute Blindheiten des Instinktes, mit der Suche verlierst du auch selbst an Wert. Du wirst immer ärmer; das, was kommt, ist immer schlechter als das, was war.

Und dann: Zu einer Suche braucht es Glauben und zum Glauben womöglich mehr Kraft als zum Leben.

Národní listy, 18. 1. 1923

Chaplins *Nächte einer schönen Frau*[13]

Denen, die dem Leben, so wie es ist und sich um uns herum abspielt, nie ganz und gar direkt ins Gesicht geblickt haben, wird dieser Film nicht gefallen. Noch nie habe ich so einen Film gesehen, ich habe nur, jedes Mal wenn ich aus dem Kino ging, gefühlt (auch nach den schönsten Filmen), dass es »so nicht ist« und dass es anders sein müsste. Nun, dieser Film ist der erste, der »anders« ist, das heißt: der erste, der mit allen Konventionen der bisherigen Filmwelt, der bislang gültigen Gesetze des Filmes, mit allem, was etabliert und erstarrt ist, bricht. Es ist ein sehr strenger, ein gnadenloser Film. Nicht in inhaltlicher Hinsicht und schon gar nicht durch irgendeine moralische Forderung; sondern durch die Deutlichkeit und Klarheit, mit der er aus dem Leben geschnitten ist, durch die Tiefe seiner psychologischen Beobachtungen und durch eine derartig umwerfende Platzierung mancher Details, die einfach sitzen wie ein Schlag, der genau an der richtigen Stelle trifft. Das Ganze ist ein Drama wie jedes andere, um nichts spannender, um nichts langweiliger. Aber *diesem* Drama begegnen wir täglich, tragen es sozusagen täglich im Herzen. *So* nämlich geht es in der Welt wirklich zu, es zerreißt dir das Herz, und nach außen hin läuft alles glatt, zivil, wie geölt. Mit Filmen, wo man in Ohnmacht fällt, die Hände ringt, wo die Leidenschaften aus dem Roman geborgt und die Figuren aus Papier sind, hat *das* absolut nichts gemein. Denn *das* ist die Welt, unsere wahre, lebendige Welt, das Leben, das tiefer ist als Moral, Schuld, Zu-

13 Originaltitel *A Woman of Paris* (1923); dt. auch *Eine Frau in Paris*. Nach der Premiere in Hollywood von der Kritik begeistert aufgenommen, fiel der Film beim Publikum durch, das kein Melodram, sondern eine Komödie erwartete. Chaplin war enttäuscht und verbot weitere Aufführungen bis 1976.

fall. Es ist ein Leben in schrecklicher Schicksalhaftigkeit, ein Leben, das passiert, das sich Schritt für Schritt entwickelt, unauffällig, unabwendbar, und jeder dieser Schritte ist schicksalsträchtig und jede halbe Stunde schiebt es ein unumkehrbares Stückchen weiter.

In Gesamtkonzept und Regie des Films verrät Chaplin auch das Geheimnis seiner Persönlichkeit, lässt dabei den fast einfachen Trick seiner Weltsicht erkennen. Bei uns diskutiert man in einem fort, ob Chaplin lustig ist oder traurig, ob man weinen soll oder lachen und ob er seine Purzelbäume schlägt, weil ihm sein Herz wehtut oder weil er sich freut. Immer schon hab ich vermutet, was sich mir nun bestätigt hat: Er ist weder das eine noch das andere. Er spielt weder lustig noch traurig, sondern einfach »so«. Chaplins Sensibilität ist gespannt wie die Haut einer Trommel. *Alles* hat ein eigenes Gesicht. Ein böses und gutes. Die Dinge haben ihre Launen, ihre Tücken und Böswilligkeiten, erlauben sich gedanklich Unlogisches, und auch die Überstürztheiten in Chaplins Filmen sind nur scheinbar überstürzt, in Wirklichkeit sind sie eine bis an letzte Grenzen geführte, ganz und gar konsequente und hellsichtige Schau der Welt – und das ist natürlich zum Weinen und zum Lachen zugleich.

Die Menschen in diesem Film sind ganze Menschen. Sie sind weder gut noch böse. Sie sind so konsequent ganz, dass sie tausend Widersprüche vereinen. Nur Papiermenschen haben eine gerade Charakterlinie. Echte Menschen widersprechen sich täglich hundert Mal, gleichen ihre edlen Eigenschaften durch Schlechtigkeiten aus und zahlen für ihre Gemeinheiten mit innerer Schönheit. Und daher gehen in diesem Film Dinge vor sich, die für die Filmwelt empörend sind, zum Beispiel, dass die schöne, schlanke, elegante Heldin aus Verachtung für den Liebhaber, der sie aushält, mit großer Geste eine Perlenkette aus dem Fenster wirft, doch als jemand die Perlen aufsammelt, stürmt sie höchst unästhetisch los, holt ihn an der Ecke ein und reißt sie ihm aus der Hand. Oder dass der Held, der eine ehemalige Kokotte liebt und sie heiraten will, eine halbe Stunde später der Mutter verspricht, dass er es nicht tun werde, dass er dies nur in einem »Augenblick der Schwäche« versprochen habe, und dabei erfolgt gerade dieses Zugeständnis an die Mutter aus Schwäche und entlädt sich in augenblicklichem Hass auf sie.

Die Beziehungen in diesem Film sind ganze Beziehungen. Es sind Beziehungen mit Außen- und Innenseite, lebensechte Beziehungen. Die Menschen lieben und hassen sich eben ein bisschen, dann gibt es Augenblicke, da lieben und hassen sie sich ganz schrecklich. Sie sind gut zueinander und grausam und sterben gerade so scheinbar an ihren Gefühlen, wie man auch im Leben nur scheinbar an seinen Gefühlen stirbt. In Wirklichkeit sterben sie an ihrem Schicksal, deswegen, weil sie an ein Ende gekommen sind und nicht weiterkönnen; und in Wirklichkeit sterben sie auch; *einfach so.* Oh, tiefgründige Keuschheit des Nichtpsychologisierens! Tiefgründige Bescheidenheit des Nichtauserklärens! Wie sehr bedürfen wir ihrer, und sie kommt gerade zur rechten Zeit! Das Schrecklichste und Wirklichste an diesem Film ist, dass geradezu physisch spürbar ist, wie diese Menschen aneinander vorbeireden, von Angesicht zu Angesicht, jeder in einer anderen verhexten, verfluchten Sprache! Dass man geradezu schmerzhaft hört, wie sich im Laufe der Ereignisse Schuld ohne Verschulden anhäuft, und wie alles gleichsam über eine schiefe Ebene dahingleitet, wie es auf den Rädchen der menschlichen Oberflächlichkeiten und Fehler, der Missverständnisse, Heimlichkeiten, der kleinen Eitelkeiten und Verlogenheiten direkt in den Abgrund steuert.

Die Regie ist so perfekt, dass man sie sich perfekter nicht vorstellen kann. Schon der Anfang – eine Straße, dann eine Häuserfront, dann ein Fenster, ein Fensterrahmen und dahinter ein menschliches Gesicht – dieses Definieren des Gegenstandes umgrenzt zugleich seine Stimmung und seinen Ausdruck, du weißt sofort, was an diesem Menschen das Wichtigste ist: nicht seine Eigenschaften, die sind Nebensache: sondern sein Konflikt, der gibt die Richtung vor. Aber das Größte, was ich an Filmregie je gesehen habe, ist die Bahnhofsszene. Ganz unbegreiflich schön. Ich kann noch immer nicht sagen, wie es kam, dass ich verstanden habe, dass all das auf dem Bahnhof spielt. Da ist nichts als eine nackte Wand, und doch ist es ein Bahnhof, ein so verzweifelter, trauriger Bahnhof, von dem du für immer mit zerschlagenem Herzen abreisen wirst, in ein Leben, das nicht mehr lohnt. Und der Zug fährt ein und ist nicht zu sehen, nur die regelmäßigen Schatten der Abteilfenster huschen über das Gesicht eines Menschen, und er steigt ein, auch das ist nicht zu sehen, nichts ist zu sehen, und doch weißt du, dass er sich jetzt in die Ecke gedrückt hat und fürchterlich weint. Und du weißt schon im Voraus: Nach dieser Stunde auf diesem Bahnhof, nach dieser Abreise, diesem Besteigen des Zuges kann mit diesem Menschen nichts Gutes mehr werden, nie, das ganze Leben nicht mehr. Hier hat er seine Sache verloren.

Es ist ein schöner, ein sagenhaft schöner Film, obgleich ich überzeugt bin – oder vielleicht bin ich es gerade deswegen? –, dass er nicht allen gefallen wird. Warum man ihm allerdings ein so abscheuliches, pastorenhaftes Ende angeklebt hat, so eine Limonade aus geretteten Herzen und schicklichen Glückseligkeiten, das weiß der liebe Gott allein. Vermutlich, damit er auch schnell noch denjenigen gefällt, denen er sowieso nicht gefallen wird? Wenn das wirklich so wäre, so steht es nicht dafür, dass man damit all jenen, denen er gefällt, den Eindruck verdirbt.

Nárdoní listy, 22.2.1924

Franz Kafka

Vorgestern ist im Sanatorium in Kierling in der Nähe von Klosterneuburg bei Wien Dr. Franz Kafka gestorben, ein deutscher Schriftsteller, der in Prag gelebt hat. Gekannt haben ihn hier nur wenige, denn er war ein Einzelgänger, ein Wissender, ein vom Leben Verschreckter; schon seit Jahren hat er an einer Lungenerkrankung gelitten, und obwohl er sie behandeln ließ, nährte er sie doch auch und beförderte sie durch seine Gedanken. »Wenn Seele und Herz die Bürde nicht mehr tragen können, übernimmt eine Hälfte die Lunge, damit die Last sich wenigstens einigermaßen gleich verteilt«, schrieb er einmal in einem Brief, und genauso war es mit seiner Krankheit. Sie verlieh ihm ein fast übernatürlich feines Sensorium, eine geradezu erschreckend kompromisslose intellektuelle Verfeinerung; und

LITERÁRNÍ TÝDENNÍK

ROČNÍK IV. V Praze, dne 22. dubna 1920. ČÍSLO 6.

Franz Kafka: Topíč

Fragment

Se svolením autorovým přeložila Milena Jesenská

Když 16letý Karel Rosman, který byl svými chudými rodiči poslán do Ameriky, poněvadž ho svedla služka a měla s ním dítě, vjel již v zpomaleném parníku do newyorského přístavu, spatřil sochu Svobody, kterou již dávno pozoroval, jakoby ve světle náhle prudším. Její paže s mečem trčela jaksi nově vstříc a kolem její postavy vanul volný vzduch.

»Tak vysoko,« řekl si, a v tom, vůbec nemysle na odchod, byl stále rostoucím množstvím nosičů pomalu posunut až k zábradlí.

Jakýsi mladý muž, s nímž se byl při jízdě povrchně seznámil, řekl, předcházeje ho: »Nu, což pak nemáte pražádné chuti, abyste vystoupil?« »Jsem přece již hotov,« řekl Karel usmívaje se, a zdvihl z dobré nálady a poněvadž byl silný chlapec, kufr na ramena. Když však pohlédl za svým známým, který se již vzdaloval s ostatními a mával při tom hůlkou, s úlekem zpozoroval, že zapomněl dole v lodi svůj deštník. Rychle poprosil známého, aby mu laskavě u jeho zavazadla okamžik posečkal, čímž muž nebyl příliš obšťastněn, přehlédl ještě situaci, aby se při návratu vyznal, a pospíchal pryč.

S lítostí nalezl dole zavřenu chodbu, která by jeho cestu byla velice zkrátila, což patrně souviselo s vyloďováním cestujících, a bylo mu namáhavě si hledati cestu nespočetnými malými místnostmi, po krátkých schodech, které stále za sebou následovaly, korridory, neustále se zahýbajícími, prázdným pokojem s opuštěným psacím stolem, až skutečně, poněvadž touto cestou šel teprve jednou nebo dvakrát a vždy ve větší společnosti, úplně zabloudil. Ve své bezradnosti, poněvadž nepotkával lidí a slyšel jen nad sebou šoupání tisíce lidských nohou a pozoroval z dálky jakoby dech, poslední pracování již zastavovaných strojů, počal bez přemýšlení tlouci na první malá dvířka, na která při svém bloudění narazil.

»Vždyť je otevřeno,« ozvalo se uvnitř a Karel otevřel dvéře s poctivým oddechnutím. »Proč tlučete tak zběsile do dveří?« řekl ohromný člověk a skoro se po Karlovi ani neohlédl. Jakýmsi malým, svrchním oknem padalo ponuré, nahoře na lodi již dávno opotřebované světlo v žalostnou kabinu a v ní stáli těsně vedle sebe postel, skříň, židle a muž, jakoby složeni ve skladišti. »Zabloudil jsem,« řekl Karel, »ani jsem toho tak za jízdy nepozoroval, ale to je strašně veliká loď.« »To je pravda,« řekl muž s jistou pýchou, nepřestav se při tom nimrati se zámkem malého kufru, který oběma rukama vždy znovu přitlačil a čekal při tom na sklapnutí závory. »Ale pojďte přece dovnitř,« pokračoval muž, »nebudete přece státi venku.« »Nevyrušuji?« ptal se Karel. »Ale jak pak byste rušil?« »Jste Němec?« pokusil se Karel zabezpečiti, poněvadž mnoho slyšel o nebezpečí, které hrozí v Americe nově příchozím, obzvláště od Irů. »I jsem, jsem,« řekl muž. Karel ještě váhal. Tu muž náhle uchopil kliku a přisunul dveřmi, které rychle zavřel, Karla k sobě dovnitř. »Nemohu vystát, dívá-li se sem

61

Abb. 8: *Kmen* (Stamm), tschechische Literaturwochenzeitschrift mit Milena Jesenskás Übersetzung von Kafkas Erzählung *Der Heizer*, 22.4.1920.

umgekehrt bürdete er, der Mensch, seine ganze intellektuelle Angst vor dem Leben der Krankheit auf. Er war scheu, ängstlich, friedliebend und gut, aber die Bücher, die er schrieb, sind gnadenlos und schmerzhaft. Die Welt war für ihn besiedelt mit unsichtbaren Dämonen, die den schutzlosen Menschen vernichten und an ihm zerren. Er war viel zu hellsichtig, viel zu weise, als dass er hätte leben können, viel zu schwach, um mit jener Schwäche edler, schöner Menschen zu kämpfen, die ihren Kampf gegen die Angst vor Missverständnissen, gegen Unfreundlichkeiten und gegen die intellektuelle Lüge gar nicht antreten können, weil sie im Voraus wissen, dass sie ohnmächtig sind, unterlegen in einer Weise, die den Sieger beschämt. Er kannte die Menschen, wie nur der es vermag, dessen Nerven von großer Empfindlichkeit sind, der Einsame, der den anderen in einem einzigen Aufblitzen seines Gesichtes gleichsam prophetisch schaut. Er kannte die Welt in tiefer, außergewöhnlicher Weise, und er selbst war eine außergewöhnliche und tiefe Welt. Seine Bücher gehören zu den bedeutendsten der jungen deutschen Literatur; in ihnen ist der Kampf der heutigen Weltgeneration, freilich ohne ein tendenziöses Wort. Sie sind wahr, nackt und schmerzhaft, und zwar so, dass sie auch da, wo sie sich symbolisch ausdrücken, geradezu naturalistisch sind. Sie stecken voll trockenem Spott und haben den sensiblen Blick eines Menschen, der die Welt mit einer Klarheit gesehen hat, dass es für ihn nicht zu ertragen war, dass er sterben musste, denn er war nicht, wie andere, willens, zurückzuweichen und sich zu flüchten in was auch immer für unterbewusste intellektuelle Irrtümer, mögen diese auch noch so ehrenwert sein. Dr. Franz Kafka hat das Fragment *Der Heizer* geschrieben (auf Tschechisch erschienen in Neumanns *Červen*), es ist das erste Kapitel eines schönen, noch unveröffentlichten Romans. *Das Urteil*, ein Zerwürfnis zwischen zwei Generationen, *Die Verwandlung*, das stärkste Buch der modernen deutschen Literatur, *Die Strafkolonie* und die Skizzen *Betrachtung* und *Landarzt*. Der letzte Roman, *Vor dem Gericht*, liegt seit Jahren als Manuskript zum Druck bereit. Es ist eins jener Bücher, die, wenn man sie zuklappt, den Eindruck hinterlassen, die Welt so ganz und gar zu enthalten, dass kein Wort mehr zu sagen bleibt. Alle seine Bücher beschreiben die Schrecken verborgener Missverständnisse und unverschuldeter Schuld zwischen den Menschen. Er war als Mensch und Künstler von so ängstlichem Gewissen, dass er auch da etwas vernahm, wo andere taub waren und sich sicher wähnten.

Národní listy, 6. 6. 1924

Das Nähkörbchen

Könnte ich Märchen schreiben, kämen darin keine Feen mehr vor, keine Zauberinnen und Bären, aus denen verwunschene Prinzen springen, wenn ein Befreier ihnen den Kopf abschlägt; ich würde ein Märchen über alle möglichen kleinen, lieben und ganz gewöhnlichen Dinge schreiben, die wir täglich zur Hand nehmen, und gerade weil sie so oft durch unsere Finger gehen, werden sie uns etwas Verwandtes, Lebendiges und Geliebtes. Und schriebe ich das Märchen vom Nähkörbchen, so wäre es im Grunde ein Märchen von meiner Mama, die im Lehnstuhl am Fenster saß, mit dem Nähkörbchen auf dem kleinen Tisch vor sich, und zur Tür sah, wenn ich eintrat, und fragte: Wo hast du dich denn herumgetrieben?

In diesem Nähkörbchen lag ein Fliegenpilz, der einst rot gewesen sein musste, ein Nadelkissen, ein hölzernes Püppchen mit einem Hut zum Abschrauben, ein Schächtelchen mit Hafteln und Schließen, mit neuen und alten abgetrennten Knöpfen für jeden Bedarfsfall und um sich zu ärgern, wenn das Körbchen umfiel, und auch ein roter Knopf war darin und Knöpfe von Vaters Jacken und ein glänzender Goldknopf vom Militärmantel, den der Vater einmal im Jahr anzog, wenn er dem Kaiser vermelden ging, dass er gesund und am Leben sei. Eine leere Pillenschachtel und ein zerknittertes Zettelchen mit einer Wäscheliste oder einer Einkaufsliste oder sonst so einer ewigen goldenen Sorge, wie sie die Mütter mit sich herumtragen –; ein zerstochener Fingerhut, ein Knäuel Gummizug für die Strumpfbänder, eine Schere und so ein Rädchen, das Schnitte ausrädelt und dabei seine Zähnchen in den Esstisch bohrt, wenn die Mütter den Kleiderstoff für die Kinder zuschneiden.

Meine liebe Mama, wohin bist du verschwunden und wohin verschwunden ist dein braunes Nähkörbchen? Braun war es, geflochten, jeden Tag hast du es hergenommen, und wenn ich es heute irgendwo finden würde oder sehen, so könnt ich's wohl nicht ertragen. Manchmal hält mich plötzlich mitten im Leben auf der Straße eins deiner Wörter an, ein vertrauter Blick oder eine Bewegung, es treibt mich in eine schreckliche Wehmut und packt mich stracks an der Kehle. Und dann taucht ganz langsam und unaufdringlich hinter deinem Gesicht das kleine geflochtene Nähkörbchen auf, mit dem abgewetzten Fliegenpilz und dem Goldknopf von Papas Waffenrock. Auch ich habe inzwischen ein Nähkörbchen, habe alle möglichen Schließen und Hafteln und Knöpfe für jeden Bedarfsfall und um mich zu ärgern, und ich bin schon »groß« und bin gerade und erst jetzt so weit, liebe Mama, dass ich schon alles verstehen könnte, all das, was unter diesen Knöpfen im Herzen liegt. Sie kennen das auch, wie ein Mensch den anderen einholt? Vor zehn Jahren waren Sie noch klein und ein anderer war groß und »alt« und »vernünftig«, und dann sind Sie ins Leben hinausgelaufen, zehn Jahre sind Sie gelaufen, und mit einem Mal hat sich die Entfernung zwischen Ihnen eingeebnet, sie hat sich Stufe um Stufe verloren, und unversehens waren die »großen« und »alten« Leute verschwunden und Ihnen gleich geworden. Und etwas so Dummes wie ein Nähkörbchen zeigt Ihnen, dass Sie auf die gleiche Weise zum gleichen Punkt gelangt sind wie Ihre Mutter, auch wenn es manchmal so aussieht, als hätten Sie sich in eine andere Richtung aufgemacht.

Das ist aber jetzt wahrlich eine sentimentale Geschichte, in der Tat, und für mich ungewöhnlich. Fräulein Mirina hat Ihnen hier ein paar praktische Körbchen gezeichnet. Es ist eine kleine Winzigkeit und ist doch hübsch, wenn Sie so wollen. Sie, liebe Mütter, die Sie wissen, wie schnell bei den kleinen Krabben die Knöpfe in alle Richtungen stieben, wie wenn's brennt, wissen auch, von welcher Bedeutung ein solches Körbchen ist. Dies kleine Körbchen und das Stück Seidengarn darin. Nun ja, verzeihen Sie, ich bin ins Reden gekommen.

Národní listy, 19. 6. 1924

II 1925–1930

Prag – die Jahre der Avantgarde

Abb. 9: Milena Jesenská, Passsfoto aus der zweiten Hälfte der 1920er Jahre.

Kurswagen Prag – Wien

Wir stehen auf dem Perron in der Halle des Wilson-Bahnhofs und warten auf den Schnellzug, den Durchgangszug Berlin–Wien über Prag, ich und meine Feinde. Feinde sind wir hier alle und messen uns mit zornigen Blicken. Wir sind Feinde, denn wir alle wollen einen Sitzplatz. Wir sind eine Horde von Räubern, die über einen wehrlosen Zug herfällt, der aus der Ferne herankommt. Die Frau neben mir ausgenommen, sie hat nur ein hölzernes Köfferchen, einen plumpen Hut und fährt offenbar dritter Klasse. Der Herr, der die ganze Zeit auf und ab geht, trägt nichts außer einer Ledermappe bei sich und fährt wohl mit Legitimation nur nach Tábor. Dafür aber ist die Frau im Pelzmantel mit ihren verschiedenen Koffern, die beklebt sind mit Zettelchen aus Venedig, Brüssel und Paris, eine offenkundige Feindin. Sie fährt bestimmt über Wien. Mit ihren Koffern und Köfferchen, ihrem blauem Schleier vorm Gesicht, da sieht man auf den ersten Blick, dass sie im Reisen bewandert ist. Die wird Gebrauch machen von ihren Ellenbogen, falls nötig. Wird nicht zulassen, dass im Coupé geraucht wird, und in Lederhandschuhen eine Orange vierteln. Bis zur Grenze wird sie Tschechisch sprechen, ab der Grenze Deutsch. Der Herr gegenüber hat weiße Gamaschen, kurze Beine und trägt Kleidung von Kníže, Wien–Karlsbad; er kommt direkt vom Balkan und handelt mit Seide, im Coupé wird er eine flache Mütze hervorziehen wie ein Engländer, eine Pfeife anzünden wie ein Engländer und dir den Hof machen wie ein Franzose, und in Wirklichkeit ist es ein Jude. Die Frau auf der Bank hat einen Säugling dabei, eingepackt in fünf Federdecken; sie wird Fläschchen herausziehen mit Schnuller und Windeln und Höschen aus Kautschuk, wird die ganze Zeit schschschsch, dududuu machen und behaupten, das Balg schreit nur jetzt und zufällig, sonst ist es das reinste Engelchen. Feind über Feind.

Aus dem eingefahrenen Zug verläuft sich der Strom der Befreiten. Noch ein paar Schritte, und sie sind auf der Straße, gehen wieder über die Erde, öffnen Türen, setzen sich zu Tisch. Im Zug verblieben ist eine Handvoll billiger Sieger. Das Coupé hat sich geleert und die Gebliebenen haben die besten Plätze besetzt. Sie schauen uns an, als wären wir Eindringlinge, und haben die vornehmen, anständigen Gesichter kultivierter Menschen, in denen du lesen kannst: Diese Leute da drangeln wie Mob! Sie tun, als gehörten sie zu der soliden, nicht bedrohten Hälfte der menschlichen Gesellschaft. Sitzen auf ihrem Fensterplatz wie eine Madame im Auto, ein Stückchen ergatterter Boden, Sicherheit, die maßvolle Erhabenheit des Vermögendseins. Sieben von uns stürmen das Coupé, sieben Raubtiere, sieben blutrünstige Bestien, fünfen gelingt es, einen Platz zu erbeuten, fünf solidarisieren sich gegen zwei, fünf falsche, liebenswürdige Lächeln zeigen sich auf fünf zufriedenen Gesichtern und bedauern: Leider besetzt.

Fünf Landsleute und noch einer dazu, insgesamt also sechs, eine kleine Gruppe, eine Besatzung, die zu sechs Stunden gemeinschaftlichem Leben verurteilt ist. Wir alle wissen: Wir müssen auskommen miteinander und uns ertragen; das ist das Beste, was wir tun können. Gerade noch haben wir uns gestoßen, gerauft, getreten, geschubst, mit wütenden Blicken durchbohrt, jetzt sind wir auf einmal kultivierte Menschen, weltläufig und aus bester Gesellschaft. »Gestatten Sie, dass ich meinen Koffer über Ihrem Sitz ablege?« – »Aber gerne.« – »Ihre Tasche hat noch bei mir hier Platz.« – »Verbindlichsten Dank.« – »Obacht, gnädige Frau, Sie zerdrücken sich Ihren Hut, erlauben Sie, ich lege ihn hoch ins Netz.« – »Sehr liebenswürdig.« – »Stört Sie mein Überrock; ich könnte ihn auch nach oben legen.« – »Aber nicht im Geringsten, wirklich, ganz im Gegenteil.« – Wir lassen uns mit dem freundlich lächelnden Gefühl nieder, dass wir uns bestens betragen haben, wie es sich auf Reisen gehört. Wir betrachten einander mit Wohlgefallen und geben mit kaum merklichem Lächeln zu verstehen, dass wir hier, wir sechs in dem kleinen Coupé, Menschen edler Gesinnung sind. Das Gesindel, das so schiebt und stößt und das wir gar nicht verstehen können, ist draußen geblieben.

Noch reden die Leute vom Perron hoch zum Fenster, vom Fenster hinab zum Perron und verabschieden sich. Keiner weiß, was er sagen soll, aber zu schweigen gehört sich irgendwie nicht. »Und grüß die Tante«, sagt sie, »und schreib mir bald.« – »Aber ich bin ja gleich da«, und er zieht ohne Grund eine Uhr hervor. »Wir haben schon eine Minute Verspätung«, verkündet er, als wäre das der Beweis, »und grüß die Tante«, schickt er resigniert hinterher. Die Türen schlagen der Reihe nach zu, ein Pfiff ertönt, ein Ruf. Die Leute auf dem Perron zeigen sich erleichtert und befreit, ziehen ein Taschentuch vor und reichen die Hände. »Und grüß die Tante«, rufen sie. Nie sind sie so aufmerksam zu den Tanten, wie wenn sie einander zum Zug begleiten.

Jetzt sitzen wir da und wissen nicht, wohin mit den Augen. Unsere Gesichter sind angespannt, wir sitzen artig. Schauen aus dem Fenster, rekapitulieren etwas in Gedanken, lesen Zeitung. Stille wie in der Kirche, der Herr in der Ecke döst. Der Schaffner kommt, sechs Hände reichen sechs Fahrkarten. Und wieder Stille. Ta tamm tata donnern die Räder. Draußen fliegt eine sterbenslangweilige Landschaft vorüber, hinter toten Feldern geht eine farblose Sonne unter! Station um Station bleibt zurück, und jedes Mal wunderst du dich: Hier leben also auch Leute? Dir scheint, dass es schade ist um die Zeit und du etwas zu Ende denken solltest. Rhythmisch ziehen die Vorstellungen durch dein Hirn, ta tamm tata, ta tamm tata, aber Gedanken sind keine im Kopf.

Die Grenze. Eine Stunde Aufenthalt, sechs schweigende Menschen erheben sich und reichen sich die Koffer. »Verzeihung, das ist mir ja so unangenehm«, sagt der Herr, der seinen Koffer dem anderen auf den Kopf rutschen lässt. »Aber das lässt sich ja gar nicht vermeiden«, versichert gutmütig der Betroffene, »verfluchte Revision«, bricht er das Eis. »Solche Albernheiten«, pflichtet eine Stimme vom Fenster her bei. »Ich mache das jede Woche mit«, tut der Herr mit der Mütze kund. Sechs Leute lassen ihren Zungen freien Lauf. Der Zollbeamte fährt zwischen sie wie in ein Wespennest. Sie halten zusammen, das spürst du in der Luft. Sie knistert vor Solidarität. Kaum sind sie wieder allein, zerreißen sie sich das Maul. Schimpfen auf die Regierung, die Eisenbahn, die Zeitungen, die Republik. »Da bin ich letztens von Berlin nach Paris im Schlafwagen gefahren – –«, erzählt ein Herr, und schon weißt du, dass er in Paris war und dass er nobel gereist ist, im Schlafwagen. Falls Sie noch nie im Schlafwagen gereist sein sollten, setzen Sie rasch ein Gesicht auf, als täten Sie's täglich, und sagen Sie: »In Italien ist das ganz anders – –.« So, da hast du's, jetzt weißt du's, ich war in Italien. Dann sind die Bekanntschaften an der Reihe. »Dabei hab ich noch zu ihr gesagt, als sie zur Frau Minister zum Tee ging – –«, »Ach, die Frauen sind alle gleich. Die Freundin meiner Frau, die Sektionschefin …« Erstaunlich, stets reise ich in fürchterlich guter Gesellschaft, keine Ahnung, wie das kommt. Jetzt ist die Familie dran. Die Papas ziehen aus ihrer linken Brusttasche die Portemonnaies und aus denen wiederum die Fotografien der Kinder. (Alle Papas der Welt tragen die Fotografien ihrer Kinder an dieser Stelle.) »Aber das ist ja ein entzückender Bub«, sagen Sie dann, »und wie selbstständig er dreinschaut.« – »Nicht dass ich mir was einbilden würde«, sagt der Vater, »aber er ist ein durchaus aufgewecktes Kerlchen. Neulich hat er gesagt: Papa, dein Bandel schaut heraus! Dein Bandel schaut heraus, hat er gesagt. Lustig, was?« Haben Sie das alles hinter sich, müssen Sie noch ein paar politische Ansichten überstehen. »Aber da, mein Herr, kennen Sie die Deutschen schlecht. Die lassen sich das nicht gefallen. Das hat mir ein Bekannter erzählt« – und jetzt dämpft er die Stimme und schraubt die Augen heraus –, »dass sie einen unterirdischen Tunnel graben, bis nach Paris. Die jagen Paris in die Luft. Aber wenn ich es doch sage, mein Herr, er hat es mit eigenen Augen gesehen.« Nun folgen nur noch ein paar Komplimente (inzwischen sind wir schon kurz vor Tulln). Der Herr gegenüber bietet Bonbons an, zwinkert mit dem Auge und sagt (wenn er ein Geck ist): »Gnädige, ich kenne alle schönen Frauen in Prag, wie kann es da sein, dass ich Ihnen noch nicht begegnet bin?« Oder aber (ist er eher ein Familienvater): »Der Herr Gemahl wird sicher vor Ungeduld schon von einem Fuß auf den anderen treten – nun ja, bei einer so reizenden Frau.« –

Der Zug fliegt und fliegt. Klosterneuburg, Nußdorf. Die Vorstädte, Lichtschein am Himmel. Die Räder sagen nicht mehr: ta tamm tata, ta tamm tata. Sie schießen über die Weichen, rattern ohne Rhythmus. Heiligenstadt, die ersten Häuser, die erste Elektrische. Sechs Leute ziehen sich an, sechs Leute suchen ihre Sachen zusammen, sechs Leute stürzen ans Fenster. Für sechs Leute ein Gepäckträger. »Hier haben Sie meinen Koffer«, brüllt der Herr mit den Bonbons und stößt mich zwischen die Rippen. »Hier ist meiner«, schreit der Herr mit dem Tunnel unter Paris und schlägt mir dabei den Handschuh aus der Hand. »Hier meiner«, poltert der Herr mit dem

Buben und dem Bandel und drückt mir den Hut übers Ohr. Rechts, links strömen Menschen und schreien wie verrückt.

Ich flüchte aus dem Waggon, mit abgerissenen Knöpfen, zerzaustem Haar, den Hut unterm Arm. Der Herr aus Berlin ist mir noch dazu auf den Fuß gestiegen. Und dann war Ruhe.

Národní listy, 5.2.1925

Vorfrühling

Waren Sie gestern, vorgestern draußen in den Feldern? Der Frühling ist da! Ich war nicht in den Feldern, ich bin mit dem Schnellzug sieben Stunden durch die Landschaft geflogen. Eine gelbe Landschaft mit blauem Himmel, und auf dem Himmel schwammen Wölkchen, ganz wie im Sommer: Wölkchen aus weißer Wolle, unbedrohliche; sie sind am Himmel, damit die Menschen, die auf den Rainen liegen, etwas zu schauen hätten.

»Lockiges Wölkchen«, sagen sie vor sich hin, »nimm mich mit«, weil sie wissen, sie nimmt sie nicht mit.

Wenn man sieben Stunden im Zug dahinfliegt, kommt man nicht als derselbe an. Ein Zug ist etwas Erstaunliches, er eilt und weilt, das Land flieht davon, der Himmel dreht sich, die Sonne scheint von rechts, dann wieder von links, die Gedanken fliegen und eine Vorstellung jagt schief hinter der anderen her wie die Telegraphenmasten neben dem Gleis. Schließlich ordnet sich das irgendwie alles im Kopf, rundet sich ab, beruhigt sich, und das Herz rennt im selben Rhythmus wie die Räder über die Schienen. Schienen ist wohl kein so gutes Wort, aber Gleis trifft es auch nicht. Schienen, das sind zwei sich krümmende Parallelen, glänzend und stählern auf graublauem Schotter, endlos laufen sie in die Landschaft hinaus, nie sich vereinend, und im Sommer liegt über ihnen der Hitzeflimmer kleiner Kristalle.

Und gestern war für die Erde gleichsam ein Festtag. Überall Pferde. Pferde auf dem Ackerland, vor sich eine Furche, hinter sich, und direkt über dem Kopf die Himmelsweite. Violette Furchen und braune, die Pferde rostrot im Sonnenlicht, der

Pflug wie aus Silber, und der Mensch hinter ihm ein geduldiger Lenker über die irdische Fläche. Hier und dort waren die Felder schon gepflügt, und in weitem, regelmäßigem Bogen wurde die Saat ausgeworfen. Ein Schritt, dann das Korn, und wieder ein Schritt und wieder Korn. Die Wiesen sind noch ganz niedergedrückt und voll altem Gras, doch betrittst du sie, versinkt dir dein Fuß in der morastigen Erde; diese Erde duftet durch die Luft und durchs Wasser, es ist der schwere, süße Vorfrühlingsduft, der von der Moldau her durch die Straßen und in die Stadt hochzieht. Im Wald ist noch Winter. Vor den Dörfern am Bach glühen die roten Ruten der Weidenbäume, und Gänseküken watscheln über die Plätze. Am Bahndamm drängt sich der Huflattich, drängt sich in ganzen Büscheln und Schöpfen, zottige, gelbe Blumen direkt auf dem Stein.

In der Stadt triffst du alte dickleibige Weiber mit Strohkörben, von Ecke zu Ecke wandelnde Buketts, du kaufst einen Strauß und verteilst ihn auf deinem Weg unter die Kinder, die betteln. Auf der Sophieninsel kriechen die Krokusse aus dem Laub, und bald werden aus den runden Beeten auch bunte Tulpen und Veilchen spitzen. Blinzelst du gegen die Sonne, siehst du da eine große blaue Blume, die Blume bewegt sich, tappt, krabbelt und ist ein Kind in einem blauem Schürzchen, Flaum auf dem Kopf und die Schühchen voll Erde.

Zuhaus steht das Fenster weit offen, die Luft fließt herein, auf dem Tisch Hyazinthen. Am Karsamstag werden die Glocken läuten, alle Glocken in allen Türmen und auf dem Laurenziberg blühen die Mandeln auf.

Národní listy, 9.4.1925

Abb. 10: Otto Rühle, Franz Xaver Schaffgotsch, Milena Jesenská und Staša Jílovská im Garten des Hauses von Otto Rühle und Alice Rühle-Gerstel in Buchholz bei Dresden am 25.6.1925.

Briefe aus Hinterhut I[14]
Der Wald

Es ist bei uns Mode geworden, dass man aus abgelegenen Gegenden und unbekannten Ländern Briefe schreibt, dass man die ganze Welt bereist und interessante Neuigkeiten zusammenträgt. Ich bedauere unsäglich, dass ich keine *Briefe* schreiben kann. Ich würde mich auch gern auf eine weite Reise machen, und nicht nur nach Paris oder London, sondern nach China, Indien, in die sibirische Steppe, irgendwohin, wo keiner von uns schon war, dann könnte ich nämlich *Briefe* schreiben. Aber da ich nun nicht so weit reisen kann und trotzdem so gerne Briefe schreibe, dachte ich mir, ich schreib sie aus Hinterhut. Wer weiß, Hinterhut liegt ja vielleicht noch viel ferner als China.

Die Station, aus Holz und leicht schief, steht mitten im Wald, gegenüber ein Abbruch, Robinien und Schmielgras, und die Schienen laufen hier grasüberwachsen und unbeschrankt, ohne Weichenwart, ohne Lichtzeichen in der Nacht, ohne Signal, und manchmal, wenn ich hier auf den Zug warte, kann ich nicht glauben, dass er tatsächlich kommt. Und dann kommt er doch, der Spaßvogel, sicher ein Zufall. An der Lokomotive hat er ein Glöckchen und bimmelt wie ein Totengeläut, langsam schiebt er sich durch Wälder und Wiesen wie ein Spielzeug zwischen den Sandburgen der Kinder.

Ringsum auf Stunden hin Wald. Das ist seltsam: Mit dem Wald werde ich nie wirklich Freund. Als ich klein war, hat die Mutter mich in den Wald gesetzt und gesagt: »Mädelchen, spiel.« Sie und die Großmutter gingen unterdessen auf dem Weg auf und ab und haben sich unterhalten. Bis ans eine Ende

14 Im Original Zapadlá Lhota, ein fiktiver Ortsname, der zur Bezeichnung eines kleinen, abgelegenen Dorfes üblich ist. Die deutsche Entsprechung will zudem die geborgene Leichtigkeit andeuten, die aus den Texten spricht. Bei deutschen Ortsnamen im Böhmerwald z.B. findet sich -hut im Sinne einer Hutweide. Das alttschechische Wort lhota, heute lhůta, *Frist*, bedeutete ursprünglich ›Befreiung, Erleichterung‹. Es ist typischer Ortsnamensbestandteil für kolonisatorische Neugründungen im Mittelalter und zu deuten als ›für bestimmte Frist von Abgaben und Diensten befreit‹.

konnte ich sehen, sie gingen darauf zu, drehten um und kamen zurück. Aber das andere Ende bog ins Dickicht hinein, verschwand und verschluckte auf einmal die Mutter, die Großmutter, die Zeit wuchs wie ein schreckliches, erstickendes Dach, und alle Laute des Waldes sangen dem Kind hier ein bedrohliches heulendes Lied, eine Krone reicht es der nächsten, ein Zweig dem anderen. Diese Minute, ehe die Mutter aus der Biegung zurückkam, schreckte mich stets aufs Neue mit einer fürchterlich verlassenen Angst, und mir ist eine seltsame Bangigkeit im Herzen geblieben, nein, den Wald mag ich nicht. Sobald ich drin bin, suche ich einen Weg hinaus oder wenigstens eine Stelle, an der es sich freier atmet. Und davon gibt es im Wald viele.

Wege zum Beispiel queren ihn, von Lärchen gesäumt. Führen gen Norden, gen Westen, gen Osten, gen Süd. Leidenschaftlich liebe ich sie, diese Wege. Geschmeidig und munter, trocken und immer gelb, wie aus Gummi. Rechts die Mauer des Waldes, links die Mauer des Waldes, die schlanken, graugelben Finger der Sonnenstrahlen zwischen den Stämmen, diese schreckliche, märchenhafte Tiefe und die wunderlich gelängten Schatten; aber dann plötzlich eine Lichtung, Bäume mit grünen Trieben, dicht aneinandergedrängt, Glashauswärme weht durch die Luft heran und ein würzig stechender Duft. Hie und da das buschige Haupt einer Birke, du geliebter goldener Baum, fröhlich, hell, liebenswürdig und melodiös, und unten Moos, drei Daumen hoch, wie ein Federbett. Gegenüber ein Laubwald aus Buchen, hier streckt die Sonne ihre Zeigefinger nicht lang wie zwischen den Fichten, hier tändelt sie mit schillernden Flecken, da jagen sie sich, da wieder verweilen sie friedlich, leben auf und ersterben, je wie der Wind spielt in den Kronen. Und etwas weiter eine andere Lichtung, die mir liebste. In ihrer Mitte eine Baumschule mit drollig winzigen Bäumchen und rings ins Weite das Violett der Gräser. Aber am Ende zwei schmächtige Kiefern mit riesigen Häuptern, jede Nadel zeichnet sich gegen den Himmel ab, und wenn die Sonne in ihrem Haar untergeht, rosten ihre Kronen wie die Schwänze der Eichkatzeln, die dort ihr Familiennest haben.

Auf der Wiese zwischen den Wäldern, im Tau des Abends, spaziert ein Rudel Rehe. Nur ab und zu taucht aus dem hohen Gras ein kluger, flinker, schöner Kopf. Wenn du gegen den Wind sitzt und still bist, verschwindet er wieder im Gras. Raschelst du, erschrickt er, wittert und das gesamte Rudel löst sich und gleitet zum Wald, in großen Sprüngen, in sich wölbenden Bögen. Am Rand des Waldes verharrt es und schaut zurück, bevor es verschwindet. Jeder dieser Sprünge folgt dem Rhythmus einer natürlichen Musik, wellt wie die Wellen des Wassers, die Wellen des Korns, herrlich, wie nur ein Tier es kann, ein unbelebtes Ding oder ein Mensch, der seinen Geist ins Gleichgewicht zu bringen vermochte.

Ein Lied der Bäume wie im Böhmerwald[15] gibt es hier nicht. Im Böhmerwald ist es ein unablässiger, lang gezogener, ferner Ton, der irgendwo hinter den Bergen beginnt und hinter den Bergen endet, und da, wo er stehen bleibt, fliegt er über deinem Kopf wie ein Vogelschwarm. Hier ist der Wald still, sonnengetränkt, und das Wild ist geschützt; hier atmet heimliches Leben hinter den Bäumen, Schritt auf Tritt störst du ein lebendes Wesen auf. Im Mai hat der Wald hier ehrliche Liebe geatmet, der Rehbock setzte den Rehen nach, das Eichhorn seinem Eichhörnchen, jeder Vogel ersang sich ein Weibchen, die Fliegen schwirrten in Paaren. Jetzt aber reift hinter dem Wald das Getreide, die Bauern haben das erste Heu auf den Wiesen geerntet und über dem ganzen Wald liegen die täglichen Mühen des Reifens, des Ausreifens und Erwachsenwerdens.

Es sind heitere, helle Wälder, voller Erdbeeren, Birken, Pilze und Bäche, voll unerwarteter Lichtungen und großer Heidflächen, voller Farne und hoher, smaragdener Gräser. Im Frühling haben Felder von Ginster geblüht, so etwas hatte ich noch nie gesehen, der ganze Wald gelb, das ganze Gefilde gelb, Gelb allüberall. Im Herbst wird hier gewiss alles Farbe sein und mannigfaltigste Schönheit. Jetzt steht der Wald fast gleichmäßig grün, satt, prall, sommerlich, noch habe ich es nicht bis an sein anderes Ende geschafft: wieder neue Wälder und wieder Birken, einsame Kiefern, Lichtungen, Baumschulen, tiefe Stillen. Dieses Fieber: sie zu erkunden, kreuz und quer zu durchstreifen, sich zu sagen: Hier war ich schon? oder noch nicht? Und: Wo jetzt lang? Wohin? Hier lang? ist schon

15 Tschechisch Šumava, von šumět, *rauschen*.

vorbei. Nach langer Suche habe ich ein kahles Plätzchen gefunden, das höher liegt als die übrigen Wälder. Stell dich auf einen Baumstumpf und schau in die Gegend rundum, du siehst rechts, links nichts als grünen Samt, aus hundert grünen Farben gewirkt. Die Sonne fällt direkt in die breiteste Birke, die ich je gesehen, und über den Himmel schleichen zerrissene farbige Wölkchen. Auf der Lichtung ist Abend um Abend ein neues Licht und ein neuer Himmel und ein neuer Schatten, und so ist es überhaupt auf der Welt: Auch wenn du immer an derselben Stelle stehst, nie wird es dir gelingen, sie ganz zu erkennen, so rasch verändert sie sich vor deinem Auge! Und du fährst durch die Welt und willst fremde Gegenden kennenlernen!

Národní listy, 28.6.1925

Briefe aus Hinterhut II
Die Felder

Im Zickzack endet auf einer Seite der Wald, und geometrisch greifen die Felder in ihn hinein; das Dorf ist unsichtbar fern. Selten ein Mensch, der hier arbeitet. Hier ist keiner, und dennoch ist es nie einsam. Im Wald war alles voll Leben, und doch war es einsam. Hier ist ein Geschehen und Reifen, als treibe und dränge beständig etwas zum Ziel. Die Felder breiten sich wie ein gewürfeltes Tuch, fließen im Wind wie Wasser, das Korn wogt und wiegt sich und wellt und sagt: Ich laufe zum Bäcker, ich laufe zum Bäcker! Solange die Felder niedrig standen und grün, waren Schatten und Farben darin ohne Zahl. Jetzt sind sie reif, die Ähren sind voll und schwer, und wenn der Wind weht, pfeifen sie schwach ihr monotones Lied wie eine Grille am Abend: tssss, tsss!

Das Karotuch ändert sich. Im Frühjahr waren die Karos mit Roggen und Weizen grün, die Karos mit Kartoffeln und Rüben braun, nach dem Regen färbte die Erde sich violett, sie hatte getrunken, war schrecklich schwer, feucht und satt. Das Bild dieser braunen Felder und auf ihnen die Pferde, die Demut in der Bewegung des Pferdes, die Demut in der Bewegung des

Menschen, unendlich liebe ich das. Dazwischen standen die Wiesen in Blüte wie übermütige, ausgelassene Lieder. Jetzt stehen die Felder hoch, das Korn ist gelb, die Kartoffeln und Rüben grünen in langen, geraden Reihen, auf den Wiesen thronen Heuschober und blanke Maulwurfshügel. Wenn du dich hier auf den Rücken legst und die Arme breitest, ist dir, als würdest du, so klein du auch bist, die ganze Welt umfangen. Nie bist du hier verloren und ganz in der Tiefe, am Grunde des Herzens, liegt eine große Liebe zur Heimat, eine Liebe zur Erde, zu den Feldern, zur gepflügten Krume, zur Arbeit des Ackermanns, den offenen Armen des bestellten Bodens, sie liegt dort wie Gestein, lastet und zieht zur Scholle hinab, ein süßes Gewicht wie ein plötzlicher Glaube, der in dir, ohne dein Zutun, auf ein Mal erkannt hat, wer du bist und was du willst.

Die Felder sind wie ein Fluss: Sie laufen und laufen, stehen und stehen. Im Wind sind sie wie Fahnen, galoppieren davon und flattern festlich. In der Hitze des Mittags liegen sie wie ein keuchendes Tier, und Luftknöchelchen zittern über sie hin wie zerfließender Atem. Der Morgen in ihnen ist golden, klar, ordentlich wie ein fürs Gartenfrühstück weiß gedeckter Tisch, wie ein mit kaltem Wasser gewaschener Leib, ein Strauß frischer Blüten. Am Abend sind sie wie ein Wunder und farbiger als der Wald, das Meer, die Stadt, lockender als die Täler, majestätischer als die Berge. Unendlich ist hier die Schlichtheit der Erde, unendlich die schlichte Trauer, die sie hervorruft. Ich kann mich an ihr nicht sättigen, ich habe zu kleine Augen, nichts passt hinein in sie, ich habe ein zu kleines Herz, nichts kann es fassen, die Einfachheit ist wie eine große, flach geöffnete Hand, und alle Gedanken lassen sich ordnen, das Leben sich überblicken, und alles ist hier zu ertragen, die größte Sehnsucht und das bitterste Leid. Die Felder sind nicht wild und poltern nicht los, sie sind ergeben, ruhig, für die Ewigkeit eingerichtet, sie lehren nichts anderes als eine gute Trauer und eine gute Stille im Herzen. Wer beständig mit ihnen lebt, wird nie zum Rebellen und auch nicht reich. Nichts an ihnen ist Eifer und Heftigkeit, sie sind eine große Fläche, ausgeglichen und fruchtbar. Die Augen tragen den Rhythmus in den Körper hinein, der Körper gibt ihn weiter ans Herz, das Herz gibt ihn an die Gedanken. In den Feldern ist es, als streichelte dich eine gute, brave, naive Hand, die eine tiefere Wahrheit kennt, als das eigene Herz sie je haben kann.

Die Felder sind langweilig und wiegen in einem fort ein. Nichts hier reizt oder fordert, die Seelenmuskeln ruhen sich aus, entschlummern guten Gewissens, sie versäumen nichts. Sie erquicken und sättigen sich. Und nach langer Zeit, wenn die Rast sich wandelt zu Unrast, Unruhe, Aufregung, dann stürmst du los in die Stadt und sinkst in sie ein wie die Wühlmaus mit ihren Pfoten in Sand, in Reis, in etwas, was nachgibt und reichlich vorhanden ist.

Aber deine Augen sind immer noch sehr ruhig, und etwas hast du dazugelernt: einen ausgeglichenen, gezügelten Arbeitseifer, die förderliche Unbeirrbarkeit langsamen Tuns. Den Rhythmus: Ich laufe zur Arbeit, ich laufe zur Arbeit, geben die Felder dir zur Erinnerung mit, er wird dir zu eigen sein, solange du sie nicht vergisst.

Národní listy, 2.7.1925

Briefe aus Hinterhut III
Nachbarn aus der Tierwelt

Am zehnten Grashalm links auf dem Hügel hing gestern eine kleine Spinne. Sie saß erst auf dem höchsten Wipfel des Halms, schwebte dann an ihrem Faden hinab und pendelte wie ein Senkblei, und schon trug der Wind sie auf den Halm gegenüber. An ihm machte sie ihren Faden fest und hangelte sich zurück. Für ihren winzigen Körper eine riesige Strecke. Der Wind zauste die Halme und schaukelte den Faden, beulte ihn, rupfte und zupfte, und die Spinne schwankte im Wind wie ein Matrose im Mastkorb bei Sturm. Sie ließ sich hinab, den Rücken zur Erde, das Bäuchlein zum Himmel, hielt den Faden mit ihren Beinchen umfasst und glitt an ihm lang wie auf Rädchen. Wo nur hab ich das schon gesehen? Genau einen solchen Faden und eine solche Spinne, wie in ein Körbchen gewickelt, und ebenjene luftschwebende Bewegung zwischen zwei festen Punkten? Die Spinne lief hin und her, so beschäftigt und flink, als hätte ihr jemand am Morgen auferlegt, soundso viele Male von einem Halm zum anderen Halm zu pilgern, und plötzlich fiel es mir wieder ein: Hinter Beroun ist eine Seilbahn, man bricht dort irgendwo Steine und schickt sie in grünen Körben hinab übers Tal. Die Seile haben Gefälle und die Körbe fliegen, fliegen hoch über den Feldern und der Straße, werden aus der Ferne her größer und kleiner in die Ferne hinein, es ist genau das Prinzip der Spinne, ja, alles in der Welt wiederholt sich.

Große Tiere, Pferde, Hunde, Vögel, Hirsche, Eichhörnchen, Katzen gibt es hier überall reichlich. Aber diese Tiere sind uns so nah, sind fast wie wir Menschen. Sie haben ein Gesicht und alle möglichen Zeichen des Ausdrucks, man kann sich mit ihnen ebenso leicht verständigen wie mit einem Abessinier. Sie haben die gleichen Sorgen wie wir, den gleichen Kummer, und sind diese Gefühle auch reduziert auf eine unkultivierte und unvernünftige Schlichtheit, so sind sie dafür doch klar, ungetrübt, direkt aus der Quelle. Einen Hund kann man ärgern, kränken, erfreuen, belohnen, man kann ihm Abbitte leisten, kann ihn loben, bestrafen – die fast genau selbe Skala von Gefühlsbeziehungen wie unter uns. Aber wenn du dich auf einen Hügel setzt und um dich herumschaust, entdeckst du ein so wunderliches, rätselhaftes Leben, das sich jeder Verständigungsmöglichkeit entzieht, nirgends ist ein Berührungspunkt. Beobachtest du eine Ameise, dreht sich dir nur so der Kopf. Nie werde ich das begreifen, nie werde ich das verstehen. Je mehr wirkliche Dinge wir über sie erfahren, je mehr wissenschaftliche Erkenntnisse wir über sie haben, desto unverständlicher werden sie. Je komplizierter so ein Nadelhaufen mit seinen merkwürdigen, hässlichen Tierchen ist, desto geheimnisvoller sind die unsichtbaren Gesetze, die sie vorwärtstreiben. Über den Stein hastet ein kleines Käferchen, du krümmst deinen Finger, und er wäre tot; in der Welt leistet er nichts und leistet doch den ganzen Tag etwas und plagt und rackert sich ab, schrecklich, wie er sich schindet und quält und wozu nur, was ist ihm da in den winzigen Leib gefahren und wer hat ihn das gelehrt? So genau greift das alles in der Welt ineinander wie die Zähne der Zahnradbahn. So erstaunlich ist das konstruiert, dass wir nichts unternehmen können, um es zu zerschlagen. Es steht nicht in unserer Macht, es zu errichten, und schon gar nicht, es zu vernichten, so klein sind wir. Und die Ordnung über dir und um dich herum ist wie ein Stein um den Hals, schwer, nicht daran zu ersticken. In diese Ordnung einkalkuliert sind deine Tränen und Freuden, deine Kämpfe, Siege und Niederlagen und selbst deine Geburt und dein Tod, und einen so geringen Posten stellen sie darin dar, dass sie eigentlich gar keinen Posten darstellen, alles, was du kannst, willst, nicht kannst und nicht willst, gilt nichts. Und stehe ich neben einer Spinne, stelle ich mir vor: Der Halm ist für sie so wie für mich eine sehr hohe Föhre, ein sehr hoher Fels, ein Berg. Zertrete ich sie, wird sie nicht begreifen, was sie zertritt, mein kleiner Finger ist für sie wie für mich ein Baumstamm im Wald, nie wird sie mich sehen, mich nie überblicken! So kann ich mir Gott am leichtesten denken: als ein schauerlich großes Wesen, der Wald ist vielleicht nur ein Finger von ihm, auf dem ich spazieren gehe, und die Sonne sein einziges Auge und der Wind sein Atem und das Meer sein Speichel, vielleicht steht er über mir wie ich über dem Ameisenhaufen, vielleicht schaut er zu, wie ich diesen Artikel schreibe, und schüttelt den Kopf und sagt zu seiner Mama: Ach je, ach je, schau doch nur, wie sie die Händchen bewegt und Strichelchen aufs Papier malt, als hätte sie etwa Verstand! Und vielleicht sagt die Mutter: Pass auf und zertritt sie nicht, auch so ein Geschöpfchen ist gern auf der Welt, und brave Kinder zertreten es nicht, das tut man nicht.

Národní listy, 5. 7. 1925

Briefe aus Hinterhut IV
Der Teich

Der Teich ist ein lustiger Fänger inmitten der Felder: Alles fängt er und alles verkehrt herum. Schwimmt eine Wolke über den Himmel, schwimmt auch eine Wolke über den Teich, fliegt durch die Luft ein Vogel, fliegt auch im Teich ein Vogel, nähert sich ein Gewitter, nähert sich auch im Teich ein Gewitter, und die Schwalbe, wenn sie dicht über dem Wasser fliegt, fliegt auch im Teich, mit dem Bauch nach oben. Auf dem Wasser schaukelt eine Ente, unten im Teich sitzt auch eine Ente, ihr Bauch berührt die obere Ente, das Köpfchen hängt in die Tiefe; auf einmal gründelt die obere Ente, nun scheint sie hineingefallen in die Ente im Teich, und beide zugleich sind wie verschwunden. Unglaublich lange bleibt sie unter Wasser, die Kreise haben sich schon geglättet, die Oberfläche fängt wieder Wolken – und plötzlich tauchen sie wieder auf, beide Enten zugleich, die obere und die untere, sie sind mit dem Bauch aneinandergeklebt und schwimmen davon. Als wäre da unter dem Wasser eine zweite Welt, die der unseren brüderlich gleicht. Alles auf dem Teich geschieht doppelt, Farben und Schatten wechseln oben und unten, oben ist sattes Blau und unten ist sattes Blau. Die Wirklichkeit ist ein merkwürdig Ding, gewirkt aus Lug und Trug: oben durchsichtige Luft, die greifst du nicht mit der Hand, unten durchsichtiges Wasser, zwischen den Fingern rinnt es dir weg, zweimal farbloses Nichts und zusammen zweimal ein sattes Blau, die Augen sind davon voll.

Seltsam ist das, wie verschieden die Wasser auf Erden sind. Das Meer ist gewaltig und so schön, dass die Liebe zu ihm fast das Herz erstickt, manchmal lässt diese Liebe sich nicht glätten und einschlichten in die allerhand Alltäglichkeiten. Am Meer ist es immer festlich und aufgeregt und feierlich, nie friedlich, nie häuslich. Ein Fluss ist da ganz anders; so kontinuierlich und anspruchslos, er belegt die Gedanken nicht mit Beschlag, versetzt in keine besondere Aufregung, aber er ist dem Herzen nahe, ist so gut nachbarschaftlich vertraut. Ich habe lange Jahre an der Donau gelebt: Sie hat eine grünliche Farbe und ihre Ufer sind mit grausilbernen Pappeln bestanden, wenn Wind ist, schillern Wasser und Bäume silbern, so eine breite, weitläufige Ebene ist das, und erinnere ich mich an sie, schmerzt mich die Sehnsucht nach ihr mehr als nach den erhabenen Sonnenuntergängen der großen Meere. Ein Fluss wächst ans Herz und vermag ein Zuhause zu geben. Ein See ist wieder ein anderes Wasser, tief, kalt, durchsichtig, abweisend, im schrecklichen Griff der Berge, zugeknöpft wie ein Herr mit Stehkragen auf der Post. Er sagt nichts und fließt nirgends hin, er ist unendlich erhaben, ein altes Geschlecht mit Hunderten Vorfahren, sein

Antlitz ist der Vergangenheit zugewandt und er verachtet die Gegenwart. Auch wenn die Sonne scheint, ist er nie blau, er hat die Farbe seines eigenen Grundes, und das nur aus Stolz. Der Teich hingegen ist ein lebendiges, fröhliches, lachlustiges Ding. Er ist wie ein Fladen und manchmal misslungen, lugt ein Stück in den Wald und ein Stückchen ins Feld und mit seinem dritten Zipf in die Wiesen hinein. Er hat Platz für Tausende Leben, und immer ist hier ein Hasten und Lärmen wie in der Stadt. Zur Hälfte ist er von Röhricht verwachsen, lange, scharfe Schwerter ragen dicht wie ein Urwald für winzige Wesen. Und auch wenn kein Lüftchen sich regt, rauscht und rührt sich das Röhricht, so viel Leben ist in ihm drin und so viele Bewohner. Vielleicht ist das, denke ich mir, eine Art Vogelstadt. Vielleicht gibt es da Straßen, Alleen, Plätze und große Gebäude. Einmal bin ich mit dem Kahn da hineingerudert, und unsichtbar flohen rings um mich her in aller Richtung versteckte Einwohnerscharen, und eine tote, unnahbare, feindliche Stille erhob sich. Wenn ich aber am Ufer sitze, erspähe ich manches. Die Enten haben stahlblaues Gefieder und tauchen unglaublich komisch: mit dem Kopf zuerst und dem Bürzel zuletzt, der Bürzel spitzt eine Sekunde aus dem Wasser empor, und aufs Haar genauso machen es auch die Küken und alle, die ganze Familie und die ganze Verwandtschaft, Erpel, Ente und Kükenschar treiben dies unermüdliche Spiel über Stunden hin, zappeln und wimmeln, verschwinden nach unten und springen nach oben, immerzu fehlt wer und keiner kann sie ordentlich zählen. Gegen Abend jedoch schwimmen sie still auf dem Teich wie auf verborgenen Rädchen und ziehen hinter sich bewegliche Furchen durchs Wasser, eine Entenpromenade vermutlich. Aber genauso fahren kleine Dampfschiffe über das Wasser und ziehen hinter sich dieselben beweglichen Furchen, und das ist doch bemerkenswert, wie jede Bewegung menschlicher Maschinen in der Natur schon längst existiert, und wie alles, was unsere Hebel, Räder und Schrauben leisten, in der Natur lebendige Wesen tun, und wie wenig erfindungsreich die Menschen im Grunde doch sind!

Im Rohr lebt auch ein Rohrspatz und ist offenbar gar nicht glücklich verheiratet, den ganzen Tag zankt er mit seiner Frau, von aller Herrgottsfrühe bis in die liebe Nacht. Unter all diesem Gezänk haben sie schon fünf Kinderchen gezeugt und bringen sie hoch und zanken dabei. Ein schrecklich anstrengendes Geschäft. Abends, wenn alle Vögel verstummt sind, tschilpt die Rohrspätzin ihrem Mann noch aus dem Traum eine Predigt, wie jene Frau in Hebels *Schatzkästlein*, die noch im Ertrinken palavert. Der Mann bleibt eine Antwort nicht schuldig, und mitunter grenzt es an einen Skandal, wie sie sich streiten bis in den heiligen Schlaf hinein.

Dann gibt es hier noch so wunderliche Vögel, ich weiß nicht, wie sie heißen, sie sehen aus wie Möwen, sind aber hellgrau, haben schwarze Flügel und weiße Kehlen. Sie verlassen den Teich für lange Streifzüge, und du triffst sie auf fernen Wiesen, mit reglosen Schwingen gleiten sie durch die Luft wie ein Aeroplan und mit herzzerreißendem Schrei. Vielleicht sind es verzauberte Prinzessinnen, die auf Erlösung warten. Vielleicht hat ihr Urgroßvater einen Schatz verloren und sie suchen ihn jetzt und klagen. Vielleicht sind sie sehr vornehmen Standes und beschweren sich über die Langeweile des Lebens. Vielleicht sind es die hysterischen Gattinnen biederer Vogelbeamter und fühlen sich unverstanden. Ich höre ihnen stundenlang zu, sie klagen in einem fort. Ich weiß nicht, soll ich sie bedauern oder soll ich mich ärgern. Ich mag keine weinerlichen Geschöpfe, würden wir alle immer gleich plärren, die Erdkugel würde von diesem Gejammer zerspringen. Aber es ist in ihrem Schrei etwas so Überzeugendes, etwas so Tragisch-Hoffnungsloses und unangebracht Altjüngferliches, dass sie offensichtlich nicht anders können. »Die Möwen sehen alles aus, als ob sie Emma hießen!«, sagte Morgenstern,[16] und der hatte immer Recht.

Merkwürdig ist's mit den Fröschen. Ich habe immer gedacht, dass sie aus natürlicher Ungezogenheit schreien und dass es scheußlich ist. Aber jetzt habe ich sie aus der Nähe gehört; es ist sehr schön und wie ein Gebet, vielleicht sogar ein Choral, und vielleicht auch ist es ein verzweifeltes Bitten um Erlösung der Welt. Ich habe herausgefunden, dass sie einen Vorbeter haben, wie Pilger bei einer Prozession (wohl einen

16 Christian Morgenstern (München 1871 – Untermais 1914), deutscher Dichter, Schriftsteller und Übersetzer.

alten Froschwitwer mit einem roten Pünkeltuch um den Hals), und der fängt sofort nach Sonnenuntergang an, ganz allein und fürchterlich betrübt. Bei jüdischen Begräbnissen singt auch ein ziemlich verschmuddelter Küster[17] unbeschreiblich schöne Lieder mit schrecklich gesprungener Stimme; das ist wohl etwas Ähnliches. Es ist wunderschön, lächerlich und anrührend in seiner Unzeitgemäßheit. Begräbnisse, Prozessionen und die Predigten der Heilsarmee sind verblüffend naive Dinge, ein Froschkonzert ebenfalls. Aber naive Dinge sind schön, selig sind die Armen im Geiste. Wir sitzen voll Neid dabei: Die Klügsten sind die, die sich für die Dummheit entscheiden. In der Tierwelt sind das die Frösche.

Haben Sie schon einmal eine Schlange schwimmen sehen? Das ist ein wahres Märchen auf Erden. Sie fliegt übers Wasser wie ein Zug durchs Land. Als wäre ein Auseinandertreten des Wassers für sie nicht möglich, der Kopf ist erhoben und ihr Körper wellt, berührt die Oberfläche fast nicht und schießt wie ein Pfeil ins Schilf. Ich habe es nur ganz kurz gesehen, nur kürzest von kurz, und schon hat mich die Sehnsucht erfasst, in fremde Länder zu reisen: So ein Reichtum ist der Anblick des Unbekannten.

Wenn die Sonne untergeht, wird es über dem Teich still, als hielte etwas den Atem an. Meist auch legt sich der Wind, und alle Laute sind wie gedämpft, die Atmosphäre hat etwas Heiliges. Und genau in diesem Moment fliegt hoch oben über dem Teich Luftpost aus einem fremden Land, ein riesiger, brummender Vogel mit gebreiteten Schwingen, eine geheimnisvolle Erscheinung, halb lebendig, halb tot. Unten im Teich fliegt verkehrt herum seine vera effigies ins Röhricht hinein. Bis er die Ferne erreicht, blinkt auf dem hellen Himmel ein erster Stern, quakt in den Binsen der erste Frosch und ein erstes Licht brennt im Haus am Hang: Man spricht vom Mantel und Abend und von den Schwingen der Nacht, ich darf es nicht sagen, denn es ist abgedroschen, doch Abgedroschenes birgt tiefe Wahrheit, und der Abend ist ein Schleier, der sich aufs Herz

17 Die Übersetzung folgt hier dem Original, das den der christlichen Sphäre zugehörigen Begriff *kostelník* (Küster) verwendet, obgleich nur der jüdische Kantor gemeint sein kann.

legt, ein natürliches Entschlummern und Zur-Ruhe-Kommen, ein verlangsamter Rhythmus, eine Bewegung, die auf ein Ende zueilt, die wunderbar süße Müdigkeit aller Welt.

Národní listy, 9. 7. 1925

Briefe aus Hinterhut V
Bäume mit sonderbarem Gesicht

Am Rand des Waldes stehen die Grenzwächter. Alle Bäume im Wald unterliegen dessen Gesetzen und den Gesetzen einer einvernehmlichen Gemeinschaftlichkeit. Sie wachsen heran, die Zweige in den Zweigen des Nachbarn, schauen nur aufwärts und können den Kopf nicht drehen. Aber die Grenzwächter sind nur zur Hälfte gefangen, ihre andere Hälfte blickt frei in die Welt hinaus, in die Felder, auf den Weg, den Menschen in die Fenster. Streicht ein Wind durch den Wald, teilt die Bewegung sich von Zweig zu Zweig mit, wiegt sich dahin wie die Wellen des Meeres. Aber die Grenzwächter haben keinen, dem sie die Bewegung mitteilen könnten, sie müssen sie selbst vollenden und bis zum Grund. Ich weiß nicht, wie sie es machen und doch rechtzeitig fertig sind und schon wieder aufrecht stehen, wenn die nächste Welle heranwogt und ihre Zweige sie übernehmen. Auf einem Sandstrand bilden die äußersten Wellen auch einen Kamm, auch sie vollführen eine Doppelbewegung und sind doch rechtzeitig wieder zurück, bevor die nächste Welle herankommt. Haben Sie auf dem Bau oder in der Fabrik schon einmal eine Kette aus Händen arbeiten sehen? Der Ziegel fliegt von Hand zu Hand, dass die Augen ihn gar nicht fassen. Das letzte Paar Hände greift ihn, tut damit etwas, und doch ist es rechtzeitig wieder zurück für den nächsten.

Dafür sind die Grenzwächter herrliche Bäume, entwickelt und mächtig, biegsam und fest. Sie neigen sich tief zur Erde und kehren in mächtigem Bogen in die Höhe zurück. Hier sind es Birken, der ganze schwarze Wald ist weiß eingefasst und mitten hindurch führen von Birken gesäumte Wege, kreuz und quer. Die Birke ist ein erstaunlicher Baum, nie hält sie still, immerzu streut sie Blätter wie Bachgeriesel, flattert als Banner im Sturm wie das gelöste Haar einer Waldfee. Immer hat sie ein Kräuselhaupt, immer ist sie behände und flink, aber sie ist nicht vom Stamme der Riesen, hat kein sonderbares Gesicht. Ihr Gesicht trägt ein Lächeln und stets ist sie jung. Ein kleines Fräulein aus guter Familie, immer gewaschen und gut erzogen, lächelt, wenn nötig, sogar auf Französisch, und ist zum Verlieben distinguiert, gustiös, von sensibler Ästhetik, Moral und das Schöne fallen für sie in eins, aber das Leben kann sich in sie nicht eingravieren, schreckliche oder schöne Spuren findest du nie in ihrem Gesicht.

Auf der Lichtung stehen verwunschene, traurige, stille Bäume, das sind die Föhren. Ich liebe sie mehr als alles andere. Und vor allem die, die unterhalb ihres Wipfels eine blutrostige Rinde haben und deren Krone klafft wie nach einem Hieb. Links oder rechts streben meist einige Äste in edlem Bogen nach oben, und weil sie groß und hoch sind, spielen sie nur mit den Wolken. Eine Föhre ist nie hell, nie lächelt sie, selbst wenn die Sonne in vollen Strahlen herabscheint und der Himmel leuchtet wie Waschblau. Sie ist unmännlich, friedfertig, von der Schmiegsamkeit resignierter Wesen, die weise genug sind, um sich nicht mehr darum zu bekümmern, was mit ihnen geschieht. Manchmal knarzen sie in die völlige Stille und ohne ersichtlichen Grund mit einem durchaus störenden Laut – kein anderer Baum tut das –, als würde wegen irgendwas irgendwer mit den Zähnen knirschen.

Eichen hingegen sind gar nicht imstande, nicht sonderbar anzumuten. Ich habe noch keine Eiche gesehen, die mir als normales Geschöpf erschien. Alle haben sie ein tief zerfurchtes Gesicht, wie Greise es haben; aber gut möglich, dass es bei den Greisen nicht daher kommt, dass sie sonderbare Menschen wären, sondern weil sie das Leben gewissermaßen hinter sich haben und jedes Leben geradezu erschreckend sonderbar ist. Alte Menschen aller Völker, aller Schichten, ob Bauern, Arbeiter, Professoren, Gelehrte, Künstler, Straßenkehrer, amerikanische Trust-Mogule, sie alle haben sonderbare Gesichter, das spürst du, und was auch immer passiert, auch der Tod wird dieses Gesicht nicht mehr ändern. So auch die Eichen. Wenn wir erst so alt sind wie sie, werden wir sehen, dass es nur von

Ferne so aussieht, genau wie es vor zehn Jahren aussah, als wären dreißigjährige Leute erwachsen. Ich habe die Eichen im Verdacht, ein wenig affektiert zu sein, und ich liebe sie nicht besonders. Im Übrigen, ein sonderbares Gesicht bekommt man auch durch hässliche Eigenschaften, habgierige, lüsterne und gefräßige Menschen haben sonderbar zerfranste Gesichter, und Eichen sehen aus, als hauste in ihnen die Sünde.

Über alles Maß lieb ich die Linden. Sie haben slavische, breitwangige Gesichter, stumpfe Nasen wie die alten Frauen im Dorf, sind so humorvoll und versonnen zugleich, haben ein weites, offenes Herz, sind gastfreundlich, schlicht, und sie verstehen sich auf das Märchenerzählen. Pappeln liebe ich ganz genauso, wie schlankwüchsige Menschen sind sie, bei denen Bügelfalten sich halten, »schnieke vom Scheitel bis zur Sohle«, wie mein Vater sagt. Die Silberpappeln haben stolze Gelehrtengesichter, Gesichter tiefer Weisheit, bisweilen halbversteckt eine Spur Lebensuntauglichkeit, das gehört zum Gelehrtsein, vielleicht ist das jene freiwillige Einseitigkeit des Forschens, die sich nicht eingesteht, dass nichts in der Welt sich völlig erkunden lässt. Die Pappeln sind zweifellos die Universitätsdekane, sofern es unter Bäumen so etwas gibt, vielleicht auch sind sie aus uraltem Adel und von großer, etwas aus der Mode geratener Vornehmheit, sie zeigen sich stets mit geschrubbtem Hals und blitzsauberem Hemd, auch wenn sie nichts zu essen haben.

Weiden und Erlen sind alte Vetteln, das sieht ein jeder. Wie alte Vetteln haben sie wirres Haar und sind schmierig und gehen überall leicht aus dem Leim, das Mundwerk sitzt aber am rechten Fleck, und also sind sie so, wie sie sind, genau recht. Unglaublich gern höre ich alte Weiber zanken. Sie zeigen Übung im Gebrauch saftiger Schimpfwörter von künstlerischer Erlesenheit, offenbaren darin nuancierten Geschmack und Feinschliff der Weltsicht. Enten, Weiden, Pinguine und die Weiber vom Krautmarkt schuf Gott der Herr an ein und demselben Tag und alle zu meiner Freude.

Die Sauerkirschen und Apfelbäume in den Obstgärten sind die Scharen des Arbeitervolks. Ein wenig gekrümmt, wunderlich durch stets selbe Wunderlichkeit, ein wenig zerschunden und schwielig, ungeheuer einfache, ungeheuer schöne Bäume.

Bäume in Blüte sind ein Wunder, sich durchbiegend unter der Last des Obstes sind sie ein noch viel größeres Wunder. Du musst ihnen danken, du musst sie lieben und musst angesichts ihrer ein wenig schüchtern sein, weil du nur arbeitest, indem du über die Arbeit anderer schreibst, und weil du durch die Lande ziehst, während sie, freundlich und duldsam, ewig an selber Stelle stehen und aus nur einer Scholle auf Erden fördern.

Aber ich habe auch meine Lieblinge. Das sind die Kastanien. Die Kastanien in den großen, sich in die Ferne spannenden Alleen der alten Parks, im Frühling weiß von starrenden Kerzen, im Herbst goldgelb, seltsam dumpfig vom Blätterfall und von der Erde und braune Früchte streuend über den Sand. Die Kastanien kleiner Wirtsgärten mit den elektrischen Birnen und den bunten Decken auf kleinen Tischchen, mit Musik und lauschenden Zaungästen. Die Blätter der Kastanien hängen wie gespreizte Finger, wie eine geöffnete menschliche Hand. Und die Kastanien im Dorf, auf dem Platz in der Mitte, vor einem Haus, neben der Kapelle, auf einem kleinen Ring. Und die Kastanien bei den alten Schlössern, in den weiß getünchten Höfen mit ihren Obstgärten, die Kastanien am Friedhofszaun, entlang des Hohlwegs über die staubige, steile Lehne und die Kastanie, unter der ich mit meiner Mutter saß.

Und ich darf auch meine teuren, geliebten Robinien in den Schluchten, an den Hängen und am Ufer nicht vergessen, garstige Bäume, doch einmal im Jahr ganz herrlich. Und dann die Pappeln auf der Kampa, die ich so liebe, und der Mandelbaum auf dem Laurenziberg.[18] Und der fremdländische Baum am Ufer, beim Denkmal, direkt neben dem Sodakiosk, der erst im August blüht, und er blüht hellgrün, und der Forsythienstrauch in den Odkolek-Gärten[19] und meine alte Bekannte, die krause Eiche vom Špičák,[20] und der wuchtig ausladende, wunderliche

18 Laurenziberg – Petřín.

19 Odkolek-Gärten – der Name bezeichnete zu Beginn des 20. Jahrhunderts einen Teil des Parks auf der Prager Halbinsel Kampa. Die Großbäckerei der Familie Odkolek nutzte damals die so genannten Sova-Mühlen als Getreidemühle und Backraum. Heute befindet sich hier das Museum Kampa der Kunstsammlerin Meda Mládková.

20 Špičák (dt. Spitzberg), Berg im Böhmerwald, siehe auch *Vater Prokop.*

Feigenbaum in Venedig am Meer und meine heißgeliebte, mir so teure Gelbsilberespe mit den nervösen Blättern in Wien auf dem großen Platz, oben sitzt ein riesiger Rabe mit seiner Frau, und sie sagen: krah, krah, krah, und das heißt guten Tag, guten Tag.

Sie alle verdienen es, in die Zeitung zu kommen.

Národní listy, 12.7.1925

Briefe aus Hinterhut VI
Die goldene Stunde

Als ich klein war, hat mich immer wieder eine seltsame Angst befallen: Ich konnte mir nicht vorstellen, dass die Landschaft hinter mir stehen bleibt und nicht verschwindet. Ich kann mich noch genau an die Straße mit den Telegraphenmasten erinnern, hinter uns ein seltsam orangefarbener Himmel kurz vor einem Gewitter; das war eine der größten Ängste in meinem Leben. Wir liefen vor dem herankommenden Regen davon und meine Beine waren wie Blei, immerfort sah ich zurück, und sobald ich mich wieder nach vorne wandte und auf den Weg schaute, ergriff mich aufs Neue die Angst, dass hinter mir womöglich alles verschwunden sei. Heute habe ich diese Angst nicht mehr, heute weiß ich, dass die Gegenwart ein kosmischer Begriff ist und die Welt auch da fortbesteht, wo ich nicht bin, und dass sie ebenso fortbesteht, wenn ich einmal gar nicht mehr auf ihr bin. Aber irgendein Restchen ist mir dennoch geblieben. Manchmal gefällt es mir irgendwo so gut, dass es keine Freude mehr ist, sondern Schmerz und vor allem Trauer, dass meine Augen zu klein sind, dass nichts in sie hineinpasst, dass sie nicht die Zauberkraft haben, das, was sie sehen, mitzunehmen, dass sie nur schauen, aber nichts berühren dürfen und dass zwischen mir und der Welt eine ebensolche Kordel gespannt ist wie in Ausstellungen zwischen dem Möbelstück und dem Publikum und an ihr ein Schildchen vom lieben Gott: Nicht berühren!

In *Krieg und Frieden*, dem Buch, in dem überhaupt alles ist, ist auch das. Fürst Andrej sitzt irgendwo auf einer Kornscheuer, schaut in die Gegend und kann nicht verstehen, wie es möglich ist, dass er vielleicht morgen stirbt, und am Waldrand die Birke wird weiterhin stehen, als wäre nichts geschehen, die Sonne wird aufgehen und untergehen und die Menschen werden hasten und die Wagen fahren, und die Wolken bummeln über den Himmel, und all das, als wäre nichts geschehen. Im Buch steht es nicht – aber ich weiß ganz sicher, dass das am Abend war, kurz vor Sonnenuntergang. War es tagsüber sonnig und der Himmel blau, kommt es vor, dass die Sonne, etwa eine Stunde bevor sie untergeht, ihre Farbe in ein sattes, metallisches Goldgelb verändert. Ein durchaus wunderbares, stilles, himmlisches, sich festlich verströmendes Licht, und wo immer es euch antrifft, es wird euch derartige Gedanken entlocken. Bei anderem Licht ist es auch gar nicht möglich, die »letzten Dinge« mit nicht sich überstürzender, nicht schmerzlicher Beklemmung zu bedenken, nur bei diesem. Als würde es vom Menschen, die Vorstellungen, die er sich macht, absprengen wie eiserne Reifen und unmittelbar an die Seele rühren. Mit einem Male lässt sich das Hauptsächliche vom Nebensächlichen, das Überflüssige vom Wichtigen unterscheiden. Mit einem Male fallen all die vergeblichen und närrischen Bemühungen von dir ab, mit einem Male bleibt nur der nackte Mensch mit ein paar Hauptbegriffen als einzigem Kleid. Und zugleich ist es, als ließe der Druck von hinten nach, als würde jenes Etwas, das wir Leben nennen, uns nicht mehr hetzen und an uns zerren: als gewährte uns eine schreckliche Befreiung für kurze Zeit, ganz leise und einfach, nicht glücklich, nicht unglücklich, vielmehr frei zu verschnaufen.

Die goldene Stunde wäscht vom Menschen alles Hässliche ab, vielleicht also ist sie wie ein Gebet. Wenn ich mitten in der Stadt stehe, mitten in den Feldern, wenn ich im Zug fahre, am Wasser sitze, ja selbst wenn ich im Zimmer bin und die goldene Stunde nur auf dem Zinshaus gegenüber sehe, erlebe ich immer das Gleiche, immer verneige ich mich gleichsam und immer hört meine Sehnsucht auf und ich fühle nichts außer den »letzten Gedanken« und auch die nur als eine ruhige Wirklichkeit. Manchmal ist man plötzlich geweitet, von Weisheit wie überflutet: Es gibt nichts, was man nicht verstünde, und alle inneren Laute klingen wie aufeinander eingestimmte Glocken, auf einmal ist alles Animalische und Wirkliche in vollkommen harmonischem, rhythmischem Lauf.

Merkwürdig, dass man dies weder herbeirufen noch sich richtig daran erinnern kann und dass sich danach alles wieder nach jenen lebenslang gleichen Gesetzen der Verwirrung verwirrt und dass also auch das Beten keine freie Sache ist und daher nichts anderes bleibt, als auf eine goldene Stunde zu warten, die im Herzen eine weise Ruhe hervorlockt. Merkwürdig auch, dass irgendwo in der Bibel steht, man müsse die Gnade Gottes erflehen, dass er das Herz zum Gebet erleuchte, merkwürdig, dass alle Arten von Glauben auf gleicher Grundlage stehen und die gleichen Gesetze haben, und an der Stelle dessen, woran sie glauben, haben sie alle ein schwarzes Loch.

Národní listy, 16.7.1925

Briefe aus Hinterhut VII
Nachbarn im Stockwerk über uns

Im Garten, da steht, da steht eine Kiefer, und in ihr hängt, da hängt ein Nest und darin wohnt, da wohnt eine Elsternfamilie. Und wie bei jeder Familie hinieden: Nichts Irdisches ist ihnen fremd. Im Frühjahr waren sie enorm gut gelaunt, schrien über das ganze Dorf hinweg, das Haus hallte wider von Elsterngeschwätz, und ehe sich die Sonne auf das schräge Fenster meiner Dachwohnung setzen konnte, saß da schon Frau Elster. Das war ein Radau um den Bau des Nestes, alle möglichen Meinungsverschiedenheiten und Streitigkeiten; ob der Schrank an die Wand soll, der Tisch in die Mitte, die Betten nebeneinander, das Schlafgemach gen Osten hinaus, ob zwischen den Zweigen zum Stamm hin oder auf einem Zweig außen – und nach langem Gezänk hing das Nest schließlich wie ein Korb am Mast, fast ganz oben im Wipfel der Kiefer. Dann verstummten die Nachbarn für einige Zeit, es gab zu tun mit den Eiern und mit der Nahrung, auf einmal war so fürchterlich wenig Platz, die Hausfrau machte sich breiter und breiter, der Hausherr war ständig auf Futtersuche, für Geschrei war da keine Zeit, und beinahe hatten wir die Elsternfamilie vergessen. Und gestern höre ich: Auf der Kiefer sagt jemand mit ernster und weiser Stimme: »Zik, zik, zika«, und daraufhin zwitschern viele einfältige Stimmchen: »Zik, Zik Zikzikaa.« Die Alte bringt ihren Jungen bereits das Fliegen bei, eine ja ganz gewöhnliche Sache, und ich habe auch schon vieles darüber gelesen, sehr vieles, aber gesehen habe ich es noch nie. Fürwahr, es gibt nichts Spannenderes als gewöhnliche Sachen. Fünf Elsternkinder saßen auf der Kiefer und lernten sich zu bewegen. Die Mama hatte sie vernünftigerweise oben, zwischen Himmel und Erde, sitzen lassen, macht es mir einfach nach! Den Jungen blieb nichts anderes übrig, als sich hinter der Mutter herzubemühen, und sieh da, es ging! Das war ein Gejubel! Das war ein Zikzikuu! Das war ein Spaß! Wie komisch das in der Welt zugeht, jedes kleine Geschöpf muss alles ein erstes Mal für sich entdecken, und jedes Junge entdeckt sich und die Welt mit viel Geschrei, als hätte es etwas Neues gefunden, etwas unerhört Neues! Und diese Freude, dieser Stolz, diese Aufgeblasenheit und die Lautstärke!

Ich lache hoch zu den Jungen, bis die Alte beleidigt ist! »Zik, zik«, sagt sie. »Du da unten! Zik, halt den Schnabel und lach nicht, du bist keinen Deut besser!«

– – –

Zum ersten Mal in meinem Leben habe ich auch einen echten Specht gesehen! Bisher kannte ich ihn nur ausgestopft aus der Schule, und genauso saß er jetzt auf dem Baum wie damals auf dem Katheder, so schräg – senkrecht an den Stamm angeklebt. Das war in einem wunderbar tiefen Wald mit grauen Stämmen und scharfem, feinem, hohem, moosgrünem Gras. Der Specht hing am Stamm wie ein smaragdener Schatten des smaragdenen Waldes und klopfte. Er sah aus wie ein alter knausriger Schatzgräber, ängstlich in seiner Raffgier. Und als er mich sah, floh er nicht in sich aufwärts schwingendem Bogen wie andere Vögel, sondern tauchte kopfüber hinab ins Gras wie ein schwerer Stein, ließ sich von dort auch mit keinem Mucks hören, als hätte er ein schlechtes Gewissen.

– – –

Auf den frischen Stoppelfeldern Scharen von Spatzen. Die Felder ziehen sich weit, die Stoppeln stehen ruppig und steif, und auf jedem Feld eine Spatzenschar. Abends, wenn die Sonne versinkt, lange nachdem die goldene Stunde verblichen ist, erhebt sich der Schwarm auf dem hintersten Feld in einer Spirale nach oben, und alle Schwärme auf den Feldern erheben sich in Spiralen nach oben, als sprängen stählerne Federn aus der Erde hervor, und in den Lüften vermischen sie sich, kreisend, ständig und unermüdlich kreisend, kreisend werden sie mehr, ordnen sich kreisend, ständig kreisend, und ist dann die letzte Spirale nach oben geschnellt, fliegt der Schwarm, als hätte jemand sie alle einzeln und dennoch gemeinsam ausgestreut, über die Wälder. Vom Waldrand kehren sie im Bogen über die Felder zurück, und wieder geht's zu den Wäldern hin, der Schwarm ist aus geschmeidigem Teig, schrumpft ein, rollt sich aus, kehrt sich und kreist, kreist, der Himmel über ihm ist schon grau, die letzten Wölkchen verloschen. Über den Kronen der Wälder entsteht ein wildes Gewirbel, schon zieht die Nacht am Horizont auf, sie schreien, schreien, kreisen, kreisen – und plötzlich, wie auf Befehl, fällt der ganze Schwarm in den Wald, plötzlich, wie auf Befehl ist der ganze Schwarm stumm. Nicht ein einziger Laut klingt aus den Wipfeln der Bäume – das waren die letzten Bewegungen und Geräusche des Tages.

Jetzt beginnen die Geräusche der Nacht.

Národní listy, 19.7.1925

Briefe aus Hinterhut VIII
Die Nächte

Sommernächte beginnen damit, dass die Farben aus der Welt schwinden. Nach Sonnenuntergang wird alles Farbige sanfter, gedämpfter, die Farben hören auf, Farben zu sein. Und kurz nach Einbruch der Dämmerung bleiben nur Schatten auf der Erde zurück, hellere, dunklere, schärfere, mattere, doch immer Schatten von gleicher Farbe. Der Fußweg, tagsüber so vertraut, ist nur noch kaum zu erkennen, und die Bäume, Dächer, die Gestalt der Gärten, Wälder und Felder, all das ändert sich für das Auge, alles hat nur eine Linie noch gegen den Himmel und ist ansonsten ein Schatten. Doch sobald ihr euch ein wenig zurechtfindet, hat die Nacht etwas ganz und gar Sicheres, Geheimnisloses und Ruhiges, zumindest die Nacht draußen in der Natur. Nichts geht vor sich, nichts Böses und nichts Gutes, und überall herrscht eine friedliche, farblose Stille.

Ich liebe die Nächte am Waldrand. Blumen und Erde duften noch immer, aber du siehst sie nicht. Siehst auch dich selbst nicht, verschwindest auch in die Schatten der Schatten. Die Luft ist feucht und nass und dicht und satt. Sie legt sich anders um deinen Körper als tags, bewirkt ein Vergnügen der Haut, Erfrischung der Augen und ein Ruhen der Glieder. Sie wiegt dich, ohne lästig zu fallen. Im Dorf heult ein Hund, das höre ich immer gern, es ist klagend, und doch reizt es zum Lachen. In den Bäumen ruft ein Vogel aus dem Schlaf, irgendwo hinter dem letzten Gartenzaun schreien die Katzen beim Liebesspiel. Über die Straße holpert ein Wagen, jemand kehrt heim. Die Kirchturmuhr schlägt. Irgendein Laut ist immer zu hören, völlig vereinzelt. Er dauert länger als tags, denn kein anderer löst ihn ab. Stille herrscht des Nachts nie. Immer raschelt etwas, ob nun der Wind in den Ähren oder im Gras oder ein sich im Schlaf regendes Wesen.

Aber etwas ist da, was am Tag bei weitem nicht diese Rolle spielt: der Himmel, diese unbegreifliche Ewigkeit über uns, dieses unbegreifliche Nichts. Nie werde ich das erleben, ohne tief erschüttert zu sein: den Blick hinauf zu den Sternen. Stunden mühe ich mich mit dem Versuch, mir vorzustellen, dass das unendlich ist. Und Stunden damit, mir dieses Nichts vorzustellen, das dahinter ist, sollte es endlich sein. Nie wird es mir gelingen, mich meines sterblichen Ichs zu entledigen und mir auch nur für den Bruchteil einer Sekunde etwas von diesen Wundern vorzustellen, jedes Mal befällt mich ein verzweifelter Kleinmut gegenüber den Dingen, denen ich gutes Gelingen wünsche, und eine gefügige Ohnmacht gegenüber allem, was mir misslingt. Würde ich Begeisterung fühlen, eine einzige Sternennacht, ein einziger Blick zu den Sternen könnte sie wanken machen. Und fühlte ich großen Kummer, der Sternenhimmel nötigte mich zur Scham darüber, dass ich ihm irgendeine Bedeutung beilege. Was auch immer an Positivem ich hätte, der Sternenhimmel kann es mir nehmen: einen Gedanken, eine Liebe, einen Glauben oder ein Misstrauen. Ich sollte ihn dafür wohl hassen, aber man kann nicht hassen, was man so ganz und gar nicht versteht, nicht einmal fürchten kann man, was so fern allem Menschlichen ist. Mein Vater hat mir oft von verschiedensten Zahlen in unendlichen Entfernungen erzählt, von Sternen, die fliegen und niemals zurückkehren – niemals zurückkehren – vom Nichts und vom Unendlichen, aber mehr als über das, was er erzählte, erschrak ich über die Ruhe, mit der er es mir erzählte. Ich habe nie verstanden, wie es sein kann, dass die Sternenforscher nicht wahnsinnig werden. Sicher deshalb nicht, weil sie dieselbe seelische Operation an sich vornehmen, die jeder Gelehrte vornehmen muss: Sie verbarrikadieren sich die Durchblicke ins Unendliche und verbieten sich die Frage: Wozu das alles und was soll man damit?

Kleinmütigkeit ist aber auch eine Kraft: wenn alles so riesig und fern ist und ich so winzig bin, dann ist auch meine Sorge, mein Glück und alles, was ich in diesem bisschen lebendigen Fleisches herumtrage, winzig und gering, und es ist eine Schande, sich darauf etwas einzubilden, sich damit aufzuhalten, sich damit allzu sehr zu beschäftigen, und es ist gut, »sitzen zu bleiben und sich nicht zu bewegen, um die Verwirrung in der Welt nicht noch zu mehren«.

Ob es gut ist oder böse, dass man am nächsten Tag, wenn die Sonne aufgeht, alles vergessen hat und alles, obgleich ein so tiefer Eindruck, sich aus dieser Tiefe verflüchtigt hat, weiß ich nicht. Aber letzten Endes, wie könnten wir leben, wenn wir nicht zu vergessen verstünden, was gestern gewesen ist.

Národní listy, 23.7.1925

Briefe aus Hinterhut IX
Es regnet

Gestern, bevor die Sonne unterging, hat sich der so lange schon durchsichtig blaue Himmel bezogen, mit drückenden, seltsam gesponnenen Wölkchen, mit einem undurchdringlichen Schleier ohne Riss. Während des Sonnenuntergangs tränkte der Himmel sich blutig rot, und am Horizont schwammen von fern her Berge und Hügel herauf, die dort am Morgen noch nicht gewesen waren. Ringsum Stille, kein Vogel flog in wilden Kurven dem Wald zu, kein Rauschen der Wasser und Bäume, die Luft war wie zerlassenes Blei und fiel auf die Seele. In der Nacht strahlten die Sterne nur matt, nur vereinzelt durch eine Art schmutzigen Tüll, und tief am Himmel hing die haarfeine Sichel des neuen Mondes. Am Morgen folgte kein goldener Taganbruch. Die Luft roch nach satter, warmer Erleichterung, Frische und einem besprengten Erdreich, der Himmel hing schwer hernieder, und feiner Regen wisperte in den Blättern.

Nur wer gewohnt ist, durch Fensterglas auf den Regen zu schauen, hält ihn für »garstiges Wetter«. Ich liebe den Regen sehr. Liebe ihn unbeschreiblich, geradezu elementar. Im Wald hängen auf kleinen Lichtungen Millionen von Perlen, auf den Blättern sammeln sich Tröpfchen zu großen Tropfen, sie klatschen schwer auf den vollgesogenen Boden, schwer fallen sie in die Erde. Und wie das duftet! Alles Gewürz der Erde erblüht und wächst! Und wie es hervorschießt und die Haut spannt und alle Säfte im Boden, in den Pflanzen und in den Menschen belebt! Wie geheimnisvoll es schmeckt und wie es die Faulheit aus dem Körper heraustreibt und aus den Gedanken das Träge! Zwei Stunden im Regen laufen, und du kommst auf vortreffliche Dinge, hast ausgezeichnete Einfälle, vervollständigst, was du vor einem Monat begonnen, aber nicht zu Ende gedacht hast, bringst im Nu eine frische, gute Arbeit zum Abschluss, alles in dir drängt vorwärts und sprießt üppig wie eine gegossene Blume.

Zu Hause auf dem Tisch steht eine Tasse mit heißem Tee und an die Fenster plätschert ein steter Regen, grau, traurig und ohne Gestalt, im Zimmer sitzt ein betrübtes, aschenes Licht, eine Nüchternheit und ein feuchtes Frösteln. Sobald du aber ein paar Zapfen in deinen Ofen wirfst und ein paar feuchte Zweige mit frischem Harz, verflüchtigt sich das Grau, und die Feuchte verschwindet, das Holz duftet stark, es wärmt nicht so sehr, wie es trocknet und für Behaglichkeit sorgt. Und an der Ecke des kleinen Tischchens schaffst du in einer Stunde mehr Arbeit als in einem ganzen Monat goldener Sonnentage.

Am Weg zum Bahnhof stehen Vogelbeerbäume; sie sind schon rot. Die Felder rundum sind geschnitten, die Mandln reihen sich weit hinaus. Hinten steht noch der Weizen, dann die Rüben, dann die Kartoffeln. Mittendrin violettbraun und blau die ersten geackerten Furchen. Dort ein Stoppelfeld, ein Feuerchen, Gänse. Auf der Straße breitet sich hie und da ein abgefallenes Blatt im Matsch, auf der Wiese blühen die Herbstzeitlosen. Sprühregen, aschgrau. Vielleicht hört er nie wieder auf. Ein Wagen rattert heran, spritzt Pfützenwasser. Zwischen Himmel und Erde Tausende graue Schnüre. Der Sommer weicht.

Geliebte, goldene Gegend! Führte ich hier einen Fremden her, begriffe er nicht, was ich an Dir liebe! So ein flaches Stück langweiliger Erde, nichts Erstaunliches, nichts Bemerkenswertes tut sich auf ihr, nichts Besonderes gibt es an ihr zu sehen, es ist einfach nur nackte, ganz gewöhnliche, gemeine tschechische Erde. Man bringt die Saat in dich aus und du wächst. Mit Liedern, einfachen, undramatischen, lieben wir dich. Aber sitz ich im Regen auf einem großen Steinblock am Feldrain, links eine Straße von Zwetschken gesäumt, rechts eine Straße, von Zwetschken gesäumt, vor mir ein Stoppelfeld und hinter mir auch, und die Schauer und die Pfützen im Matsch, dann fühlt mein Herz eine festliche Liebe, ein feierliches Ergriffensein, immer neu, immer und ununterbrochen. Hier hinter dem Ofen auf der Bank bin ich zu Hause, heimatliche Geborgenheit spricht auch aus den gemeinen, gebeugten Zwetschkenbäumen, dem Stoppelacker, dem Feldthymian, aus dem flachen, blauen Stein, aus allem, was es nur bei uns gibt und nirgends sonst und aus allem, was ich in der Fremde vor Sehnsucht beweine, selbst wenn es dort wahre Wunder gäbe.

Es ist gut, sein Bündel zu schnüren und in die Welt zu wandern, Erfahrungen sammeln. Man wird dir dein Herz dort pressen, und so tut sich viel Gutes, du lernst, wie das Leben ist. Aber noch besser, wenn du heimkehrst, mit leerem Bündel, mit ramponiertem Herzen und den Erfahrungen, die nichts wert sind! Da sitzt es sich dann auf so einem flachen Stein am Feldrand sehr gut! Da schweift der Blick über die Gegend hin zu den Birken am Wald! In der Fremde denkst du oft nach: Was geschieht mit all den Tränen, die du nicht weinst? So viele Tränen – wo sind sie hin? Und zu Hause an einer ärmlichen Kreuzung im Stoppelfeld findest du davon ein ganzes Meer, sie fließen davon und spülen den Kummer weg, klären das Herz von alter Betrübnis und bereiten es für das Neue.

Národní listy, 26.7.1925

Briefe aus Hinterhut X
Gewöhnliche Blumen

Im Wald mitten auf einer großen Wiese steht eine Försterei, ganz überwachsen von Kletterrosen, doch diese Röschen haben nicht die übliche rote Farbe, sie sind rosa, so ganz ordinär; ein gewöhnliches Rosa wie beim Feuerwerk die Papierrosen an den Statuen auf der Karlsbrücke. Das ist umwerfend schön, aber noch lang nicht alles: Am Zaun reihen sich Malvenbüsche, Walnüsse, wie sie auf den Postkarten mit Soldat und Mädel und einem hübschen Verschen zu finden sind. Und dann noch Basilienkraut und Ringelblumen, Stiefmütterchen, Wicken, Bohnen, die in den Himmel wachsen, herrlich ondulierte Georginen in ganzen Stauden, Astern und in der Ecke drei Räder, drei Augen, drei Sonnenblumen.

Blumen von teuren Blumenhändlern kann ich im Grunde nicht ausstehen. In der Stadt, eine halbe Stunde von hier, ist eine riesige Auslage, darin ein Schwan aus Hortensien mit Rosenaugen und Lilienschnabel, wie grauenvoll! Im Winter finden sich da vermutlich blutarme, weiße Fliedersträuße mit Veilchenschleifen, und zu Ostern Eier aus Palmkätzchen mit Schweinchen und Bändern. Solche Sträuße schicken kalte, achtlose Liebhaber mit einer Visitenkarte, und es hängt kein bisschen Liebe daran, dafür aber viele Gulden und viel Noblesse. Ich liebe Wiesensträuße, Waldsträuße, Sträuße vom

Damen, einen Strauß, gebunden umsonst und für wieder nichts, einfach so und von Herzen. Aber über alles liebe ich die schlichten Bauerngärten, die Blumenfenster, die Beete voller Farben im Dorf. Von da kommen Blumen von Herzen, sie sind kernig, fröhlich, gesprenkelt, das sind keine ermatteten Blüten, und kein Symbol und keine Weinerlichkeit lässt sich zwischen sie binden, edle Herren, versucht es, steckt eine Visitenkarte dazu, das passt wie die Faust aufs Auge! Für eine blaue Vase aber sind sie der richtige Strauß, sie recken sich, duften, das ganze Zimmer lacht, ein schlichter Strauß aus schlichter Erde, ihm gebührt Ruhm!

Rasch, rasch, welche magst du am liebsten? Willst du Rudbekien, sie wuchern bei uns wie Kraut, in üppigen Stauden mit gelben Kronen? Willst du einen Strauß Kapuzinerkresse, alle gelb, so viel die Welt bietet? Willst du vielleicht Georginen, artige Köpfchen, gekämmt vom Vorstadtfriseur? Willst du ein Bukett Rosen, schau mal, da ist eine Knospe! Willst du violettfarbene Astern, Vorboten von Herbstviolett?

Nein, ich will ein einziges Nussbaumblatt, ein einziges Blatt vom Basilikum, ein einziges Büschel Feldthymian, ich will sie zwischen den Fingern zerreiben und will mir Parfüms davon wünschen. Warum sind die in den Kristallflakons gefangenen Düfte nicht wenigstens so schön wie der Duft zerriebenen Basilikums, der Duft der Walderdbeere, der Duft der Mandarinen, der Duft einer frischen Ananas, der Duft eines Waldgewürzes?

Ich kenne eine Blume, die kennen Sie nicht. Bei uns gibt es sie nicht, aber auf den Hügeln des Wienerwaldes und in den Alpen wachsen ganze Beete davon. In Wien auf dem Markt sitzen die alten Weiber und bieten sie in üppigen Sträußen feil. Sie gehört zu diesen Tagen unter vorherbstlichem Himmel, das ganze Jahr über denke ich nicht an sie, aber hier fehlt sie mir plötzlich. Die kleine, hellviolette Zyklame, die sich unter den Buchen duckt.

Wenn Sie sie sehen, grüßen Sie sie von mir.

Wenn Sie von den Meeresküsten und aus den Bergen nach Hause reisen, begegnen Sie Tausenden Blüten, jedes Bahnwärterhäuschen, jede kleine Station hat einen Garten, und in jedem Garten blühen gewöhnliche Blumen. Wenn ich von hier nach Hause reise, hundertundfünfzig Kilometer, begegnen mir hundertundfünzig Häuschen, hundertundfünfzig Gärten mit Rudbekien, Malven, Ringelblumen, Georginen, und hundertundfünfzig Mal werde ich Freude empfinden. Das hundertundfünfzigste Haus steht schon bei Prag, die Schornsteine gucken, die Gleise schneiden sich, rundum Schotter, die Stadt nimmt hier ihren rauen Beginn, aber vor dem Haus ist ein Garten, handtellergroß, mittendrin Malven, ein bisschen Basilikum und Kapuzinerkresse, dem Herzen teure, geliebte gewöhnliche Blumen, ein letzter Sommergruß vor dem Leben in steinernen Mauern.

Národní listy, 30. 7. 1925

Von außen und innen

Ich hasse den Satz: Er kann nichts dafür. Und behaupten Sie bloß nicht, Sie hätten eben ein gutes Herz. Ein gutes Herz liebt die Menschen, ohne dass es sie entschuldigen, moralisch beurteilen oder kritisieren müsste. »Er kann nichts dafür« – das ist pharisäische Güte, die sich zur Schau stellen will, und vor allem: Sie schadet. Auch wenn wir für nichts etwas können, fordert doch die Welt und auch wir selbst, dass wir für alles können. In dem Moment, wo wir geistig so weit sind, dass wir uns in der Welt orientieren, denken, gedanklich entwerfen und uns entscheiden können, in dem Moment sind wir schon sehr fertige Menschen, haben unter dem Einfluss Tausender geheimer und von uns unabhängiger Vorgänge Form gewonnen; Erziehung, Umgebung, wichtige Kindheitserlebnisse, Erbanlagen und verschiedene physiologische Besonderheiten haben an dieser Form mitgewirkt. Und so nehmen wir uns selbst eigentlich erst dann in die Hand, wenn wir schon sind, was wir sind, aber man verlangt von uns, dass wir nicht danach leben, wie wir sind, sondern danach, wie wir sein sollten. Und weil dieses Schicksal allen Menschen gemein ist, so wie Geburt und Tod und die Bedrohung durch Krankheit, ist es eigentlich gar kein Schicksal mehr, eher eine Tatsache, und es bleibt nur eine einzige große Pflicht: *sich einzureihen unter die anderen*. Vielleicht lässt sich überhaupt alles, was vom Menschen gefordert ist, und auch der höchste Grad menschlicher Tapferkeit und menschlicher Arbeit an sich selbst in ebenjene Worte fassen: *sich einreihen unter die anderen*. Das heißt, dass man genau das Gegenteil von dem tun muss, was die Natur tut, und in sich das gerade nicht von der Natur Gegebene veredelt. Es heißt, all das in sich zu entwickeln, was uns zu einem guten Gefährten aller unter allen macht, und umgekehrt alles, was uns dazu treibt, auf Kosten des Gemeinwohls den eigenen Vorteil zu suchen, absterben zu lassen.

In diesem Sinne kann jeder für alles. Wir müssen uns nur darüber klar sein, dass nicht jeder dieselbe Arbeit hat und dass manchen Menschen die Aufgabe, Verantwortung für ihr Handeln zu übernehmen, zur puren Freude gereicht und ihnen Befriedung verschafft, während es für andere unendlich und verzweifelt schwer ist.

In diesem Sinne kann jeder auch für sein Gesicht, für seinen Körper, den Ausdruck seiner Augen, die Harmonie oder Ruppigkeit seiner Bewegungen. Der Körper ist ebenso formbar wie das Gehirn, die Gedanken, die Seele; und genau wie keine völlig dummen Menschen geboren werden, werden auch keine ganz hässlichen geboren. Im Gesicht steht es geschrieben, wie sehr Sie an sich gearbeitet haben und welche Ergebnisse Ihr Gesicht von innen beleuchten. An sich selbst arbeiten ist das Einzige, wodurch wir auf ein größeres praktisches und zugleich auch ideologisches Ziel hinarbeiten können: auf ein bewusst angestrebtes, tätiges *Einreihen unter die anderen.*

Die größte Schönheit des Menschen ist Harmonie. Ich meine damit nicht Geschmack im Äußeren. Ich meine jene Harmonie, die von innen strahlt, wenn negative und positive Eigenschaften im Gleichgewicht sind, sich die Waage halten und ein eigenes markantes Ganzes bilden. Wenn Sie beispielsweise eine Katze betrachten, so betrachten Sie etwas schlichtweg Vollkommenes, und doch ist die Katze nicht »vollkommen«. Sie kann nicht fliegen, nicht bellen, nicht sprechen noch rechnen, und ich denke, es gibt etliche Sachen mehr, die sie auch nicht kann. Aber das, was sie kann, macht sie vollkommen, und es fiele ihr niemals ein zu versuchen, was sie nicht kann, zum Beispiel tanzen. Manche Menschen machen das

Ihre vollkommen und in völliger Harmonie und verfügen über so viel Selbstbeherrschung und Selbstkritik und vermutlich auch über so viel elementare Natürlichkeit, dass sie niemals täten, was sie nicht verstehen. Daher sind sie auch nie hässlich, denn hässlich ist allein das Plumpe, Lächerliche und Unersättliche der Eitelkeit. Sie aber sind gleichsam gerundet und haben bedeutende Form; manchmal ist das bewusst erarbeitet, manchmal auch unwillkürlich, aber immer bewegen sie sich mit der schönen Sicherheit dessen, der alles richtig macht. Sie sprechen richtig, handeln richtig, verhalten sich richtig und kleiden sich richtig. Gut möglich, dass sie nie ein Modejournal gesehen haben, vielleicht auch gar nicht das Geld oder die Zeit gehabt hätten, sich eins zu beschaffen. Aber ihre innere Struktur folgt einer bewussten Ordnung. Sie wissen, was sie wollen, wissen auch, was zu wollen gut ist. Alles Äußere ordnet sich auf natürliche Weise dieser zentralen Lauterkeit unter wie bei einer Dampfdreschmaschine, die Körner von Spelzen trennt, konzentriert und zielgerichtet am Werk ist, säuberlich hinter sich aufkehrt und immer alles zur rechten Zeit und zum rechten Zweck nutzt.

Alles, was der Mensch tut, spricht die Sprache seiner inneren Form. Wie er aussieht und sich bewegt, wie er sich kleidet und seine Füße setzt, wie er zu lächeln und eine Hand zu drücken versteht: Alles entspringt einem einzigen Quell, dem Reichtum und Anstand seines inneren Lebens. Nicht Kleider machen Leute – wie verbreitet war nach dem Krieg nicht der Wunsch, die Kleider mögen dies tun? Und ist es etwa geglückt? – Fast würde ich sagen, dass Kleider den Menschen nicht verhüllen, sondern enthüllen. Und ganz sicher weiß ich, dass ein wirklich wertvoller Mensch die Eleganz seiner äußeren Erscheinung nie einbüßt, sollte er etwas völlig anderes anhaben als »sich gehört«. Der Ausdruck seiner Erscheinung ist so gesättigt, verdichtet und einzigartig, dass er weit schöner sein wird als derjenige, der alles wachsam und ängstlich hat, wie es sich gehört. Ich will keineswegs behaupten, am Äußeren sei nicht gelegen. Ich will nur sagen, dass das Äußere nichts Äußeres ist, sondern eine Folge des Inneren. Ein innerlich reicher, schöner Mensch löst die Frage seines Äußeren wie selbstverständlich (das ist fast schon dasselbe wie gut) und behängt sich nie mit lächerlichen, unordentlichen Stöffchen, denn Schlichtheit und Ordnung sind ihm unverzichtbar wie die Luft zum Atmen. Verlogenen, inhaltslosen Menschen verhelfen auch edle und noch so teure Kleider nicht zum Schönsein. Wäre rein schneiderisch an ihnen nicht der geringste Fehl, es fehlte Ärmeln und Schnitt doch das Unnennbare, das so leuchtend aus jenen hervorströmt, die etwas wert sind. Wie sagt man? Wem's Gott nicht von oben beut, kauft's auch nicht beim Pharmazeut.

Národní listy, 1. 10. 1925,
Cesta k jednoduchosti (Der Weg zur Einfachheit)

Ein dekorativer Gegenstand?

> Die Frau ist von Natur aus dekorativ, und es ist ihre Pflicht, darauf zu halten; ich hoffe, Sie denken an das alte französische Sprichwort: »Nicht geschminkte Frau, unrasierter Mann.«
>
> *Č. S., Nr. 3*[21]

Mit anderen Worten: Die Frau ist ein wichtiger dekorativer Gegenstand, und ihre Pflicht ist, sich dessen stets bewusst zu sein. Insbesondere dann, wenn sie etwas Nützliches tut, zum Beispiel kochen, oder wenn sie in der Fabrik arbeitet oder ein Kind badet, die Wäsche der ganzen Familie ausbessert, ist es gut, wenn sie nicht vergisst, dekorativ zu sein. Ja, während der Vater schuftet und unter Aufbietung aller Kräfte weniges Geld verdient, während die Kinder heranwachsen und vor allem daran gedacht werden muss, wie man das Leben einrichtet, damit es ihnen weder an Nahrung noch an Hygiene mangelt, ist es gut, wenn die Mama sich Schminke kauft, denn eine Frau hat die Pflicht, dekorativ zu sein. Ein junges Mädchen, das in

21 Es handelt sich um die Zeitschrift *České slovo* (Das tschechische Wort).

Vorträge, ins Gymnasium oder die Werkshalle geht und bemüht ist, sich auf eigene Füße zu stellen, sollte vor allem eins nicht vergessen: sich zu schminken. In der Tat, nie hätte ich gedacht, dass die Modewächter irgendeine Bedeutung haben, doch allmählich glaube ich fast, dass es so ist. Heute, wo wir uns so verzweifelt dagegen wehren, dass die Mädchen zu unbrauchbaren, unselbstständigen Geschöpfen verkümmern, in Zeiten der sportlichen Ertüchtigung und der Körperhygiene, von der wir erwarten, dass sie uns gesunde, hübsche Frauen heranzieht, mutige und vernünftige Mütter und Arbeiterinnen, in diesen Zeiten sagt man zu einem Mädchen: Vergiss nicht, dass du zur Dekoration auf der Welt bist und es deine Pflicht ist, dich zu schminken!

Wie die Natur es eingerichtet hat, ich weiß es nicht, als Mensch durchschaut man das nicht. So viel aber steht fest: Sie hat sich in den Kopf gesetzt und verfügt, dass die Frau Kinder gebären soll, und ich weiß nicht, ob das dekorativ ist. Fast will mir scheinen, dass es sehr anstrengend und gar nicht schön ist, dass es erst dann schön wird, wenn es vorbei ist und das Kindchen in der Wiege lallt. Ganz sicher bin ich mir aber, dass eine Frau, die der Natur gehorcht und tut, was diese ihr aufträgt, die also ein Kind hat, nicht viel Zeit erübrigen könnte, sich um ihre Pflicht zu kümmern, dekorativ zu sein. Mit einiger Anstrengung gelingt es ihr, sauber, lieb und adrett zu sein, die übrige Energie verbraucht sie zweifellos für sehr undekorative Dinge, wie Ernährung und Erziehung der Kleinen und was damit alles zusammenhängt, und das ist sehr viel: zum Beispiel der abgearbeitete und keineswegs besonders freundliche Papa, dem man im Leben zur Seite stehen muss und der sich sehr wundern würde, würde seine Frau ihn mit den Worten begrüßen: »Hör mal, mein Lieber, ich bin von Natur aus dekorativ, und meine Pflicht ist es, darauf zu achten.« Zerrissene Strümpfe, hungrige Mäuler, nicht fertiggemachte Hausaufgaben mehrerer Buben und die Sorge für alles, was die Zufriedenheit des kleinen häuslichen Königreiches betrifft und an der Mutter hängt, sorgen ebenfalls nicht für mehr Zeit. Und wer löst dieses schwierige Rätsel, welche Frau an ihrem Platz bessere Arbeit tut, diejenige, die jedwede Pflicht übernommen hat und zusammen mit der arbeitenden Bevölkerung einen Teil der Bürde trägt, indem sie allen anderen hilft, oder diejenige, die auf ihre »Pflicht hält, dekorativ zu sein«?

In Wien kommentiert man ein geschminktes Mädchen: »Gut gemalt ist halb gewonnen«, ins Tschechische könnte man das so übersetzen: »dobře namalovaná tvářička je znamenitá lapačka« – »eine hübsch bemalte Schnute ist wie Leim auf Fängers Rute«, und ich muss wohl nicht erklären, was das bedeutet, und sicher auch nicht hinzufügen, dass eine Frau, die nicht an derartige Dummheiten denkt, sich auch nicht schminken wird. Ich bin überzeugt, dass der Erfolg geschminkter Gesichter auch nur sehr zweifelhaft ist, und würden die geschminkten Frauen die Männer hören, wenn sie aufrichtig reden, würden sie erfahren, wie sehr es ihnen eigentlich zuwider ist. Probieren Sie es doch aus, und sollte Ihr Mann von einem geschminkten Mädchen behaupten, es sei hübsch, dann erinnern Sie sich Ihrer Pflicht, dekorativ zu sein, kaufen sich Karminrot und malen damit Ihre Lippen an. Und noch im selben Augenblick werden Sie hören, was ich hier nicht verrate, und ebenso werden Sie erfahren, was die Männer von geschminkten Frauen so denken. Männer haben zweierlei Maß für die Frau: eins für die eigene, eins für die anderen. Und wenn das auch tausendmal ungerecht scheinen mag, so ist es doch nur gerecht, denn der Mann betrachtet seine Frau mit zärtlichen Augen und sagt sich: Das ist meine liebe Frau, mein Kamerad, das ist unsere Mutter, und natürlich ist er dann streng und puritanisch, und wenn Sie nicht wissen, welcher Vorteil und welche Auszeichnung für Sie darin liegt, dann haben Sie nie begriffen, wie sehr ein Mann es braucht, auf seine Frau stolz sein zu können.

Ich sage nicht, dass Sie mit einem Gesicht herumlaufen sollen, das mit heißem Wasser abgeschrubbt ist und glänzt wie eine gerade geputzte Fensterscheibe. Sie müssen auf der Nasenspitze auch kein Spiegelchen tragen. Eine gute Hautcreme, vernünftige Gesichtswäsche und Pflege, ein gutes Puder (mit Maß), ein bisschen Massage, vor allem eine ausgezeichnete Seife und wiederholtes tägliches Waschen genügen vollauf, und Sie werden damit bessere Ergebnisse erzielen als mit den Schminken, die nie eine feine Wirkung haben und ein Gesicht nicht mit Anmut zieren, sondern es so vernichten, dass man später auf sie tatsächlich nicht mehr verzichten kann. Sie graben Furchen, wenn das natürliche Alter sich dies noch lang nicht erlauben würde, und verderben die Haut für immer. Auf einem jungen Gesicht, das Schminke nicht braucht, wirkt sie (bestenfalls) pikant. Auf einem alten Gesicht wirkt sie armselig und traurig. Sie verdeckt keine Falten, sie deckt die Angst vor dem Altern auf. Und leicht kann es geschehen, dass eine unbekümmert und natürlich gealterte Frau gegenüber einer »jungen« geschminkten sich wahrhaft jung und frisch ausnimmt, hinreißend und zum Verlieben. Das Gesicht ist ein unbestechlicher Zeuge und alles Erlebte graviert sich darin für immer ein. Die Schminke gräbt unschöne Spuren hinein, und mag ihr Gebrauch auch naiv und kindisch erfolgen, die Spuren, die sie hinterlässt, sind schwer und verraten nichts Gutes.

Ich weiß nicht, wie wir uns als Dekoration im Leben ausnehmen würden, ich denke, es stünde uns nicht zu Gesicht. Wir würden uns dabei auch fürchterlich langweilen. Stellen Sie sich nur vor: es wäre das Leben der Stuckengelchen an Jugendstilfassaden, winters wie sommers, Tag wie Nacht, würden wir etwas dekorieren und dabei ein immer gleiches Gesicht machen, weil wir ja nichts anderes könnten. Besten Dank für eine solche Lebensrolle. Eine gewiss höchst verdrießliche. Da ist es besser, nach der erstbesten Arbeit zu greifen, die einem unter die Finger gerät, dann nach einer anderen und wieder einer neuen und lieber auf menschliche Weise und im Wirbel des Lebens altern und ein Gesicht voller Falten und Fältchen bekommen, die sich so fröhlich zu einem Lächeln fächern wie ein gestärkter Fältelkragen und uns dereinst zu einer rührigen und vielleicht ja auch heiteren und modernen Großmutter machen!

Národní listy, 18.10.1925,
Cesta k jednoduchosti (Der Weg zur Einfachheit)

Abb. 11: Jaromír Krejcar in den 1920er Jahren.

Alltägliche Wege III
Im Schlachthof

In bestimmten Gebäuden an den Peripherien der Stadt geschieht für Nichteingeweihte Geheimes, und jeder, der vorübergeht, ist froh, dass er nicht weiß, was es ist. Krankenhäuser. Armenhäuser, pathologische und psychiatrische Institute, Gebäranstalten. Sie alle nehmen ihren Anfang mit einem Portal, durch das man in einen weitläufigen Hof blickt, und schon hier tut sich Geheimes, eilige Leute gehen von einem Tor zum anderen, tragen sonderbare Gerätschaften, fahren in Rollstühlen, und in der Mitte wächst Gras, dem man irgendwie nicht glauben will, dass es Gras ist. Normalerweise gehst du an solchen Toren vorüber, sie machen dich frösteln, und du willst es sofort vergessen. Vielleicht waren Sie ja selber einmal in einem solchen Gebäude, in einem Krankenhaus etwa als Bewohner solch grauer Mauern, und vielleicht kennen Sie das Gefühl, das einen Menschen beim Eintritt hinters Tor und am Pförtner vorbei befällt. Er weiß: Das ist der letzte Schritt aus der normalen Welt, und wie froh wäre er, ginge er hier schon umgekehrt und aus dem Gebäude hinaus. Drinnen, wenn er auf seinem Bett liegt und an die Decke starrt, kommt er sich vor wie in Gefangenschaft, und der Gedanke an das Portal und die Pförtnerloge ist fast dasselbe wie der Gedanke an die gesunde Welt draußen. Erwartet er Besuch, stellt er sich nur das Eine vor: wie dieser Besuch durchs Tor tritt und am Pförtner vorübergeht und wie man ihn durch die Gänge zu ihm führt, durch diese Gänge, die er so gut kennt und so wenig liebt und die dem Besucher nie ihr wahres Gesicht enthüllen, zum Beispiel ihr Dämmerungsgesicht oder ihr Weihnachtsgesicht oder jenes Gesicht am Morgen, wenn im Dunkeln ein Toter hinausgetragen wird, oder das Mitternachtsgesicht, wenn das Lämpchen in ein schmutziges fremdes Gelbgrau flackert.

So in etwa war mir zumute, als ich durch das Haupttor des Schlachthofs trat. In solchen Gebäuden sind immer spezifische Menschen, aber nirgendwo sind sie so spezifisch wie hier. Der Beruf, meine ich, drückt den Menschen einen Stempel auf. Schlachter jedenfalls gleichen einander wie ein Ei dem anderen. Zu Hause mögen es ja liebe, nette Menschen sein. In den Schlachthöfen sind sie es nicht. Sie sind hart und unbarmherzig, und wären sie barmherzig, würden sie nichts verdienen. Sie haben kurze, dicke Knüppel und schlagen die Tiere übers Maul. Mit seinem Vater war da auch ein Söhnchen, ein kleiner, vielleicht achtjähriger Junge, und wenn er auch keinen Bauch, keine Lederjoppe oder Pelzrock hatte, so doch schon ein Verhalten, wie Kinder es sonst nicht haben. Er schlug ein Ferkel über den Rüssel, um zu zeigen: Ich kann das auch. Als es quiekte, erfüllte ihn das mit Stolz, und er schlug ein zweites Mal zu, ich denke, er hat das Zeug zum zukünftigen Besitzer riesiger Schlachtfabriken, Sie werden ja sehen.

Wissen Sie, im Detail habe ich es mir nicht angesehen. Mir war schrecklich beklommen zumut wegen der Menschen. Ich will nicht sentimental sein und hatte mir vorgenommen, alles mit sachlichem Blick zu betrachten, aber dort war ein weißes Kalb, das seine Mutter verloren hatte, es stand verwirrt in der Tür und wusste nicht aus noch ein. Ich habe es flüchtig gestreichelt, und es war so überrascht und schob seine Gosche in meine Tasche, und sichtlich begeistert, dass es nicht geschubst und geschlagen wird, folgte es mir auf dem Fuß. Wir sind ein paar gemeinsame Schritte gegangen, das kleine weiße Kalb und ich, dann hat man es mir genommen, und es wäre vermutlich dumm, wenn ich mich schämen würde zuzugeben, dass ich geweint habe. Gar nicht so sehr wegen des Kalbes, sondern weil es auf der Welt böse und hässlich zugeht und kein Weg da hinausführt. Ich kann nichts dafür, aber ich musste an die Schützengräben denken, an die entsetzlichen Bilder, die ich von dort kenne, an diese Menschenschlachtbänke, dieses Metzeln menschlicher Leiber, wie das so einfach vorübergehen konnte, wie wenig wir heute noch daran denken, daran, wie es passieren konnte, und dachte ganz allgemein an das menschliche Elend, die menschliche Schande und Demütigung. Ich schämte mich, dass ein verlassenes weißes Kalb nötig war, damit mir diese Gedanken ins Fleisch hineinschnitten. Ruhige Gedanken, glauben Sie mir, lassen sich dort nicht denken.

Der Schlachthof ist zur Hälfte Markt. Am Montag waren dort dreitausend Rinder und sechstausend Schweine. Im Büro – es ist trübselig und grau wie alle diese Büros – saßen die

Angestellten, schauten hinaus in den Nebel und sagten: Heute sind wir hier bis abends um acht. Züge fuhren auf Gleisen hin und her und brachten Vieh, in den Gattern stand Kuh an Kuh, in den Ställen Schwein an Schwein. Ich kann gar nicht fassen, wie es möglich ist, dass eine einzige Großstadt so viel Fleisch verbraucht, aber eins habe ich sofort begriffen: Die Großstadt ist etwas Schreckliches.

In den Gattern gehen die Metzger umher und kaufen. Ich weiß nicht, nach welchen Regeln. In der Hand haben sie Stock und Peitsche und sind allem Anschein nach ausgezeichneter Laune. Werden sie handelseins, schlagen sie ihre Handflächen gegeneinander, zumindest habe ich ständig gesehen, wie die Leute das tun. Alle schreien und das Vieh buht, schnaubt und brüllt, es herrscht ein schrecklicher Lärm. Für Augenblicke fühlte ich mich verlassen, und ich fragte mich, ob mich irgendwer wirklich lieb hat, das hat man manchmal so dringend nötig.

Vom Markt führt man das Vieh zur Schlachtbank. In eine große Halle, wie eine riesige Markthalle. Man führt den Bullen bis an den Rand, verbindet ihm die Augen und schießt ihm ins Hirn. Im selben Moment stürzt er nieder und ist tot. Man setzt den Stich und fängt das Blut auf, das für bestimmte Industrien unentbehrlich sein soll, das unbrauchbare Blut fließt durch schmale Rinnen ab, irgendwohin unter die Erde. Äußerst geschickte Hände ziehen die Haut ab, an Ketten hievt man den Bullen nach oben und Messer vierteilen ihn. Ich habe es gesehen und kann es doch nicht beschreiben, so rasch und geschwind geht es. Vor fünf Minuten hat er noch gebuht, und jetzt hängt er schon in Keulen geviertelt. Das geht so schnell, dass es nicht einmal schrecklich ist. Dort ist so viel Blut und nacktes Fleisch, dass Einzelheiten ganz und gar untergehen. Beim Schweineschlachten wirft man das getötete Tier in große Steintröge mit kochendem Wasser, zieht es auf einen steinernen Tisch heraus, säubert die gebrühte Haut, man hängt es auf, öffnet es, schneidet die Eingeweide heraus, vierteilt es, und alles geschieht so flugs wie in einer modernen Fabrik. Jeder macht nur einen Handgriff, und hat er ihn ausgeführt, reicht er die Arbeit weiter, und der Nebenmann macht den nächsten Griff. Es ist die gleiche faszinierende Unaufhörlichkeit und Unablässigkeit wie überall. In dieser Halle war es auch irgendwie merkwürdig schön, und ein Maler sollte es sehen. Der Raum ist erfüllt von weißen, völlig undurchdringlichen Schwaden, der Boden über und über mit Blut bedeckt, und die Gestalten huschen nur vage, ihre Bewegungen zerfließen im Dampf, die Menschen werden zu Schatten; so etwa sieht's vielleicht in der Hölle aus.

Es gibt aber auch sehr nüchterne Räume, wo an den Haken reihenweise die Keulen hängen, Rückenstücke, Bruststücke, Haxen. Lungen, Herzen, Därme, Häute, immer in Hunderten Exemplaren. Das Vieh wird tierärztlich untersucht, und auch das Fleisch wird einer ärztlichen Beschau unterzogen. Nichts gelangt auf den Markt, was der Veterinär nicht gebilligt hätte. Sie gehen in weißen Mänteln und schwarzen Kappen umher, und meist sind es junge Kerle. Ich meine, sie haben kein leichtes Leben.

Sie erzählen mir, wie viel ein Schlachthofarbeiter in der Woche verdient und wie viel ein Arzt. Der Arbeiter verdient dreimal so viel. Die Jungs hier auf dem Schlachthof haben keine leichte Arbeit, das stimmt. Es sind kräftige, gestandene Kerle, und sie rackern sich ab, es sei ihnen also gegönnt. Sie stehen und schlitzen am Tag etwa fünfhundert Schweinsbäuche auf, der Schnitt ist gekonnt und sitzt. Aber der Arzt beschaut am Tag fünfhundert herausgeschnittene Lebern. Ich will nicht behaupten, dass manuelle Arbeit weniger wert ist als intellektuelle. Und sage auch nicht, dass ein »intelligenter«, gebildeter Mensch in der Welt mehr wert ist als ein »dummer«, ungebildeter, und meine Anführungszeichen sind aus Überzeugung gesetzt. Dass er aber *weniger* wert sein sollte, dass er sich deswegen unterschätzen und seine Leistung nicht den ehrenvollen Namen Arbeit erhalten sollte – das ist doch schrecklich und ungerecht. Langsam wachsen bei uns neue unterdrückte Klassen heran, und dabei haben wir noch nicht einmal die alten gerettet.

Národní listy, 19.11.1925

Tadellosigkeit, Stütze der Unsicherheit

In Galsworthys Gesellschaftsdrama »Loyalties«,[22] das man vor einigen Wochen in Vinohrady[23] gegeben hat, gibt es einen interessanten Menschen: den Juden Levy. Der Jude Levy ist weder schmutzig noch arm noch gesellschaftlich unterdrückt, im Gegenteil, er ist reich, klug, schön, tadellos gekleidet, hat tadellose Manieren, ist gebildet und in den besten englischen Kreisen ganz wie zu Hause. Er ist Mitglied im Club der englischen Lords, verkehrt in den höchsten Kreisen, besitzt ein edles Pferd, ist sportsman, gentleman, ist schlicht und einfach alles das, was die um ihn herum auch sind, mit dem einen Unterschied freilich, dass sein Großvater es nicht war. Wegen dieses kleinen Mangels in der Ahnengalerie ist Mr. Levy in der englischen Gesellschaft für immer der Jude Levy. So besteht also eine Gesellschaft aus zwanzig Engländern doch nur aus neunzehn Engländern und dem Juden Levy. Nie wird er sich organisch mit seinem Umfeld verbinden, und mag er auch alle Privilegien und Rechte dieser Gesellschaft genießen, er stünde doch immer außerhalb. Nun gut, eines Tages wird der Jude Levy in dieser Gesellschaft aus zwanzig Lords bestohlen. Ein altes englisches Schloss, betagte glattrasierte Diener, ehrbare Ladys, weit und breit nirgends irgendwer, der Verdacht erregt, aber der Jude Levy ist dennoch bestohlen worden, und durchaus um eine beträchtliche Summe. Herr Levy will sein Recht und ruft in das Haus der alten Geschlechter die Polizei, lässt die Taschen ehrwürdiger Adelssprosse durchsuchen und bezichtigt einen bekannten Gentleman des Diebstahls. Die weitere Handlung ist für meinen Text nicht wichtig, daher in Kürze: Der Jude Levy hatte Recht und jener Gentleman, der sich natürlich erschießt (o Galsworthy, o England!), hatte ihn

22 John Galsworthy (Kingston Hill 1867 – London 1933), englischer Schriftsteller und Dramatiker. Sein Stück *Loyalities* wurde 1922 in London uraufgeführt. Jesenskás Jude Levy schreibt sich darin Ferdinand de Levis.

23 Gemeint ist das Divadlo na Vinohradech, dt. Theater in den Weinbergen, eröffnet 1907 in der Stadt Královské Vinohrady (Königliche Weinberge), die 1922 nach Prag eingemeindet wurde. Das Theater gehört bis heute zu den führenden Häusern.

tatsächlich bestohlen. Doch der Jude Levy mit seinem Recht bleibt in dieser verschworenen Gemeinschaft überaus arm zurück, während der diebische Gentleman nicht einen Freund einbüßt. Sie nennen ihn einen unbedachten, närrischen Jungen und drücken ihm stürmisch die Hand, beweinen ihn und hören nicht auf ihn zu lieben. Die Hand, die der Jude Levy reicht, ergreift keiner, denn er hat sich schuldiger gemacht als der Dieb: Er hat es gewagt, die Gesellschaft zu beschuldigen, die ihm huldvoll einen Platz eingeräumt hatte, und er, der ein Bettler ist, hat Klage erhoben, und alle sind sich einig darin, dass es sich nicht gehört, als Bestohlener von seinem Recht Gebrauch zu machen, wenn man in einer so rechtlosen Situation ist wie der in den englischen Club aufgenommene Jude Levy. Ich würde sagen, Herr Galsworthy ist ein naiver Psychologe, nur ein Engländer kann so atemberaubend naiv sein. Dieser spannende, wendungsreiche Krimi im besten Sinn hat einen beträchtlichen Haken: So nämlich hätte es sich nie zutragen können. Herr Galsworthy ist der Meinung, dass ein bestohlener Gentleman in einer Gesellschaft von Gentlemen keine Braue gehoben hätte, er hätte seinem Geld nachgetrauert und nie auch nur irgendwo ein Wörtchen verlauten lassen, und da hat er Recht. Herr Galsworthy aber ist der Meinung, dass ein Jude, der Zutritt zu einer solchen Gesellschaft erhalten hat, die Polizei ruft, wenn er bestohlen wird, um sein Geld zurückzubekommen – und da hat Herr Galsworthy Unrecht. Wenn sich ein bestohlener Gentleman als Kavalier erweist, so würde ihn ein Jude darin noch ein klein wenig übertrumpfen. Und genau dieses klein wenig, dieses absolute Kavaliersein könnte ihn verraten. Zu glauben, dass es einem Juden ums Geld geht, und dieses alte Märchen zu verkünden ist mehr als platt. Einem Juden geht es unter Umständen viel weniger ums Geld als dem edelmütigsten Christen, und es geht ihm auch nur insofern darum, als es ihm in seiner Verlassenheit in der Welt eine Stütze ist. Sobald er aber etwas anderes findet, sagen wir, etwas Höheres als Geld, worauf er sich stützen kann, so ist er in der Lage das Geld weitaus aufrichtiger zu verachten, als je ein Christ es verachtet hat. Der Jude Levy in Galsworthys *Loyalities* hat eine solche große Stütze: seine hohe gesellschaftliche Stellung; nie würde er sie aufgeben, auch nicht um den Preis von Millionen. Sein Frack sitzt besser als der von Lord Z., die Abendgesellschaften, die er gibt, sind noch erlesener als die von Lord L., und seine Noblesse ist berückender als die jedes englischen Adligen aus noch so altem Geschlecht. Aber im Innern ist ein bodenloses Loch, und das ist seine Angst vor der Verlassenheit (das Deutsche hat hierfür ein schönes Wort, das ich nennen will: Heimatlosigkeit), und über diesem Loch spannt sich ein Gewölbe aus sorgsam konstruierten Eigenschaften. Niemand ist so vornehm wie derjenige, der vornehm sein möchte und programmatisch sortiert, was vornehm ist und was nicht. Niemand ist so wachsam wie der Fuchs, der eine Hundemeute auf den Fersen hat. Ein Jude in adliger Gesellschaft ist ein Fuchs mit Hundemeute auf den Fersen. Ein Mensch mit dieser Position in der Welt muss zu Macht kommen, aber wir wären unendlich primitiv, wenn wir annehmen würden, dass Macht allein in Geld besteht. Auch Armut ist Macht, Talent ist Macht, ein Gedanke, ein Hirn, eine Frau, die politische Stellung, ein Auto ist genauso Macht wie der Skeptizismus, Macht ist alles, was der Mensch zur Macht missbraucht, das heißt: Verliere ich zu dem, was ich habe, den unmittelbaren Bezug des Besitzers und Nutzers und gebrauche es lediglich als ein Mittel der Verteidigung, misstrauisch beobachtend und immerzu auf der Hut, so bin ich unangreifbar und unerschütterlich, gepanzert gegen alle Gefahren des Gefühls und tragisch nur dann, wenn diese Macht mir genommen wird.

Die Juden, die sich seit Jahrhunderten in ebenjener Situation befinden, stellen bei diesem Typus gewissermaßen die aristokratische Schicht und generieren nach dem Gesetz der Wirksamkeit aus negativer Ursache für die Welt höchst positive Werte. Um der Tadellosigkeit innerer Unsicherheit, jener tadellosesten und beharrlichsten aller Tadellosigkeiten, zu begegnen, müssen wir uns nicht weit bemühen. Täglich hat man Menschen um sich, die durch die ängstliche Korrektheit ihrer Kleidung ins Auge fallen, die alle Weinsorten und Likörmarken aus dem Effeff beherrschen und im Restaurant auch haargenau wissen, was wozu passt, und alle, die es nicht tun, verachten. Und es gibt auch immer noch Leute, die sich etwas darauf einbilden, dass sie täglich ein Bad nehmen, und die sich einen tadellose Kragen als Plus anrechnen. Es gibt Familien, vor allem neureiche, die ihrer Tochter nicht erlauben, mit einem armen Jungen zu gehen, es gibt Mädchen, deren Lebenszugriff sich an den Grenzmarken des Erlaubten und des Nichtschicklichen entlanghangelt, es gibt kleinliche Kritikaster, kurzsichtig und von sich selbst kompromittierender Starrheit, und wenn auch jedem zu helfen ist, der es durch eine wirklich vornehme, nichtakademische Beurteilung der Dinge zu gedanklicher Aufrichtigkeit gebracht hat, so ist wiederum jenen aus Unsicherheit an das Kreuz ihres unerschütterlichen Ideals genagelten Leuten ganz und gar nicht zu helfen, denn nur die Eitelkeit ist unersättlich.

Národní listy, 17. 1. 1926

Die Rolle des Journalismus in der heutigen Literatur

Neruda hat wohl als einer der Ersten einen völlig neuen Schriftstellertypus in die Literatur eingeführt: ein bisschen Essayist, ein bisschen humorvoller Journalist, der, um große Politik nicht bekümmert, jede Kleinigkeit wichtig genug findet, um etwas darüber zu sagen. Heutzutage ist der unterhaltsame Journalist ein unverzichtbares Redaktionsmitglied bei Tageszeitungen, Wochenschriften und Illustrierten Blättern, und seine Artikel erscheinen dann später als Buch, und erstaunlicherweise wird dieses auch nachgefragt. Bei uns aber jammert man immer noch, dass die moderne Zeit auf nichts als Unterhaltung aus wäre. Aber ich meine, genauso gut ließe sich sagen, dass unser Interesse an den Dingen sehr breit ist, dass auch das Geringe uns zu fesseln vermag und dass wir einen Bericht über einen amerikanischen Schuster, eine englische Lady, die Chrysanthemenzucht und tausend weitere Kleinigkeiten für unterhaltsam erachten. Früher haben sich die Leute nicht darum gekümmert, wie die Fuhrwerke in Amerika fahren und ob ein Wachtmeister in Deutschland grob ist oder nicht. Niemand hat sich für den Nährwert von Vitaminen interessiert oder den modernen Konstruktivismus mit seinen Betonstützpfeilern. Heute unterhält sich jeder Laie mit der populären Darstellung irgendeiner wissenschaftlichen Genese, aber ich glaube nicht, dass das ein Rückschritt ist. Früher erregten die Zeitungen die Neugier ihrer Leser mit der Schilderung grausiger Morde, mit effekthascherischen und sensationellen Neuigkeiten, ein kurzweiliger Bericht über eine geringere Sache schien weder wert, geschrieben zu werden, noch glaubte man, damit irgendwen zu erfreuen.

Wenn wir einmal darüber nachdenken, woher jene allgemeine Aufmerksamkeit für das Detail kommt: Noch vor sechzig Jahren diente die Kameralinse dazu, unsere Großmütter und Großväter in schicklich statischer Pose abzulichten und jene Familienporträts für uns zu kreieren, auf denen der Älteste ganz oben sitzt und der Jüngste zu seinen Füßen kniet. Später entdeckte man, dass die Fotografie eine atemberaubende Sache ist. Nicht nur dass sie die Wirklichkeit für uns abbildet, sie hält zugleich auch eine zweite Wirklichkeit für uns fest, die wir ohne sie gar nicht bemerkt hätten. Wenn sie auch keine Farben hat, so ist sie doch hellsichtig in Bezug aufs Detail, und auf einmal sehen wir Bilder wie vor uns nur die impressionistischen Maler: ein halb demoliertes Tor, eine Chaluppe am Waldrand, ein Kind mit Hund, Laternenschein im Nebel. Früher gab es Berufsfotografen, und der Apparat war ausschließlich in ihrem Besitz. Heute fotografieren fast alle, und alle finden wir in unserem Leben zahllose Kleinigkeiten, die es wert sind, dass wir sie im Bruchteil einer Sekunde bannen. Begeben wir uns auf Reisen, bringen wir uns ein Stück Meer mit nach Hause, eine Welle, wie sie splittert an einem Stein, die Straße eines fremdländischen Städtchens oder den Blick von einem Höhengipfel ins Tal. Haben wir eine kleine Villa, können wir uns und anderen davon erzählen, wie wir darin leben – in einer Serie kleiner Bilder, die unser kleines Alltagsleben eingefangen haben. Das ist unser Hund vor dem Gemüsegarten, und da bauen die Arbeiter einen neuen Zaun hinterm Erdbeerbeet. Unser Birnbaum, der unter den Fenstern blüht, und hier füttert die Anička Hühner.

Die Fotografie hat in den letzten Jahren enorm an Bedeutung gewonnen. Sie hat uns beigebracht, über die Vielgestaltigkeit der Welt nachzudenken, und es ist unmöglich, dass eine Zeitschrift, die Fotografien bringt, sich je erschöpfen könnte, weil die Welt unausschaubar ist und weil jeder Tag in immer neuen Bildfolgen lebt. Mit einer Fotografie dringen wir ins Innere der Dinge. Wir sitzen bequem auf einer Bank im Biograph und betrachten die endlosen Schneeebenen polarer Gegenden, die mechanischen Details eines Panzerschiffs, die sportliche Leistung einer Rennstute und die Reisernte in den Tropen. Die Welt ist zusammengeschrumpft, seit die mobilen Abbilder ihrer Wirklichkeit um die Erde gehen. Der populärste aller Menschen ist Chaplin, und nicht etwa weil es vorher keinen gleichrangigen Künstler gegeben hätte, sondern weil das Material, mit dem er arbeitet, Entfernungen ganz anderer Dimension überwindet und allen zugänglich ist.

Ein Journalist, würde ich sagen, ist wie die Resonanz einer Linse im Geschriebenen. Er ist ein Miniaturenzeichner, aber in seinen Details trifft er die Wirklichkeit. Er interessiert sich für unauffällige Kleinigkeiten, und auf einmal zeigt sich deren große Wichtigkeit. Der Linse, die sich auf einen Gegenstand richtet, darf eine Lebensanschauung nicht fehlen, sie ist der Kern eines guten (oder auch schlechten) Films. Und der Feder, die sich auf einen Gegenstand richtet, nicht eine Philosophie, wie Chesterton, der Begründer der modernen Journalistik, uns lehrt. Aufmerksamkeit für das Detail macht aufmerksam für das Große, und die Liebe fürs Kleine befreit uns vom Kleinlichsein. Haben Impressionist und Fotograf im Wettstreit gelegen und hat die Fotografie den Impressionismus schließlich in den Expressionismus gedrängt, so gibt es einen ähnlichen, wenn auch nicht ganz denselben Kampf zwischen Dichter und Journalist. Fast würde ich sagen, der Dichter ist ein Sprachbildner, der Journalist eher ein Sprachtechniker.

Národní listy, 7. 11. 1926

Der Fluch vortrefflicher Eigenschaften

Übt sich jemand in einer guten Eigenschaft, heißt das noch lange nicht, dass er ein angenehmer Mensch wäre. Erstaunlich, aber ich habe unzählige Male erlebt, dass Menschen, die zwar nicht schlecht waren, aber doch eine Leidenschaft und einen gewissen Hang aufwiesen, eine erhebliche Unzulänglichkeit, unter der sie gehörig litten, weitaus angenehmer waren als die Korrekten und Perfekten. Das ist ganz natürlich: Habe ich das Gefühl, dass ich etwas in mir trage, für das ich mich schämen sollte, weil es nicht völlig in Ordnung ist, bin ich weitaus toleranter gegenüber den anderen und sehe die Fehler und Unzulänglichkeiten meiner Mitmenschen von ganz anderer Warte. Zum Beispiel kann es passieren, dass Sie etwas Schlimmes erleben und alles sich so verknäult, dass Sie am Schluss nicht mehr wissen, was gut und was böse ist. Der Schmerz deckt sich auf Ihre Augen wie die Scheuklappen bei den Pferden, und er wächst, je länger er dauert, er hindert Sie an einem gesunden Urteil und quält Sie ganz einfach, und Sie, ohne es zu wollen, tun etwas, was Sie ansonsten nie und nimmer tun würden, aber Sie sind ja auch so todmüde, und alles scheint Ihnen einerlei, und im Innern fühlen Sie das zermürbende Bedürfnis, dem Ganzen ein Ende zu setzen, ein Ende um jeden Preis, gewaltsamer womöglich als nötig. Nach außen hin sieht die Sache ganz anders aus, und die Menschen, die Ihnen zusehen, haben es freilich leicht. Man wird den Stab über Sie brechen, und letzen Endes wird in diesem Urteil auch einige Wahrheit stecken. Und da auf einmal begegnen Sie einem Menschen, der zu Ihnen völlig unmotiviert freundlich und nett ist. Er hat ein ganz anderes Schicksal als Sie, und Vergleichbares hat er nie erlebt, aber eben doch am eigenen Leibe erfahren, wie leicht es ist zu verurteilen. Hat womöglich erlebt, welche für immer unerklärlichen Missverständnisse sich mit der Zeit zwischen zwei Menschen schieben, hat erlebt, wie weh es tut, sich machtlos und letztlich ohne Erfolg dagegen zu wehren. Und daher, einfach so mir nichts, dir nichts, ist er freundlich mit Ihnen.

In diesem Sinne ist eine Unzulänglichkeit fast ein Vorzug. In Hinblick auf die menschliche Güte ist sie sicher ein Vorzug. Die schlimmsten Menschen sind die perfekten und korrekten. Ich kenne keinen schlimmeren Typus Mensch als die Deutschen, da haben wir Perfektion und Korrektheit in Person vor uns. Korrekte Menschen haben oft sogar einen komplizierten seelischen Apparat zum Quälen anderer. Es macht ihnen sozusagen Freude, wenn sie ihre Korrektheit unter Beweis stellen können, und am besten lässt sich das natürlich an der Inkorrektheit anderer tun. So ein perfekter Beamter zum Beispiel ist der unerschütterlichste Mensch der Welt. Wir stürmen in letzter Minute auf den Bahnhof, gut möglich wir haben uns von jemandem unerlaubt und vorschriftswidrig lange verabschiedet und wollen nun, dass man unser Gepäck annimmt. Aber irgendwo steht, dass am Gepäck ein Zettelchen sein muss, und darauf mit Tinte der Name und die Adresse. »Das geht nicht«, heißt es, und wo nehmen wir dann die Tinte her. Je zorniger wir dreinblicken, desto sturer wird sich gestellt. Auf Bahnhöfen und in der Post, wie mir scheint, sitzen durchweg die Allerperfektesten.

Es kann aber auch passieren, Sie wohnen bei einer Zimmerwirtin, die Sauberkeit liebt. Das ist schrecklich. Sauberkeit zu lieben ist an und für sich nichts Schreckliches, aber für alle, die Sauberkeit maßvoll lieben, kann es zum Fegefeuer auf Erden werden. Derlei Dinge mögen etwas Lustiges haben, aber sie sind manchmal sehr ernst, insbesondere wenn jene guten Eigenschaften zum Quell von Streitigkeiten zwischen Eltern und Kindern werden. Der Vater hat nie gelogen, und das ist in der Tat ganz enorm. Aber wegen einer kleinen Lüge ist der Bub noch lang kein Lügner. Der Vater aber ist im Stolz auf seine Wahrheitsliebe und im gerechten Selbstlob seiner Ehrlichkeit so böse und unbarmherzig, dass es aus erzieherischer Sicht wohl besser gewesen wäre, wenn er einmal im Leben in eine Situation geraten wäre, in der er gelogen hätte. Dann wäre er jetzt nicht so mitleidslos streng mit dem Buben.

Sicher wissen Sie alle, wie unsympathisch Menschen sein können, die eine gute ästhetische Eigenschaft haben. Nicht nur dass sie meinen, aufgrund ihrer sauberen Finger stünden sie auf dem Gipfel der Vollkommenheit, nein, sie unterteilen die Menschen nach nichts anderem als sauberen und weniger sauberen Fingern. »Ich wasche mir täglich die Hände«, sagen sie dünkelhaft bei jeder Gelegenheit. Und wenn Sie in eine Berghütte treten, wo Wasser eben nicht gleich zur Stelle ist, ergreifen sie ihre Chance und verkünden: »Hier ist mir alles verleidet, wenn ich die Hände nicht waschen kann. Sehen Sie, so ist das nun mal mit mir.« Man spricht von einem begabten

Menschen, und er wird allgemein gelobt. »Aber er hat doch so ungewaschene Hände!«, sagt Ihr Freund und sagt damit nichts anderes, als dass seine gewaschen sind.

Ich denke, der beste Mensch, den ich je kennenlernte, war ein Fremder, dem ich sehr oft in Gesellschaft begegnet bin. Niemand wusste von ihm wirklich Genaues, man hielt ihn irgendwie für etwas Besonderes. Aber einmal hat ihn jemand beschuldigt, und weil die Beschuldigung schwer wog, wollte ich sie nicht glauben, es tat mir gewissermaßen unendlich leid, dass dieser Junge mit dem so unverstellten Gesicht und den ruhigen Augen, die offen in die der anderen blickten, etwas so Hässliches getan haben sollte, und ich forschte nach, was es damit auf sich hätte. Es stellte sich heraus, dass er sich nicht verteidigt hatte, weil sich die Sache ganz anders verhielt, und hätte er sich verteidigt, hätte er über sich etwas unglaublich Schönes und Edles verraten müssen, womit sich jeder andere auch ohne diese Gelegenheit ganz gewiss großgetan hätte. So etwas war für mich völlig neu. Später wurde mir klar, dass er überhaupt der erstaunlichste Mensch war, dem ich je begegnet bin, und dass nichts im Leben mich derart schwindeln machte wie dieser kleine Durchblick in sein Herz. Ein wahrhaft edler Mensch, aber ich meine, dass er es zu verheimlichen suchte, wie jemand, der sich seiner Vorzüge vor anderen schämt. Er war nicht imstande etwas zu tun, was verraten hätte, wie er ist, und die schönsten Dinge tat er scheu, schüchtern, im Verborgenen, heimlich, ja, heimlich und nicht so, dass es nur heimlich aussah. Als er starb – er war in der Tat zu gut für diese Welt, und ich schrecke vor dieser Phrase nicht zurück, sie steht hier der Wahrheit nach –, las ich in einem seiner Tagebücher eine kleine Begebenheit aus Kindertagen, und weil sie mir als das Schönste erscheint, was ich je gehört habe, will ich sie hier zum Schluss erzählen:[24] Er hatte von seiner Mutter, als er klein war – er war sehr arm –, einen Sechser bekommen. Nie zuvor hatte er plötzlich einen Sechser besessen, ein ungeheures Ereignis. Er hatte ihn sich verdient, das Ereignis war daher nur umso

24 Franz Kafka schildert diese Begebenheit in seinem Brief an Milena Jesenská vom 18.7.1920. Vgl. Franz Kafka: Briefe 1918–1920, Kritische Ausgabe, hg. von Hans-Gerd Koch, Frankfurt a.M. 2013, 233–236.

großer. Als er die Straße entlangging, um sich etwas dafür zu kaufen, sah er eine so elende Bettlerin, dass er fürchterlich erschrak und sogleich den Wunsch hatte, ihr seinen Sechser zu geben. Aber damals war ein Sechser für Bettlerinnen und arme kleine Buben geradezu ein Vermögen. Und er fürchtete daher das Lob, den Dank, womit die Bettlerin ihn überschütten würde, und die Aufmerksamkeit, die das Ganze hervorriefe, und zwar so sehr, dass er seinen Sechser wechseln ließ und ihr einen Kreuzer schenkte, um den Block rannte, und ihr, von der anderen Seite wiederkehrend, einen zweiten Kreuzer schenkte, und das tat er zehnmal, alle zehn Kreuzer hat er ehrlich gegeben, hat nicht einen für sich behalten, und dann versagten die Nerven, er brach zusammen und weinte, so sehr hatte ihn die seelische Anstrengung dieser Tat erschöpft. Ich denke, ein schöneres Märchen habe ich nie gehört, und als ich es las, nahm ich mir vor, dass ich es zeit meines Lebens nicht vergessen will.

Cesta k jednoduchosti (Der Weg zur Einfachheit),
1926, S. 87–90.

Unabhängigkeitshysterie

Wir alle sind davon besessen. Behaupten, das Schlimmste, was uns widerfahren könnte, wäre ein Abhängigsein. Wir wehren uns gegen jedes Versprechen, gegen jede Abmachung, gegen die Einhaltung der einfachsten Verpflichtungen. Wir sind nicht in der Lage, zwei Tage im Voraus zuzusagen, ob wir dies oder jenes tun, und stolz erklären wir jedem, wir könnten schließlich nicht wissen, wonach uns übermorgen der Sinn steht. Das nennen wir Freiheit. Wenn ich daran denke, dass es früher Menschen gab, die ihr ganzes Leben einem einzigen Versprechen weihten und dieses hielten, fange ich an zu glauben, dass unsere Zeit eher im Zeichen der Feigheit steht als im Zeichen der Freiheit. Jeder versucht, sich von seiner Pflicht zu befreien, indem er behauptet, es sei nun mal eben so, dass er unter Druck nichts zustande bringe. Und versichert, er sei zu jedem Opfer imstande, wenn es nur freiwillig ist. Wenn er sich dann gnädig eine Pflicht »freiwillig« auferlegt, ist er von sich höchst überzeugt, und die anderen sollen es bitte schön auch sein. Und so ist es gekommen, dass wir heute begeistert behaupten, dass derjenige, der seine Frau nicht betrügt, ein anständiger Kerl ist; seine Arbeit anständig machen ist heute etwas sehr Außergewöhnliches, und keiner weiß wirklich, ob er so einen Menschen bewundern soll oder für einen Narren halten. Nicht bestechlich zu sein, nicht äußerlich und nicht innerlich, heißt Gefahr laufen, als Heiliger oder Idiot zu gelten. Sich über Unehrlichkeit zu empören heißt übertrieben feinfühlig sein. Überhaupt gibt es nichts Normales, was heute nicht gleich als Verdienst gilt. Bedeutendes zu leisten ist heute leichter als früher. Ich erinnere mich an Chestertons »Verteidigung unbedachter Versprechen«.[25] In der Tat, etwas zu versprechen grenzt inzwischen an Heldentum. Zu halten, was wir versprochen haben, ist Heroismus. Immer und überall werden sich welche finden, die alles mit der Natur des Menschlichen entschuldigen. Im Namen des Menschlichen mit dem Menschlichen entschuldigen. Im Namen des Menschlichen erlauben wir uns alle möglichen Freiheiten, und im Laufe der Zeit werden wir nur eine einzige Freiheit verlieren, nämlich auf die gute alte tschechische Art ehrlich zu sein.

Ringt heute eine Frau die Hände über den Mann, der das Geld vertrunken hat und sie und das Kind in Not und Elend zurücklässt, so heißt es gemeinhin, sie wäre mit ihm zu streng. Denn er ist ein freier Mensch und hat das Recht, wie's ihm beliebt, sinnlos über den Durst zu trinken. Wir loben die Freiheit, nicht aber den freien Edelmut und die freie Leistung ohne Überwachung und Zwang. Wir verstehen unter Freiheit noch immer dasselbe wie ein losgebundenes Tier: Frei sein heißt, alles zu tun, was einem gerade einfällt. Wir sind noch nicht so weit, uns zu sagen, dass echte Freiheit bedeutet, das Gute freiwillig zu tun.

25 Jesenská meint Keith Gilbert Chestertons (London 1874 – Beaconsfield 1936) Pädoyer *A Defence of Rash Vows* aus der Essay-Sammlung *The Defendant* (1901), die 1917 vom Leipziger Verlag der weißen Bücher unter dem Titel *Verteidigung des Nonsens, der Demut, des Schundromans und anderer missachteter Dinge* in einer ersten deutschen Übersetzung herausgegeben wurde. Eine tschechische Ausgabe erschien erst 1976.

Weigert sich jemand zu heiraten aus Angst, er könnte die Freiheit verlieren, oder nimmt er keine Stelle an, weil er dann zu sehr an regelmäßige Arbeitszeiten gebunden wäre, so stelle ich mir die Erdkugel immer genauso vor wie den Mond, den wir an klaren Abenden auf dem Dach des Nationaltheaters für eine Krone durchs Fernrohr betrachten können: eine wunderliche Kugel von unklarer Größe, zerpflügt von winzigen Rinnen, mit Bäumchen und kleinen Hügeln besetzt, und in diese wunderliche Welt hinein denke ich mir den Ameisenmenschen, wie er von der Geburt zum Tod wuselt. Was rackert er sich nicht ab, um dreimal täglich zu essen, um unter einem Dach einzuschlafen, und noch dazu die sonstigen Sorgen um Kleidung, um allerlei Ehrgeizigkeiten, Erfolge, Vergünstigungen, von denen der kleine Körper geschüttelt wird. Gefangen in der namenlosen Ungeheuerlichkeit des Raumes, gefangen auch im Aberglauben des eigenen Unwissens, hunderttausendfach aber gefangen im Netz unerfüllbarer Wünsche redet dieser Gefangene, der nie irgendwohin wird entkommen können, von der Freiheit eines einzigen Nachmittags, der nicht mehr darstellt als einen Spotzefleck in der Unendlichkeit. Die Freiheit, im nächsten Augenblick nach Afrika zu fahren, ist aus der Höhe von einigen hundert Metern nur ein wunderliches Geruder von Ort zu Ort. Die Freiheit des Geldes ist ein Gefangensein in Tausenden Konventionen, die Freiheit der Armut ein Gefangensein in tausend unerfüllten Wünschen. Eine Freiheit hat der Mensch aber, und zwar die zu sterben; und noch eine: nicht frei sein zu wollen. Wirkliche Freiheit besteht darin, auf sich zu nehmen, was man auf sich nehmen muss, und zwar ruhig. Das ist keine Resignation, das ist nur das Wissen darum, dass wir uns umso tiefer verstricken, je mehr wir uns in vergeblichen Kämpfen winden. Das ist keine unterwürfige Fügsamkeit. Es ist die Ehrlichkeit, die Dinge zu sehen, wie sie sind, und nicht so krampfhaft vor ihnen zurückzuschrecken.

Národní listy, 20.2.1927

Abb. 12: Milena Jesenská und Staša Jílovská, August 1927.

Nachteile der Nähe

Wenn Sie mit dem Zug ins Gebirge fahren, dann kommt eine Kurve, aus der sich ein herrlicher Blick auftut. Sie überschauen die Berge ganz, klar und plastisch zeigt sich vor Ihnen ihre majestätische Form, die Gewaltigkeit ihrer Kontur, das Riesige ihrer Unbewegtheit. Sie sind wie betäubt vor Begeisterung, vor Liebe zu ihnen, und würden Sie auf der Stelle umkehren und nach Hause zurückfahren, es bliebe Ihnen für immer der Eindruck von der Großartigkeit dieses aus der Ferne erblickten Berges. Der Zug schnauft aber die Gleise hinan, und Sie befinden sich plötzlich direkt am Fuße des Berges. Sie schauen nach oben, biegen den Kopf zurück, und je länger Sie schauen, umso weniger werden Sie von ihm sehen. Sie finden ihn zwar überwältigend, doch Sie sehen ihn nicht mehr in Gänze, sehen nicht, wie seine Spitze sich gegen den Himmel abzeichnet, sehen nicht seine Gestalt, und alles an ihm ist stumm für Sie, bis auf das, was Sie ganz aus der Nähe und eben nicht aus der Ferne sehen.

Mit den Menschen ist es für Sie nicht anders. Sehen Sie jemanden das erste Mal, erfassen Sie ihn auf einen Blick. Sie sehen den Glanz seiner Augen und ahnen die innere Gestalt, erfassen, ob er traurig oder mit sich im Gleichklang ist, und machen sich gar nicht klar, wie viele Ihrer Ahnungen Sie einer plötzlich entdeckten Verwandtschaft verdanken, wie viel einer heimlichen Reaktion der Nerven, Ihrer vom Leben geschärften und disziplinierten Fantasie, wie viel dem Willen, den anderen genau in dieser Weise zu sehen. Doch da ist nichts, was Ihren Blick auf diesen Menschen verstellt, Sie erkennen ihn zwar nicht, aber Sie sehen ihn, und das ist weniger und mehr zugleich.

Der Zug des Lebens schnauft auf seinen Gleisen ganz nah heran, und auf einmal ist Ihnen dieser Mensch so nah, dass Sie aufhören, ihn zu sehen. Glauben Sie mir, Sie machen sich das nicht klar. Sie sehen ihn jetzt eben anders als bei der ersten Begegnung und nicht weniger richtig. Nur heute sehen Sie nahe Dinge, und damals waren es die Konturen. Ein Mensch hat Eigenschaften, die täglich präsent sind, und andere, die man aufgrund jener ersten so gerne vergisst, denn sie zeigen sich nur wenige Male im Leben. An einem sehr geizigen, habgierigen Menschen entdecken Sie vielleicht schöne Augen, und die sind sehr viel präsenter. Und umgekehrt hat selbst der beste Mensch der Welt seine Unarten, die mehr ins Auge stechen als seine Güte. An der Seite eines anderen sehen Sie seine täglichen guten und schlechten Züge und vergessen die verborgenen, die nicht so hervortreten. Und Sie tun ihm Unrecht, weil Sie ihm viel zu nahe sind.

Bemerkenswert ist, dass Sie aus den Bergen auf demselben Weg zurückkehren, auf dem Sie gekommen sind, und wieder ist da diese Kurve, von der aus Sie die Berge zum ersten Mal erblickt haben, und Sie schauen aus derselben Entfernung, aber Sie werden sie nie mehr ein erstes Mal sehen. Die Liebe zu ihnen oder die Angst vor ihnen verstellt Ihren Blick. Sie haben jetzt eine Beziehung zu ihnen. Sie sind für Sie nicht mehr neu. Und sehen Sie die Berge von dort aus nach Jahren wieder, werden sie Ihnen vielleicht sehr lieb sein, aber nie wieder so neu und so erstmalig. Mit den Menschen ist es genauso. Manchmal wünschen wir uns, das Gesicht des geliebten Menschen wieder so zu sehen wie am ersten Tag: so fremd, so seltsam fern und unbekannt vertraut. Wenn wir es heute anschauen, erkennen wir mehr in ihm und blicken lieber hinein, aber manchmal scheint es zu wachsen und zu wachsen, den ganzen Gesichtskreis auszufüllen, über dem Horizont zu verschwinden und sich nur in einem einzigen Lächeln oder Blick zu zeigen. Es ist vor uns wie verlassen und wir sind vor ihm vereinsamt. Es weiß um sein Ganzes, weiß darum und ist traurig, dass es sich nicht ganz zeigen kann; wir schauen auf diesen einen nur aus solcher Nähe sichtbaren Punkt und sind nicht in der Lage, uns das Übrige zu ihm hinzuzudenken.

Die Ameise vor dem Schuh eines Menschen erahnt kein Bild vom menschlichen Gesicht. Und ebenso wenig erahnt der Mensch, der einem anderen ins Gesicht blickt, dessen Herz.

Národní listy, 6.3.1927

Menschen, die nicht den Mut haben, etwas nicht zu verstehen

Jede Zeit, meine ich, hat ihre Revolutionäre und ihre Rückschrittler. Ja, ich meine sogar, dies Phänomen tritt mit solch unumstößlicher Regelmäßigkeit auf, dass es alle über fünfzig langweilen muss. Soweit ich weiß, gibt es in dieser Gruppe keinen, der nicht irgendwann einmal ein Revolutionär oder zumindest ein Anhänger derselben gewesen wäre. Das Revolutionäre altert wie menschliches Haar: Es wird grau. Ich kenne nur sehr wenige, die nicht geistig erstarrt sind und also in der Lage waren, von ihrer inzwischen nicht mehr revolutionären Revolutionsidee abzulassen. Fortschrittsideen altern ganz sicher schneller als ihre Erfinder, was als Beweis gegen ihre Erfinder ins Feld geführt werden könnte und nicht gegen deren Ideen. Aber der Lauf der Welt ist, dass jeder Gedanke einmal neu ist und gleichsam in der von den Bedürfnissen der Welt durchsättigten Luft liegt. Zur Tat geworden, ist er den Gesetzen der Physiologie unterworfen und altert wie ein menschliches Gesicht, wie der Wald, die Tiere und wohl auch die Sterne, jeder in der zeitlichen Spanne, die ihm sein physiologischer Rahmen vorgibt. Einmal gealtert, ist er wie alles Alte auf der Welt: ein anrührender Beweis urzeitlicher Weisheiten, die über der Welt schweben, über unserem Bewusstsein und außerhalb unserer Erfahrung: so dass letzten Endes in der Praxis kein großer Unterschied besteht zwischen der alten und der neuen Welt, abgesehen von ebenjenem Prozess des Aufblühens, Reifens und Verfaulens, zu dem alles verurteilt ist. Um verknöcherte, unmenschliche starre Ideen scharen sich verknöcherte, unmenschlich starre Menschen, sie sind ein ebensolches Naturphänomen wie hohl gewordene Strünke im Wald, die einst als biegsame, geschmeidige Gerten auf der Lichtung standen. Ihnen gebührt Respekt, denn sie fallen mit dem, wofür sie gekämpft haben, und das ist rein und groß, wie jeder Dogmatismus etwas Reines und Großes hat. Das steife Rückgrat, nach jahrelang selber Arbeit, ist verdienstvolles Veteranentum und eine Weisheit, für die man mit überstandenen Gefahren bezahlt hat. Aber manch ein Rückgrat ist auch an der Neuheit der Welt und ihren modernen Erscheinungen steif geworden.

Dass es Snobs wären, kann man nicht sagen, denn der Snob ist nicht ohne Reiz, vorausgesetzt, er macht seine Sache gut. Und die wäre, das bisschen, das ihm zur Originalität fehlt, durch ein Plagiat zu ersetzen, das Witz hat. Und außerdem: Einem Snob mangelt es nicht an innerem Feuer, und daher sei ihm verziehen. Es gibt aber Menschen, die ganz und gar durchschnittlich sind und deren einzige Überdurchschnittlichkeit darin besteht, ihre Durchschnittlichkeit zu erkennen. Ihnen geht aber jenes seltene Heldentum eines Durchschnittlichen ab, das ihn den Anstand lehrt, der zu bleiben, der er ohne Verstellung und Affektiertheiten ist – der einzige Weg, sich aus der Durchschnittlichkeit zu befreien und in eine vollkommene Form zu retten, was für sich genommen sehr viel bedeutet –, und so verbergen sie ihre Durchschnittlichkeit hinter der schlimmsten aller Feigheiten: dem feigen Applaus für alles, was neu ist.

Konservative Menschen behaupten, alles Alte sei gut. Fortschrittliche Menschen behaupten, alles Neue sei gut. Leute von Weltformat und einfache Menschen mit gesundem Instinkt, was beinah dasselbe ist, erkennen die guten Dinge aufgrund einer geistig-seelischen Kultiviertheit und sind nicht zu feige, sich Wahrheiten einzugestehen. Sie unterscheiden mit einer Art innerem Spürsinn das Echte vom Unechten, und Worte, die verbogen und unter unlauterem Gehabe aus einem Herzen hervorgehen, das nicht gesund zu schlagen vermag, verursachen ihnen Schmerz. Es gibt aber auch Menschen, die in der beständigen Angst leben, dass sie nicht modern genug wären. Der Gedanke, dass etwas vor sich gehen könnte, was sie vielleicht nicht verstehen, lässt sie nicht schlafen. Sie haben Angst, lächerlich zu erscheinen, und dabei ist die einzige Lächerlichkeit auf der Welt die Angst vor der Lächerlichkeit. Sobald etwas auftaucht, das den Stempel des Neuen trägt, müssen sie vorne stehen und vor allem begeistert sein. Zu wählen reicht ihnen nicht. Es gibt für sie gar keine Wahl, denn sie verstehen in Wirklichkeit nicht einmal sich selbst. Sie sind dazu verurteilt, sich auf Autoritäten zu verlassen. Aber da sie nun keine Wahl haben, ergeht es ihnen wie dem Nackten im Dornbusch, denn auch für die Wahl einer Autorität muss man zur Wahl befähigt sein. Einem anderen zu glauben, dass er Recht hat, erfordert eine gewisse Selbstständigkeit. Sie aber haben nichts, worauf sie sich verlassen könnten, und daher erkennen sie alles in Bausch und Bogen an. Das bereitet am wenigsten Umstände, und sie leben in dem Glauben, sich dadurch nicht zu kompromittieren. Ein Dummkopf zu sein ist immer eine schwierige Sache, aber noch schwieriger ist, es zu verbergen.

Wenn einer, der großen Ideen lebt, eine Bombe wirft, weiß er, wohin und wozu und ist zumindest imstande, sie dahin zu werfen, wohin er sie haben wollte. Werfen kleine Kinder Bomben, lösen sie das übliche Unglück aus. Wer einen Gedanken hat, der vom Geist und jener Welle des Weltgeschehens, das gerade ihn sich als Sprachrohr erkoren hat, approbiert ist, der ist gefährlich; gefährlich wie ein Chirurg, der schneidet, um zu heilen. Immer haben Wunden geblutet, und immer traten die Zeitalter aus den Operationssälen ihrer Erwecker in eine schöne, frische Rekonvaleszens. Erstarren die Menschen aber aus Angst vor Rückschrittlerei im wahllos Revolutionären, und lieben sie, ohne jede Ahnung von den Dingen, die Modernität nur deshalb, weil sie nicht den Mut haben zuzugeben, dass sie etwas nicht verstehen, so sind sie gefährlich wie Zündhölzer in der Hand eines Kindes neben der Ölquelle. Diese Menschen würde ich am meisten fürchten, denn ihnen fehlt die gedankliche Verantwortung für das, was sie tun. Sie gehen und morden, weil auch sie es nötig haben, Helden zu werden, und der Irrtum, der sie für immer von der Wahrheit trennt, macht sie entweder zur lächerlichen oder tragischen Figur; sie sind nicht nur eine Gefahr für sich selbst und die Welt, sondern vor allem für die Sache, für die sie kämpfen: Sie sind geradezu eine Waffe in den Händen von deren Gegnern, und jedes ihrer Worte schlägt diese Sache tot. Nichtverstehen verdirbt einen Gedanken nicht. Aber vermeintliches Verstehen und Missverstehen durchaus.

Národní listy, 24.4.1927

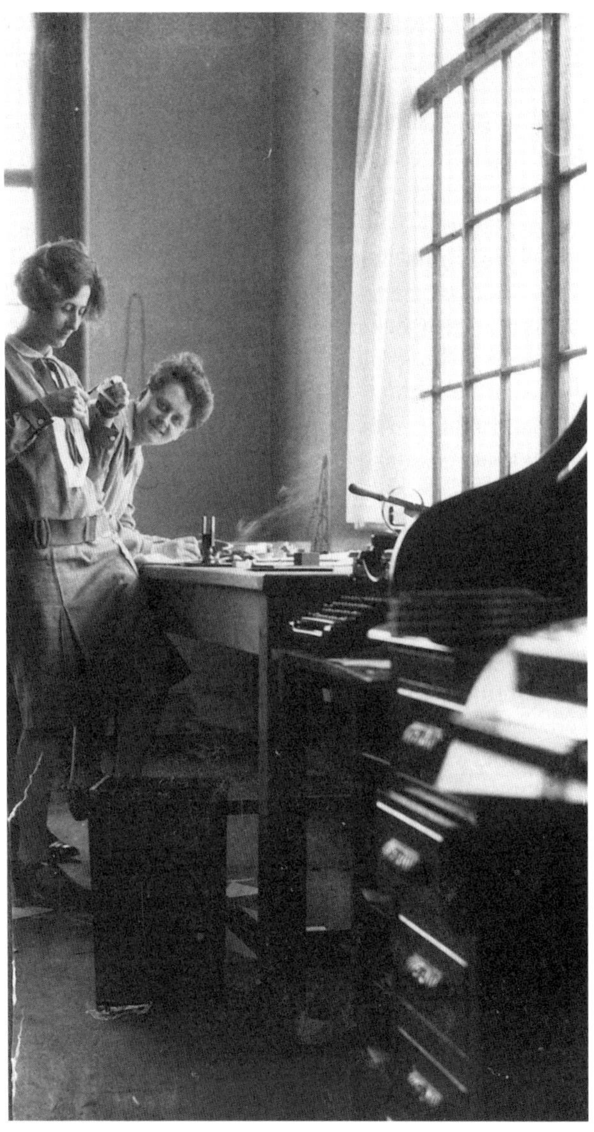

Abb. 13: Staša Jílovská und Milena Jesenská
in der Redaktion von *Pestrý týden* 1927.

Internationale Werkbund-Ausstellung »Die Wohnung« in Stuttgart I.

Will man wissen, wie ein perfekt organisiertes Leben aussieht, wechselt man am besten an einem beliebigen Punkt über die Grenze nach Deutschland. Zwei Meter hinter ihr beginnt eine perfekt gepflasterte Straße, um sich meilenweit und meilenbreit in Kreuz- und Sterngewölben durch das ganze riesige deutsche Land zu ziehen. Die Kreuzungen sind einwandfrei beschildert, an den Ecken tummelt sich ein Gewirr von Tafeln mit Vorschriften und Verboten. Die Straßen in den Ortschaften sind beleuchtet, in jedem Dorf fährt eine Tram – in Deutschland gibt es überhaupt keine Kleinstädte, selbst ein noch so kleines Städtchen hat eine Elektrische, Hotelzimmer mit Majolikawaschbecken und Warm- und Kaltwasser – die Verkehrsschilder sind tadellos, die hintersten Lädchen sauber und ordentlich, in den Klosetts befinden sich Handtuch und Seife – sie zu stehlen ist verboten –, die Bahnhöfe sind von repräsentativer Monumentalität, Leuchtreklamen irrlichtern bis in die Nacht, die Kutscher geben den Weg auf ein erstes Hupen hin für die Autos frei, und sie fluchen nicht nur nicht, sondern springen sogleich vom Kutschbock hinab zu den Pferden – so ist es verordnet –, kurz und gut, ein Land, das aller Bewunderung wert ist. Unwillkürlich fragt man sich, warum dieses Land, das den Krieg verloren und seine Währung wieder so hochgebracht hat, ein Land, dem es gelungen ist, diesen Sommer vier Weltausstellungen auf derart hohem kulturellen Niveau durchzuführen, dass sie weltweit auf sich aufmerksam gemacht und Besucher aus ganz Europa angelockt haben – ich rede von den Ausstellungen »Internationale Musik« in Frankfurt, »Bühnenkunst« in Magdeburg, »Das Buch« in Leipzig und »Modernes Wohnen« in Stuttgart –, warum also dieses Land mit seiner so bewundernswerten Arbeitsamkeit, seinem Sinn für Vorgeschriebenes und Verbotenes so unendlich uncharmant ist, abstoßend, grau und traurig, trotz allem zu zollenden Lob? Vielleicht deshalb, weil nirgends sonst ein so großer Unterschied zwischen dem Durchschnittsmenschen und der nationalen Elite besteht. Bei uns hat jeder ein Quäntchen jener species, jener gesegneten und zugleich verfluchten und auch in Ärmlichkeit sangeslustigen slawischen Seele. In Frankreich heftet sich jeder Backfisch hinterm Ladentisch mit Stolz den Orden an, Französin zu sein, nur in Deutschland wissen die Nerven des Durchschnittsmenschen nichts von Goethe oder von Mozart. Vom Zauber der Großen, von der Spannweite ihres Geistes ist nichts ins Volk gefallen: Es ist ohne Lied, ohne Trauer und Leidenschaft, ohne Gedanken und Zärtlichkeit. Es ist sentimental und brutal. Ordnungssinn hört auf, ein Gottesgeschenk zu sein, wenn der Mensch nur um der Ordnung willen noch lebt und nicht Ordnung hält, um zu leben. Für einen Deutschen besteht die Lebenserfüllung darin, Vorgeschriebenes auszuführen und sich zu hüten vor dem Verbotenen. Es ist kein Zufall, dass man gerade in Deutschland so miserabel speist. Den Deutschen fehlt jede Beziehung zu den Freuden des Lebens, jeder Sinn für die Qualität von Dingen, und gegenüber den Reizen der Welt sind sie ganz einfach taub. Sie gehen nirgendwohin, sie gehen nur ihren Pflichten nach, aber wie erstaunt wird man feststellen, dass die Pflicht, wenn sie nicht Weg ist, sondern Ziel, vor der Gottheit und der Unendlichkeit lächerlich wird, worum selbst die verlorenste slawische Seele bei jeder ihrer noch so unbedeutenden Handlungen und jedem ihrer Atemzüge weiß.

So wie alles ist auch die deutsche Moderne. Was es auch an Modernem in Deutschland gibt, immer ist es ganz konsequent modern, nur ist Konsequenz nicht immer nicht kleinkariert. Im Übrigen artet alle Modernität in diesem Land aus zu Sektiererei, zu Besessenheit und Verschwörertum. Der Kreis um Schönberg, der Kreis um Freud, immer sind es dieselben Epigonen der Modernität, immer derselbe hysterische, im Ungesunden gründende Fortschrittsbegriff, immer derselbe kleinlich genaue Fortschritt, dem der geniale Schwung fehlt. Wohlgemerkt: der Kreis *um* … Die Mittelpunkte dieser Kreise, die Träger und Erfinder ebenjener Moderne, sind genau diese deutschen Ausnahmen, angesichts derer sich so schwer begreifen lässt, wie Land und Volk mit seinem Geist und Schöpfertum zusammenhängen. Die Großen stehen innerhalb ihrer Nation, ja auch im Kreise ihrer Epigonen, tatsächlich völlig vereinsamt auf hohem Gipfel. Einer solchen Nation fällt es nicht schwer, einen Übermenschen hervorzubringen. Über dem Abgrund zwischen sich und den anderen konnte sich in der Höhe des Übermenschen nur ein Deutscher finden.

– – –

Die Stuttgarter Ausstellung zum modernen Wohnen zeigt alles, was die Welt auf diesem Gebiet an Modernem hervorbringt. Die »Weißenhof«-Siedlung, errichtet und von der Mauer bis zur Klinke, von den Innenwänden bis zu Stühlen und Betten entworfen von modernen Architekten, bestätigt nur, was man bei uns schon mehrfach geschrieben hat: Die moderne Architektur gestaltet nicht nur die Werte toter Mauern um, baut sie nicht einfach nur anders als früher, sie folgt vielmehr einer ganz neuen Logik: Modernes Wohnen unterscheidet sich grundsätzlich von allen bisherigen Formen des Wohnens. Diese neuen Gedanken durch und durch zu erfassen, zu entwickeln und zu verwirklichen, in der eigenen Arbeit daraus die Konsequenz zu ziehen – das ist die Leistung modernen Wohnens. Die Stuttgarter Ausstellung zeigt außer diesen Errungenschaften der heutigen Zeit auch viel Wertloses, Unverstandenes, Übertriebenes und Plumpes. Insgesamt aber ist sie eine Leistung, insbesondere wenn wir bedenken, wie wenig wahrhaft moderne Häuser sich in der Praxis durchsetzen, obwohl bedeutende moderne Architekten zahlreich vorhanden sind. Die Häuser der Weißenhof-Siedlung konnten die Panik der Besitzer, dass diese so anders oder auch viel zu einfach sein könnten, nicht bremsen. Hier ist eine Stadt aus modernen Gebäuden, wie wir sie bisher nur von den Zeichnungen der Avantgarde-Zeitschriften kannten, Wirklichkeit geworden.

Am meisten beeindruckt in dieser Ausstellung haben ein Franzose und ein Deutscher. Der Franzose Corbusier, Schöpfer moderner Architektur und bildender Künstler. Wie Rodin oder Balzac von gigantischer kreativer Kraft, ein Genius von unendlicher Anmut, kraftvoll und mit Esprit. Ein Franzose eben, mit Sinn für Bewegung, Sonne und Melodie. Der Deutsche Gropius ist ein wohltemperierter Genius des Modernen, ein keuscher Erfinder stiller Harmonien.

Ohne Zeichnungen und Fotografien lässt sich nicht viel vermitteln, leider. Und noch dazu birgt das Wort die Gefahr, die der Blick auf die Wirklichkeit bannt: Im Wort scheint es wild, aber in Wirklichkeit ist es überzeugend, anschaulich, mitreißend.

Corbusier ist ein Pionier der modernen Wohnkultur, wie Baudelaire für die moderne Lyrik. Sein Wohnhaus ist mustergültig, leicht, rhythmisch bewegt für den Blick von außen. Es steht auf Säulen und hat keine Keller. Der Eingangsbereich und die frei im Raum schwebende Treppe führen Sie an den Kesseln der Zentralheizung und einem modern ausgestatteten Waschraum vorbei. Da gibt es kein ängstliches Vorurteil: Das darf man nicht sehen. Man muss es aber auch nicht mit der falschen Sentimentalität fürs Moderne betrachten, die an unpassender Stelle so viele überflüssige Worte über die Schönheit der Maschinen verliert. So ist das hier nicht gemeint. Man musste die Zentralheizung schlichtweg hier unterbringen, und mehr als schön nimmt sie sich an dieser Stelle aus: nämlich wie selbstverständlich. Der gesamte eingeschossige Wohnraum ist durch keine einzige Wand unterteilt. Es gibt keine rechteckigen Zimmer, keine Wände, Decken oder Fußböden im üblichen Sinn. Der gesamte erste Stock ist ein durchgehender Wohnraum. Anstelle von Wänden sind von der Decke zum Boden, über die Höhe des ganzen Hauses, Glasscheiben eingezogen, Doppelscheiben, und zwischen ihnen ist Erde mit Blumen. Man ist umgeben von einem Garten, von Licht und unendlichem Raum. Aus diesem Raum führt eine Treppe in ein weiteres Stockwerk, das nur wie ein Balkon über die Fläche des halben Wohnzimmers eingehängt ist; die Wand führt nicht bis zur Decke. Sie ist gerade hoch genug, um das Bett zu verdecken, das sich hinter ihr versteckt, oder den Schreibtisch, der hinter dem zweiten Balkon dieser Art steht. Sie können sich also vom Schlafzimmer im ersten Stock hinabbeugen ins Wohnzimmer. Alles ist offen, alles ist voller Raum. Vom Schlafzimmer führt eine Betonblende zu einem keineswegs abgeschlossenen, sondern nur abgetrennten Raum, in dem sich das Bad befindet.

Die Genialität dieses Baus beruht in der Komposition seiner Betonkonstruktion. Es ist kein Haus mit vier Außenmauern aus Beton, in das man Querwände eingemauert hätte, um Zimmer abzutrennen, sondern alles ist aus Beton, auch innerhalb der Außenmauern, die Treppe, die Zwischenwände, das Hängegeschoss, die Halbwand im ersten Stock und die Blende, die das Bad vom Schlafzimmer trennt. Das Haus ist in perfekter Ganzheitlichkeit direkt aus einem einzigen Material geknetet. Bemerkenswert ist, dass auch ein Großteil des Interieurs in die Wände eingefügt und ebenfalls aus Beton ist, also die Küche, der Tisch, der Ausguss, der Spültisch, auch die Schränke, die Bücherregale, die Stühle an den Fenstern, der Schreibtisch, das alles ist aus Beton: Sie müssen nur noch Blumen mitbringen, für die dort so viel Platz gedacht ist, ein paar Stühle, eine Couch und ein Bett – und das Haus ist eingerichtet. Alle kleineren beweglichen Dinge des Haushalts, wie Geschirr, Kleider, Wäsche haben ihren Platz in den Fächern, Schränken, Regalen, die, aus demselben Material wie Wände und Mauern, in selbige integriert sind. Alles in der Welt ist einfach, schlicht und verständlich, wenn es gut durchdacht wird. Kurz, dieses Haus ist von einer göttlichen Schlichtheit. Hier ist das Zweckmäßige bis in letzte Konsequenz zu Ende gedacht, doch ohne trocken, schroff oder programmatisch zu wirken. Es ist ebenso schön, wie es hässlich sein könnte, wäre es nicht von einem Künstler geschaffen. Es wirkt asketisch und sprüht doch vor Anmut. Nirgends der leiseste Anlauf zum Dekorativen, zum Überflüssigen, ob nun im Material oder in der Form, und doch wirkt alles märchenhaft reich in seiner Schönheit, seiner Geräumigkeit, der bezaubernden Raumaufteilung, der Pracht der riesigen Fenster, der Lichtflut. Hier haben Sie alles, was Sie brauchen, und in erster Linie ist es bequem.

Das Haus von Gropius, das danebensteht, ist völlig anders, wenn auch nicht aus einer anderen Welt. Es ist vielleicht praktischer. Hier ist alles gründlich, feinsinnig, mit Geschmack. Die Innenaufteilung ist normaler, gefälliger für Mitteleuropa, annehmlicher für sein Wetter und seine Bedingungen. Dieses Haus ist weder eine Entdeckung noch eine Revolution in der Architektur, es ist nicht so bahnbrechend, nicht so umwerfend schön, aber die beste Architektur, die heute existiert. Es ist das, was zu erreichen uns in Prag als unerfüllbarer Traum erscheint.

Über das Wesen des modernen Wohnens, über Wände, Farben, neue Materialien werde ich das nächste Mal berichten. Für heute nur noch ein bloßer Bericht über die sonstigen Bauten in Weißenhof: sehr bemerkenswert drei Typenwohnhäuser des Architekten M. Stam (Rotterdam), eines jungen Künstlers von großen Qualitäten. Ein Mietshausblock von Mies van der Rohe (Berlin), interessant durch den schönen Grundriss der Wohnungen, mehrere Typenhäuser von J. P. Oud (Rotterdam), zwei Mietshäuser von P. Behrens (Berlin), schmalbrüstig, traurig und schwerfällig, und einzelne Häuser der Architekten V. Bourgeois (Brüssel), G. Schneck (Stuttgart), L. Hilberseimer (Berlin), Bruno und Max Taut, Poelzig, Döcker, Behrens (Berlin), Josef Frank (Wien). Von einem Tschechen, es sei geklagt, steht in ganz Weißenhof nicht ein einziges Haus. In der Ausstellungshalle mit den Zeichnungen und den Modellen drücken sich die Skizzen unserer hervorragenden jungen modernen Gruppe in eine Ecke: offenbar in Eile übersandt und ohne jede Ordnung, und dennoch schlägt sich diese Gruppe im Wettstreit mit der modernen Architektur des Auslands würdig. Es ist nur unbegreiflich, dass derart wichtige Gelegenheiten, sich der Welt zu präsentieren, bei uns leichtsinnig und lax versäumt werden, und noch unbegreiflicher ist es, dass wir keinen Organisator haben, der in der Lage wäre, für so wichtige Ausstellungen repräsentative Zeichnungen in repräsentativer Auswahl einzusenden – und zwar rechtzeitig.

Internationale Werkbund-Ausstellung »Die Wohnung« in Stuttgart IV. Schlussbericht

Wenn die moderne Architektur und ihre Projekte zum neuen Wohnen, wie die Weltausstellung sie in einer Gesamtschau präsentiert hat, uns allen nicht mehr brächten als einen neuen Stil und – um das odiose Wort absichtlich zu gebrauchen – eine neue Mode, wäre das um nichts verdienstvoller als zum Beispiel der Kubismus. Dem Wort ›modern‹ würde es nicht gerecht, wenn wir lediglich feststellen könnten, dass man die neuen Entwicklungen im Wohnungsbau, die Suche nach der einfachen Linie und die Befreiung vom historistischen Ballast Purismus nennt. Die moderne Architektur eines Corbusier oder Gropius etc. etabliert aber nicht nur einen neuen Stil, sie schafft neue Grundlagen für neue menschliche Verhaltensweisen. Das moderne Haus und die moderne Wohnung nehmen den Menschen in die Pflicht. Der moderne Architekt ist nicht nur Schöpfer einer neuen Linie, er muss auch ein unbestechlicher Denker sein, ein logischer Techniker und außerdem Maschinist des Hauses; er muss dessen völlig neue Funktionen, die der Allgemeinheit noch relativ fremd sind, gedanklich beherrschen, muss durch die Dynamik und Verteilung der Wände die Menschen zu mehr überreden als einem schönen Bau und einem schönen Leben.

Die moderne Architektur hat das Vier-Wände-System mit kleinem Fenster, Halblicht und massiver Tür über Bord geworfen. Die neue Wohnung, die sie geschaffen hat, ist voller Licht und Luft, sie hat Raum und ist klar. Ein Griesgram oder Misanthrop wäre darin sicher nicht glücklich. Aber auch ein normaler, in der heutigen Kultur verwurzelter Mensch fühlt sich zunächst ungewohnt nackt zwischen den Schiebewänden, hinter den Glastüren oder in einem Raum, der vom Nachbarn nur durch einen Vorhang abgetrennt ist, hinter Fensterscheiben, die vom Boden bis zur Decke reichen. Ein Leben in so einer Wohnung hat erstaunliche Konsequenzen: Es ist nicht gut möglich, ungewaschen, zerzaust und in Pantoffeln am Mittagstisch zu sitzen. Man muss auf sich halten, in jedem Moment, weil man zu sehen ist. Man muss gemeinschaftsfähig sein, denn gleich nebenan arbeitet mit demselben Recht auf Ruhe, Wärme und Rücksichtnahme ein anderer. Man muss seine Nerven erziehen, sich disziplinieren und sich beherrschen. Man muss lernen, den Raum mit andern zu teilen. Diese Konsequenzen sind weitreichender, als ein erster Blick ahnen lässt: In einer modernen Wohnung ist Geheimniskrämerei zum Beispiel einfach nicht möglich. Ihr Leben spielt sich darin wie auf dem Präsentierteller ab. Eine solche Wohnung nötigt zu Einfachheit, Wahrheit und Offenheit. *Sie erlegt Ihnen auf, tatsächlich der zu sein, als der sie erscheinen wollen – und das will etwas heißen, das ist eine Aufgabe!!!* Wenn wir uns eingestehen, dass das moderne Haus für unser Maulwurfsleben unbequem ist, stellen wir uns im Grunde ein nicht allzu schmeichelhaftes Zeugnis aus. Aber wenn Sie sich einen Monat Mühe geben, dann wird diese Unbequemlichkeit, die Sie anfangs womöglich ganz krank machen wird, rundum zur selbstbewussten Bequemlichkeit eines ruhigen, reinen Gewissens, der Ordnung, der Disziplin, der Aufrichtigkeit, und Sie – bitte symbolisch verstehen – sind innerlich frisch durchgelüftet. Und von der nächsten Generation will ich gar nicht erst reden: Sie übernimmt von uns viel Schönes, ohne es als schön erachten zu müssen: Wir schenken ihr nämlich die Selbstverständlichkeit dieser Schönheiten.

Die moderne Wohnung ist nicht umsonst im Jahrhundert des Sports aufgekommen. Sie setzt einen gekräftigten Menschen voraus, der den Tag, die Sonne, das Licht liebt. Durch breite Fenster strömt Luft herein, nirgends ein schummriges Eckchen für zweierlei oder auch nur vergebliche und bange Gedanken. Die sentimental aufgeladenen Schattierungen weichen satten, klaren, offenen Farben. Die Fenster, von ihren Verschleierungen befreit, sitzen in weißen Rahmen.

Wer hier wohnt, setzt im Leben andere Schwerpunkte und hat andere Interessen als die Generation unserer Großväter. Wir sind keine Sammler, wir häufen weder Münzen noch Briefmarken an. Die moderne Wohnung öffnet sich zur Welt hin, und innen ist gerade so viel, wie es für ein einfaches Leben braucht: Bett, Tisch, Stühle, fließendes Wasser und Blumen. Ein einfaches Leben bietet mehr Luxus als eine reich ausgestattete Wohnung. Einen Luxus, der in der Mehrung seelischen, nicht materiellen Besitzes besteht.

Die moderne Architektur denkt immer auch an Typenproduktion. Ihr Ideal ist es, tausend Häuser auf einmal zu fertigen, denn jedes fertige dieser tausend Häuser verbilligt die Produktionskosten der übrigen, spart die Kraft von Mensch und Maschine und ermöglicht einer größeren Zahl von Leuten den Kauf einer guten Sache. Haben Zeitalter vor uns – das Barock, das Empire – exklusive und prächtige Bauten für Einzelne erschaffen, so will die heutige Zeit möglichst vielen ein gesundes und einfaches Zuhause schenken. Die Betonung liegt auf: möglichst vielen. Gartenkolonien wachsen hinter der Stadt und Wohnhöfe an den Peripherien (zum Beispiel in Wien), um die Fabriken entstehen Arbeiterstädte. Die Typenfertigung bewirkt außerdem eine Modernisierung und qualitative Verbesserung der industriellen Produktion. Und umgekehrt braucht die Industrie die Entwürfe der schöpferisch Tätigen. Und schon wird ein gutes Glas nicht teuer für zehn Leute hergestellt, sondern billig für hunderttausend. Die moderne Architektur arbeitet Hand in Hand mit der Industrie. Und genau deshalb ist sie für breite Schichten von Bedeutung und nicht nur für Einzelne.

Die technisch-architektonischen Neuerungen (Wasch- und Bügelmaschinen, Gas und Strom in den Haushalten), die das moderne Wohnen ins Haus integriert, sind wiederum in sozialer Hinsicht bedeutend. Wer sich ihrer bedient, ob nun die Hausfrau oder das Dienstmädchen, ist kein Sklave der Knochenarbeit mehr, wird nicht mehr vom Zeitdruck zermalmt, sondern ist ein Angestellter oder Arbeiter im Haushalt mit völlig anderer Lebensperspektive als früher.

Prager Hinterhöfe im Frühling

Der Blick durchs Fenster in den Hof hat etwas Trauriges, Verlassenes, besonders im Frühling. An der Wand gegenüber hängen Schmuddelschlieren vom Regen, und auf dem Dach bläht sich bedrohlich die hässliche Wäsche von dicken Leuten. In den Fenstern lüftet man Federbetten, und hoch hinauf, bis in den Himmel richten sich die ungeputzten Scheiben von Lichtschächten und Klosetts. Irgendwo steht etwas offen, und eine Schnur spannt sich quer, an der Handschuhe trocknen. Der Hof hat holpriges Pflaster und liegt voller Ruß, und in der Ecke sprießt Frühling in einem der weggeworfenen Blumentöpfe vom vergangenen Jahr. An der Regenrinne schwellen die Knospen des wilden Weins, zeigen in ihrem Gefängnis unbändige Lebenskraft. Wenn du dich aus dem Fenster beugst, weit hinauslehnst, siehst du vielleicht, ob die Sonne scheint. Hast du Pech, und man bäckt drüben gerade Buchteln, legt sich der Rauch aus dem Kamin vor das kleine Himmelsrechteck, und du wendest dich wieder vom Fenster ab in der Meinung, es sei bewölkt. Manchmal – Zauber der Sehnsucht gefangener Menschen – lässt sich über den Dächern ein Aeroplan hören. Die tägliche Post von Stadt zu Stadt schwimmt über diesen Spucknapf.

Die vier zum Hof hinführenden Wände der vier umliegenden Häuser haben auch Fenster. Sie sind nicht blind, sie sind nur verklebt mit Schmutz wie morgens die Augen nach einer durchzechten Nacht und riechen seltsam nach Mensch. Wer auch in diesen Fenstern erscheint, er ist halb ausgezogen. Hosenträger und die Drehorgel des Einbeinigen mit seinem *Holka od Odkolků*[26] gehören nach unbekanntem Gesetz zusammen. Zum Hof hin stehen die Leute spät auf, sie zeigen sich nackt und ungewaschen, und der Hof belebt sich mit Spülicht. Gegenüber dem Fenster ist eine vierstöckige Wand mit Pawlatschen. Pawlatschen hat man wegen der Kartoffelkörbe, der Wischlumpen, der ungeklopften Teppiche und vertrockneten Blumentöpfe. Da gehen die Frauen in Pantoffeln und die Männer ohne Jacke. Gegen Abend singen die Mädchen dort. Aus allen Fenstern des Hofes singen die Mädchen, wenn die Sonne scheint und alles angelweit offen steht. Sie singen beim Waschen, beim Bügeln, beim Kochen. Kaminkehrer und Dachdecker singen das Ihre. Zusammen ergibt das ein einziges Lied, und es begleitet die Drehorgel. Lieder hat der Hof viele. Morgens klopft man die Teppiche, der Pracker klatscht wie ein Dreschflegel, Staubwolken steigen zum Himmel und sinken wieder auf den Teppich zurück. Kurz darauf stimmt die Arbeit am Herd ihr Lied mit unsichtbarem Mund an. Hinter den Fenstern zum Hof arbeiten ausschließlich Frauen. Schreibmaschinen klappern durch die Kanzleien, es klappern Topfdeckel, es klappert ein Bügeleisen, in großem Bogen wird die Kohle aus ihm geschüttelt. Aller Haushaltsschmutz wälzt sich hinaus auf den Hof. Im dritten Stockwerk sitzt ein molliges Mädchen mit dem Rücken zum Fenster und schält Kartoffeln. Auf die Wand gegenüber ist die Sonne gefallen. Sie hat ein großes Rund gemalt, wie eine Träne.

Hof fügt sich über Kreuz an Hof, fügt sich ins Kreuzgeflecht der Stadt, sie verweben sich, haken sich ineinander mit ihren modrigen Mauern. Werkstätten zwängen sich hier, Tischler haben Bohlen vor der Tür abgestellt, Schlosser stehen an der Esse, Vorsicht Stufe, bei noch so großer Sonnenglut ist die

26 *Mám holku od Odkolků – Ich hab ein Mädchen von Odkoleks*, lange Zeit populärer Schlager von Karel Hašler (Zlíchov 1879 – Mauthausen 1941). Odkolek war eine Prager Großbäckerei, das Mädchen eine der ausgebeuteten Angestellten.

Werkstatt dunkel und feucht. Hunde, Kinder und Mäuse. Mein geliebter Zille,[27] du deutscher Bildpoet dieser Hinterhöfe, die je großstädtischer, desto schrecklicher sind, und großstädtischer als die Untergrundbahn und die nächtliche Kaufhausreklame sind sie allemal: Nie werde ich sein Bild vergessen, das genau so einen Hof mit genau solchen Kindern zeigt, die um die Wette prahlen: »Ätsch, wie weit ick spucken kann« – und ein anderes: »Wat is dat schon, wenn ick will, spuck ick Blut!«

Je weiter hinaus aus der Innenstadt, desto näher kommen wir diesem »Witz«. Mitten durch den Hof führt ein Kanal, in den das Spülwasser aller Küchen spritzt, die Kinder schaffen es grade noch wegzuspringen.

Wir reden viel von Ordnung und Hygiene, unternehmen so einiges, um uns den Ruf einer Großstadt zu verdienen. Freilich, diese Hinterhöfe werden diesem Ruf keinen Abbruch tun, Hinterhöfe gibt es in jeder großen Stadt, nur da nicht, wo man sie abgeschafft und in kleine Gärten verwandelt hat, mit Gras und ein paar Bäumen, wie zum Beispiel in Stuttgart. Bei jedem Haus ein handtellergroßer Garten, gerade so groß wie unser Hinterhof. Wir legen rings um Prag einen Grüngürtel an und scheuen auch keine noch so großen Ausgaben für Parkanlagen und Uferbefestigungen – wäre da nicht auch eine Generalreinigung der Prager Hinterhöfe zu schaffen? Und schließlich, wenn die Hausbesorger auf diesen Höfen bloß kehren müssten und sich ein wenig um sie kümmern, wie die Gärtner privater Villen, wie viele grüne Flecken würden da inmitten der Stadt an die Stelle grauer Gefängnisse treten, wie viele hässliche, traurige Mauern sich mit Efeu begrünen, wie viele Kinder nicht mehr in Staub und Dreck spielen, sondern im Gras?

In etwas neueren Vierteln sind die Häuser in regelmäßigen rechteckigen Blöcken schnurgerade nebeneinandergesetzt. Mit der Vorderseite zur Straße hin, der Rückseite zum Hof. Wenn Sie von einer Wohnung im vierten Stock nach unten schauen, sehen Sie eine von Rückwänden umschlossene Fläche, die von einer Mauer in so viele kleine Plätze und Höfe zerstückelt wird,

27 Heinrich Zille (Radeburg 1858 – Berlin 1929), Maler, Graphiker und Fotograf des Berliner Volkslebens aus lokalpatriotischer und sozialkritischer Sicht.

wie rundum Häuser stehen. Könnte man diese Innenfläche nicht als einen einzigen Garten für alle Kinder des gesamten Blocks anlegen? Warum ist dieser freie Platz mit Mauern und Höfen verbaut, die nie irgendwer betritt und auch gar nicht betreten dürfte? Warum könnte das Haus von dieser Seite über Nacht nicht abgesperrt werden, wie zur Straße hin auch, und tagsüber zu einem großen Garten hin offen stehen? Warum müssen wir von der einen Seite vom Staub und Geschrei der Straße, von der anderen von der schmutzigen Tristesse der Hinterhöfe umgeben sein, wenn wir so einfach Parks haben könnten statt dieser Höfe?

Národní listy, 29.4.1928

Erziehung und Sentimentalität

Wenn ich mich an meine Großmutter erinnere, ist mir, als würde ich mich in eine fremde Welt hineindenken. Vor dieser Welt muss man sich schämen: Von welch anderer Dimension waren in ihr die Begriffe Mut, Pflicht, Freude. Wie einfach, selbstverständlich und stumm war ihr Heldentum, wie spartanisch und unsentimental war ihr Leben. Ich komme mir im Vergleich dazu wie das verzogene Töchterchen eines amerikanischen Multimillionärs vor, das behauptet, es sei ein tapferes Mädchen, weil es in einer Frostnacht bei geöffneten Fenstern aushält, mit einer Flinte umgehen kann, mit einem Pferd, einem Tennisschläger und einer Golfklatsche! Wie armselig sind unsere Heldentaten und unsere Freuden, unser Wettstreit im Lebensgenuss und unser Bestreben, die zartesten psychischen und emotionalen Schattierungen zu erfassen! Wie verwöhnt wir sind und wie verhätschelt! Meine siebzigjährige Großmutter hat mir Jahr um Jahr zum Geburtstag ein Taschentuch gestickt, jedes Mal in einer anderen Farbe, Stich an Stich wie die Soldaten, aber um ein halbes Dutzend voll zu machen, war nicht mehr die Zeit: Diese fünf bunten Taschentücher haben Jahre überdauert und dazu Dutzende anderer Tücher, und Stich blieb neben Stich wie die Soldaten.

Meine Großmutter, die sicher der Ihren gleicht, so wie ich Ihnen gleiche, hatte acht Kinder, wenn ich recht zähle. Acht Kinder im Abstand von anderthalb Jahren, das heißt zwölf Jahre ununterbrochene entsetzliche körperliche Anstrengung, Schmerzen, Beschwernis und Opfer. Das heißt acht Jahre Schwangerschaft, vier Jahre Stillen, dabei lag immer ein Kind in der Wiege, während ein anderes krabbelte, ein drittes zu laufen begann, ein viertes sich beim Kreiselschlagen die Hosen zerriss und das nullte unter dem Herzen ruhte. Alle diese Kinder sind zu ordentlichen, vortrefflichen Leuten herangewachsen – das heißt, alle diese Kinder haben vermutlich genug zu essen bekommen, konnten ausschlafen und hatten etwas zum Anziehen. Diese Wäscheberge, das Geschirr und die Töpfe auf dem Herd, das Geschrei! Zwölf Jahre mit schwangerem Bauch in der Nacht aufstehen, zwölf Jahre Kleider nähen für all diese Gören, zwölf Jahre lang Rotznasen putzen und schmutzige Windeln waschen, alles allein, mit einem Mädchen zur Hilfe höchstens, und dabei war sie ein kleines, zierliches Frauchen, fast wie ein Kind! Als die Pockenepidemie in Prag einzog, verwandelte sich Großmutters Familie in ein Spital. Gab es Knödel zu Mittag, drehten ihre Hände einen ganzen Vormittag, damit alles in fünf Minuten verschwunden wäre.

Zwölf Jahre eines Frauenlebens sind fast das ganze Frauenleben. Vorher ist die Zeit der Sehnsüchte, und dann rinnt alles dahin wie Wasser. Zwölf Jahre eines solchen Lebens – das heißt: nicht eine Reise ans Meer, keine Kleider, kein Sport, keine Gesellschaften, Bücher, kein Theater, keine Aufführungen, keine Ausflüge, keine Zeit, sich zu pflegen, nichts von all dem, was für uns gang und gäbe ist. Aus einem solchen Leben muss auch die Liebe verschwinden, wie ein Kiesel, ins Wasser geworfen. Für Weiblichkeit, wie wir sie heute kennen, ist darin kein Platz. Nur der hundertste Teil der von der Großmutter geleisteten Anstrengungen – und wir fühlen uns als Heldinnen, und doch wird uns auch dieser hundertste Teil durch die heutigen Zeiten unvergleichlich erleichtert: Wir haben Strom, Bad und Telefon, Sanatorien und Hunderte andere Einrichtungen, haben für unsere Kinder Erzieherinnen mit fachlicher Ausbildung, und auf den Entbindungsstationen und in den Kliniken gebären wir unter Anstrengung und Angst, umhegt und bewundert von aller

Welt. Die Ärzte versorgen uns mit Ratschlägen und Verboten, und bei jeder Bewegung grübeln wir nach, ob wir sie tun sollen oder lassen. Das halten wir für eine gründliche Revolution des gesamten Lebens, und findet sich unter uns eine, die die Beschwernisse der neunmonatigen Kindserwartung bis zum letzten Moment nicht zugeben will, nennen wir sie einen tollen Kerl, eine tapfere Frau und überhaupt bewundernswert couragiert. Dabei sprechen wir vom Jahrhundert weiblicher Selbstständigkeit, davon, wie tapfer und abgehärtet wir heute sind und wie gesund und vorbildlich! Wir haben gelernt, im Wasser einige Züge durchzuhalten und scharfe Aufschläge übers Netz zu servieren, wir tippen auf der Schreibmaschine und verdienen uns auch hie und da Geld, wir verstehen uns überhaupt vortrefflich auf alles Mögliche, nur Unannehmlichkeiten und Sorgen standhaft zu ertragen – das hat uns keiner gelehrt.

Národní listy, 13. 5. 1928

Mal Obacht, wie viel haben Sie gelacht?

Da ist die Vergangenheit und da die Zukunft: Aber wo ist die Gegenwart? Wissen Sie etwas von ihr? Nicht das Geringste. Sind Sie sich ihrer bewusst? Sehr viel weniger als der Vergangenheit und der Zukunft. Sie sind in Gedanken bei dem, was wohl sein wird, wenn Sie dort ankommen, wohin Sie gerade fahren. Sind Sie dort angekommen, denken Sie daran, dass Sie in Ihrem Koffer Ordnung schaffen sollten, und dann, dass es Zeit ist fürs Nachtmahl. Aber Sie achten so gut wie nicht darauf, dass Sie gerade Ordnung in Ihrem Koffer schaffen oder gerade zu Abend speisen, denn Sie sind mit dem Wetter von morgen beschäftigt. Bei Ihrer Arbeit denken Sie an den Erfolg, den Sie haben werden. Beim Unterwegssein an die Freude über ein Glas frisches Wasser. Während der Krankheit an die Tage, wenn die Gesundheit wiederhergestellt ist. Sie lieben und machen Pläne zu zweit? Obacht! Obacht!! Hier ist ein kleiner, unansehnlicher, grauer Augenblick, das ist genau der Augenblick, in dem Sie womöglich die Gabel, die Sie halten, zum

Mund führen. *Das ist das Leben!!* So nämlich sieht überhaupt alles aus! So, wie Sie hier sitzen und nichts Besonderes fuhlen und an nichts Bemerkenswertes denken und sich langweilen, ist Ihnen eine halbe Stunde enteilt. Die Abfolge all Ihrer halben Stunden ist nicht unendlich. Es werden noch viele sein. Aber eine ist ganz sicher die letzte.

Der Redakteur eines Magazins hat sich mit derlei Betrachtungen einmal Mühe gemacht, hat zur Feder gegriffen und die Tagesbilanz gezogen. In etwa so:

Geschlafen	8 Stunden
Gegessen	3 Stunden
Auf die Elektrische gewartet	1 Stunde
Rasiert	10 Minuten
Geflucht	15 Minuten
Gegähnt	10 Minuten
Gelacht	5 Minuten
Zum Hund Kusch gesagt	5 Minuten
Geärgert	20 Minuten
Gearbeitet	10 Stunden
usw.	

Aus dieser Tagesbilanz errechnete er eine Wochenbilanz und aus der wiederum eine durchschnittliche Jahresbilanz. Das alles brachte er säuberlich zu Papier und publizierte es. Ich weiß nicht, ob es jeden Leser so deprimiert hat wie mich. Es war einer meiner traurigsten Augenblicke. Für ein ganzes Jahr ergab sich summa summarum, was sich cum grano salis bei jedem von uns ergäbe. Und die Jahre addierte er zu einer Lebensstatistik, einer dürftigen Statistik, armselig, traurig und kraftlos! Zwanzig Jahre hatte er geschlafen, zwanzig Jahre gegessen, dreißig Jahre gearbeitet, zwei Jahre Zeitung gelesen, drei Jahre auf die Elektrische gewartet, ein Jahr war er gereist, ein Jahr in Eile gewesen, drei Monate hat er sich rasiert, zwei Monate sich vergnügt, fünf Jahre geliebt, drei Tage vergeblich auf jemanden gewartet, fünf Tage lang zum Hund gesagt: Kusch … usw. – – – – *und einen Tag hat er gelacht.*

Lidové noviny, 26. 5. 1929

Abb. 14: Milena Jesenská mit ihrer Tochter Jana 1929.

Unsere jüngste Umfrage zur neuen Lebensform, bei der es um die selbstständige und erwerbstätige Frau ging, hat ein interessantes Ergebnis gebracht: Es kam kein bisschen Licht in die Sache, obwohl uns Hunderte Briefe verschiedenster Schreiber und Schreiberinnen erreichten. Das Ergebnis zeigte denselben Widerspruch wie das ganze Problem, das heute jeder jungen Frau auf den Nägeln brennt; viele Widersprüche hat es in sich. Ja, es ist nur natürlich, wenn wir heiraten und Kinder haben. Wir wollen das, wir wünschen es uns. Wir wollen aber auch selbstständig sein. Vor allem: Wir fühlen das zwingende Bedürfnis, uns unser Geld selbst zu verdienen. Wie lässt sich das verbinden? Für was sich entscheiden?

Dieses Bedürfnis, sein eigenes Geld zu verdienen, das heutzutage jede Durchschnittsfrau hat, ist ganz sicher neu. Unsere Mütter hatten es nicht. Unsere Mütter haben mit ziemlich ruhigem Gewissen das Geld von ihren Männern genommen. Aber seit dieser Zeit hat sich eben etwas geändert. Ich würde sagen, es ist ein Fehler in jener Hinsicht passiert, dass sich einzig und allein die Frau geändert hat. Wenn die weibliche Emanzipation auch nicht ins Bewusstsein aller Frauen gedrungen ist, so wissen selbst die unemanzipiertesten zumindest deren Vorteile für sich zu nutzen. Ich würde sagen, dass die Frau von heute vieles für selbstverständlich hält, was der Frau von gestern nie eingefallen wäre. Bräuche und Sitten haben sich geändert und die Ansprüche auch. Die gute Ehe von gestern gründete auf der Voraussetzung, dass der Mann zu Hause Herr, Gebieter, Gott und Ernährer ist. Ihm gehörte alle Zeit, alle Freiheit, der ganze Wille und das ganze Sein der Frau. Die Aufgabe der Frau war ziemlich klar: Sie sollte dafür sorgen, dass es dem Mann gut ging. Sie umhegte ihn, kümmerte sich, richtete alles, ordnete sich ihm unter. Sie achtete darauf, dass nicht das kleinste Wölkchen Unwillen seine gute Laune verdarb. Seine gute Laune war ihre Belohnung, seine schlechte Laune ihre Bestrafung. Wegen nicht angenähter Knöpfe, einem angebrannten Mittagessen, verspätetem Erscheinen bei selbigem oder einer anderen Meinung kam es im Haus zu Donnerwetter und Krach. Wenn dem Mann etwas missfiel, schlug er einfach Krawall. Und bei so einem Krawall zitterte das ganze Haus: die Frau, die Kinder, die Dienstmädchen. Türen flogen und auch böse Worte. Alle waren verschreckt, begossen wie Pudel, unglücklich. Man unternahm das in Kräften Stehende, um den Gott des Hauses zu versöhnen. Erst dann atmete die Frau wieder auf.

Ich glaube nicht, dass die Männer heute grundsätzlich anders sind. Aber die Frauen sind es. Man muss keine allzu intellektuelle oder emanzipierte Frau sein, und doch wird man leicht die Wahrheit entdecken, dass seelischer Einklang sich niemals einstellen wird, wo ein Mensch Besitz des anderen ist. In dem Moment, wenn uns jemand befehlen kann, kann er nicht erwarten, dass wir aufrichtig sind, offen, ohne Berechnung und Finten. Können wir nicht aufrichtig sein, können wir auch nicht lieben. Das ist eine sehr einfache Rechnung, aber nur wenige Männer wissen um sie. Männer herrschen und regieren gern. Männer machen gerne Spektakel, sie sind rüde, bös und verletzen und sind glücklich, wenn es ihnen gelungen ist. Sie lieben den Moment, wo sie ihrer in Tränen aufgelösten Frau vergeben können und sie durch ihr freundlich verzeihendes Lächeln glücklich machen. Dann fühlen sie ihre Macht und allzu oft beschwören sie diese Situation herauf. Sie zürnen wegen eines umgestoßenen Tellers, wegen eines fleckigen Kleides, wegen zehn Minuten, die sie warten mussten. Je abhängiger eine Frau von ihnen ist, umso weniger Mühe geben sie sich, ihre schlechten Eigenschaften im Zaum zu halten. Sie haben noch nicht gelernt, die Frau als freien Menschen mit eigenem Willen zu sehen, einen Menschen mit dem Bedürfnis nach Alleinsein und Lust auf ein eigenes geistiges Leben. Eine Frau, die sich um den Haushalt und um den Mann kümmert, hat sich dadurch ihr Geld mehr als verdient und sollte frei und unabhängig neben dem Manne stehen. Das trifft vielleicht in zehn von hundert Fällen zu. Die übrigen neunzig gleichen aufs Haar der althergebrachten Ehe früherer Jahre. Wie konnte sie sich nur die Bluse zerreißen, die ich so teuer bezahlt habe? Wie kann es sein, dass du ins Theater willst, wenn ich nach der Arbeit daheim sitzen will? Wie kann es sein, dass du bei der Freundin zu Mittag bist, wenn ich zum Essen nach Hause komme? Hinter jedem Wort hört man: Ich bin der Herr! Ich zahle, also bin ich der Herr! Jede zweite Frau in Ihrem Umkreis wird Ihnen auf die Frage, was sie sich am sehnlichsten wünscht, antworten: dass sie sich wenigstens sechshundert im Monat verdient, damit sie sich ein paar schöne Dinge leisten kann, Blumen, ein Buch, ein Kleid, eine Tasche – und nicht mit jedem noch so geringen Wunsch von der guten oder schlechten Laune ihres Mannes abhängig wäre. Die Ehe des Proletariats sieht schon lange so aus. Mann und Frau arbeiten, sie arbeiten beide den ganzen Tag. Aber aus dringlichster existentieller Notwendigkeit. Es gibt Tausende Frauen und Mütter in den Fabriken, die ebenso viel verdienen wie ihre Männer und die erst nach der Arbeit den Haushalt und die Kinder versorgen. In den mittleren Schichten gibt es unter den Frauen aus so genannten guten Familien fast keine, die eigenes, selbst verdientes Geld nicht immer wieder bitter vermissen würde und damit auch den wundervollen Vorteil, den es ihr bringt: uneingeschränktes Selbstbewusstsein, Freiheit, Unabhängigkeit. Jede Frau sehnt sich in der Blüte ihrer Jahre natürlicherweise nach Liebe, nach einem Heim und nach Kindern. Die Sehnsucht nach Selbstständigkeit ist nichts anderes als die Angst vor der Abhängigkeit. Abhängigkeit vergiftet unsere Ehe. Wo einer weniger gilt als der andere, kann nicht die stille Heiterkeit der Freundschaft wachsen. Sind wir doch schweigend übereingekommen, dass gerade diese stille Heiterkeit eine Gabe ist, die unsere Generation den Kindern schenkt, damit sie zu unhysterischen, aufrechten, freimütigen und ehrlichen Menschen heranwachsen. Dazu brauchen wir eine viel tiefer greifende Gleichheit als die blaustrümpfige Gleichstellung der Frau mit dem Mann nach dem Gesetz. Wir brauchen dazu eine wirkliche Gleichheit, die aus den Fertigkeiten und Fähigkeiten und der Kraft erwächst. Wenn die Mädchen heute ins Leben gehen, sind sie gerüstet und können ihr eigenes Geld verdienen. Das ist eine so gewaltige Wende im Leben der Frau, dass wir erst jetzt von Emanzipation sprechen können. Erst jetzt, wo unser erotisches Leben völlige Freiheit gewinnt und die Ehe kein wirtschaftlicher Kontrakt mehr ist.

Die Selbstständigkeit der Frau ist eine gesunde, gute, klare Sache und – wie der letzte Brief unserer Umfrage sagt: Es ist endlich ein Zustand erreicht, mit dem wir das Mittelalter hinter uns lassen. Wir gewinnen damit so viel Wertvolles, so viel für ein gesundes Seelenleben Erforderliches, dass es uns zu einer unverzichtbaren Notwendigkeit geworden ist, die wir nie wieder werden aufgeben können. Bleibt nur, wie es sich einrichten lässt, dass wir beides tun können und beides gut: dass wir unsere Selbstständigkeit und unsere Arbeit behalten und zugleich heiraten und Kinder haben? Das ist ein rein äußerliches Problem, ein Problem der Arbeitsorganisation, und das nächste Mal werden wir sehen, wie man es anderswo macht.

Lidové noviny, 27.10.1929

III 1933–1939

Die Sudetenkrise und das Ende der Demokratie

Abb. 15: Milena Jesenská 1938.

Die Stenotypistin

Mir persönlich geht es gar nicht so fürchterlich schlecht. Ich bin seit sieben Jahren in Anstellung, habe einen lieben Mann, der 1200 Kč monatlich verdient, und ich habe eine liebe Mutter, die mir den Haushalt führt. Ich bin zwar den ganzen Tag in der Kanzlei, schufte das ganze Leben, aber wenn ich nach Hause komme, ist wenigstens aufgeräumt, und das Essen steht auf dem Tisch, ich leide keine Not und mache meine Arbeit gern. Letztes Jahr haben mein Mann und ich uns an der Sázava[28] ein Tramper-Häuschen gekauft und uns dafür bis über beide Ohren verschuldet. Jetzt müssen wir knausern und jeden Heller zweimal umdrehen, bis wir das abbezahlt haben. Aber wie wir uns auf den Sonntag freuen! Mein Mann ist ganz närrisch. Er meint, er würde alle Schufterei der Woche vergessen, wenn er im »Garten« vor unserem »Haus« am Werkeln ist. Es ist unsere einzige Freude, und wir haben sie uns mühsam erkämpft. Natürlich, Bücher, Theater, Musik, all das interessiert mich, aber dafür bleibt so gut wie nichts übrig. Es ist aber auch gar keine Zeit – Zeit fürs Privatleben habe ich nur abends oder am Sonntag, und da muss ich dann noch das ein oder andere nähen und waschen und ausbessern, kurz: Es geht nicht. Aber das ist nicht so schlimm, in den Theatern wird ja auch gar nichts Hübsches gegeben, Bücher leih ich mir aus, und ins Kino, wenn das Programm sich lohnt, komm ich schon irgendwie. Nein, Kinder habe ich keine. Mein Mann hätte schrecklich gern welche, und ich bin manchmal traurig, wenn ich andere Frauen mit Neugeborenen und Kleinkindern sehe. Aber daran kann kein Gedanke sein. Wo würde ich sie denn hingeben, wer würde sie aufziehen? Wer ernähren? Was würden wir machen, wenn ich meine Arbeit verliere, und wie soll ich mit einem Kleinkind zur Arbeit? Nee, nee, an Kinder ist nicht zu denken. Und was hätten die armen Würmer auf dieser Welt? Besser keine Kinder in eine solche Welt setzen … Ich bin aber kein typisches Beispiel. Ich habe Halt in meiner guten Ehe und bei meiner Mutter. Es gibt Mädchen, die schlechter dran sind, und

28 Sázava, Fluss in Mittelböhmen, rechter Nebenfluss der Moldau.

zwar viel schlechter. Neben mir arbeitet eine aus Hloubětín.[29] Ihr Vater hat keine Arbeit, zu Hause vier Kinder, vier kleine, die Mutter macht den Haushalt und kommt kaum rum. Alle leben in einem einzigen Raum, der zugleich Küche, Werkstatt, Schlafzimmer ist, alle leben von dem, was sie nach Hause bringt: 350 Kč monatlich. Gott weiß, wie die das machen. Es ist ein anständiges, ordentliches, bescheidenes Mädchen. Punkt sieben Uhr ist sie im Büro, um sechs muss sie schon von zu Hause los. Wenn es Frost hat oder schneit, kommt sie völlig durchgefroren an. Das können Sie sich ja denken, wie viel ihr für Kleidung und Schuhe bleibt? Und dabei ist sie so ein liebes Mädchen. Nein, so sind nicht alle. Eine, die auch bei mir in der Kanzlei arbeitet, lebt einfach so mit einem jungen Mann zusammen, in wilder Ehe. Gar nicht so sehr aus großer Liebe. Aber sie hat von ihm schon einen Pelzmantel bekommen, Kleider und allerlei Flitter, zum Skifahren hat er sie auch mitgenommen, das können Sie sich ja denken, umsonst kriegt die das nicht. Das ist ja klar, dass die nicht heiraten werden. Aber dann kommt halt ein anderer. Ich weiß nicht mal, ob ich ihr's vorwerfen soll. Sie hat keine Eltern, und wie soll sie leben von 400 Kč monatlich? Ein hübsches, junges Geschöpf, die ewige Armut ist bitter, und auf der Welt gibt es so viel Schönes. Skifahren, Tanzen, Kanufahren, Ausflüge, schöne Kleider, ständig haben die jungen Dinger das alles vor Augen, ständig gehen sie ohne jede Möglichkeit an den Läden vorüber, die voll sind mit alledem – da braucht es schon sehr viel moralische Kraft, um ehrsam zu bleiben. Ein Mädchen, das keine Eltern hat und nicht umsonst wohnt, kämpft in der Regel einen vergeblichen Kampf, vor allem wenn es halbwegs gut aussieht.

In letzter Zeit gibt es eine wahre Flut an Arbeitssuchenden, und die Bedingungen für die Beschäftigten verschlechtern sich ständig. Für dieselbe Arbeit, für die jemand im vergangenen Jahr 900 Kč monatlich bekommen hat, bekommt heute ein anderer nur noch 500 Kč. Jemand steigt auf und leistet die Arbeit, für die ein anderer 600 Kč bekommen hat. Er aber bekommt nur noch 450 Kč. Er ist 50 Kč nach oben gestiegen, die Arbeit freilich ist 150 Kč weniger wert. Aber immer neue Scharen

29 Stadtviertel in Prag.

strömen heran, bereit, noch billiger zu arbeiten, ja auch umsonst. Einigen meiner Freundinnen in anderen Kanzleien zahlt man gar keinen Lohn mehr aus. Man zahlt Gagen in Raten zu 50 Kč. Wenn sie damit nicht zufrieden sind, können sie gehen. Es gibt immer genug Vorrat an Menschen, die zufrieden sein werden. Aber gehen wohin? So ein Mädchen ist eine Sklavin, kann es überhaupt einen Schritt im Leben tun? Berufsständische Organisationen? Nun ja, Organisationen gibt es freilich so allerlei. Aber selbst wenn sie noch so gut sind, was richten sie aus gegen eine von Grund auf unzulänglich organisierte Welt?

Žijeme, Februar 1933

Interview mit einem liberalen Kapitalisten

Ich würde Sie gerne um ein Interview bitten …

Wissen Sie, dass ich vor einem Jahr für so was noch keine Zeit gehabt hätte? Da hatte ich sehr viel Arbeit, mehr noch als in den so genannten guten Zeiten …

Wie das?

Die Grenzschließung, die gewaltsame Bindung der Kaufkraft an den Inlandsmarkt, das hat mir Aufträge in solcher Menge gebracht, dass ich neue Arbeiter eingestellt habe, und selbst neue Bürokräfte. Aber damit ist es jetzt wieder vorbei, der heimische Markt ist gesättigt, und exportieren dürfen wir nicht. Meine Fabrik steht zu zwei Dritteln still, die neuen Arbeitskräfte sind längst wieder entlassen, und ich habe sogar Zeit, mich mitten am Vormittag mit Ihnen zu unterhalten …

Wie sehen Sie die Zukunft?

Kann denn unsereiner da etwas wissen? Vielleicht, dass sich das Geschäft jetzt im Rahmen der Kleinen Entente mit dem

Balkan etwas belebt. Vielleicht kann ich wieder Aufträge an Land ziehen. Aber was ich daran verdiene, macht nicht einmal die Herstellungskosten wett, ganz abgesehen davon, dass ich dafür kaum Bargeld sehen werde.

Wenn Sie das schon vorher wissen, warum liefern Sie dann?

Ich muss die Leute beschäftigen, ich will die Maschinen nicht stillstehen lassen, ich will niemanden entlassen, der schon zwanzig Jahre bei mir beschäftigt ist, und wer weiß, vielleicht werde ich doch Geld bekommen, obwohl ich da meine Zweifel habe …

Sie sind wirklich sehr skeptisch. Denken Ihre Freunde, Ihre Bekannten, Ihre Kollegen in der Branche ähnlich wie Sie?

Viele schon. Freilich, manche glauben, dass es wieder so wird wie vor dem Krieg, sogar die Mehrheit. Natürlich haben sie nicht die geringste Ahnung, wie das gehen könnte. Das sind Idealisten. Ich rede mir da nichts ein. Diese Welt rast in den Untergang.

Hat die Krise Auswirkungen auf Ihr Privatleben?

Natürlich. Ein Auto habe ich verkauft, die Familie fährt jetzt im Sommer nach Špindl[30] und nicht in die Schweiz, ich würde sowieso keine Genehmigung für Devisen erhalten …

Und die Privatpläne für die Zukunft? Für Ihre Kinder? Ihr Ältester ist mehr oder weniger erwachsen? Wird er in die Firma eintreten?

Wo denken Sie hin? Damit hier noch einer mehr untätig herumsitzt? Dieses Jahr macht er sein Abitur, dann schicke ich ihn an die TH. Soll er Ingenieur werden. Da kommt er besser voran als mit einer Fabrik …

30 Kurzform für Špindlerův Mlýn, Spindlermühle; bereits im 19. Jahrhundert ein bedeutender Fremderverkehrsort im Riesengebirge, bis heute beliebt vor allem auch bei Wintersportlern.

Aber die Arbeitslosigkeit betrifft auch Leute mit akademischem Abschluss?

Schlimmstenfalls kann er nach Russland. Mein Neffe hat dort Arbeit als Chemiker und verdient durchaus ordentlich.

Und Sie? Würden Sie auch nach Russland gehen?

Ich werde vorerst einen Vergleich machen. Auf gute alte Familien wird man ja schließlich Rücksicht nehmen und ihnen etwas zum Leben lassen. Russland ist mir zu abenteuerlich, dafür bin ich schon zu alt. Da können die Jungen ihr Glück versuchen, wenigstens drehen sie dann zu Hause nicht Däumchen.

Sagen Sie, die schlimme Situation, in der die Welt sich befindet, bedrückt Sie das nicht?

Natürlich. Vor allem bedrückt mich, dass ich so wenig Arbeit habe. Bis vor kurzem habe ich in der Fabrik gesessen und war überzeugt, dass ich etwas Nützliches und Notwendiges tue. Das glaube ich heute nicht mehr. Meine Hauptarbeit besteht in den Verhandlungen mit der Bank und der Steuerbehörde, mit den Zollämtern. Ich verfolge meine Schuldiger und prozessiere ohne Ende. Und zu guter Letzt werde ich leer ausgehen.

Ihre Prognose für die Zukunft?

Es wird drunter und drüber gehen. Die alten Zeiten kehren nicht zurück, das ist ganz klar.

Sie sind ein heller Kopf. Sie sind Kapitalist, und doch sehen Sie klar die geschichtlichen Notwendigkeiten der Zeit …

Ach, hören Sie mir doch auf, geschichtliche Notwendigkeiten der Zeit! Eiserne Konsequenzen! Ich glaube zwar auch, dass der Kapitalismus in seinen letzten Zügen liegt, aber wissen Sie warum? Weil wir Kapitalisten nicht mehr an ihn glauben. Aber Sie haben mich jetzt schon lang genug mit Ihren

Fragen gequält, und ein bisschen was hab ich ja nun doch noch zu tun …

Žijeme, Februar 1933

Welche Front wollen wir?

Die Ereignisse in Deutschland haben Herrn Peroutka nervlich erschüttert, so sehr, dass er gezwungen war, vier Wochen ins Riesengebirge zu fahren, auf die Skipiste, an die Sonne, um sich zu erholen. Von diesem Erholungsaufenthalt schreibt er für die *Přítomnost* einen Artikel über die Einheitsfront und kann es sich auch in einem so ernsten Augenblick nicht verkneifen, den Kern seiner Botschaft in billige Witzeleien zu wickeln. Herr Peroutka hat es sich mit seiner Polemik gegen die Kommunisten sehr bequem und sehr einfach gemacht. Er greift sich einen Intellektuellen heraus, der mit den Kommunisten sympathisiert und sein persönliches Missfallen erregt hat, und prügelt – pars pro toto – auf dessen Rücken gegen den Kommunismus ein. Schielt dabei mit dem Satz *ein kommunistischer Arbeiter ist anders* sicherheitshalber aber nach der Arbeiterbewegung. Dass die kommunistische Partei aus der Masse ebenjener kommunistischen Arbeiter besteht, »die anders sind«, und dass Herr Peroutka daher einmal auch direkt zu diesen seiner Ansicht nach »anderen und ernsthafteren Geschöpfen« sprechen könnte – dieser Umstand entgeht ihm. Aber mit Herrn Peroutka dürfen wir im Moment nicht so streng sein. Er hat es heutzutage in der Welt wirklich schwer. Kommt der Faschismus – wer wird geschlagen? Herr Peroutka. Kommt die proletarische Revolution – wer wird geschlagen? Herr Peroutka. »Schützen kann uns nur eine stabile demokratische Ordnung«, ruft Herr Peroutka. Das ist klar.

– – –

Die Frage ist, wen die demokratische Ordnung heute schützt und wem sie Freiheit gibt. Die Arbeiter wissen ohne Unterschied ihrer Parteizugehörigkeit: ihnen nicht. Eine Demokratie, die eine Million Arbeitslose und drei Millionen Hungernde mit sich herumschleppt, eine Demokratie, die auf Arbeiter, die gegen eine Senkung der Löhne streiken, Gendarmen loslässt, eine Demokratie, in der ein Vertreter der Liga für Menschenrechte nicht über den faschistischen Terror berichten darf, eine Demokratie, die Kriegsgegner wegen Hochverrats einsperrt – ist keine Demokratie. Sie ist ein Wächter über das Kapital, eine kapitalistische Demokratie und steht damit der Freiheit, nach der Herr Peroutka ruft, so fern, wie das kapitalistische System jeder Möglichkeit fernsteht, Freiheit zu geben.

Eine kapitalistische Demokratie, die Privateigentum verteidigt, macht alle Krisen durch, die auch das Kapital durchmacht. Ein Verfall des Kapitals zieht den Verfall seiner Wächter nach sich. Eine kapitalistische Demokratie zerfällt proportional zur Zahl ihrer *Arbeitslosen* und zu den wachsenden revolutionären Massen. Gerade aufgrund dieses Zerfalls spitzen sich die Verhältnisse derart zu, dass, vergröbert gesagt, nur noch zwei Fronten gegeneinanderstehen: die Front des Kapitals gegen die Front der Arbeiter.[31] Und gerade da zeigt sich, für wen die kapitalistische Demokratie Schlagstöcke, Polizeibajonette, Gewehre und Zellen in Pankrác[32] bereithält.

– – –

Die kapitalistische Demokratie hat unzählige Male bewiesen, wie wenig demokratisch sie ist, wie kämpferisch und wie diktatorisch. Hitler wäre in Deutschland nie an die Regierung gekommen, wäre sein Machtantritt nicht zu fünfzig Prozent legal erfolgt. Und wäre er nicht vom Kapital inthronisiert worden, vom Nationalismus, von der Polizei und der kapita-

31 Einheitsfront – in der ersten Hälfte der dreißiger Jahre intensiv und kontrovers diskutierte Tendenz zum Zusammenschluss der linken Kräfte, vor allem der Kommunisten und Sozialdemokraten, im Kampf gegen den Faschismus; durch die von der Sozialdemokratie vertretene These vom Sozialfaschismus zu lange verhindert, bis es 1935 zu spät war.

32 Pankrác, dt. Pankratz, Stadtteil Prags, in dem sich das hier gemeinte gleichnamige Gefängnis befindet.

listischen Demokratie, die sich zum Faschismus verhält »wie eine Tür zum Zimmer«. Peroutka zitiert Šaldas Rede gegen den Faschismus, auch Šaldas Aufruf zur Einheitsfront von Intellektuellen und Arbeitern und wundert sich, »wie es sein kann, dass die Herren von der Linken Front und der ›Roten Wahrheit‹ für diesen Aufruf dankbar sind. Wie können sie das? Ihr Programm ist schließlich, *die Freiheit* durch eine Diktatur zu ersetzen.« Irrtum. Ihr Programm ist, die kapitalistische Demokratie durch eine sozialistische Demokratie zu ersetzen. Wenn Herr Šalda mit seinem flammenden Glaubensbekenntnis für die Freiheit alle, die diese Freiheit errichten wollen, zu einer geeinten Front ruft, so gilt dieser Aufruf zu Recht allen sozialistischen und kommunistischen Arbeitern und den Intellektuellen an deren Seite. Ist die faschistische Diktatur eine kämpferische Verteidigung des Kapitals, so ist die proletarische Diktatur eine Verteidigung der sozialistischen Demokratie, die an ihrem Ende stehen wird, und daher ist sie auch die einzig mögliche Verteidigung der Arbeiter, und die machen die Mehrheit des Volkes aus.

Das ist die Front, die wir wollen.

Tvorba, 12.3.1933

Die Dreigroschenoper

Kein Wunder, dass die demokratische Zensur der Öffentlichkeit diesen Film drei Jahre vorenthielt. Vermutlich spricht er allzu unverblümt über den wahren und moralischen Kern ihrer Struktur: Man muss kein kleiner gehetzter Gauner sein, wenn man auch Bankdirektor sein kann, eine Polizeigröße oder Mitglied in einem Aufsichtsrat. Die freiheitliche Demokratie, die über die Ordnung wacht, ist mit den kleinen Ganoven ganz unten schnell fertig und weiß ihre großen Lumpen oben an der Spitze ohne jeden Kompromiss zu beschützen. Die Moral von der Geschicht liegt auf der Hand: Vor dem Gesetz bist du ein Schurke, wenn du nur wenig stiehlst. Wenig zu stehlen ist ein Verbrechen. Viel zu stehlen bringt Ehre, Würden, Respekt und eine Position. Schmeiß beides zusammen, und du hast eine freiheitliche Demokratie.

– – –

Bert Brecht, der deutsche Dichter, der die Songtexte der *Dreigroschenoper* verfasst hat, gehört zu den Besten seiner Zunft. Seine Verse sind einfach und klar wie der Tag, haben Tiefgang und fassen in wenigen Worten die Idee der kämpferischen Front von heute.[33] Auf der haarfeinen Scheidelinie zwischen Ernsthaftigkeit, die wachrüttelt, und Satire, die unter die Haut geht, donnert Schlag auf Schlag einher. Jedes Wort trifft. Wer hat zugelassen, dass diese Gedichte von so kristallener Form und so dichtem ideellen Gehalt in ein Tschechisch übersetzt wurden wie aus Vilímeks Kalender[34] und sie damit bis zur Sinnlosigkeit entstellt? Es besteht ein fundamentaler Unterschied zwischen der Zeile: »denn für *dieses* Leben ist niemand anspruchslos genug« und der Übersetzung »neb v lidském tom žití jen málo skrovných je lidí« [denn in der irdischen Schar sind die Bescheidenen rar]. Mit so großem »Verständnis« hat der Übersetzer die Untertitel übersetzt und mit noch größerem hat er manche – ganz ausgelassen. Warum vertraut man eine Übersetzung von derart künstlerischer Bedeutung nicht unseren besten Köpfen an? Wo sind sie, wozu haben wir Nezval, Biebl, Halas, Noha? Die Lapidarität des deutschen Textes ist das Rückgrat des Werkes und trägt das Ganze. Die zusammenhangslose verschwatzte Gestelztheit bricht ihm die Spitze – sofern man freilich einem so messerscharf zugespitzten Film überhaupt schaden kann.

– – –

33 Einen wichtigen Anteil an dem Entstehungsprozess der *Dreigroschenoper* hatte Brechts langjährige Mitarbeiterin Elisabeth Flora Charlotte Hauptmann.

34 *Vilímeks humoristischer Kalender* (*Vilímkův humoristický kalendář*) war ein populärer und unterhaltsamer Jahreskalender des Prager Verlags J.R. Vilímek.

G.W. Pabst hat mit diesem Film sein radikalstes Wort gesprochen. Weder die »Westfront 1918«[35] noch »Kameradschaft« setzten ihre Hiebe so treffsicher und angriffslustig wie die Dreigroschenoper. Jedes einzelne Bild ist meisterhaft inszeniert, in seiner unrealistischen Grundierung von psychologischer Wirkmacht: Die Treppe, die nie so lang sein könnte, ist realistisch in einem höheren Sinn, sie offenbart die räumlichen und psychologischen Bezüge, in denen der Mensch sich befindet. Und die Frau mitten auf ihr ist hoffnungslos allein durch die endlose Höhe. Die Gesichter werden in die Dinge, die Menschen in den Raum hineinkomponiert, Zersplitterung ist Programm und schafft eine homogene Bildsprache, die Heartfields Montagen in nichts nachsteht. Schauspielerische Leistung, Wort, Klang, Ausstattung, alles konzentriert und verdichtet sich in Chiffren. Jedes Bild ein Hammerschlag. Nirgends ein Durchhänger. Kein Schauspieler, der aus dem Rahmen fiele. Kein Wort, das seine Botschaft verfehlt. Kein Bild, das nicht zum Ziel führt. Die Satire wird bisweilen zur Hymne, die Hymne wiederum gipfelt bisweilen in einer Fanfare zum Angriff. Der beste Gegenwartsfilm auf unserer Seite. Wenn er nicht das Niveau von *Weg ins Leben*[36] erreicht, dann nur deshalb, weil man hier bestenfalls ein Kampflied singen kann. Dort aber schon ein Freuden- und Schöpferlied.

– – –

Vieles, was nicht direkt zur Sache gehört, geht dem Zuschauer bei der Dreigroschenoper durch den Sinn. Der Film wurde vor drei Jahren gedreht. In diesen drei Jahren haben die beiden Menschen, auf die er zurückgeht – Rudolf Forster und G.W. Pabst –, ihre Entwicklung genommen. Rudolf Forster über die Kammerspielromantik privater Erotik (*Arianne, Verträumte Lippen*) zum nationalsozialistischen, faschistischen Agitationsfilm *Morgenrot*. G.W. Pabst von der pazifistischen

35 Der von Jesenská zitierte *Titel Čtyři od pechoty* geht auf den Arbeitstitel *Vier von der Infanterie* zurück.

36 Russ. Originaltitel *Putevka v žizn* (1931); Film von Nikolaj Ekk nach einem Sujet von Anton Makarenko.

Westfront 1918 und der antinationalistischen *Kameradschaft* zum historisch-fantastischen Märchen *Atlantus*. Ja, in Deutschland gibt es jetzt ein neues, von Goebbels geleitetes Ministerium; ihm unterstehen Rundfunk, Presse, Propaganda, Film, Theater und Volkserziehung. Kurzum alles. Die Entwicklung unserer beiden Regisseure zeigt Parallelen zu den Entwicklungen im heutigen Deutschland und endet sozusagen mit dem Protektorat dieses Ministeriums. Da drängt sich die Frage auf: Welche Verpflichtung hat der Intellektuelle gegenüber dem Wort? Tragen Regisseur, Schauspieler, Journalist, Dichter, Autor, Reporter für ihre Überzeugung nicht Verantwortung? Ist es nur, wirklich nur die kapitalistische Ordnung, die Intellektuelle zu Renegaten macht? Der Proletarier kann nirgendshin flüchten. Aus materieller und ideeller Notwendigkeit bleibt er seiner Überzeugung treu. Dem Intellektuellen bleibt immer ein Fluchtweg, wenn er sich aufgrund seiner Überzeugung existenziell bedroht sieht. Ein Weg nach rechts, in vielerlei Gestalt, vom Pazifismus zu Heil Hitler! Nichts kann ihn hindern, diesen Weg einzuschlagen, nur das Gewissen. In diesen Tagen, wo uns die Nachricht vom Tode Renns[37] erreicht, lässt sich Leuten wie Pabst zu Recht vorwerfen, dass sie aus ihren besten Werken keine Konsequenzen gezogen haben. Den Film werden wir wiedersehen, aber werden den Autor darin nicht mehr finden. Das wirft heute einen Schatten auf die Wahrhaftigkeit seines künstlerischen Schaffens.

– – –

Mit der Dreigroschenoper ist ein weiterer Name verbunden.[38] Vor Jahren hat E.F. Burian sie in Brno auf die Bühne gebracht.

37 Vermutlich Ludwig Renn, Schriftsteller und KPD-Mitglied (Dresden 1889 – Berlin 1979), der nach dem Reichstagsbrand verhaftet und später zu zweieinhalb Jahren Zuchthaus verurteilt wurde. Seine Verhaftung wurde eventuell irrtümlicherweise als Tod kolportiert.

38 In diesem Absatz beschäftigt sich Jesenská im Anschluss an die *Dreigroschenoper* mit dem tschechischen avantgardistischen linken und antifaschistischen Theater in der ČSR der zwanziger und dreißiger Jahre, das u.a. E.F. Burian, das Osvobozené divadlo (Befreites Theater) der politisierenden Clowns Voskovec und Werich, das Kabarett Červené eso

Nicht verzerrt zur Langer'schen Hetz mit verwilderten abgerissenen Kerlen, die einen speziellen Humor pflegen (so wie J. Bor im Städtischen Theater von Vinohrady), sondern als blutige Anklage, als Angriff des Lumpenproletariats, treu nach der künstlerischen Wirklichkeit und unter hervorragender Regie. Das hat ihm die Arbeit an den offiziellen Brünner Bühnen gekostet. Seither hat sich E.F. Burian mehrfach zu Wort gemeldet, zuletzt mit dem hervorragenden »Schiff der Lebenden« im »Roten Ass«, und immer ist er gescheitert: Er hat nicht geschafft, was trotz aller Positiva das Befreite Theater so herrlich schafft: nämlich, auf den Wellen der freiheitlichen Demokratie zu schaukeln, Narretei um der Narretei willen, Witze über alles und jeden. »Er heilt die Wunden des Publikums nicht durch Lachen«, sondern setzt den Spießbürgern zu. Nach dem »Schiff der Lebenden«, das den geschäftlichen Vorstellungen von Herrn Háša nicht zu entsprechen vermochte, ist E.F. Burian wieder verstummt. Es ist unmöglich, dem tschechischen Zuschauer der Dreigroschenoper E.F. Burian nicht in Erinnerung zu bringen. Und wieder drängt sich eine Frage auf: Was hindert E.F. Burian, sich dem proletarischen Theater anzuschließen, da und sonst nirgends gehört er hin, was treibt ihn zu seinen individualistischen Misserfolgen, wenn seine Arbeit sich im proletarischen Theaterkollektiv so glänzend bewähren könnte, sowohl für ihn als auch für das proletarische Theater ein Gewinn wäre; warum arbeitet nicht einmal er in den heutigen Zeiten auf seinem Platz?

Tvorba, 30.3.1933

(Rotes Ass) mit der erfolgreichen Aufführung *Loď živých* (Schiff der Lebenden) repräsentierten. Kritisch erwähnt sie die Namen des Geschäftsmannes und Kulturmanagers J.A. Háša und des Prosaisten und Dramatikers František Langer (Langer'sche Hetz).

Bettler

> Die Besitzenden können das Elend der Erde zwar anstiften, aber sehen können sie es nicht. Sie haben ein hartes Herz, aber schwache Nerven.
>
> *Dreigroschenoper*

Die Bekanntmachung an die Prager Bürger, die Primator Baxa[39] am 28. März erlassen hat, ist in der Tat das rechte Wort zur rechten Zeit. Es ist ein großes Glück, dass das Oberhaupt der tschechoslowakischen Metropole nicht nur vorausschauend und entschlossen ist, sondern auch Geist besitzt, und wenn es der Augenblick erfordert, auch für das arbeitende Volk eintritt, und noch dazu in sozusagen dichterischer Form. Eine solche Bekanntmachung an den Straßenecken ist ein Dokument echter Kultur und ein Schatzkästlein demokratischer Gesinnung. Sollte noch immer irgendwer womöglich daran zweifeln, dass das Volk in der tschechoslowakischen Demokratie Freiheit genießt – und leider gibt es solche Menschen unter uns –, der lese die Bekanntmachung und wird wissen, woran er ist.

Nach dieser Bekanntmachung stellt sich das Leben der Arbeiter so dar: Sie werden aus den Fabriken auf die Straße gesetzt und protestieren dagegen erstaunlicherweise mit Streiks, sie lassen sich einsperren, verprügeln und von den Gendarmen totschlagen. Wie töricht, denn man braucht bloß zum städtischen Amt für Arbeitsbeschaffung zu gehen und bekommt eine neue Arbeit. Kein Almosen, wie die Bekanntmachung ausdrücklich sagt, sondern Arbeit. Wer krank ist, blind, siech, verkrüppelt, wird von den Sozialämtern mit offenen Armen empfangen. Sie machen ihn gesund, geben ihm zu essen und sichern für die Zeit der Arbeitslosigkeit auch seine Familie ab, die um den Ernährer beraubt ist. Wer diese Bekanntmachung liest, kann sich nicht genug wundern. Es gibt Arbeit, es gibt Sozialämter, und die Leute sind so pervers, dass sie in Schobern wohnen und unter Brücken, auf den Straßen, in Felshöhlen,

39 Karel Baxa (Sedlčany 1862 – Prag 1938), bedeutender tschechischer Politiker, 1922–1937 Primator (Oberbürgermeister) von Prag.

dass sie in Lumpen gehen, Müll durchwühlen und verschimmelte Lebensmittel essen, und noch dazu sind sie so tückisch, dass sie Not und Elend vortäuschen und in die Straßen von Prag strömen und auf menschliches Mitgefühl hoffen. Und das kann man unmöglich dulden, denn sagen Sie selbst, wie das aussieht? Scheußlich sieht es aus. Ruhe und Ordnung leiden darunter, ganz ohne Zweifel. Und die Vertretung der Stadt gewinnt dadurch ebenfalls nicht.

Es ist wirklich höchste Zeit, dass das aufhört. Wie hilft die Demokratie einem Menschen, der sagt, dass er Hunger hat? Er bekommt einen Knüppel über den Kopf. So ein Schlag mit dem Knüppel ist eine famose Sache. Man verliert eventuell das Bewusstsein, und schon ist der Hunger vorbei. Das ist kostengünstig, kurz entschlossen und wirksam. Und es ist auch demokratisch. Ein ordentlicher Mensch, der auf sich hält, hat in einer demokratischen Republik nichts zu hungern. Offenbar aber ergreifen immer wieder Bürger Partei für die Leute, die man so radikal vom Hunger geheilt hat. Und deswegen gibt es eine neue Bekanntmachung von Herrn Baxa. Diese Leute haben keinen Hunger, sagt sie, es sind Lumpenkerle, die Arbeit scheuen und Not vortäuschen.

– – –

Millionen Tschechen sind also arbeitsscheu und täuschen Hunger vor. Früher hat ein guter Demokrat von ihnen nur aus den Statistiken der Zeitungen erfahren. Jetzt sieht er sie auf Schritt und Tritt vor sich. Täglich klingelt es unzählige Male an seiner Haustür. Manchmal sind sie zerlumpt, schmutzig, ausgezehrt, manchmal auch anständig angezogen, sie haben starre Gesichter und zermahlen die Bitte um Geld zwischen den Zähnen. Sie haben es offenbar noch nicht so ganz raus. In den Automaten-Restaurants stehen Grüppchen abgerissener junger Menschen. Ohne Arbeit und ohne Brot. Das Bettlerhandwerk muss die psychologische Karte spielen. Das ist sein Betriebskapital. Wer kaut, schämt sich ein bisschen vor dem, der nicht kaut. Und deshalb greift er schneller in die Tasche als auf der Straße, wo es sich so leicht vorübergeht an den Gestalten, die, an den Mauern klebend, in der ausgestreckten Hand irgendetwas feilbieten, was niemand will. Auf den Stufen mondäner Kaffeehäuser stehen Bettler. Hinein dürfen sie nicht, das würde Stimmung, Erscheinungsbild und Geschäft verderben. Sie strecken ihre Hand also auf den Stufen aus und murmeln ihre Beschwörungsformel. Früher war es die Geschichte vom Vater, der keine Arbeit hat, von der Mutter im Krankenhaus und den kleinen Geschwistern daheim. Vielleicht ja erfunden. Vielleicht war die Mutter ja gar nicht im Krankenhaus und daheim auch keine kleinen Geschwister. Vielleicht hatte der Junge »nur« Hunger. Aber irgendwie musste man das Mitleid des demokratischen Bürgers aus der Reserve locken. Heute versuchen viele nicht einmal mehr das. Sie halten den Fußgänger an und sagen: »Geben Sie mir Geld.« Oder: »Ich hab Hunger.« Sie blicken in diese Gesichter. Sind es die Gesichter von Menschen, die Arbeit haben können und um die das Sozialamt sich kümmert, die aber aus unverständlichen Gründen diese Vorteile ausschlagen und bettelnd vor Ihnen stehen?

Schauen Sie doch mal in ein Pfandleihhaus. Das dort sind noch keine Bettler. Das ist die Schicht knapp vor dem Bettelstand. Für einen Pfandleihschein über zwanzig Kronen bekommt man fünf Kronen. Bekommt eine Übernachtung mit Abendessen. Und dann hat man nichts mehr. Dann »täuscht man Not vor«.

– – –

Wenn Sie mit der Acht zum Karlov[40] fahren, leert sie sich schon am Platz von Peter dem Befreier; nur Mütter mit Kindern bleiben übrig. Es ist die Tram zum Kinderkrankenhaus. An der Endstation spuckt jede Acht ein Häufchen Frauen und Kinder aus. Der Wartesaal im Krankenhaus platzt aus allen Nähten. An der Wand steht »Arme und Besitzlose«. Bei Vorlage eines Armutszeugnisses werden die Kinder kostenlos untersucht. Mutter nach Mutter kommt in die Praxis. Verkrümmte Kinder mit spitzen Gesichtern, buckligen Schultern, stumpfen Augen.

40 Karlov, dt. Karlshof, Stadtviertel in Prag 2; dort befand sich seit 1902 das Franz-Josef-I.-Kinderkrankenhaus, dessen Gebäude 1971 dem Bau der gewaltigen Autobahnbrücke über das Tal von Nusle (Nuselský most) weichen musste.

In der Hand halten sie ein Häufchen Knochen, überzogen mit grauer, nicht durchbluteter, unterernährter Haut. Schmutzige Kinder in Lumpen. Übersät mit Furunklen, Geschwüren, verkrümmte Wirbelsäulen, Rachitis! Und die Augen dieser Kinder! Die Augen der Mütter, wenn das Kind auf dem Tisch beim Verbinden brüllt, stöhnt und jammert! Alle Krankheiten der sozialen Not, der schlechten überfüllten Wohnungen, der Ansteckungen und der Unterernährung.

Keinerlei Hygiene, Herr Primator. Die Kinder sind schmutzig, verwahrlost, die Mütter bringen sie erst in letzter Minute ins Krankenhaus, die Mittelohrentzündung hat sich längst durch die ganze Ohrmuschel und in den Knochen gefressen. Ein Säugling war das, und die Mutter über ihm ratlos, taub und dumm. Der Arzt war erzürnt, sehr erzürnt war er, der Herr Doktor.

Würden die Menschen in hygienischen Verhältnissen leben, müsste diese zermürbende, verzweifelte, vergebliche Arbeit nicht sein. Können Sie, gute Frau, nicht rechtzeitig kommen, wenn Sie sehen, dass das Kind krank ist? Etwas im Gesicht der Frau regt sich. »Und wie soll ich das machen?« Der Arzt zuckt die Achseln, winkt ab und greift zum Stethoskop. Die Augen der Mutter arbeiten, erzählen etwas. Sie kann die Worte nicht finden. Viel zu viel ist das alles. Und die Worte fehlen. Diese Frau ist durch das heutige Leben um ihr Leben bestohlen, um ihre Gesundheit, ihre Mutterschaft und, was das Schrecklichste ist: auch um ihr gutes Gehirn. Das größte Verbrechen des Kapitals ist dieser Raub des Verstands, den das Elend erschlagen hat. Ohne ihn kann der Mensch nicht einmal aufbegehren.

Und hier in der Klinik – das sind noch lang keine Bettler. Das sind »Arme und Besitzlose«. Das ist nur die Vorhut der hungernden Million.

– – –

Neulich stand abends um zehn Uhr vor dem Theaterausgang ein junger Mann, in Hemd und Hose. Mantel und Hut hatte er nicht. Er zwängte sich durch die aus dem Theater strömende Menge, die Menge verlief sich, und keiner hatte gegeben. Das,

Herr Primator, ist wieder so eine Sache: Ein erfahrener Bettler stellt sich lieber in eine kleine Gasse und bettelt Einzelpersonen an. Er bleibt mit seiner Not und dem Menschen, der keine Not hat, lieber in einer leeren Gasse: Da geben die Leute leichter. Sie haben, wie gesagt, schwache Nerven. Ein Bettler in einer Menschenmenge bekommt in der Regel nichts. Denn der eine, der nichts gibt, gibt dem anderen Mut, auch nichts zu geben. Das ist die entsetzliche Solidarität der Gesicherten gegenüber den Bedrohten. Dieser barhäuptige Mensch war sicher ein Arbeiter und wusste nicht, wie man bettelt. Das ist auf den ersten Blick zu erkennen, und nicht nur die Wachmänner, auch die Bürger haben darin Erfahrung. – Freilich, die Frage ist, wer sich schlechter fühlt: der, der noch nicht betteln gelernt hat, oder der, dem es schon in Fleisch und Blut sitzt und der sein tatsächliches Elend zu einem Bild steigern kann, mit dem er das Mitleid der Vorübergehenden aufrüttelt, der also erkannt hat, dass es nicht reicht, einfach Hunger zu haben und auf den Tod verzweifelt zu sein, sondern dass man auch noch blind sein muss, taub und hinken, dass man seine Not aufblasen muss, damit sie wirkt. Auf welcher Stufe des Elends aber befindet sich ein Mensch, der sich ein gesundes Auge verbindet, mit Gewalt seine Finger verkrümmt, als Beweis, dass er *wirklich* hungert? Wie schrecklich ist die Not, die eine Frau dazu veranlasst, ihre und fremde Kinder durch die Straßen zu schleppen und sie vor den Zinshausmauern aufzureihen – als Ausrufezeichen des Hungers? – Lässt sich der Satz *Ich habe Hunger* steigern? Und dennoch: Hunderte Menschen sind in einer Situation, in der es nicht reicht, wenn sie sagen: *Ich habe Hunger*. Und sind es diese Menschen, die schwindeln, Herr Primator, oder schwindeln Sie, wenn Sie einen Arbeiter, der keine Beschäftigung hat, arbeitsscheu nennen? Diese Menschen haben nicht nur mit ihrer Not zu ringen, sondern auch mit der demokratischen Lüge, dass es hier städtische Ämter gebe, die Arbeit verschaffen, und Betteln nicht nötig sei. Hinter der Maske übertriebenen Elends ist auch nur derselbe Hunger, aber die Zahl der Bettelnden wächst, und sie werden im Straßenbild immer alltäglicher, und daher muss auch das Elend wachsen, damit ein Zwanzighellerstück aus der Tasche springt.

Jener Mann vor dem Theater hat es einfach noch nicht gewusst. Er hat nur immer gesagt: »Ich hab Hunger.« Und als die Letzten der Menge vorübergingen, verstellte er ihnen den Weg und schrie: »Hat denn keiner von euch für einen Arbeiter zwanzig Heller?« Das war keine Bitte. Das klang bedrohlich und bös. Und die Leute griffen verängstigt in ihre Taschen und suchten Kleingeld zusammen.

In der Tat, es ist höchste Zeit, dass die Leute aufhören zu betteln, dass sie aufhören, sich auf das Mitgefühl der Vorübergehenden zu verlassen. Vor einem Monat hat keiner in Kbely,[41] Anfang März keiner im ganzen Norden gebettelt. Und das hat geholfen. Mehr als erwartet geholfen. Es ist schon wahr, dass das Ende der Not da beginnt, wo die Menschen aufhören, einzeln zu betteln und anfangen, gemeinsam zu fordern.

Tvorba, 6.4.1933

Die Gestrandeten
(Schicksale deutscher Emigranten)

Ein Reporter gleicht bisweilen einer Hyäne. Er geht umher mit seinem Block und notiert sich menschliche Drangsale, um sie an die Zeitung weiterzuleiten. Täte er dies ohne ein Fünkchen Hoffnung, dass seine Worte, wenn sie gedruckt sind, auch etwas bewirken, so wäre er keinen Händedruck wert. Ich habe diese Hoffnung und entschuldige mich für die Neugier meiner Fragen, die wehtun mussten und sicher aufdringlich wirkten, bei allen, die ich während der letzten Tage in ihrem Unterschlupf aufgesucht habe. Ich musste ihnen zwangsläufig als Mensch vom anderen, vom sicheren Ufer erscheinen, der sich mit seinem Bleistiftchen in der Hand das Ausmaß ihres Leidens notiert. Beschämt stand ich vor ihnen, denn auf mich wartete ja ein freundliches Zuhause, Arbeit und eine Zukunft.

41 In Kbely, heute Stadtteil Prag 19, wurde ab 1918 der erste Flugplatz der ČSR errichtet; heute dient er den tschechischen Luftstreitkräften als Fliegerbasis.

Wird aber, so wie der ihre, auch der Grund meines Zuhauses unter einer vernichtenden Explosion erzittern, werden wir wohl vereint gegen den gemeinsamen Feind stehen – und ich hoffe, wir finden wieder zusammen.

Jeder fühlt mit dem anderen nur insoweit mit, als er sich dessen Schicksal vorstellen kann. Daher geben arme Leute leichter und sind opferbereiter als reiche, daher vermag der Soldat sein Leben für den Kameraden einzusetzen, daher jagen die Gendarmen freiwillig den, der einen Gendarmen niedergestreckt hat, daher finden die Rebellen ein Versteck bei den armen Gebirglern, daher unterstützen die Juden überall auf der Welt jüdische Emigranten.

Wer sind diese Menschen?

In Prag leben im Moment insgesamt etwa 3500 deutsche Emigranten. Sie kommen aus den unterschiedlichsten sozialen Schichten: Arbeiter und Handwerker, Beamte, Angestellte und Intellektuelle. Die erste Kategorie ist in der Mehrheit, zu ihr gehören die Funktionäre der sozialistischen Parteien und der gewerkschaftlichen Organisationen, dann kommen die freien Berufe und schließlich Beamte und Angestellte. Frauen und Kinder machen etwa ein Fünftel aus. Die politische Zusammensetzung ist allerdings bunt, das Dritte Reich hat es nicht nur auf Kommunisten und Sozialdemokraten abgesehen. Durchaus denkbar, dass wir auch noch erleben, wie katholische und evangelische Pfarrer über die Grenze kommen. Die deutschen Emigranten waren nicht auf einen Schlag da, wie einst die russischen Flüchtlinge. Die ersten, die kamen, waren deprimiert, verzweifelt, manchmal blutüberströmt. Sie kamen zu Fuß, ohne einen Heller, ohne Papiere, und hatten mehrere Tage nichts gegessen. Das waren die politischen Flüchtlinge, Arbeiter, Redakteure, Schriftsteller, Gewerkschafter, meist junge Kerle aus der deutschen Sozialistischen Jugendbewegung. Viele sind wieder zurück, viele hat man im Reich gefasst, manche kamen vielleicht auch ein zweites Mal, viele jedenfalls werden nie mehr irgendwohin emigrieren. Und wer gar nicht nach Hause zurückkonnte, ist geblieben.

Dann kamen die jüdischen Emigranten und alle, die aufgrund einer Mischehe in Gefahr waren, und dann die so genannten Wirtschaftsemigranten, meist jüdische Kaufleute und Unternehmer. Letztere brachten Geld mit – wie, das ist ihre Sache –, sie beziehen hier in der Republik keine Unterstützung, mit Geld lässt sich selbst die Vereinsamung auf der Insel der Verbannten meistern. Interessant ist, dass von insgesamt 3500 Emigranten 2000, also die Mehrheit, nicht auf ein Komitee angewiesen sind und keine Unterstützung beziehen.

Die dritte Emigrationswelle ist eigentlich keine Welle mehr. Es sind Einzelne, die ein, zwei, drei Jahre oder länger ausgehalten haben. Ausgehalten haben bei ihrer politischen Arbeit, viele davon verfolgt und immer wieder verhaftet. Wer nur die geringste Ahnung von dem riesigen Spitzelapparat hat, den ein totalitärer Staat unterhält, um totalitär zu bleiben, kann sich eine vage Vorstellung davon machen, wie in Deutschland das Leben eines Arbeiters, Angestellten, Intellektuellen oder inzwischen auch eines überzeugten Katholiken oder Christen aussieht, der beschlossen hat, für die Erneuerung der demokratischen Freiheiten zu arbeiten. Sie alle waren im Konzentrationslager, in Kerkerhaft – und oft nicht nur einmal. Zurückzukehren hieße für sie das Leben drangeben. Also sind sie geblieben, ärmer als Bettler, denn einem Bettler wird nicht verboten zu arbeiten. Obwohl die Zahl der politischen Emigranten in der letzten Zeit relativ konstant ist, ist die Fluktuation groß. Viele gehen von hier in andere Länder, sobald sich eine Möglichkeit bietet, vor allem eine Chance auf Arbeit. Aber der Strom versiegt nicht gänzlich. Die einen gehen, die anderen kommen, denn die Gründe für eine Emigration werden immer ernster und sind dringlicher als in der ersten Zeit nach dem Reichstagsbrand.

Menschen, die nicht arbeiten dürfen

Als 1933 die erste Welle der deutschen Emigration heranrollte, wussten sich die Hilfsorganisationen keinen Rat. Damals begann, was man heute Patronat nennt. Hier vor euch steht ein Mensch, er hat nur ein einziges Hemd und seine Hände sind blank. Er ist gesund, arbeiten darf er nicht, aber essen muss er. Arbeiterfamilien im Kreis Kladno, Most, Ostrava, Brno[42] haben für diesen Menschen zusammengelegt. Geld konnte ihm keiner geben, weil keiner was hatte. Aber einer gab am Morgen einen Getreidekaffee, der Zweite den Rest vom Mittagessen, der Dritte ein unentgeltliches Obdach. Die Patronate organisierten sich mit der Zeit. Zunächst gaben die Leute unregelmäßig, dann haben sie sich verpflichtet, systematisch zu geben. Die Umgebung hat sich an den Vertriebenen gewöhnt. Manchmal bekam er eine Zeitung geliehen, ein andermal Schuhe geschenkt. Bewirtung ist eine würdige Form des Mitgefühls und der Hilfe. Aber ein Mensch, der seine Heimat verloren hat, würde sich für einen Teller Kartoffelsuppe auch gern mit ein bisschen Arbeit erkenntlich zeigen. Er würde niemandem den Lohn wegnehmen, denn der Hausherr könnte sowieso keinen anderen für diese Arbeit finden. Aber ein Mensch, der sein Zuhause verloren hat, darf nicht mehr als Danke sagen. Nicht einmal Holz hacken darf er.

Die Patronate nahmen im Laufe der Zeit geregelte Form an und sind meist das Einzige, was den Emigranten ernährt. Das hat der Fall Josef B. gezeigt: Er erhielt überraschend die Aufforderung zum Verlassen der Gemeinde, in der ihm 72 Mittagessen zugesagt waren, und sollte sich in den Kreis Jihlava verfügen. 20 Delegationen haben interveniert, 210 Bürger haben eine Bittschrift unterzeichnet, man möge ihnen ihren Gast lassen – was mehr als hinreichend beweist, dass der tschechische Mensch ein liebenswürdiger Gastgeber sein kann. Die Bittschrift blieb ohne Erfolg, die zuständige Behörde reagierte auf die Nachfrage, wie der Emigrant nach Jihlava gelangen solle, mit Achselzucken. Stellen Sie sich also einen Flüchtling vor, einen zum zweiten Mal von einem geschenkten Bissen Verjagten, wie er Kilometer um Kilometer hinter sich bringt, um einen Ort zu erreichen, den er nicht kennt, an dem er nie war, wo er jedem fremd ist und wo es viele deutsche Henlein-Anhänger gibt, seine und *unsere* Feinde. Stellen Sie sich vor, wie er schutzlos im Freien steht, ohne Essen, ohne die Chance auf Arbeit und ohne Zukunft, und Sie werden sagen: Wie soll

42 Dt. Kladen, Brüx, Ostrau, Brünn.

er das aushalten, wie soll er leben? Und das, obwohl er am anderen Ende der Republik 72 gute Menschen hat, die ihm mittags abwechselnd zu essen geben.

Der zweite Fall ist der Schuster S., ein gebürtiger Tscheche. Dreißig Jahre ist er schon in Berlin. 1931 wird er deutscher Staatsbürger, 1934 wird ihm diese Staatsbürgerschaft automatisch aberkannt, und er ist staatenlos. Er verlässt Frau und Kinder und kehrt zurück in seine Heimatgemeinde, wo er seinen Onkel vorfindet, der für ihn sorgt. Aus heiterem Himmel wird er vorgeladen und aufgefordert, sich binnen sechs Tagen entweder nach Jihlava oder nach Pelhřimov zu verfügen; sechs Kreise hat er zur Auswahl. Er hat sich Humpolec[43] ausgesucht, damit Sie recht verstehen, blindlings, einfach um irgendetwas zu sagen, der arme Kerl. Er hat sich dorthin geschleppt, fand dort in der Gegend eine Arbeitsmöglichkeit in der Landwirtschaft und beantragte eine Arbeitserlaubnis. Von der Landesbehörde in Prag, Abteilung 16, wurde ihm am 17. August 1937 eine Arbeitserlaubnis bis zum April 1938 ausgestellt. Woraufhin er am 9. September 1937 von der Landesbehörde in Prag, Abteilung 22, die Mitteilung erhielt, er müsse seine Stelle sofort aufgeben, »weil er nicht erwerbstätig sein darf«. Jetzt sitzt er in Prag und schaut euch an, wie jemand, der die Welt nicht mehr versteht.

Der dritte Fall, den ich hier anführe, ist etwas anders gelagert. Er führt uns in bezeichnender Weise das Schicksal derer vor Augen, die zu uns emigrieren. Der Held respektive das Opfer ist der Arbeiter K., der lange Jahre in der deutschen Gewerkschaftsbewegung tätig war. Anfang 1933 hatte er geheiratet, im März 1933 war sein Familienleben bereits beendet. Der Schlag, den die deutsche Demokratie erlitten hatte, zwang ihn, sich von seiner Frau zu trennen, denn beide wurden von SA-Einheiten gesucht. Im Juli gelang es der SA schließlich, K.s Frau zu verhaften. Damit begann der Leidensweg. Trotz ihrer Schwangerschaft blieb sie nicht vor Folter verschont, denn die SA wollte wissen, wo ihr Mann sich versteckt. Sie hat nichts verraten. Das Kind hat man ihr nach der Geburt genommen. Im Gegenzug erhielt sie zwei Jahre Kerker. Im November war

43 Dt. Iglau, Pilgrams, Humpoletz.

auch K. verurteilt worden – zu zweieinhalb Jahren. Die ganze Zeit über wussten sie voneinander nichts, erst im Sommer 1936 sah der Vater seine Frau und die kleine Tochter. Kurz darauf begannen die Verhöre von neuem, wieder wurden sie vorgeladen, man drohte, den Prozess »unter der Last neuer Beweise« noch einmal aufzurollen. Es blieb nichts anderes, als mit dem Kind im Arm bei Regen und Nebel zu fliehen. Jetzt sind sie hier in der Tschechoslowakei, zwei Prager Familien haben sich ihrer angenommen, sie fallen niemandem zur Last und haben sich noch immer nicht von ihren Qualen erholt. Ihr Familienleben allerdings bleibt – wie bei allen – ein Torso, denn die Ehepartner leben an verschiedenen Orten und sind dankbar, dass sie wenigstens ein Dach über dem Kopf haben. Sollen sie es wieder verlieren?

Noch ein letzter Fall, der des jüdischen Emigranten M. Vor zwei Jahren ist er aus Deutschland fort, hat Frau und Kind zurückgelassen. Nach zwei Jahren Aufenthalt bei uns fuhr er in ein Grenzstädtchen, mit allen Papieren, die ein Emigrant haben kann: eine Identitätsbescheinigung und eine Aufenthaltsgenehmigung für die ČSR, gültig für ein Jahr. (Wissen Sie, das ist so eine Sache: Andere Papiere kann er nicht haben, gerade deswegen ist er schließlich geflohen. Wenn er aber Papiere vorlegt, die er von einer tschechischen Behörde hat, bekommt er zu hören: »Das sind ja wohl keine Papiere!«) Er fuhr ins Grenzgebiet, um sich nach zwei Jahren mit Frau und Kind zu treffen, um deren Schicksal er bangte. Er fuhr mit Erlaubnis und Wissen des Komitees, dem er zugewiesen war. Seine Frau hatte freilich keinen Pass für die Tschechoslowakei bekommen, durfte aber die Grenze mit einem Passierschein überschreiten, der drei Tage gilt. Diese drei Menschen, Mann, Frau, Kind, wollten sich in einem kleinen Gasthaus auf dem Marktplatz wiedersehen. Der Mann nähert sich dem vereinbarten Ort, schon scheint ihm, dass er aus der Ferne die Gesichter seiner Lieben erkennt, da wird er festgenommen. Er weist sich mit seinen Papieren aus und erklärt den Grund seines Hierseins. Aber ihm wird gesagt, dass das »keine Papiere sind«. Er wird in eine andere Stadt gebracht, eingesperrt und *nicht verhört.* In der unbändigen Sehnsucht nach Frau und Kind tritt er nach zwei Tagen in Hungerstreik, im Wissen, dass seine Lieben am dritten Tag wieder fahren müssen. Für diesen Hungerstreik wurde er aus der Republik ausgewiesen (»mit diesem Verhalten haben Sie das erfolgreiche Vorgehen der Polizeidirektion in X behindert …«). Mehrfache Interventionen erwirkten eine weitere Aufenthaltserlaubnis für vierzehn Tage, damit er eine Ausreise nach Amerika einleiten könnte. Ganz abgesehen davon, dass es auch für unsereinen völlig ausgeschlossen wäre, sich innerhalb von 14 Tagen eine Aufenthaltsgenehmigung für Amerika und das Geld für die Reise zu beschaffen, was auch eine Polizeidirektion wissen könnte, hieße das für diesen Menschen, zu gehen und dabei Frau und Kind in Deutschland zurückzulassen.

Emigrantenkollektive

Patronate sind nicht die einzige Möglichkeit Emigranten zu helfen. Es gibt auch Massenubikationen, die von den Flüchtlingshilfskomitees unterstützt werden. Solche Komitees gibt es in der Tschechoslowakei verschiedene, ihre Arbeit ist aber im Wesentlichen dieselbe. Zwei Dinge müssen unbedingt erwähnt werden: Die Kontrolle des Komitees über den einzelnen Flüchtling ist weitaus umfassender, sorgsamer und gründlicher, als eine polizeiliche Kontrolle es sein könnte. In den Schutz eines Komitees wird aufgenommen, wer die Gründe für seine Emigration bis ins Kleinste benennt. Die Angaben werden genauestens überprüft, was bisweilen mehrere Wochen in Anspruch nimmt und viel Arbeit und Geld kostet. Dann erst wird ein Emigrant einem Kollektiv zugewiesen, bekommt eine Identitätsbescheinigung, wobei zugleich auch das gesamte Kollektiv zum Wächter über sein Leben wird. Sollte es zufällig passieren, dass sich trotz aller Vorsicht ein unwillkommener Genosse ins Kollektiv einschleicht, so ist er rasch entdeckt. Gerade jetzt ist ein Fall vorgekommen, wo ein Kollektiv einen Verdächtigen an die tschechoslowakischen Gerichte übergeben hat. Wie sich herausstellte, zu Recht.

Was ist das, so ein Kollektiv?

Eine leer stehende Schraubenfabrik, halb abgerissen, eine klamme Halle mit hoffnungslos blinden Fenstern und deprimierenden Löchern, und dafür zahlen die 135 Leute, die dort leben, eine Jahresmiete von 28.000 Kč (früher waren es 22.000, aber der Hausherr hat erhöht). Diese 135 Leute haben jeder für sich wöchentlich 20 Kč. Das Ganze stellt sich so dar: nackte Räume mit sechs bis acht Eisenbetten ohne Bezug und Laken, hie und da ein Schrank, aus Kisten zusammengehämmert. Eine zu Tränen rührende Bibliothek, ein winziger Raum mit zerfledderten Büchern, sorgfältig aufgestellt und nummeriert, Kleist neben Bredel,[44] vermutlich eine Spende von Leuten in Sicherheit. Ein Badezimmer ist vorhanden, soweit man eine zerschlagene Blechwanne so nennen möchte, aber baden dürfen nur Kranke, denn es ist kein Geld für Kohle vorhanden. In einem Bottich in der Küche massenhaft Kraut, Gulasch nur einmal wöchentlich. 50 kg Fleisch in der Woche für 135 Personen, von denen ein Viertel krank ist; sie brauchen – oder bräuchten – eine Zulage und eine spezielle Ernährung. Im Gemeinschaftsraum bügeln die Frauen Wäsche, in der Mitte steht ein wackliger Tisch. Ein paar Stühle. In einem der Löcher flickt ein Schuster Schuhe, in einem anderen ändert ein Schneider gespendete Kleidungsstücke. An mir vorbei geht ein Junge mit einem Stoß Zeitungen: Die alten gelesenen Nummern schickt er an die Kameraden auf dem Land, sie warten darauf schon seit vielen Tagen.

Ich sollte wohl die Not, in der sie leben, genauer schildern. Etwa ein Viertel ist krank, unterernährt sind alle. Ich kann mich aber nicht von dem Eindruck freimachen, dass da noch etwas Schlimmeres ist als das tägliche Elend. Ich habe in ihr Gesicht geblickt, habe mit ihnen gesprochen. Sie erzählen von sich selbst, wie Leute, die nach schwerer Krankheit zu einem Gesunden sprechen. Sie lächeln und sagen alles in allem nichts: Denn was sollen sie schon sagen und woher dafür die Worte nehmen? *Aber diese Menschen stehen da, dürfen nicht arbeiten, sie hören die Zeit verrinnen, stehen da und warten auf morgen.*

44 Willi Bredel (Hamburg 1901 – Ost-Berlin 1964), deutscher Schriftsteller, Journalist und überzeugter Kommunist; sein Roman *Die Prüfung* (1934) war der erste international anerkannte Roman über die Konzentrationslager.

Ich werde wohl nie die junge Frau mit dem herrlichen Haar und dem schönen Lächeln vergessen, die ein bisschen trotzig vor mir steht und erzählt: Ja, man hat sie verhaftet und lange eingesperrt. Ob man sie misshandelt hat? Nein, nein, abgesehen von ein paar Kleinigkeiten.

Und was heißt: Kleinigkeiten? Na ja, Schläge mit dem Lineal auf den Kopf, auf die Gelenke. Das sind Kleinigkeiten? – Aber ja – und wieder dieses unbeschreibliche Lächeln – aber ja, in Deutschland sind das Kleinigkeiten. Haben Sie ein Kind? Ja. Und das klingt ziemlich leise und ziemlich hart. Wo? In Deutschland. Haben Sie Angst um Ihr Kind? Achselzucken. Ist das nicht schrecklich zu wissen, dass es dort von den Nazis erzogen wird? »Kann ich es herbringen? Wie? Wohin?« Aber das ist schon fast ein Aufschrei, ein Heulen. Wie stellen Sie sich Ihre Zukunft vor? Die Frau hebt ihren Kopf, die Augen schauen mich an, sehr aufmerksam, sehr still und sehr konzentriert: Wir warten, bis wir wieder nach Hause können!

Ich habe mit einem jungen Mann gesprochen, der erst seit einem halben Jahr in der ČSR ist. Er hat mit Edgar André in einer Zelle gesessen, dem Hamburger Kommunisten, der vor ungefähr einem Jahr hingerichtet wurde. Er selbst ist nach jahrelanger Haft freigekommen, noch bevor man André den Prozess gemacht hat. Den hat er von Anfang bis Ende verfolgt. In der Nacht als André unters Fallbeil kam, saß er bei dessen Familie. Und die Hamburger Arbeiter sind zum Begräbnis gekommen. Und er hat ein paar Worte am Grab seines Kameraden gesprochen und wurde verhaftet, hat mehrere Wochen in einem Loch zugebracht, in dem er weder sitzen noch liegen konnte. Dann ließ man ihn frei, und wie das eben so ist, man hat ihm gesagt, der Prozess gegen ihn werde noch einmal aufgenommen. Deswegen ist er fort. Er hat ein kluges, feines Gesicht und auffällig schöne Hände. Er war Bankangestellter. Und ist einer von denen, die noch schrecklich viel sagen wollen, er ist bis an den Rand gefüllt mit den Schrecknissen des Wachens, der Schläge, des Wartens, der Demütigung, mit der Liebe zu seinen Weggefährten, die Wörter überstürzen sich sprudelnd, an den Schläfen schwellen die Adern … »Sind Sie gesund?«, frage ich. Auch ein Laie erkennt auf den ersten Blick die schwere nervliche Schädigung. Er schaut mich überrascht an: Aber natürlich!

Was wir für schrecklich halten, gilt ihnen als Kleinigkeit. Was uns zu einem Krankenhausaufenthalt berechtigt, erachten sie als Gesundheit.

Ein anderes Komitee bringt seine Schützlinge in kleineren Kollektiven unter, zu fünft, sechst oder acht in privaten Wohnungen. Dort haben sie es etwas »besser«. Außer Kohle und Wohnung gibt es wöchentlich pro Person 30 Kč. Ich habe mit einem Vierzigjährigen gesprochen, dessen Haar weiß war wie Milch. Alle frage ich, ob sie Arbeit haben. Alle schütteln sie den Kopf. Zwei waren als Statisten im deutschen Theater, für jede Probe 3 Kč. Dafür mussten sie von Záběhlice zu Fuß nach Prag hinein und in der Nacht zurück und den ganzen Tag warten, eine Arbeit ohne Essen. Ein anderer – zweimal hat er in den vier Jahren, die er hier lebt, Teppiche geklopft – aus Gefälligkeit, für einen Teller Suppe.

Und die Wohltätigkeit schlummert ein

Die Existenz der Emigranten beruht auf organisierter privater Wohltätigkeit. Darüber wären auch ein paar Worte zu verlieren. Wissen Sie noch, wie wir die ersten Kriegsverwundeten bewirtet haben? Mit belegten Brötchen und warmem Kakao. Später sind wir auf den Bahnhöfen über die Massen an Verwundeten hinweggestiegen und haben sie nicht einmal mehr wahrgenommen. 1933 konnte ein Komitee mit einer maximalen monatlichen Unterstützung aus Spendengeldern in Höhe von 35.000 Kč rechnen. Heute treibt es mit Müh und Not allerhöchstens 8000 Kč auf. 1934 bekam ein Emigrant noch 6,50 Kč pro Tag, heute nur noch 4,50 Kč. Aber ein anderes Komitee kann bereits nur noch 3,50 Kč auszahlen, und in Brno zum Beispiel nur noch 2,60 Kč. Die Wohltätigkeit nimmt mit der Not ab. Denn Sie müssen wissen, es gilt folgendes Gesetz: Nicht die Katastrophe durchzustehen ist schwer, sondern die lange Stille danach. Wohltätigkeit ist eine Quelle, die allmählich versiegt. Und vier Jahre Emigration sind nicht nur Hunger und Elend, Not, Verlassenheit, Einsamkeit, Heimweh und aufgezwungener Bettelstand, vier Jahre Emigration sind ein schrecklicher, ein unerträglicher Seelenzustand. Mehrheitlich handelt es sich um junge Leute, Arbeiter und Intellektuelle. Diese Menschen verlieren die Möglichkeit, tätig zu sein, sich zu bilden, sich weiterzuentwickeln. Sie verlieren den Kontakt zu ihrem Beruf, hängen im luftleeren Raum, verlieren die Lebensmitte. Es ist nicht nur Hunger, der entkräftet, es ist auch die aufreibende, zermürbende Warterei.

Fremde Menschen, die eine fremde Sprache sprechen, aus einem fremden Land gekommen. Aber eines ist uns gemeinsam: Beim Wort Hakenkreuz schnüren uns dieselben Empfindungen das Herz ab. So ein Häufchen Flüchtlinge kann uns lehren, was dieses Hakenkreuz ist: Sie sind lebende Zeugen ungeheurer Brutalität und machtvoller Lüge. Ein Zeugnis, das sie am eigenen Leib tragen, und ist unter uns ein Thomas, der nicht glauben will, so kann er hingehen und sie mit dem Finger berühren.

Dauerhafte Unterernährung bricht einen noch so starken Menschen, aber Hunger, dazu Untätigkeit und aufgezwungener Bettelstand brechen selbst einen Riesen. Soll diese Handvoll Menschen, von denen manche einfach nur Immigranten sein mögen, die meist aber Helden sind – sollen diese Menschen nicht mit der Zeit zu einem Geschwür mitten in unserer Gesellschaft werden, nicht zu einem demoralisierten Element, dann müssen sie die Möglichkeit haben zu leben. Heute, wo die Krise nicht so spürbar ist, wo die Leute wieder Arbeit bekommen, würde sich gewiss eine Möglichkeit finden, sie zu beschäftigen, ohne dass sie unseren Leuten das Brot wegessen. Viele von ihnen sind qualifizierte Fachkräfte in Bereichen, in denen bei uns Mangel an qualifizierten Kräften herrscht. Andere würden sich ein neues Betätigungsfeld erschließen, das nur noch gefunden werden muss und ganz auf sie zugeschnitten wäre – als materielle Unterstützung in anderer Form. In Prag zum Beispiel beziehen einige hundert Leute Bücher über einen Emigranten, nur damit dieser Flüchtling die Provision erhält. Sonst würden sie das Buch direkt im Laden oder auch gar nicht kaufen. An materielle Hilfe und Arbeit – und beides brauchen die Emigranten dringend – ist nur in Prag oder größeren Städten zu denken, eventuell auch da, wo sie sich in ihr Umfeld gut eingefunden haben. Dasselbe gilt in Bezug auf ihre elementaren kulturellen und gesundheitlichen Bedürfnisse.

Und letztlich auch in Bezug auf die aus Sicherheitsgründen vorgeschriebenen Kontrollen. Wenn Frankreich, Belgien und die skandinavischen Staaten in der Lage waren, den deutschen Emigranten mehr zu bieten, als das internationale Statut verlangt, wird sich und muss sich auch bei uns ein Weg für eine existenzielle und moralische Grundsicherung finden, und zwar im Rahmen der von der Tschechoslowakei noch nicht ratifizierten Genfer Konvention. Die Geschichte der tschechischen Emigration[45] ist noch viel zu lebendig, als dass unser Gewissen gleichgültig sein könnte.

Přítomnost, 27.10.1937

Lynchjustiz in Europa

Der Fremde, der durch eine unbekannte Stadt reist und sich in einem Häusermeer sieht, mag denken, es sei eine Großstadt. Umgekehrt weiß jeder, der in einer so großen Stadt wohnt, dass er zeit seines Lebens nie sehen wird, wie diese sich in den Feldern verläuft, dass es Großstädte eigentlich gar nicht gibt. Es gibt nur Straßen, die immer wieder neue Straßen treiben, es gibt Häuser ohne Gärten, ohne Felder, dicht an dicht, viereckige Steinkäfige über fünf Stockwerke. In einer Großstadt lebt der Einzelne ähnlich wie auf dem Dorf. Unter Nachbarn, gegenüber ist die Trafik und an der Ecke der Kaufmann. Hausbesorger, Briefträger, Steuereinnehmer, Telefon, Arbeit, ein paar Freunde, das war's. Morgens stellt der Ladenschwengel die Milch vor die Tür und eine Tüte mit Semmeln, der Herr nebenan geht zur Arbeit, das Fräulein gegenüber, das irgendwo Nachtdienst tut, kommt nach Hause. Mit einem gleichgültigen Guten Morgen beginnt der Tag. All diese Schicksalswege werden gegenüber in der Trafik registriert. Die Wände haben Ohren, Frauen und Kinder sind redselig. Das ganze Haus weiß also, wie viel Schulden und

45 Jesenská denkt hier vermutlich an die historisch bedeutende Emigration von Tausenden evangelischen Gläubigen nach der Verneuerten Landesordnung des Erbkönigreichs Böhmen vom Mai 1627, in deren Folge die Rekatholisierung der Böhmischen Länder einsetzte.

welche Sorgen Sie haben, weiß, welche Kleider Sie tragen und welche politische Überzeugung Sie vertreten. Der Herr aus dem ersten Stock grüßt Sie aufgrund dieser politischen Überzeugung ein wenig obenhin, der Herr aus dem zweiten Stock dafür mit besonderer Höflichkeit. Gehören Sie zum Lager des Hausherrn, können Sie den Mietzins ruhig etwas später bezahlen. Haben Sie nicht dasselbe Parteibuch wie der Besorger, muss ihr Bub sich die Schuhe extra gründlich abstreifen, damit er auf der Treppe ja keine Tapsen macht. Wenn die Mieterin aus dem dritten Stock vorübergeht, grinst das ganze Haus still vor sich hin, heutzutage ein wenig bösartig, höhnisch: Die Frau ist Jüdin. Und lärmt der weißbestrumpfte Student[46] aus dem vierten Stock durchs Stiegenhaus, dann tritt er in die eisige Stille der heute unterschwellig so zornkochenden Straße.

So nämlich stellt sich das politische Leben des kleinen Mannes im Privaten dar. Sein politisches Leben ist so unverhohlen privat und so verflochten mit seiner persönlichen Situation, dass es nicht nur eine Sache der Ehre ist, sondern ihn so direkt berührt wie das Hemd am Leib. Der Radius seines politischen Wirkens reicht in der Regel über den Radius seiner täglichen Bewegungen nicht hinaus: bis zum Platz und noch drei Straßen weiter, der Weg zur Arbeit, der Weg nach Hause, der Schank an der Ecke, die Trafik gegenüber und die acht Quadratmeter, die man Zuhause nennt. Und was man Pogrom nennt, erwächst genau daraus. Ein Pogrom ist unter anderem die Rache des kleinen Mannes am kleinen Mann, ein Kampf übers Pawlatschengeländer, von einem Stockwerk zum anderen. Lang angesammelter Zorn – durch Propaganda aufgepeitscht und missgeleitet – richtet sich auf einen bestimmten Begriff, kristallisiert sich aus und explodiert.

Neger in Europa

In ruhigeren – und ruhigen – Zeiten haben vermutlich die unterschiedlichsten Menschen nebeneinandergelebt und sich um

46 Weiße Kniestrümpfe trugen in den dreißiger Jahren demonstrativ die Henlein-Anhänger.

die Politik nicht gekümmert. Sie ist ihnen nicht auf den Leib gerückt, hatte scheinbar gar nichts mit ihnen zu tun und spielte sich irgendwo außerhalb ihrer Sphäre ab. Heute hat sich die Politik unters Dach der kleinen Leute gedrängt, in die Zweizimmerwohnungen mit Küche und Bad, sie hat sich an den Tischen mit den Häkeldeckchen niedergelassen und scheppert aus dem Radio, das früher nur Lieder gesungen hat. Heute ist Herr Novotný vor allem Tscheche und ein guter Nachbar, Herr Kohn ist Jude, und der Sohn von Mieter Keller ist von ausnehmend schönem Wuchs, ein sehr sportlicher junger Mann in weißen bayerischen Strümpfen – mitten im ruhigen Smíchov,[47] wo weit und breit keine Berge stehen – und Herr Svoboda, der Schneider im Souterrain, ist Sozialdemokrat. Im Souterrain unten wohnen auch noch zwei Emigranten, deutsche Sozialisten mit Evidenzkarte, ohne Arbeit, ohne Papiere, und alle Mieter im Haus sind ob ihrer Gegenwart ein wenig peinlich berührt. Denn ein Emigrant – das ist ein Neger, noch dazu ein Neger unter Weißen, und er lebt, wo er nicht hingehört, damn nigger! Innerhalb von vier Jahren hat sich Europa so verändert, dass es voller Neger ist. Neger dürfen bekanntlich keine weiße Frau anrühren, müssen in für sie ausgewiesenen Vierteln leben und sind keine Herren. Die Neger im heutigen Wien – das sind die Juden, die Sozialisten, die ehemaligen österreichischen Nationalisten, die Monarchisten, ab und zu die Tschechen und im Großen und Ganzen auch die Katholiken. In Amerika kommt es immer mal wieder vor, dass die im Rassenstolz rasende Menge einen Schwarzen am nächstbesten Baum aufknüpft – weil er schwarz ist. Noch vor kurzem empörte sich die Welt in berechtigtem Mitgefühl mit den drei Schwarzen aus Scottsborough, die, von einer weißen Prostituierten fälschlich beschuldigt, zum Tode verurteilt wurden. Europa empfing ihre Mutter mit offenen Armen, Europa hat mit der Stimme seiner besten Köpfe Freiheit für die drei unschuldig verurteilten jungen Männer gefordert. Europa hat mit seiner jahrhundertealten Kultur zu dem doch noch sehr neuen und etwas schwerhörigen Amerika gesprochen. In Wien knüpft man keine Menschen an Bäume. In Wien gibt es heute

47 Smíchov, Stadtteil Prags.

eine gute halbe Million Neger. Noch hat ihnen keiner größeres Leid zugefügt. Man hat ihnen »nur« die Ausübung ihres Berufes verboten. Ärzte dürfen nicht heilen, Rechtsanwälte keine Kanzlei führen, Schriftsteller und Musiker darf niemand hören. Im Weiteren hat man »nur« ihr Eigentum konfisziert und ihnen zu verstehen gegeben, dass sie verschwinden sollen, völlig überflüssigerweise, denn wer konnte, ist schon fort. *Ansonsten* aber lässt man sie leben. Eine seltsame, entsetzliche *legale* Lynchjustiz!

Vier Jahre haben diese Menschen in Wien fast nicht zu atmen gewagt. Sie haben während dieser vier Jahre tausenderlei Weisen erlernt, sich zu verleugnen und zu schweigen. Waren darauf bedacht, nicht aufzufallen und nirgendwo Anstoß zu erregen – weil sie leben wollten. Aber der frühere Kanzler Schuschnigg appellierte bei seinem letzten Versuch, die österreichische Autonomie zu erhalten, gerade an sie. Gerade an die Menschen, die im Februar 1934 die österreichische Autonomie verteidigt haben; und sie wagten sich aus ihrem Versteck und meldeten sich aus ihrem mühsam erlernten Schweigen zu Wort: auf den Straßen, in Versammlungen, bei sich daheim, im Stiegenhaus, auf der Pawlatsche, im Beisel, an der Trafik. Sie haben sich von neuem zu erkennen gegeben. Sie haben vier Jahre stiller Selbstverleugnung von sich abgeworfen wie eine Maske und waren bereit, Schuschniggs Frage mit »Ja« zu beantworten. Als Schuschnigg am 12. März 1938 zurücktrat, standen sie *zum zweiten Mal* nackt und schutzlos vor ihren Feinden, diesmal mit einem ganz und gar schwarzen Gesicht. Vier Jahre Schweigen und Unterordnung waren vertan. Ein Drittel der weißen Menschen in Österreich haben unter den anderen Weißen ihre Rechte, ihre Arbeit und ihre bürgerliche Existenz verloren. Heutzutage braucht man in Europa keine farbige Haut, um zum Neger zu werden.

Keiner weiß im Grunde genau, wie viele weiße Neger es im Moment in Europa gibt. Der Völkerbund führt zwar eine Statistik über die Emigration in der Nachkriegszeit, aber die ist längst überholt und bildet die politische Völkerwanderung nur sehr ungefähr ab. Zahlen sagen außerdem nichts darüber, *warum* ein normaler Bürger in seinem Land plötzlich zum Neger geworden ist. Die Juden hatten fast immer und überall eine gesonderte Position, und in Osteuropa waren sie Neger auch in Zeiten, die wir für eine goldene Epoche des europäischen Aufschwungs, der Kultur und der Zivilisation halten. Wie viele jüdische Neger gibt es jetzt? Im Dritten Reich etwa eine halbe Million. In Wien und Österreich etwa 300.000. In Ungarn leben jüdische Halbneger, die zwar leben und arbeiten dürfen, sie haben auch immer noch Bürgerrechte, aber sie werden dennoch durch die Numerus-clausus-Gesetze eingeschränkt. Nur einem bestimmten Prozentsatz von Juden ist es erlaubt zu studieren, und so gut wie unmöglich ist, dass ein Jude Beamter oder Angestellter des Staates wird. In dieser lebenslangen Quarantäne befinden sich die beinah 500.000 ungarischen Juden, obwohl gerade sie großen Patriotismus an den Tag gelegt haben. In Polen, wo die Zahl der Juden um ein Vielfaches größer ist, sind die Beschränkungen noch strenger, und deswegen begegnet man auch in Prag, Paris und London armen unterernährten polnischen Studenten – Juden, die mit Leidenschaft und großem Fleiß Medizin studieren, damit sie nach dem Doktorat nirgendwo in der Welt ihren Beruf ausüben dürfen. Ähnlich ist es auch in Rumänien. Weltweit gibt es etwa 15 Millionen Juden, davon lebt ein Drittel sozusagen illegal.

Jüdische Neger gibt es auf der Welt dennoch weitaus weniger als andere, ausgesprochen arische Neger. Schon seit fünf Jahren irren Zehntausende von deutschen Emigranten durch alle Länder und Kontinente, nun mehren sich ihre Reihen um die Verstoßenen aus dem früheren Österreich. Wie viele sind das? Nach einigermaßen zuverlässigen Schätzungen etwa 300.000. Tausende und Abertausende befinden sich in Gefängnissen und Konzentrationslagern. Sind das schon alle? Bei weitem nicht. Heute kann auch ein hundertprozentiger Arier in seinem Heimatland sehr schnell zum Neger werden, wenn er Sozialist oder Demokrat ist oder das Evangelium für ein höheres Gesetz erachtet als irgendwelche Verordnungen. Die Zahl dieser in ihrer Heimat gebliebenen Neger, die nicht gehen wollten oder nicht konnten, ist unüberschaubar. Über ihr Leben, ihre Gedanken, ihre Träume, ihren Alltag, über jeden ihrer Schritte wachen Blockwarte und Nachbarn, die Arbeitskollegen in der Fabrik oder im Büro, die Schule und der Sportklub. Gesellschaftliche oder politische *Betätigung* hatte im Übrigen immer seine Folgen, aber erst heute ist es um einen Teil Europas derart bestellt, dass Millionen Menschen Neger geworden sind, nur weil sie *sind*, weil sie *leben* und etwas denken, und weil sie eben genau die Eltern hatten, die sie hatten. Sie müssen gar nichts Verbotenes tun, ja man erlaubt ihnen nicht einmal, ja zu sagen, mitzumachen (die Juden in Wien dürfen keine Hakenkreuzfahne hinaushängen), sie büßen einzig und allein dafür, dass sie auf der Welt sind.

Die Ereignisse strahlen über die Grenzen hinaus

Aus der Presse und aus dem Radio erreichen uns die Nachrichten von den Ereignissen. Die Ereignisse geschehen in unserer Nähe und strahlen aus. Einigen Menschen bei uns verleihen die Ereignisse im Ausland sehr viel mehr Selbstbewusstsein. Schneidige Jungmännerwaden in weißen Strümpfen schreiten mit ungewohnter Entschlossenheit über das Prager Pflaster. Einige andere aber haben den Eindruck, dass die Entwicklung der Ereignisse auch bei uns über Nacht Neger produzieren könnte. Berichte von Emigranten erreichen uns, die von einer Grenze zur anderen fahren, und überall werden sie abgewiesen. Jedes Land beherbergt schon mehr von diesen Farbigen als zuträglich für die Volkswirtschaft. Die Staaten haben ihre Grenzen geschlossen, der Zustrom an Ausländern bedroht ihr inneres Gleichgewicht. Aber die Menschen kommen trotzdem, ohne Dokumente, zu Fuß, mit leeren Händen. Der Widerhall vieler Hunderter erschütternder Schicksale, hundert- und tausendfachen schmerzlichen Abschieds, von Selbstmord und Unrecht irrt zwischen uns her. Viele sind nervös. Die beständige Kategorisierung von Menschen ist nun auch zu uns herübergeweht. Durch die Vorstadtstraßen von Vinohrady, Smíchov, Karlín, Holešovice, Libeň und der übrigen Viertel streicht die Brise lautloser Spannung zwischen den Menschen. Eine gefährliche Brise aus dem fernen und uns zutiefst fremden deutschen Land. In den kleinen Wirtshäusern sitzen die Leute und spekulieren. Was wird England unternehmen, wie wird Frankreich sich verhalten, was hat Hitler vor? In der Tat, das sind dringliche und wichtige Fragen, sie legen sich uns so dicht auf die Haut wie das Hemd, man kommt ihnen nicht einfach nicht aus. Aber klar werden müssen wir uns vor allem über etwas anderes: nämlich, was wir selber tun wollen. Nicht auf großer, internationaler Ebene, sondern in unserem privaten Umfeld, dessen Radius dreieinhalb Straßen umfasst, den Weg zur Arbeit, den Weg nach Hause und eine Zweizimmerwohnung mit Küche. Wir müssen uns klar darüber werden, was wir auf dem Stückchen Boden tun wollen, auf dem wir stehen, in den Grenzen der kleinen Arbeit, die wir leisten. Vielleicht nimmt es in unseren Gedanken erste Gestalt an, wenn wir an den toten Ingenieur Weissel und die elf lebenden Schutzbündler denken.

Die elf Schutzbündler

Das vergangene Jahr hat in der Tat mit Schreckensbotschaften nicht gegeizt. Wir haben so viele erschreckende Nachrichten aus aller Welt gehört, dass wir fast abgestumpft sind. Bombardierte Städte und Tote waren an der Tagesordnung. Vor dem Hauptfilm haben wir fast regelmäßig die Bilder der Frauen gesehen, die in den Schutthaufen nach ihren Kindern und Männern suchen, die die Hände über den Ruinen ihrer Häuser ringen oder über etwas, was auf der Straße lag, aussah wie ein grotesker Lappen, aber es war ein toter Mann. Ich weiß nicht, ob die Welt für uns noch größere Greuel in petto hat. Und vor drei Tagen ging eine kleine, winzige, eine petite Nachricht durch die Zeitungen, und denen, die sie gelesen haben, blieb das Herz stehen. Die Nachricht von den elf Schutzbündlern der Feuerwehr.[48]

48 Während der so genannten Februarkämpfe kam es 1934 in verschiedenen Wiener Arbeitervierteln zu bewaffneten Auseinandersetzungen zwischen dem damals schon verbotenen Republikanischen Schutzbund, einer paramilitärischen Organisation der österreichischen Sozialdemokratischen Arbeiterpartei, auf der einen und Polizei, Bundesheer und Heimwehren auf der anderen Seite. Ingenieur Georg Weissel (Wien 1899 – Wien 1934) war Schutzbündler und Wachkommandant der Hauptfeuerwache Floridsdorf; unter seiner Führung bewaffneten sich die Floridsdorfer Feuerwehrleute, um die Hauptfeuerwache des Bezirks

Diese Schutzbündler haben im Februar 1934 mit dem Gewehr gegen den österreichischen Faschismus gekämpft. Sie kämpften, starben, verloren und – wurden verurteilt. Jene elf festgesetzten Leute wurden von Ingenieur Weissel befehligt. Er war weder ein politischer Führer noch ein politischer Funktionär, eigentlich hat ihn niemand gekannt, er hatte nie etwas Politisches unternommen. Er war ein Privatmann, wie Sie und ich, und überzeugter Antifaschist und Sozialist. Viele Jahre war diese seine Überzeugung eine reine Privatsache, irgendwo zwischen Privatleben und Arbeit. Dann kam der Augenblick, als in Österreich Menschen mit dieser Überzeugung das Gewehr ergriffen, und Ingenieur Weissel hat sich an ihre Spitze gestellt. Nicht aufgrund eines Ranges oder eines Befehls, einzig und allein aufgrund jenes inneren menschlichen Befehls, der da sagt, dass es Dinge gibt, die wir mehr lieben als unser Leben. Er wurde verwundet, verhaftet, aus dem Krankenhaus gezerrt und direkt von der Krankenbahre weg aufgehängt. Er starb ohne lange Reden, sehr ruhig und ganz selbstverständlich, mit einem Gruß an die Freiheit auf den Lippen. Die Welt hat erst jetzt von Ingenieur Weissel erfahren – und hat das Ganze bald wieder vergessen. Doch an seiner Seite standen elf Mitkämpfer, elf Schutzbündler, die schließlich nicht vergessen konnten und durften. Diesen elf Schutzbündlern wurde von den Nationalsozialisten die Frage gestellt: Wollt ihr eurem neuen Führer *dieselbe Treue* schwören, wie ihr sie für eure früheren Ideale gehegt habt? – *Und diese elf Menschen antworteten darauf mit: ja.*

Der vergangene Monat hat der Welt kein belastenderes, kein erschreckenderes Zeugnis beschert. Es wäre gut, in diesen elf Menschen ein Beispiel zu unser aller großen Warnung zu sehen, denn wir, die wir keine Politiker sind, greifen allein durch das Gewicht unseres Lebensbekenntnisses in die Ereignisse ein. Es stimmt nicht, dass es auf uns nicht ankommt. Heutzutage kommt es auf alle an – aber auch auf jeden. Sind wir bereit, ja zu sagen, wenn jemand von uns eine völlige Kehrtwende in

zu verteidigen, wurden aber von den Sicherheitskräften niedergekämpft, und Weissel wurde am 15.2.1934 hingerichtet. Nach ihm sind heute die Weisselgasse und der Georg-Weissel-Hof benannt.

unserem Bekenntnis und unserer Überzeugung fordern sollte, dann gibt es keine Rettung für uns, dann wird uns keiner retten. Denn man muss sich selbst retten, dann kann einem geholfen werden. Diese elf Schutzbündler kennen wir nicht namentlich. Auch uns kennt niemand namentlich. Aber die größte Krankheit des Europäers ist, allzu leicht zurückzuweichen, sich nicht zu verteidigen, sich zu fügen und unterzuordnen, »weil man schließlich leben muss!«. Viel wichtiger ist aber, dass wir wissen, *wie* wir leben wollen, und dass wir dieses *wie* für ebenso wichtig halten wie das Leben selbst. Auf jedem von uns lastet heute eine schwere Aufgabe – die Grenze zu ziehen zwischen Besonnenheit und Feigheit, zwischen Mut und Begeisterungsausbruch. Diese Grenze müssen heute nicht nur die führenden Köpfe des Staates klar erkennen, sondern jeder kleine, ja noch so kleine Mann. Wir können mit Hochachtung an die beherzten Menschen in Barcelona und Madrid denken, die arbeiten, verkaufen, unterrichten, ins Kino gehen, leben – und alles im Bombenhagel. Und müssen uns mit Unverständnis der elf Schutzbündler erinnern, die den rechten Arm hoben, um den neuen Führer zu grüßen.

Diese beiden Beispiele skizzieren uns eine Linie, die beim Volk dieses Landes für bedachten Mut sorgen muss. Würde ich Zitate und große Worte nicht scheuen, ich würde aus meinen Kindheitserinnerungen den so bewunderten Satz ausgraben, dass Menschen aus Quarz eine Nation aus Quadern bilden.[49]

Přítomnost, 30.3.1938

49 Jesenská spielt auf Jan Nerudas Gedicht *Vzhůru již hlavu, národe* (*Kopf hoch, mein Volk*) aus der Gedichtsammlung *Kosmické písně* (1878, *Kosmische Lieder*) an: … Jde to, ach jde! Jen každý hleď / k vlastnímu dobře jádru: / bude-li každý z křemene, / je celý národ z kvádrů. (Es geht, ach, es geht! Mag jeder nur sehen / auf den eigenen Kern: / Ist ein jeder aus Quarz, / so ist die Nation aus Quadern.)

Hochburgen der SdP[50]

Wenn Sie in unseren nördlichen Landesteilen umherfahren, zeigen sich Ihnen auf den ersten Blick zwei Dinge: zunächst die liebliche, zauberhafte Gegend mit ihren sanften Hügeln und weiten Blicken, die jetzt gerade in voller Blüte steht. Das ganze Land von frischem Frühlingsgrün wie überschwemmt, und obwohl es eine industrialisierte Region ist, fehlt das sonst so übliche Graue und Düstere. Und dann bemerken Sie die hohen Mauern von zwei- bis dreistöckigen Gebäuden, die einsam aus dem blühenden Land ragen – bei jeder Stadt, jedem Städtchen, jedem Dorf. Sie haben zwei oder drei Stockwerke, und es sind keine Fabriken, keine Zinshäuser, es sind auch keine Schulen, es ist eine uns völlige unbekannte Bauform mit hohen Fenstern und großzügigen Innenräumen: Es ist die deutsche Turnhalle.

Die tschechischen Schulen haben zweifellos auch vorzüglich ausgestattete Turnhallen – aber sie sind ans Schulhaus angeschlossen. Das sind deutsche Turnhallen so gut wie nie. Und dieser scheinbar bedeutungslose Umstand hat zur Folge, dass die deutschen Schulkinder in geschlossenen Reihen aus der Schule in die Turnhalle marschieren, und dabei singen sie deutsche, will heißen nationalsozialistische Lieder. Die deutsche Jugend gehört in die deutsche Turnhalle, das hören und lesen Sie überall. Und Sie begegnen ihnen auch, den Formationen aus Mädchen und Jungen, wie sie ausschreiten und singen und den Arm zum deutschen, will heißen nationalsozialistischen Gruß heben. Und dieser Marsch, diese Lieder, dieser militärische Schritt, das Sichformieren in der Turnhalle und der Geist, in dem die Jugend dort erzogen wird – das ist die gewaltige Oper der Henlein-Bewegung. Henlein selbst ist aus einer solchen Turnhalle hervorgegangen. Da werden Weisungen und Befehle erteilt, Posten bestimmt, Kommandos gegeben. Hier wird der Kern der Bewegung gefestigt.

50 Sudetendeutsche Partei, 1933 von Konrad Henlein als Sudetendeutsche Heimatfront gegründet, 1935 umbenannt in SdP.

Als die Regierung die deutschnationale und die deutsche nationalsozialistische Partei verbot, hat sie den Deutschen nicht verboten, ihre Jugend körperlich zu ertüchtigen. Und die Deutschen haben ihre Jugend in den Turnhallen dazu ertüchtigt, dass sie den rechten Arm hochkriegt. Dass sie diejenigen Deutschen hasst, die keine Nazis sind, dass sie alle Tschechen hasst und die Juden verachtet. Sie haben dieser Jugend beigebracht, dass es auf der Welt einen einzigen großen Mann gibt, dem die Liebe und Treue eines jeden Deutschen gehört, und dieser Mann wird kommen und das Sudetenland befreien: ohne Kampf, ohne Gewalt, er kommt einfach, und sie grüßen ihn mit ihrem erhobenen rechten Arm, werden ihm folgen und bringen ihm als Geschenk diese ganze schöne, liebliche Gegend dar.

Erst wurde getuschelt, er käme im März. Dann wurde getuschelt, er kommt im April. Die SdP rief alle Deutschen auf, sich auf ihre Seite zu schlagen: Komm zu uns, bevor es zu spät ist – verkünden die Schriftzüge auf den Plakaten. Zunächst haben sie erklärt, dass die Frist für die Aufnahme neuer Mitglieder vor dem Anschluss am 30. April endet. Dann haben sie ein wenig verlängert – bis zum 15. Mai. Und dann – wohl aus technischen Gründen – bis zum 30. Mai. [Hier sind von der Zensur etwa fünf Zeilen geweißt.]

Und das Militär kam. Nachts, in langen unpathetischen Reihen, beispiellos still und bedacht, lange Wagenkolonnen donnerten über den Marktplatz von Liberec.[51] Das Militär kam – aber das tschechoslowakische. Aus dem Landesinneren strömte, flutete es zur Grenze, in einer unbeschreiblichen Ordnung, still und besonnen. Auf dem Platz standen die Menschen, in erregtem Gespräch. Am Samstagnachmittag war in ganz Liberec kein einziger weißer Strumpf mehr zu sehen, und die Leute, die am Freitagabend noch mit erhobenem Arm gegrüßt hatten, trugen im Knopfloch die dreifarbigen runden Abzeichen. Die Unseren waren gekommen, und ich sage Ihnen, gerade noch zur rechten Zeit. Ihr Erscheinen hat allen deutschen und tschechischen Helden, die im Grenzland schon seit Jahren unerschrocken deutlich gegen den Faschismus pro-

51 Dt. Reichenberg.

testieren, gezeigt, dass dieser Protest nicht vergeblich war, dass sie sich nicht im luftleeren Raum befinden, wie ihnen manchmal vorkommen konnte.

Hinter den Kulissen des Ersten Mai

In der Hauptstadt ist der Umzug am Ersten Mai eine politische und nationale Kundgebung unter großer Beteiligung der Bevölkerung. Aber viele bleiben auch daheim, machen einen Ausflug oder sehen vom Fenster aus zu. In der Hauptstadt ist diese Kundgebung nur für einen Teil der Bevölkerung jener symbolische Ausdruck der Selbstbestimmung und Freiheit des Volkes. Aber der Umzug am Ersten Mai ist umso wichtiger, je kleiner die Stadt ist und je ernster die Zeit. In unserem deutschen Grenzgebiet war die Mai-Kundgebung die wichtigste Äußerung jedes Einzelnen. Sie war nicht nur eine Äußerung seiner Meinung und Überzeugung in politischen Dingen, sondern die öffentliche Proklamation einer Weltanschauung. Und die Lage in unserem Grenzgebiet ist durchaus so, dass die Menschen für ihre Überzeugung mit ihrer gesamten Existenz bezahlen. Nicht im Umzug der SdP mitzulaufen hieß für einen demokratischen Deutschen im Grenzgebiet nicht nur, auf die schwarze Liste gesetzt zu werden, sondern auch seine Arbeit zu verlieren, ohne Kündigung, mit einem Schlag. Und nicht nur die Arbeit zu verlieren, sondern auch nirgends anderswo eine neue zu bekommen.

In einer größeren Stadt kann sich der Einzelne verstecken. Oder zumindest meint er das. In einer kleinen Stadt, und im Norden sind fast alle Städte klein, verschlüpft sich kein Mäuschen. Jeder weiß von jedem. Im Übrigen haben sich die Henlein-Leute völlige Gewissheit verschafft. Die Arbeiter wurden aufgefordert, sich am Ersten Mai in ihren Fabriken zu versammeln, und Vertrauensleute der Partei haben sie von dort direkt zu den Umzügen abgeführt. Wer nicht in der Fabrik arbeitet, wurde zu Haus abgeholt, in seinem Geschäft, in der Werkstatt. Und diese Vertrauensleute – das sind fast alles Jugendliche und Kinder, zwölf- bis achtzehnjährige Jungen, und sie gleichen jenen aufs Haar, die am 13. März in Wien

Fabriken, Redaktionen und Bahnhöfe »übernahmen«. Jungen aus deutschen Turnhallen, Jungen in weißen Strümpfen, Jungen mit dem nationalsozialistischen Gruß. Zu zweit oder dritt unterwegs, haben sie erwachsene Männer – ihre Väter, Onkel, Brüder, Nachbarn, Freunde – aus den Fabriken zum Umzug abgeführt. Und wer am demokratischen Umzug teilnahm, wurde von diesen Kindern auf die »schwarze Liste« gesetzt. Am dreißigsten April – einem Samstag – waren Vertrauensleute der SdP zu den Arbeitern in die Fabriken gekommen und hatten gesagt: Wenn du morgen nicht mit uns gehst, brauchst du am Montag nicht mehr zur Arbeit kommen. Diese Leute haben Frauen, die nicht immer tapfer und standhaft sind, sie haben Kinder, zwar fahrige, abnormal verwirrte Kinder – aber hungrige. Sie haben jahrelange Arbeitslosigkeit hinter sich und erliegen der künstlich verbreiteten Angst: [ein Satz geweißt.] Dennoch haben viele von ihnen abgelehnt und sind am 1. Mai ihre demokratische Überzeugung demonstrieren gegangen.

Und damals waren hier im Grenzgebiet – leider – noch nicht die ruhigen, schweigsamen, entschlossenen Soldaten mit ihren Rundhelmen und in voller Montur. Damals hatten viele den Eindruck, dass ihre Sache verloren sei und sie vergeblich auf Hilfe hoffen. Und viele, sehr viele sind übergelaufen, haben sich unter die Sieg-Heil-Rufer gereiht und den rechten Arm nach oben gereckt. In Česká Kamenice[52] wurde ein 48-jähriger Arbeiter, Mitglied der Christdemokraten, vor ein Ultimatum gestellt: Tritt in die SdP ein oder komm nicht mehr zur Arbeit. Er ist nicht eingetreten. Am 3. Mai wurde er rausgeschmissen, am 4. Mai hat er sich aufgehängt.

Die psychologische Wirkung dieser Umzüge war keineswegs gering; der demokratische Umzug war ganz, wie ein Mai-Umzug sein soll, Gesang, Losungen, Rufe, Lieder, Fahnen, sehr eindrücklich, hell, verheißungsvoll. Dann folgten die Umzüge der SdP: überwiegend in Uniform (der Schuster einer Gemeinde mit 4500 Einwohnern hatte im April eine Bestellung über 500 Paar schwarze Schaftstiefel bekommen), im militärischen Paradeschritt, geschlossene Reihen, die durch ein Spalier hochgereckter rechter Arme schreiten und zum Takt eines

52 Dt. Böhmisch Kamnitz, Stadt im Bezirk Děčín, dt. Tetschen.

Militärmärsches Sieg Heil skandieren. Die kleinen Ortschaften erbebten unter dem Eindruck dieser Schritte, denn das waren keine Kundgebungen für Fortschritt und soziale Gerechtigkeit, es war nicht einmal eine Militärparade, Soldaten hätten hier niemandem Angst eingejagt – [fünf bis sechs Zeilen geweißt.]

Keine Wahlen, sondern ein Plebiszit

Einige Gemeinden im Grenzgebiet haben am Sonntag gewählt. Die letzten Gemeinden im Grenzgebiet werden am 12. Juni wählen. »Der 11. Juni ist der Tag des Anschlusses«, hat man sich im Grenzgebiet zugeflüstert. »Zum letzten Mal wird zum Appell geblasen«, schrieb am 19. Mai *Der Aufbruch* und wurde nicht konfisziert. Am 11. Juni kommt das deutsche Militär, besetzt das Land, und mit einem Schlag gehören wir zum Deutschen Reich. Der Wahlslogan der Henlein-Anhänger lautet: Wählt SdP! Wählt Konrad Henlein! Oder: Bist du ein Deutscher oder nicht? Zeig es, wenn du ein Deutscher bist! Bist du ein Deutscher oder nur ein deutsch Sprechender? Wenn du dich nicht zur SdP bekennst, gliederst du dich freiwillig aus dem deutschen Volk aus! Also: ja oder nein?

In eine der größten Fabriken – sie liegt direkt an der Grenze und beschäftigt über 3000 Arbeiter – kamen nach dem 1. Mai ein paar Abgeordnete der SdP, veranlassten, dass die gesamte Fabrik und alle Maschinen mit den Abzeichen der SdP geschmückt würden, veranstalteten einen Festschmaus, und ihre Parteiabzeichen zierten selbst Braten und Gänse – Herr im Himmel, wann essen die Leute hier Gans? –, und nach dem Festschmaus gingen sie durch die Fabrik und hielten Ausschau nach den deutschen Sozialdemokraten. Stellten sich zu ihnen hin, reichen die Hand – nach dem Vorbild von Herrn Bürckel[53] in Wien –, sehr freundlich und voller Anteilnahme. Wissen Sie, was für ein Druck das ist, so eine hingestreckte Hand abzulehnen. Wenn Sie noch dazu fast sicher sein können, dass

53 Josef Bürckel (Lingenfeld 1895 – Neustadt an der Weinstraße 1944), nationalsozialistischer Politiker, nach dem Anschluss 1938 Reichskommissar und Gauleiter in Wien.

dieser verweigerte Händedruck Ihre Existenzgrundlage vernichten wird, und auch all derer, die von Ihnen abhängig sind. Doch trotz dieser Anspannung blieben mehr als 600 Menschen standhaft. Aber freilich sind viele übergelaufen. Am nächsten Tag kamen sie zu ihren Verbänden, manche weinend. Erzählten, wie alles war. Sagten: Ich kann nicht mehr weiter. Was hätte man ihnen antworten sollen? Man hat sie getröstet: Wir wissen, im Grunde seid ihr die Unseren. Ist das ein Trost? Hilft hier irgendein Trost? Wollen diese Leute getröstet werden? Nein, sie wollen Hilfe! Und eine dauerhafte Hilfe kann nur kommen, wenn man sie von ihrem wirtschaftlichen Druck befreit, unter dessen Gewicht sie einknicken.

Das Grenzgebiet war immer schon Industrieregion und reagierte empfindlich auf wirtschaftliche Schwankungen. Kam es irgendwo zu einer Krise, schlug sie hier doppelt stark durch. Sind im Landesinneren die Menschen seit drei Jahren arbeitslos, so sind sie es hier schon sechs. Arbeitslose Arbeiter bekommen hier 10 Kč wöchentlich und eine Suppe am Tag – und diese Suppe lassen sie kalt werden, damit sich oben das schmutzige, graue Fett absetzt, das sie begierig abschöpfen und nach Hause tragen, damit die Kinder etwas aufs Brot haben. Heutzutage zeigt die wirtschaftliche Not im Grenzgebiet auch sehr spezielle Gesichter: Der Absatz der Textilfabriken ist sehr viel geringer als früher, weil sie größtenteils auf Kurzwaren ausgerichtet sind, und die Kurzwarenhändler sind Juden: Die Juden bestellen aber nicht, weil niemand mehr in ihre Läden kommt und die Vorräte unberührt in den Regalen liegen. Vor ihren Türen steht eine Henlein-Wache – nationalsozialistische Jugend – und schreibt jeden auf, der hineingeht, oder fotografiert ihn. Ich habe selbst vielleicht drei Stunden lang diese vierzehnjährigen Koryphäen beobachtet. Gehört der Kunde zu jenen, für die ihr Arm lang genug ist, dann kann er sich tags drauf einer Drohung gewiss sein: Noch einmal, und du verlierst deine Arbeit, du bist ein Volksverräter. Diese Praxis lähmt natürlich die Fabriken, und die Folgen tragen die Arbeiter, sie werden entlassen, hinausgesetzt. Dass man nur Nicht-Henlein-Anhänger entlässt und hinaussetzt versteht sich von selbst.

Die übrigen Fabriken, zum Beispiel die Glashütten, haben große Rückgänge beim Export nach Deutschland. Wegen der strikten deutschen Devisenverordnungen wird dorthin nicht mehr exportiert, und das betrifft mancherorts 25 %, andernorts 75 %, im Durchschnitt etwa die Hälfte der Produktion. Die Henlein-Propaganda sagt aber nicht: Deutschland lässt die Menschen, die sich zu ihm bekennen, im Stich und verschärft ihre schwierige Situation durch künstlichen Hunger. Im Gegenteil: Die Heinlein-Propaganda sagt: Haben wir erst den Anschluss, gibt es keine Devisenverordnungen mehr.

Seit den Ereignissen in Wien ist massenhaft Kapital aus der Region abgeflossen. Es wurde von den kleinen tschechischen Sparkassen in die zentralen Prager Geldinstitute oder die Creditanstalten der deutschen Sparkassen verbracht. Die Hypothekenanleihen in der gesamten Region – sie waren schon zugesagt – wurden mit der offen ausgesprochenen Begründung storniert: Die politischen Verhältnisse sind unsicher. Im Bau befindliche Häuser blieben ohne Dach, neue wurden nicht mehr gebaut, das Baugewerbe brach ein, und viele Bauarbeiter – und das sind ausschließlich dort ansässige Deutsche, tschechische Sozialdemokraten und Kommunisten – sind jetzt ohne Arbeit.

In einigen Grenzgebietsfabriken wurden auch Bestellungen aus Amerika, England und Frankreich storniert, mit einer schönen, klaren Begründung: Wir vergeben keine Aufträge an Fabrikanten, die gegen den eigenen Staat arbeiten. Eine löbliche, gut gemeinte, aber zweischneidige Sache. Löblich, weil wir den henleintreuen Unternehmern mit Recht sagen können: Da könnt ihr sehen, wohin ihr das Land führt. Zweischneidig, weil es neue Entlassungen nach sich ziehen wird, und wieder werden es nur Sozialdemokraten sein, die ihre Arbeit verlieren. Und noch dazu mit einem höhnischen Grinsen: Tjaja, so setzen sich eure Beschützer für euch ein!

Auf diesem wirtschaftlich so explosiven Boden hat der Terror leichtes Spiel, *solange es dem Verband der deutschen Unternehmer erlaubt ist, ihn auszuüben!* Die Mitglieder des Verbandes deutscher Unternehmer sind – bis auf einige wenige, aber dafür rühmliche Ausnahmen – durch die Bank auch Mitglieder der SdP. Sie alle fügen sich deren Anordnungen, sie alle geben sich her für die nationalsozialistische wirtschaftliche Unterdrückung. Ohne sie würden die Mitgliederzahlen der

SdP auf ein Drittel schrumpfen, sie allein geben der nationalsozialistischen Ideologie eine wirksame, echte Waffe in die Hand. Auf sie kann der Terror sich stützen, einzig und allein sie üben den Terror aus. [Etwa sieben Zeilen geweißt.]

Die Betriebsräte in den Heinlein-Fabriken sind keine Betriebsräte mehr, die sich für die Belange der Arbeiter einsetzen könnten. Die Betriebsräte gehören zur DAG, zur Deutschen Arbeiter Gewerkschaft, und werden vom Arbeitgeber unterstützt und gelenkt. Es ist genau dieselbe Liquidierung sozialer Einrichtungen wie in Deutschland: Die Einrichtung bleibt bestehen, aber der Inhalt wird gestrichen. Die Betriebsratsmitglieder sind Deutsche, und die Arbeitgeber sind Deutsche, beide heben den rechten Arm, beide rufen Sieg Heil und gehen am 1. Mai gemeinsam im Umzug der Nazis. Ihre einzige Gemeinsamkeit zwar, aber auf dem Boden dieses Staates hat man zugelassen, dass die sozialen Einrichtungen nicht mehr dem sozialen Fortschritt dienen, sondern zu Instrumenten der nationalsozialistischen Unterdrückung werden. Denn eines bitte ich Sie endlich zu begreifen: Wenn hier in dieser Region, auf diesem Vulkan, dessen Ausbruch ganz Europa erschüttern würde – wenn hier irgendwer das Recht auf demokratische Gesinnung hochhält, dann sind es die Tschechen, *deutsche* und tschechische Sozialdemokraten und heutzutage auch die Kommunisten. Drückt man es in menschlichen Kategorien aus und nicht nach Parteizugehörigkeit: das arbeitende Volk, das arme Volk, ja das allerärmste. Unter größeren Opfern, als Sie sich vorstellen können, mit größerer Kraft, als Sie für möglich halten. Sie kämpfen in vorderster Linie gegen den ersten Ansturm. Erst hinter ihnen folgt der Zug tschechoslowakischer Uniformen. Sie haben dem ersten Ansturm im Ganzen gesehen gut standgehalten. Dafür sollten wir ihnen danken.

Die Arbeitsämter in dieser Region haben keine leichte Aufgabe. Es gibt nämlich keine Verordnung, nach der ein Fabrikbesitzer Arbeitslose *in der Reihenfolge einstellen müsste, in der sie sich gemeldet haben.* Die Angestellten auf dem Arbeitsamt sind zwar Mitglieder der Arbeiterparteien, aber die Vorgesetzten sind häufig Henlein-Leute – oder aber Leute, die Henlein fürchten. Stellt ein Fabrikant überhaupt neue Arbeiter ein, gibt er dem Arbeitsamt zuvor eine Liste mit Arbeitern, die das Amt ihm zuweisen soll, die er sich aber *selbst* ausgesucht hat. Und das sind dann natürlich Henlein-Anhänger. Ich habe mit einem Kommunisten gesprochen, der im siebten Jahr ohne Arbeit ist, die Henlein-Anhänger um ihn herum bekommen Arbeit, obwohl sie erst ein halbes Jahr arbeitslos sind. Wissen Sie, was das bedeutet: sieben Jahre ohne Verdienst? Und er hat nicht die Seiten gewechselt. Und ist nicht der Einzige.

Quellen des Terrors außerhalb der Fabrik und wie wir ihnen entgegenwirken

Stehen Menschen unter solch gewaltigem Druck, müssen wir, solange wir diesen Druck nicht begrenzen können, mit Bedauern die Achseln zucken, wenn sie sagen: Wir können einfach nicht mehr. Warum aber schließen der SdP sich auch Menschen an, die nicht unter diesem Druck stehen? Wie soll man sich zum Beispiel erklären, dass die Lehrer der *staatlichen* Schulen im Grenzgebiet ausnahmslos (ich war in 27 Gemeinden und konnte nicht einen einzigen anderen Fall feststellen) beim Umzug der SdP mitliefen?

Es lässt sich durch drei psychologische Momente erklären:

1. Die nach den Ereignissen in Österreich aufgekommene Stimmung.

2. Die unglaublich gut organisierte Flüsterpropaganda, die wie eine Pest die ganze Region durchseucht, indem sie sagt: Los! Los! Sonst bist du schon morgen erledigt! Langsam gewinne ich den Eindruck, dass der gefürchtete Kanzler des Dritten Reiches ein unschuldiger Waisenknabe ist gegenüber dem Reichspropagandaminister.

3. Unsere völlige Unfähigkeit, der nationalsozialistischen Propaganda eine demokratische entgegenzusetzen. Die ersten beiden Punkte liegen mehr oder weniger klar auf der Hand. Und nach Österreich haben die Henlein-Anhänger sich ihren eigenen Anschluss ans Dritte Reich als gemütlichen Spaziergang gedacht. Über die Flüsterpropaganda wissen wir so einiges, und einiges werde ich dazu auch noch sagen. Die dritte Sache freilich ist kaum zu glauben.

Hier oben im Norden leben bekanntlich Deutsche. Deutsche wie Hartholz, sie können kein Tschechisch, sind hier zu Hause, sie sprechen deutsch. Vor 1933 haben hier aber trotzdem tschechische und deutsche Gendarmen und die Männer von der Finanzwache ohne Probleme und ohne Konflikt zusammengelebt. Die Deutschen kamen auf ein Bier nach Böhmen herüber, und die unsern sind hinüber nach Deutschland. Sie kannten sich und waren anständig zueinander. Nach Hitlers Sieg hat sich das über Nacht geändert. Aus Deutschland kamen andere Leute. Die früheren waren spurlos verschwunden. Hatte man sich bisher toleriert, spannte sich jetzt das Verhältnis wie eine Saite. Weder auf tschechischer noch auf deutscher Seite hatte man Lust auf Verständigung. Und die vergangenen fünf Jahre haben daran nichts verbessert. Über diese langen fünf Jahre hin kamen die Leute abgekämpft und erschöpft von der Arbeit nach Hause und die einzige Unterhaltung für sie war das Radio. Der Rundfunk ist heute genau das, was zu Zeiten der Reformation der Letterndruck war. Damals ermöglichte der Druck den Besitz einer eigenen Bibel. In jetzigen Zeiten ermöglicht der Rundfunk jedem Konzerte, Unterhaltungen, Sportreportagen daheim in der Küche – und natürlich Berichterstattung. Fünf Jahre lang brauchte man nur am Knopf zu drehen, und den Menschen im Grenzgebiet rieselte die nationalsozialistische Propaganda der deutschen Sender direkt in die Wohnung – und natürlich haben sie den Sender eingestellt, den sie verstehen konnten! [Zweieinhalb Zeilen geweißt] und wir haben als Gegengewicht eine halbe Stunde lang deutsche Programme ausgestrahlt, meist von geringem Nährwert und schwer verdaulich. Tja, inzwischen sind sie perfekt erzogen, beschwatzt, niedergeschrien, plappern die Sätze vom Raum fürs Volk und alles das nach, was man täglich in der *Zeit* lesen kann. Und jetzt – jetzt haben sie endlich einen deutschen Sender bekommen. Aber im Henlein-Magazin *Der Sudetenfunk* findet sich dieser Sender bis heute mit keinem einzigen Wort erwähnt, geschweige denn sein Programm angeführt.

Oder: In einer deutschen Stadt im Grenzgebiet habe ich sechs große Biographen gezählt: fünf haben deutsche Filme von unfasslich schlechtem Niveau im Programm, offensichtlich für die Sudetengebiete gedreht, dazu die Wochenschauen. Im sechsten laufen die »Klatovští dragouni«.[54] [Zweieinhalb Zeilen geweißt.]

Oder auch die verschiedenen Verordnungen bezüglich der Einfuhr reichsdeutscher Zeitungen, die es meines Wissens bei uns gibt. Glauben Sie mir, das ist überflüssig. Denn in der Tschechoslowakei erscheinen so viele nationalsozialistische Zeitungen, dass das Grenzgebiet davon ganz überschwemmt ist. Illustrierte Wochenschriften, in denen Herr Henlein zu sehen ist, nichts als Herr Henlein und ein Wald gereckter Arme, ein von Nazis umringtes Auto, uniformierte Abteilungen, Jugend, Fahnenwechsel, Wachablösung, Gruß der nationalsozialistische Fahne, Antritt der nationalsozialistischen Arbeiter zum 1. Mai – dieselben Bilder der Begeisterung, die wir aus Wien kennen, aus Linz, Graz, mit dem Unterschied, dass sie dort erst in den Tagen auftauchten, als Deutschland Österreich okkupierte. Wir haben sie jetzt schon. *Der Aufbruch, Rundschau, Der Kamerad* (hier auf der ersten Seite vom 20. Mai eine Zeichnung zu den Wahlen. Ein Deutscher steht breitbeinig da und blickt zwei ärmlichen Gestalten hinterher; dazu die Unterschrift: Schickt sie heim, ins rote Paradies!). *B.[öhmisch] Kamnitzer Zeitung. Illustrierte Presse* (Herausgeber Herr Lischka, Prag). *Zeitspiegel.* Und dieser Flut an Druckerzeugnissen steht nicht eine einzige demokratische Zeitung gegenüber. Es gibt hier zwar den *Volksboten,* aber dessen Abnehmer beziehen ihn entweder per Post oder von ihrem Kolporteur, denn ihn öffentlich zu erwerben heißt, die Arbeit zu verlieren. In kleineren Städten teilt die Henlein-Jugend das Areal in einzelne Blöcke auf, und bewacht die Häuser, notiert, wer wen besucht und, vor allem, wer welche Zeitung bezieht. Und während der fünf Jahre, in denen diese Atmosphäre schon andauert, haben wir so gut wie nichts unternommen, um im deutschen Lager diejenigen zu unterstützen, die sich gegen den Faschismus zur Wehr gesetzt haben. Ja, in diesen ganzen fünf Jahren – und auch in den letzten Monaten – haben nicht alle von uns die wichtigste Wahrheit der jetzigen Tage erkannt, eine Wahrheit,

54 *Klatovští dragouni. Rozvod na zkoušku* [Die Klattauer Dragoner. Scheidung auf Probe], tschechische Filmkomödie von 1937.

die über das Schicksal Europas mitentscheiden wird und die wäre: Deutscher ist nicht gleich Deutscher.

Přítomnost, 25.5.1938

Es wird keinen Anschluss geben II

Quer durch die Familien

Im Grenzgebiet hegen die Menschen tödlichen Zorn gegeneinander. Diesen Zorn tragen sie seit vielen Jahren im Herzen und suchen nach Wegen, ihn kundzutun. Eine der stärksten Waffen ist dort der gesellschaftliche Boykott. Auf dem Land halten die Menschen besser zusammen, kennen sich besser, sind mehr aufeinander angewiesen, reagieren empfänglicher auf Gruß und gepflegtes Benehmen, halten es für eine größere Schande und fühlen es schmerzhafter, wenn jemand sie übersieht. Ein Mann arbeitet zum Beispiel in einer Fabrik, er ist Sozialdemokrat, Deutscher – und seine Frau wird in den Straßen der Stadt von verächtlichen Blicken verfolgt. Die Kinder zeigen mit dem Finger auf sie, als »wäre das so eine«, die Nachbarinnen drehen ihr den Rücken zu, in den Geschäften wird sie nur ungern und mit finsterer Miene bedient, der Pfarrer erwidert nicht ihren Gruß. Die Frau führt den Haushalt, und vor Kummer ist ihr die Arbeit zuwider. Mittags kommen die Kinder aus der Schule: »Mama, du bist keine deutsche Frau! Der Papa ist ein Volksfeind.« Schweigend sitzt die Familie beim Essen über der kargen Schüssel. Die mutige Haltung des Mannes wird untergraben vom ständigen Druck in der Fabrik, und ihren letzten Resten setzen nicht selten die Tränen zu Hause zu, die Vorwürfe und Klagen über das schlimme Leben. So geht das über Wochen, Monate, Jahre.

In einer Ortschaft haben zwei leibliche Brüder schon sechs Jahre nicht miteinander gesprochen. Manchmal ist der Vater Tscheche, die Mutter Deutsche; die Kinder sind Henlein-Anhänger und »boykottieren« zu Hause den Vater. Gehen Kinder aus gemischten Familien in eine tschechische Schule, redet mit ihnen kein deutsches Kind mehr im ganzen Ort. Sie wissen ja, wie die Kinder sind, wie sehr man sie an die Leine zu nehmen hat, damit sie sich nicht einbilden, dass sie alles verstehen. Und stellen Sie sich Folgendes vor: Erwachsene Männer beauftragen Kinder mit der »wichtigen völkischen Mission«, den eigenen Vater zu boykottieren, denn er ist nur ein Deutschsprechender, oder die eigene Mutter, weil sie Tschechin ist. Wie sind sie erbarmungslos, blind, zweihundertprozentig! Glauben Sie mir: Und sollten wir heute auch alle Reibungsflächen im Grenzgebiet glatt polieren und die Menschen dort leben wie im Paradies – wenn *diese* Kinder erwachsen werden, *dann* erst werden wir sehen, was nationaler Hass ist!

Zwischen Eltern und Kindern, Eheleuten, Geschwistern fallen Sätze wie: Wart nur, in ein paar Tagen bist du still!

Die Frauen arbeiten beim Bauern auf dem Feld, häufeln Reihen und sprechen nicht miteinander. Die Schulkinder bombardieren sich auf dem Heimweg mit Schimpfwörtern – »tschechischer Hund« und »Marxistenschwein« zählen noch zu den freundlichsten! – und mit Steinen. Die Tochter sagt zu den Eltern: Ihr müsst übertreten. Die Lehrer in der Schule boykottieren die Nicht-Henlein-Kinder. Die Geschäftsleute verteilen sich auf zwei strikt geschiedene Lager: zum einen die jüdischen und tschechischen, bei denen Tschechen, deutsche und tschechische Nicht-Henlein-Anhänger und die wenigen Juden kaufen, die hier noch vor sich hin vegetieren. Und zum anderen die deutschen – also nationalsozialistischen –, die ihre Gesinnung mit großen Henlein-Bildern oder SdP-Abzeichen in den Schaufenstern kundtun – und hier kaufen die Henleins. Vor den Konsums der Arbeiter – den sozialdemokratischen wie kommunistischen – stehen die ewigen Wachen und notieren die Käufer. Vertrauensleute der Henlein-Partei berufen die Frauen zu einer Versammlung ein und legen ihnen mehr oder weniger nachdrücklich ans Herz, nicht im Konsum oder bei Baťa zu kaufen. Im Konsum nicht, weil er marxistisch ist, bei Baťa nicht, weil er Tscheche ist. Die relativ milde Drohung lautet: Du gliederst dich aus dem deutschen Volk aus. Eine schärfere: Du bringst deinen Mann um die Arbeit.

Dabei muss man sich klarmachen, dass die Arbeiterkonsums für das Volk enorm wichtig sind; im Grenzgebiet ist nämlich alles sehr teuer. Es ist eine ausgesprochene Industrieregion, landwirtschaftliche Gemeinden sind selten, und ihre Erzeugnisse reichen nicht für die gesamte Bevölkerung. Fast alles wird von anderswo hergebracht. So bekommt man dort nirgends Geflügel – für Butter, Mehl, Hülsenfrüchte u.a. zahlt man im Durchschnitt 25 % mehr als in Prag. Die Löhne sind aber sehr niedrig, die Angst vor Arbeitslosigkeit schwebt drohend über den Köpfen der Menschen, und ein Kampf der Arbeiter für höhere Löhne ist aufgrund der politisch so angespannten Situation völlig unmöglich. Die tschechischen Post- und Bahnbeamten bekommen meist 600 bis 800 Kč, für sich und die Familie, viele sind arbeitslos. Die Konsums sind für die Menschen dort also noch viel wichtiger als für die Arbeiterschaft an den Peripherien der großen Städte. Nicht im Konsum kaufen zu dürfen heißt, für alle Waren 10–20% mehr zu bezahlen, und bei den paar Kronen, die dort verdient werden, ist das viel, sehr viel. Ganz abgesehen davon sind die Konsums allein durch ihre Existenz und ihre gesellschaftlichen Möglichkeiten für die demokratische Bevölkerung auch eine moralische Unterstützung. In Cheb[55] gab es zwei Tote! Die Henlein-Leute sagen hier – ich habe es selbst gehört – ganz ungeniert: Wir brauchen nur einige Tote! Dann geht es los. Wir brauchen Märtyrer, wir brauchen Helden. Nun ja, offenbar haben die Toten nicht viel geholfen: Aber kein Wunder, das es zwei Tote gab. Bei diesem gewaltigen Zorn, dem Boykott, der organisierten Angstmache und Bedrohung, den nicht enden wollenden Provokationen, den beklagenswerten Verhältnissen in den Familien, Fabriken und Werkshallen, in dieser Atmosphäre, in der sich inzwischen schon *jeder politische und auch nationale Gedanke verliert* und nichts bleibt als psychopathische Besessenheit – ist es eine Leistung, dass es keine Toten gab. Denn der Sohn, wenn er mit dem Vater spricht, greift zum Messer, und der Bruder, wenn er mit dem Bruder spricht, auch. Ich habe mit vielen Leuten gesprochen und jeder – ausnahmslos jeder – hat sich lang überlegt, ob er überhaupt etwas sagt. Die Leute haben Angst zu reden. Am liebsten hätten sie zu mir gesagt: Lassen Sie mich in Ruhe. Dann haben wir uns ein wenig befreundet, und erst

55 Dt. Eger.

dann strömten die Worte aus ihnen heraus, wie bei einem, der innerlich brennt.

Die Kinder

Die nationalsozialistische Erziehung der Kinder in den Schulen ist nahezu lückenlos. Am 14. März kamen die deutschen Lehrer hochgestimmt in die Schulen, sie konnten zwar keinen Feiertag ausrufen, aber sie haben nicht unterrichtet. Sie haben den Kindern die geschichtliche Bedeutung dieses Tages erklärt. Und zwar ungefähr so: »Früher wurde Deutschland unterdrückt und erniedrigt, dann kam der große Mann und hat Deutschland stark gemacht. Heute kann Deutschland seine Volksgenossen beschützen!«

Interessant ist, dass das moderne Deutsch und die neuen deutschen Wörter nicht einfach so ins Tschechische übersetzt werden können. Diese Neubildungen sind so fest mit der nationalsozialistischen Ideologie verbunden, dass sie kein Äquivalent in einer Sprache haben, die von dieser Ideologie nicht durchtränkt ist. Übersetzen Sie mal: »jüdisch versippt« – wenn Sie in ihrem Land keinen Arier-Paragraphen haben! … Und Deutschland schützt auch seine Volksgenossen. »Gerade am heutigen Tage ist Österreich befreit worden und die deutsch sprechenden Personen dort sind Großdeutsche geworden, Volksfeinde werden vertrieben. Auch wir werden befreit werden. Die Tschechoslowakei steht völlig allein, ihre Verbündeten, Frankreich und Russland, können ihr nicht zu Hilfe kommen, denn zwischen Frankreich und der Tschechoslowakei liegt Deutschland und zwischen Russland und der Tschechoslowakei Polen.« Das hat man den Kindern in allen deutschen Schulen gesagt, auch in den *staatlichen.*

Der Mathematik-Lehrer lässt die Kinder nationalsozialistische Lieder singen. Das Horst-Wessel-Lied steht in den Klassen täglich auf dem Programm. Haben die Kinder zu Ende gesungen, fragt der Lehrer: »Ist jemand von euch vielleicht anderer Meinung?«

Im Turnunterricht verlangt der Lehrer, dass die Kinder mit Heil! oder Sieg Heil! grüßen. Einige haben sich geweigert. Die armen Kleinen, viele waren es nicht, in einer Stadt zwei kleine tapfere Mädchen. Sie mussten nachsitzen und haben ihre *Gemeindesuppe verloren*. [Etwa neun Zeilen geweißt.]

Ich habe mit einem Unternehmer aus Cheb gesprochen, einem weißen Raben in der Schar der schwarzen. Er ist Deutscher, kein Jude und kein Henlein-Anhänger. Seine Kinder dürfen nicht in die deutschen Turnhallen, dürfen auch an keinem deutschen Umzug oder Demonstrationsmarsch teilnehmen und sind darüber todunglücklich. Sie sind noch klein und verstehen nicht, warum die Eltern ihnen verbieten, all die Sachen zu machen, von denen die anderen Jungen dort so begeistert sind. Sie fühlen sich von allem, was in der Schule geschieht, ausgeschlossen, stehen abseits und sind für immer gebrandmarkt. Die Eltern haben Angst, den Kindern allzu unverblümt zu erklären, dass sie zwar Deutsche sind, aber keine Nazis, denn die Kinder werden in der Schule dazu angehalten, alles zu erzählen, was sie zu Hause mitbekommen. Und hier, in diesem Gebiet, hängt einer vom anderen ab. Je mehr so ein Kind zu erzählen weiß, desto höher steigt es in der Gunst, desto mehr Lob erntet es, desto wichtiger ist es. Die Kinder übertrumpfen sich gegenseitig im Ausspionieren der Eltern. Sie lauschen zu Hause hinter der Tür und erzählen, was sie gehört haben, dann in der Schule. Was die Mama gesagt und der Papa geantwortet hat. Fast alle Kinder hier machen das. Der wachsamste FS-Mann[56] könnte nicht so viele Details ausforschen wie diese armen, kleinen, verbogenen Geschöpfe. Die Geheimnisse aller Haushalte liegen vor dem Lehrer offen ausgebreitet. Und die Eltern fürchten nicht nur ihre Arbeitgeber, Nachbarn und Verwandten – sondern auch ihre eigenen Kinder.

Juden, Rufmord, Flüsterpropaganda

Jeder, ob bewusst oder unbewusst, trägt den Stempel des Volkes, zu dem er gehört, verspürt zumindest ein gewisses Selbst-

56 FS – Abkürzung für den 1938 gegründeten Freiwilligen deutschen Schutzdienst, der aus dem Ordnungsdienst der SdP hervorging.

bewusstsein, eine Art Abglanz der staatlichen oder nationalen Macht, zu der er gehört. Als in Spanien der Bürgerkrieg ausbrach, pflügten britische Schiffe das Meer vor der Küste, schöne, blitzblanke Lazarettschiffe, die die britischen Staatsbürger an Bord nahmen und sie in Sicherheit brachten. Seit Deutschland so stark geworden ist – und seit seine Propaganda diese Stärke zu einem Segel bläht, das wie von allein über die Wasserfläche dahinsaust –, spazieren die Angehörigen des deutschen Volkes wie stolze Herrscher über den Erdball und behaupten, sie wären von besserem Geblüt als alle anderen. Seit die Juden fast überall ein so schweres Schicksal getroffen und sie, die Entwurzelten, entwurzelt hat, seit man ihnen Arbeit verboten und ihre menschliche Gleichwertigkeit annulliert hat, gehen sie über den Erdball – voller Befürchtungen, Trauer und Angst. Nirgends wartet auf sie ein Schiff »mit acht Segeln und fünfzig Kanonen«.[57] Im Gegenteil: Sie irren vergeblich von Grenze zu Grenze, finden nirgends Zuflucht und leben schlechter als zu Zeiten des Ghettos, denn damals waren sie zwar ausgestoßen, aber lebten unter den Ihren.

Hier im Norden leben nicht viele Juden. Antijüdisch gestimmt ist man hier nicht seit fünf, sondern seit fünfzehn Jahren. Die wenigen noch verbliebenen Juden – meist Geschäftsleute, Ärzte und Juristen – verlassen das Haus so gut wie nicht. In Aš[58] habe ich mit dem Arzt gesprochen. Er ist schon zwanzig Jahre in dieser Gegend, und weit und breit keiner, den er nicht schon einmal wiederhergestellt hätte. Und jetzt meiden die Leute ihn, senken den Blick, wenn sie grüßen sollten, wechseln die Straßenseite. Patienten hat er so gut wie keine mehr. Und wenn einer kommt, ist er sicherlich von weit her. Seine Tochter – eine erwachsene, gebildete Frau – hat die Schule absolviert, ohne dass in der Klasse jemand mit ihr geredet hätte. Später hatte sie dann eine einzige Freundin, die sie in ihrem schönen Haus willkommen hießen wie ein eigenes Kind. Sie hat bei ihnen gewohnt und gelernt. Seit dem 13. März

57 Lied der Seeräuber-Jenny aus der *Dreigroschenoper*, »Und ein Schiff mit acht Segeln und fünzig Kanonen wird liegen am Kai«.

58 Dt. Asch.

grüßt diese Freundin nicht mehr. Nicht einmal verabschiedet hat sie sich. Auch solche Menschen gibt es auf der Welt – im nationalsozialistischen Lager gelten sie offenbar als ehrbar und heldenhaft.

In einem kleinen Landstädtchen direkt an der Grenze lerne ich, was Rufmord ist. Rufmord – das ist Mord durch Verleumdung, Lüge, Worte, Erfindungen. Hier lebt ein junger jüdischer Arzt. Über ihn wurde verbreitet, er habe »ein kommunistisches Waffenlager«. Der Mann lebt in einer Mietwohnung, drei Zimmer mit Bad; allein dieser Umstand zeugt von der völligen Unwahrscheinlichkeit dieser Flüsternachricht. Ich bezweifle, dass die Kommunisten – wenn sie denn überhaupt Waffen hätten – sie demjenigen in Verwahrung geben, der von allen am meisten bedroht ist – einem deutschen Juden. Doch trotz dieser offenkundigen Unwahrscheinlichkeit hat sich die Nachricht wie ein Lauffeuer verbreitet. Über Nacht hat sich das Wartezimmer des jungen Arztes verwandelt: Es gähnt vor Leere. Keiner dankt mehr für seinen Gruß, im Restaurant wird es still, wenn er eintritt, der Kaufmann bedient ihn ungern und mürrisch und säh ihn am liebsten gar nicht. Eine neue, funkelnagelneue Waffe, schlimmer als eine aus Stahl. Denn einen Toten trägt man auf den Friedhof, und dort hat er seine Ruhe. Ein Mensch, an dem man Rufmord verübt hat, muss leben und kann es nicht. So leben die deutschen Juden. Die tschechischen Juden sind besser dran. Auf tschechischer Seite hat der Antisemitismus von Herrn Stříbrný[59] nicht verfangen. Die Tschechen wissen nur allzu gut, dass es nicht die Juden sind, die die Bajonette aufpflanzen, sondern die Angehörigen der so grandiosen arischen Rasse.

Das Bemerkenswerteste an diesen Fällen von Rufmord ist, dass der, der gemordet wurde, nicht weiß – und nie erfahren wird – warum und womit. Der jüdische Arzt in Aš hat keine Ahnung, warum die Leute ihn nicht mehr kennen wollen. Niemand wagt es ihm zu sagen. Er würde sicher fragen: Von wem, um Himmels willen, haben Sie das? Ein Untersuchen, ein

59 Jiří Stříbrný (Rokycany 1880 – Valdice 1955), tschechischer Politiker der bürgerlichen Rechten, später radikal nationalsozialistisch und antisemitisch.

Nachforschen würde beginnen. Er würde wollen, dass man es bezeugt. Aber die Menschen hier sind so verschreckt, dass sie nicht aussagen würden, und würde man sie auch prügeln. Sie erfahren schreckliche Dinge, man legt Beweise vor, aber jeder bittet inständig: Nennen Sie mich nicht. Ich könnte hier nicht mehr bestehen. Schon jetzt ist die Luft zum Atmen knapp.

Das Henlein-Blatt *Der Kamerad* zum Beispiel hat die feste Rubrik: Wir teilen mit: Die Tochter des Bürgermeisters X. hat sich mit einem Juden verlobt. Der Angestellte der Firma Y. hat Ware beim jüdischen Händler Z. gekauft. Das reicht. Auch ohne jeden Kommentar. Das reicht völlig. Die Leute freilich werden dabei namentlich angeführt, und diese stille Mitteilung ist das Signal zum Boykott. Und der Boykott erfolgt sofort, total und systematisch. Einige boykottieren aus Überzeugung, andere aus der Angst, dass genau dasselbe auch sie trifft.

Der Boykott erstreckt sich nicht nur auf Ärzte, Geschäftsleute und Rechtsanwälte. Er trifft auch die Armen, mit der Unlogik alles »Totalen«. In der Stadt R. lebt eine Näherin mit ihrer Mutter. Sie ist Heimarbeiterin. Deutsche und Arierin. Vor sechzehn Jahren ist dieser Frau ein großes Unglück widerfahren: Sie ist einem Heiratsschwindler aufgesessen, einem Juden, der sie um alles Geld gebracht hat und mit ihrer Schwangerschaft sitzenließ. Diese Frau hat ihr uneheliches Kind großgezogen, mit zerstochenen Fingern und über der Nähmaschine gekrümmtem Rücken, durch Arbeit bis zur völligen Erschöpfung. Das ist kein Kinderspiel, Stich um Stich drei Leute über lange Jahre hin durchzubringen. Nun ja, die stolze nordische Rasse ist mit ihrer tapferen Ideologie »Auf jeden Schwachen drisch ein« auch über diese arme Frau hinweggefegt. Man hat den schicksalhaften Missgriff der kleinen, alternden Näherin, für den sie ohnehin schon mit ihrem ganzen Leben bezahlt hat, aufgedeckt und ihn der nationalsozialistischen Öffentlichkeit »mitgeteilt«. Von da an bekommt sie nirgends mehr Arbeit, und der Junge, der gerade bei einem Meister seine Lehre begonnen hatte, wurde sofort hinausgeworfen.

Abb. 16: Evžen Klinger in den 1950er Jahren.

Deutsche gegen Deutsche – Tschechen gegen Deutsche – und leider: Tschechen gegen Tschechen

Dass die Tschechen im Grenzgebiet schrecklich unterdrückt werden – das ist eine Tatsache, von der die Öffentlichkeit bei uns im Großen und Ganzen weiß. Ihre Wurzeln reichen tief in die Geschichte zurück, und wenn Herr Henlein von der Rechnung spricht, die er der tschechoslowakischen Regierung für die Unterdrückung der Sudetendeutschen präsentieren will, so haben auch die Tschechen noch eine Rechnung, eine sehr alte Rechnung offen.

Die Tschechen werden allesamt boykottiert – nur von den *demokratischen Deutschen* nicht, aber der Wahrheit halber muss gesagt werden, dass allem Anschein nach auch die Tschechen an einer Festigung des *demokratischen* Blocks (ich meine die Festigung eines gemeinsamen demokratischen Blocks mit den Deutschen) nicht allzu interessiert sind. Es ist ein großer Fehler unserer Propaganda und auch unserer Tschechen im Grenzgebiet, dass wir es, solange noch Zeit war, nicht geschafft haben, ebenjene Deutschen zu stärken, die nicht so sind wie die anderen. Dass wir es nicht geschafft haben, uns auf jenes Element im deutschen Lager zu stützen, das zwar eine andere Muttersprache, doch eine vergleichbare Weltanschauung hat.

Mit den tschechischen Angestellten, Gendarmen, Eisenbahnarbeitern, mit ihren Frauen und Kindern spricht kein Mensch. In den ländlichen Gemeinden verkauft ihnen keiner Milch oder ein Ei. Die Kinder stehen viel durch, die Frauen leben wie die Nonnen. In Varnsdorf[60] wurden viele Tschechen ohne Kündigung aus der Wohnung gesetzt. Sie erhielten gleich eine gerichtliche Kündigung (der Hausherr merkte nur an: wegen des tschechischen Lappens und meinte damit die Staatsflagge), und im Nu standen die Möbel auf der Straße. Im Rathaus sind die Möbel mehrerer Familien eingelagert. Nirgends können sie eine neue Unterkunft finden. Auch in Liberec oder

60 Dt. Warnsdorf.

Česká Lípa[61] ist es für Tschechen schwer, eine Wohnung oder ein möbliertes Zimmer zu bekommen. In den Hotels, den Restaurants, den Kaffeehäusern, überall sind die Leute anständig, wenn man deutsch redet. Ja: Sobald sie merken, dass Sie Tscheche sind und sich bemühen, deutsch zu sprechen, sind sie sogar sehr freundlich. Diese Probe habe ich konsequent und unzählige Male durchgeführt: Der kleine Mann registriert bei einer Begegnung sehr dankbar, wenn er einen Tschechen deutsch reden hört. Sofort löst er sich aus seiner Verschlossenheit, und in neunzehn von zwanzig Fällen winkt er mit einem durchaus gutmütigen Lächeln ab: Was gibt's da schon zu sagen; du bist Tscheche und ich bin Deutscher, lass du mich in Ruh, ich lass dich auch in Ruh.

Und hier steckt eine der Wurzeln des Bösen. Wir sollten uns klarmachen, wer diese Leute sind und was wir von ihnen wollen. Wenn wir die Deutschen hier für deutsche Bürger der Tschechoslowakischen Republik erachten – [sieben Zeilen geweißt.]

Denn diese Deutschen lieben ihre Sprache – und ich sehe keinen Grund, warum wir das nicht respektieren sollten – sie sind Deutsche, aber keine Nazis [etwa eine halbe Kolumne geweißt.] Diese Leute und ihre Familien sollten *Träger demokratischer Propaganda* werden, sie sollten die Demokraten im Norden moralisch, gesellschaftlich und kulturell unterstützen und dem einen atmosphärisch geschlossenen Block einen anderen ebenso geschlossenen entgegenstellen. Stattdessen sind die dorthin entsandten Leute nach dem Raster der politischen Parteien in verschiedene Grüppchen zerfallen, *die sich gegenseitig boykottieren, und das ist mit Abstand das Traurigste, was ich im Norden gesehen habe.*

Ich will nicht von einzelnen Fällen berichten, obwohl sie leider oft sehr bezeichnend sind. Ich will nicht von der Sokol-Obmännin[62] sprechen, die erklärt hat, keiner könne von ihr verlangen, sich in der Turnhalle mit der Dienstmagd der Nachbarn zu duzen – ich hoffe, dass so etwas eine sel-

61 Dt. Böhmisch Leipa.

62 Sokol – 1862 gegründete patriotisch geprägte Turnbewegung. Existiert noch heute.

tene Ausnahme ist. Infolge dieser Erklärung gründete sich ein tschechischer Arbeiterturnverein und hat inzwischen mehr Mitglieder als der Sokol. Aber die Sache ist die: Der tschechische Arbeiterturnverein boykottiert die Veranstaltungen und Feiern des Sokol – und umgekehrt. Im Städtchen haben sich zwei tschechische Lager gebildet, und so steht der tschechische Arbeiter unter doppeltem Druck: unter dem Druck des deutschen Nationalsozialismus, unter dem Druck des Boykotts durch tschechische Nicht-Arbeiter-Organisationen und dazu die Front zwischen den Nationalitäten. Ich möchte nicht näher auf die peinlichen Streitereien am 1. Mai eingehen, darauf, dass die Arbeiter die Staatshymne und danach die Internationale und die Marseillaise singen wollten, darauf, dass viele erklärten, in dem Fall am Umzug nicht teilzunehmen. Schließlich war es so, dass die Marseillaise in einem Ort wegfiel, im anderen aber gesungen wurde, woraufhin ganze Gruppen von Tschechen den demokratischen Umzug verließen. Ich weiß nicht, ob Sie die Internationale und die Marseillaise lieben – im Übrigen die Staatshymnen unserer Verbündeten –, Tatsache aber ist, dass das Volk sie liebt, weil es darin nicht nur die Hymnen der Verbündeten sieht, sondern Lieder seiner Arbeiterfreiheit. Es kommt nicht darauf an, ob sie das wirklich sind, es kommt darauf an, was sie den Arbeitern bedeuten. Vielleicht ist Ihnen ja gar nicht aufgefallen, dass es sich bei dem Großteil der Soldaten, die so unglaublich schön zur Grenze marschiert sind, um *Arbeitervolk in Uniform* handelt, denn die Mehrheit unseres Volkes ist Arbeitervolk. Und dass diese Leute also die Ersten sind, die den Soldatenmantel anziehen …

Die Zwistigkeiten unter den Parteien haben förmlich zum Himmel geschrien – noch dazu in den Tagen vor der Wahl. Die Henlein-Partei stob durch den ersten Wahlsonntag wie der Schafbock durchs Sägemehl. Auf der einen Seite die geeinigte SdP, auf der anderen Seite die tschechischen Parteien, Kampagnen, Losungen, Redner, die untereinander uneins waren, und von allen verlassen: die deutsche Sozialdemokratie. Die deutschen Sozialdemokraten haben sich in vielen kleinen Gemeinden gar nicht zur Wahl gestellt, denn seinen Namen auf die Kandidatenliste zu setzen heißt, seine Existenz zu verlieren. Vereinzelt hatten die beiden sozialdemokratischen Parteien eine gemeinsame Kandidatenliste. Erst jetzt nach dem ersten Wahlgang ist die Rede davon, dass alle *tschechischen* Parteien eine gemeinsame Liste aufstellen sollten: Aber noch immer spricht keiner davon, dass diese tschechischen Parteien die deutsche sozialdemokratische Partei in ihren geeinten demokratischen Wahlblock aufnehmen. Ich führe die Ergebnisse der ersten Wahlrunde aus Duchcov[63] an; sie beleuchten am besten die Sinnlosigkeit und den Schaden dieser Zersplitterung: Die SdP hatte in Duchcov 3669 Stimmen,

die deutsche Sozialdemokratie	540
der bürgerliche tschechische Block	378
die nationalsozialen	1475
die tschechischen Sozialdemokraten	1375
die Gewerbler	249

Das heißt: Der demokratische Block hatte insgesamt 4000 Stimmen. Und selbst wenn es nicht überall so erfreulich ausfiel, selbst wenn es Gemeinden gibt, wo der demokratische Block nur eine Minderheit auf sich vereinen konnte, so steht diese Minderheit doch in einem ganz anderen Verhältnis zur Mehrheit der SdP als ein Splitterhaufen aus Parteien und Kleinstparteien.

Sie sind da

Nie hätte ich gedacht, dass so etwas möglich ist; aber ich habe es mit eigenen Augen gesehen. Der Landstrich hat sein Gesicht über Nacht verändert und die Menschen ihre Stimmung. Denn über Nacht ist das tschechoslowakische Militär gekommen. [Elf Zeilen geweißt.]

auf dem Bahnhof saßen in Grüppchen die Verteidiger mit ihren kleinen Koffern, der Zug war voll von ihnen, an jedem Bahnhof stiegen neue zu. Keine Abschiedsszenen, keine Sträußchen an den Mützen, keiner im Waggon, der erzählt hätte, wohin er fährt und warum, keiner, der daherschwatzte,

63 Dt. Dux.

sich aufplusterte, wichtig machte. Das Einzige, was sie sagten: Endlich können wir gehen! Höchste Zeit, dass wir gehen! Wissen Sie, nicht eine Spur Nervosität, aber auch keine Spur irgendeiner »Begeisterung«, kein Gewinke aus dem Zug oder chauvinistisches Geschrei: vielmehr der äußerst konzentrierte, äußerst ruhige Aufbruch einer Wehrkraft zu einem offensichtlichen *Verteidigungsgang*, und das imponierte mehr als alles, was wir in den letzten Jahren erlebt haben. Nirgends auch nur die Spur des militärischen Gehabes, das uns im Grenzgebiet ununterbrochen so mustergültig vorgeführt wird. Nein, das war eine Armee, die ihr Land verteidigen ging. Und einmal mehr hat sie bewiesen: Da, wo das tschechoslowakische Volk Gelegenheit hat, sich zu bewähren, bewährt es sich ganz vortrefflich.

Am Freitagabend begrüßte mich der Kellner im Restaurant mit erhobenem rechten Arm und erwiderte auf mein »Guten Tag« »Sieg Heil!«. Am Samstagmittag sagte er: »Toprý ten.«[64] Am Freitagabend habe ich im Wirtshaus, im Hotel, auf der Straße, in der Trafik, im Laden nur erhobene Arme gesehen. Am Samstagmittag keinen einzigen. Am Freitagabend war die Stadt hier eine Stadt der Gebirgler, die Männer gingen in eisenbeschlagenen Schuhen, mit weißen Strümpfen und nackten Knien, die Frauen im Dirndl. Am Samstag schwärmte Zivilbevölkerung in normaler städtischer Kleidung aus. Am Freitag befand sich im Schaufenster eines Verlags eine riesige Kopie jener bekannten Fotografie von der österreichischen Grenze, die von jubelnden deutschen Soldaten niedergerissen wird. Am Samstagmorgen war sie verschwunden. Am Freitag waren im Konfektionsgeschäft lauter Joppen, im Schuhgeschäft nichts als beschlagene Schuhe – auch sie waren am Samstag verschwunden. Es scheint ganz so, als ob der Typus Mensch, zu dem die Henlein-Deutschen gehören, nur dann Mut hat, wenn sie als Formation marschieren und schreien. Sobald sie auseinanderfallen und jeder einzeln dasteht, schwindet ihr Mut dahin.

Und dann, vergessen wir eins nicht: Keiner von ihnen wollte oder will *Krieg*, sondern den Anschluss. Einen geräuschlosen,

64 Durch deutschen Akzent entstelltes *Dobrý den,* dt. *Guten Tag*.

stillen, unblutigen Anschluss: Und das Wort unblutig ist so zu verstehen: Ihr Blut soll nicht fließen.

Nun, es wird keinen Anschluss geben. Die Henlein-Deutschen haben zwei Möglichkeiten: entweder echte, ehrliche Partner zu werden, denn zweifellos wird man ihnen sehr entgegenkommen. Oder das Pulverfass, das sie über die Jahre hin gefüllt haben, unter sich anzuzünden – freilich, kommt es zur Explosion, wird kaum zu verhindern sein, dass auch der, der auf dem Pulverfass sitzt, in die Luft fliegt.

Eine Möglichkeit aber haben sie nicht: Ich fürchte, gerade die, die sie sich am sehnlichsten wünschen: ein zweites Österreich, eine zweite unblutige Okkupation, die Wiederholung eines Sieg-Heil-Spaziergangs, und damit Konzentrationslager, das Aussondern von Menschen aus Volk und Staat, das Anbringen von Tafeln, auf denen steht, dass Juden nicht erwünscht sind. Kurz, es wird keinen Anschluss geben.

Die Henlein-Leute hier im Grenzgebiet behaupten: Sollte geschossen werden, dann erst bei Mladá Boleslav.[65] Das ist ein Irrtum. Sollte überhaupt geschossen werden, dann hier an der Grenze.

Přítomnost, 1.6.1938

Wie viel hat Henleins Karlsbader Rede[66] gekostet?

Unser Kurbad Karlovy Vary ist genauso weltbekannt wie jedes andere Weltbad, es sieht genauso aus und ist ebenso international. Der einzige Unterschied besteht vermutlich darin, dass hier Menschen herkommen, die tatsächlich krank sind, und sie kommen unter anderem deswegen her, um wirklich zu kuren. Kranke Menschen verspüren kein Bedürfnis, ihre schwachen

65 Dt. Jungbunzlau.

66 Henleins Rede auf dem Parteitag des SdP am 24.4.1938 formulierte die acht Punkte des so genannten Karlsbader Programms; er forderte u.a. die Selbstständigkeit der deutschbesiedelten Gebiete innerhalb der ČSR.

Nerven und ihre angegriffene Gesundheit Aufregung, Unruhe und Unfrieden auszusetzen. Jemand, der auf Kur fährt, um seine kranke Leber zu heilen, hat keine Lust, sich mitten im Brennpunkt heikler politischer Propaganda zu finden, und er wird nicht dahin fahren, wo in der Kurhalle statt Konzerten politische Reden ertönen. Das tut der Leber nicht gut, und wir können es niemandem verübeln, wenn er, wo er doch kuren wollte, keine Lust hat auf Heldenspiele. Ziehen wir noch dazu in Betracht, dass 75 % der Kurgäste unserer Bäder im Norden Juden sind – respektive waren –, den Umstand, dass zum Beispiel die deutschen Juden nach Görings Enteignungsgesetz gewiss viele Sorgen haben und dass die Juden in aller Welt über eine bewundernswerte Eigenschaft verfügen, nämlich einen entschlossenen festen Zusammenhalt – und das ist letztlich heute ihr einziger Vorteil –, dann ist es ganz und gar nicht verwunderlich, dass unsere deutschen Bäder leer und vereinsamt sind. Beim Maiumzug der Henlein-Partei in Karlsbad skandierten die jungen Schlaumeier stundenlang:

»Wir brauchen keine Juden mehr,
es kommen dafür andere her …«

und das war offensichtlich einer von Herrn Henleins Frühlingsirrtümern.

»dös Militär!«

Wenn Sie abends um acht Uhr in Karlovy Vary ankommen, haben Sie den Eindruck, Sie sind in einer ausgestorbenen Stadt. Eine leere Stadt ist immer etwas Gespenstisches, ein leeres Kurbad aber ist traurig, so traurig wie ein Zimmer in einem Hotel dritter Klasse. Es riecht geradezu suizidär nach Trauer.

In sechzehn Kurhäusern sind neun Gäste. Die Tageseinnahmen in einem großen »betont« deutschen Hotel betragen 120 Kč; nur drei Zimmer sind belegt.

Im Hotel »Imperial« – dem größten Hotel in Karlovy Vary – sind etwa zehn Gäste einschließlich des indischen Maharadschas. Im Richmond – dem schönsten Hotel am Ort, verwunschen inmitten eines herrlichen Parks, logiert ein holländi-

Přítomnost

nezávislý týdeník 25

ROČNÍK XV V PRAZE 22. ČERVNA 1938 ZA Kč 2.—

Přestaňme o tom mlčet! F. PEROUTKA

Proč Anglie ustupovala PETR BÍLÝ

Politická historie Penklubu EDMOND KONRÁD

Kolik stála Henleinova řeč v Karlových Varech? M. JESENSKÁ

Politické pozadí sokolských sletů KAREL NEDVĚD

Proč národnostní statut? ZD. SMETÁČEK

Devadesátiletý citát — Ústřední svaz čs. průmyslníků — Náboženská válka 1938
Kam jdou němečtí průmyslníci?
Diktatury mají rády stavby — Člověk a příroda

Abb. 17: Titelseite der Zeitschrift *Přítomnost*, 22.6.1938:
»Wie viel kostete Henleins Rede in Karlsbad?« von Milena Jesenská.

scher Bankier, der Direktor der I.G. Farben und noch etwa fünf weitere Größen. Der Speisesaal ist für hundert bis zweihundert Personen ausgelegt, die Tische sind weiß eingedeckt, auf jedem steht ein Blumenstrauß, der so teuer ist wie ein kleineres Mittagsmahl. In diesem großen Saal sitzen zu Mittag etwa zehn oder zwanzig Leute, sie werden von dreißig Kellnern bedient, die den Abgeordneten im britischen Unterhaus zum Verwechseln ähnlich sehen, nicht wundern also, wenn Sie sich fühlen sollten wie in einem Schauerroman von Stevenson. Kranke Leute freilich wünschen sich Ruhe, nicht aber Friedhofsruhe.

Ich durchfahre in einer ratternden Droschke – hier sind sie noch nicht verschwunden – das gesamte Kurviertel, von Anfang bis Ende. Dort, wo die leeren Hotels aufhören, fangen die leeren Restaurants an. Herrliche Restaurants, halb im Wald, unter üppig belaubten Bäumen, lange Tischreihen, Hunderte Stühle, alles leer. Übrigens würde es einigen Mut erfordern, sich zwischen zweihundert Stühle zu setzen und einen Kaffee zu bestellen. Letztes Jahr war hier ringsum Konzert, erklärt mir der Kutscher, ein kleines Henlein-Männchen, über seiner zerbeulten Stute. Dieses Jahr hat man erst zweimal gespielt. Letztes Jahr war es sehr gut und dieses Jahr zum Verzweifeln. Ich bin der zwanzigste Gast, den dieser Wagen in der gesamten Saison befördert. Ein trauriger Rekord. Und warum das alles? – Ich frage ihn. »Ja – dös Militär!« Der Mann zuckt mit den Schultern. Nach längerem Gespräch kam heraus, dass in ganz Karlovy Vary zwei Soldaten vor dem Bahnhof standen und zwei an der Brücke nach Cheb. Und außerdem sind sie seit zwei Tagen schon nicht mehr da, und der gute Mann wusste gar nichts davon. Aber fragen Sie, wen immer Sie wollen, nach dem Grund der katastrophalen Leere, fragen Sie den Portier, das Zimmermädchen, den Kaufmann, den Kellner, den Beamten von der Bäderverwaltung, jeder wird Ihnen sagen: dös Militär!

Ich führe es nur als Beispiel dafür an, wie einwandfrei die Henlein-Propaganda funktioniert, schlichtweg offenkundige Tatsachen vermag sie ins Gegenteil zu verkehren, wie sie es eben braucht, und außerdem ist das Ganze auch ein Beispiel dafür, dass es nicht die geringste Gegenpropaganda gibt (abgesehen von der deutschen sozialdemokratischen Presse), die den Leuten hier sagen würde, dass die gesamte Region, deren wirtschaftliche

Kalamität unüberschaubar ist, die Rechnung für Henleins Rede im April begleicht. Wenn Henlein weltweit Aufsehen erregen wollte – und das wollte er sicher –, ist klar, warum er sich gerade das weltbekannte Kurbad ausgesucht hat und nicht Liberec, Žatec[67] oder Cheb. Ein Bad wie Karlovy Vary bietet ganz sicher eine bessere Kulisse für einen Auftritt mit dem Anspruch weltweiter Aufmerksamkeit. Für diesen instrumentalisierten Ruhm zahlen freilich sehr viele. Zuallererst die Besitzer der Kurhotels und Kurhäuser – und das sind mehrheitlich Henlein-Anhänger. Dann das gesamte Umland – und das sind größtenteils auch Henlein-Anhänger. Und freilich der Staat, der zusätzlich zu den Kosten für das Militärmanöver, das unerlässlich war und die Situation gerettet hat, zwei Drittel der Arbeitslosenunterstützung übernehmen muss (allein in Karlovy Vary sind heute 5537 Menschen ohne Arbeit). Nur einer, so scheint es, zahlt keinen einzigen Heller für den durch die Henlein-Rede angerichteten Schaden, und das ist Herr Konrad Henlein selbst.

Interessanterweise waren die genauen Zahlen über die im Bad anwesenden Kurgäste nur schwer zu bekommen, obwohl sie doch leicht zu eruieren sein sollten. Ein Beamter von der Bäderverwaltung in Karlovy Vary hat sie mir gegeben, sichtlich ungern, und er wollte nicht aufhören, gereizt zu versichern, die Kurgast-»Ebbe« habe erst Ende Mai eingesetzt. Leider überführen ihn die nackten Zahlen eines Irrtums. Zuallererst lässt sich gar nicht von »Ebbe« sprechen, denn dieses Jahr hat es gar keine »Flut« gegeben, und keiner ist etwa erschrocken und abgereist, vielmehr sind die Gäste gar nicht erst angereist. *Bis zum 1. Mai* waren in Karlovy Vary genau 1656 Gäste weniger als im Vorjahr, bis zum 17. Juni stieg ihre Zahl auf 7032. Zwar ist ihr Schwund nach dem 1. Mai größer als vorher, aber das liegt daran, dass die Saison erst zu diesem Termin beginnt. In Františkovy Lázně[68] liegt der Schwund bei 55 %, und in Mariánské Lázně gegenwärtig bei 83 %. Die Situation in Mariánské Lázně[69] ist so katastrophal, dass die Kurverwaltung die *Bäder schließen* musste. Die wenigen Gäste dort können

67 Dt. Saaz.
68 Dt. Franzensbad.
69 Dt. Marienbad.

also gerade die Einrichtungen, wegen denen sie angereist sind, gar nicht nutzen.

Und noch etwas: Alle hier haben sehr zahlreiche Besucher erwartet, die Gäste waren tatsächlich auch avisiert, die Zimmer gebucht. Aber schon *Ende April* blieben sie aus, stornierten. Nachdem die Henlein-Rede im April Aufmerksamkeit in der Welt erregt hatte, keineswegs nach den Sicherheitsmaßnahmen, die im Mai auf sie folgten. Doch seit Ende Mai wird die Welt von den Rundfunksendern mit Schreckensnachrichten über die Verhältnisse in der Grenzregion bombardiert: aufgerissene Straßen, Barrikaden rund um die Städte, grobe Zollkontrollen, Terror, dem der deutsche Gast in den nordböhmischen Bädern ausgesetzt sei. Terror habe ich auch festgestellt, und zwar folgenden: Vor jüdischen Restaurants und Hotels stehen angeblich manchmal Henlein-Wachen, und kommt ein reichsdeutsches Auto, weisen sie dessen Besitzer diskret darauf hin, dass er gerade dabei sei, bei einem jüdischen Hotelier abzusteigen. Und wenn wir schon beim Terror sind, so wird auch eine Kleinigkeit von Interesse sein, die mehr als manch anderes verdeutlicht, wie die Tschechoslowakei die deutschen Kurgäste »terrorisiert«. Der tschechoslowakische Staat hat dem Dritten Reich ein Bäderkonto von 20 Millionen bewilligt (voriges Jahr waren es nur 12 Millionen). Übersetzt in allgemeinverständliche Sprache heißt das: Der tschechoslowakische Staat hat dem Dritten Reich für die Kurgäste einen Kredit von 20 Millionen gewährt. Ein deutscher Bürger, der in ein nordböhmisches Bad fährt, erhält hier auf seine Schecks tschechoslowakische Kronen. Der tschechoslowakische Staat bekommt diesen Kredit allerdings nicht *in Geld* bezahlt, sondern in *Waren aus deutscher Produktion.* Gehen wir vom günstigsten Fall aus, nämlich dass diese Ware tatsächlich dem Geldwert entspricht, so sind es dennoch fast durchweg Waren, die wir selbst produzieren könnten. Waren, für die unsere Fabriken ausgestattet sind, Waren, von deren Produktion unser Arbeiter lebt, deren Produktion unserem Staat Steuern einbringt. Und das in einer Zeit, in der die Menschen arbeitslos sind, wo die Fabriken nur 2–3 Tage in der Woche arbeiten und die Vorräte an Waren des täglichen Gebrauchs größer sind als ihr Absatz. So sieht er aus, der Terror gegen die deutschen Gäste.

Wer bezahlt das alles?

Die Alte Wiese[70] in Karlovy Vary ist eine weltbekannte Straße. Sie ist nicht nur die größte, sondern gesäumt von den namhaftesten und teuersten Geschäften. In den Auslagen gibt es märchenhaft schöne Dinge zu sehen, schöner als überall sonst auf der Welt. Auch finden Sie nirgendwo sonst auf der Welt in einer einzigen Straße alle international berühmten Marken versammelt, von Kníže angefangen bis hin zu Penížek.[71] Heute strömen die Menschen hier nicht in Scharen, nur einzelne finden sich. Aber die Mehrzahl der anwesenden Gäste gehört dem Mittelstand an, ist von den Krankenkassen hierhergeschickt, sie kommen als Kunden nicht in Frage (bemerkenswerterweise haben fünfzig Prozent von ihnen ihren Aufenthalt abgesagt, und das will etwas heißen, verfügen sie doch meist nicht über die Möglichkeit, anderswohin zu fahren). Menschen, die von der Krankenkasse hierhergeschickt werden, tragen keine Krawatten für 120 Kč, keine Anzüge für 1600–2000 Kč oder Schuhe für 500 Kč. Und daher bleiben die Geschäfte leer, absolut leer. Und glauben Sie nicht, das fiele nicht ins Gewicht.

Das Kurbad reagiert höchst empfindlich auf die Weltwirtschaftslage. Im Jahr 1911 verzeichnete es einen Gästerekord – 70.000. Im Jahr 1919 einen Tiefststand. Das war das Nachkriegsjahr. Von 1928 bis 1933 sank die Zahl der Gäste infolge der Weltwirtschaftskrise von 65.000 auf 35.000. Das Jahr 1937 brachte mit dem wirtschaftlichen Aufschwung bereits wieder 50.000 Gäste. 1938 ist immer noch ein Jahr wirtschaftlicher Konjunktur, und doch liegen die Besucherzahlen heute hier unter dem bisher schlechtesten Stand von 1919 – was beweist, dass die Gründe für die wirtschaftliche Katastrophe der Sudetenbäder nirgends anders zu suchen ist als in der katastrophalen Politik der Region. Für 1929 – ein Jahr mit nicht gerade hohen Besucherzahlen – wird die hier von Gästen für Warenkäufe ausgegebene Summe von hiesigen Fachleuten auf

70 Tsch. Stará Louka.

71 Kníže & Company, weltberühmter Herrenausstatter mit Sitz in Wien; Penizek und Rainer, internationales Pelzhaus mit Sitz in Wien.

mehrere hundert Millionen geschätzt. Das ist die Summe für privat gekaufte Dinge, die gar nicht in die offiziellen Ausfuhrbilanzen eingeht. Es ist einfach das, was die Leute in diesen Läden gekauft haben. Heute ist der Umsatz gleich null, die Geschäftsleute zahlen umsonst hohe Mieten und Regiekosten, und manch einer überlegt, ob es nicht besser wäre zu schließen. In Mariánské Lázně haben einige Firmen schon zugemacht – und andere gar nicht erst auf.

Noch schlimmer ist die Situation auf dem Land ringsum. Hier gehen die Verluste zwar nicht in die Millionen, aber hundert Kronen weniger treffen einen kleinen Arbeitnehmer härter als einen Hotelier Tausende. Die gesamte Region lebt von den Bädern. Das ganze riesige Heer von Hotelangestellten, Kellnern, Putzfrauen, Chauffeuren, Droschkenkutschern, Gärtnern, Portiers, Bademeistern, Bediensteten und Wäscherinnen kommt aus der näheren und ferneren Umgebung. Die Region stellt seit langer Zeit – seit einigen Generationen schon – diejenigen, die die Kurgäste bedienen und den Badebetrieb lautlos und erstklassig aufrechterhalten. Die Menschen hier sind gewöhnt, im Winter irgendwie über die Runden zu kommen, und im Frühjahr werden sie von der regelmäßigen Arbeit in den Bädern verschluckt, und zwar bis tief in den Herbst hinein. Aber diese Menschen arbeiten nicht wie andere Angestellte oder Arbeiter gegen festen Lohn, ihre Verträge mit den Arbeitgebern sind sehr unterschiedlich und heute, wo die Krise die ganze Region im Griff hat, treten ihre schlechten Arbeitsbedingungen überdeutlich zutage, denn klar zeigt sich, dass sie das Arbeitsrisiko tragen.

Die Kurgäste zahlen statt Trinkgeld 10% der Rechnung als Aufschlag für die Bedienung, kein geringer Prozentsatz. Die Hotelangestellten arbeiten gegen Kost, Logis und den so genannten »Service«. Das sind jene zehn Prozent, die unter dem *gesamten* Hotelpersonal aufgeteilt werden, mit Ausnahme der stets fest- und wohlbestallten Küchenchefs und der Küchenmädchen, die täglich zehn bis zwölf Stunden arbeiten und 80–120 Kč bekommen. Bleibt die ganze Schar sonstiger Angestellter, die überhaupt keinen Lohn erhält und nur den Service verdient – wenn der Gast kein Trinkgeld gibt. Das Zimmermädchen in dem kleinen Hotel zum Beispiel, in dem ich gewohnt habe, hat für jedes belegte Zimmer 20 Heller am Tag verdient, und so ein Tag dauert von halb fünf bis elf in der Nacht. In meinem Stockwerk waren früher neun Zimmermädchen, jetzt sind es drei, insgesamt sind in diesem Hotel fünfzehn Zimmer belegt, und kaum ein Gast ist bereit, Trinkgeld zu geben, wenn er schon bei der Rechnung einen Aufschlag von zehn Prozent bezahlt hat.

Interessant ist die statistische Kurve der Kreiskrankenkasse, die den Beschäftigungsstand zu Beginn und Ende der Saison darstellt. Zu Beginn ist er im Übrigen immer hoch, denn eine Armee von Hilfskräften fällt in den Kurort ein, mit Kübeln, Kehrbesen, Scheuerlappen, Pinseln, Lacken, Harken und Spaten. Das sind die Leute, die den Kurort herrichten, Wege und Rasenflächen in Ordnung bringen, Fassaden herausputzen, Fenster schrubben, Straßen reinigen, Bänke streichen. Zu Beginn des vorigen Jahres waren 14.500 Beschäftigte in den Hotels und Kureinrichtungen gemeldet, und ihre Zahl stieg während der Hochsaison auf 18.000. Heuer waren zu Beginn 17.500 gemeldet (was beweist, dass man eine gute Saison erwartet hatte), aber schon Anfang Mai war ihre Zahl auf 16.300 gesunken. Das bedeutet vermutlich, dass die Hilfskräfte, kaum dass sie den Ort hergerichtet hatten, nach Hause zogen.

Allein Kellner gab es im letzten Jahr 3200, in diesem Jahr nur 2300. Die Leute sind entlassen. Aber die, die geblieben sind, verdienen nichts, denn das Hotel ist leer, und sie bekommen nur den Service-Anteil der bezahlten Rechnungen.

Dann gibt es noch die dauerhaft Beschäftigten des Kurorts, die Monteure, die Arbeiter im Gas- und Elektrizitätswerk usw. Sie sind zwar das ganze Jahr über beschäftigt, werden aber über den Winter ausgestellt, damit die Kurverwaltung Geld für die Saisonarbeiter im Sommer ansparen kann. Im Frühjahr werden sie automatisch in die Arbeit zurückgerufen. Heuer hat man aber noch lange nicht alle geholt. Von 2200 dauerhaft Beschäftigten sind 900 noch immer nicht in Arbeit. Manche von ihnen sind bereits 25–30 Jahre auf ihrer Stelle – aber die Kurverwaltung hat dieses Jahr eine Altersgrenze für die Beschäftigten festgesetzt. Das heißt, das viele von ihnen ihre Arbeit für immer verlieren, und an ihre Stelle rücken jüngere nach, die billiger sind – und vor allem politisch selektierter.

Und dazu kommt noch die Versorgung des Bades. Die Stadt Karlovy Vary zum Beispiel hat eine fantastische Markthalle mit riesigen Kühlhäusern, wohin die Küchenchefs am Morgen einkaufen gehen. Fast alle Lebensmittel liefert die Gegend ringsum, bis auf Obst und Gemüse, die täglich mit einem Sonderzug aus Holland kamen, damit der Kurgast am Morgen frisches Grünzeug auf seinem diätischen Speiseplan hätte. Diese Züge fahren nicht mehr, und die Höfe in der Umgebung, die Milch, Butter, Fleisch, Geflügel, Sommergemüse und Käse liefern, sind inzwischen am Bettelstab. Ganze Lastwagenkolonnen kamen früher auf die Märkte der Bäder gefahren. Heute weiß keiner, wem er die ausgelegten Waren verkaufen soll. Ziehen Sie einen Kreis um unser berühmtes Bäderdreieck, und Sie können durchaus so kühn sein und behaupten: Innerhalb dieses Kreises nagen Tausende Menschen am Hungertuch, sind um die Arbeit gebracht und geschädigt worden durch den politischen Größenwahn eines Herrn Henlein. Für die gesamte Gegend hat das katastrophale Folgen, die auch im Laufe mehrerer Jahre nicht gutzumachen sind, und Tausende kleine Henlein-Anhänger erwartet in diesem Winter Hunger und Not.

Noch haben wir nicht gewonnen

An dieser Stelle würde ich den Herrn Zensor gern bitten, mich anzuhören. Habe ich in meinen vorausgegangenen Reportagen über den Norden manches geschrieben, was im Nachhinein wie Kritik am Innenministerium erscheinen konnte und mir der Herr Zensor daher gestrichen hat, so gestatte ich mir darauf hinzuweisen, dass es nicht im Geringsten Kritik war – also meine Meinung über das Innenministerium, es waren nackte Tatsachen und bloße Fakten, die ich in Erfahrung gebracht, überprüft, berichtet und unterschrieben habe. Sie wurden ausgeweißt. Ich meine aber, dass eine so praktizierte Zensur einen leicht grotesken Zustand heraufbeschwört. Einerseits werden die feindlichen Ausfälle der Henlein-Anhänger nicht zensuriert, andererseits zensuriert man sachliche Berichte in ruhigem Ton, die niemanden angreifen, sondern nur informieren und warnen wollen. Und dann geht das Ganze so aus, dass derjenige, dem ernsthaft an einer wirksamen Waffe gegen den in der Tschechoslowakei erstarkenden deutschen Faschismus gelegen ist, weniger zu sagen erlaubt ist als einem deutschen Faschisten. Ich weise den Herrn Zensor auf diesen Umstand deshalb hin, weil es mich doch beschämt, was alles man heutzutage nicht sagen darf.

Ich würde zum Beispiel gern sagen, dass wir uns darüber im Klaren sein sollten, dass wir noch lange nicht gewonnen haben. Mag die Stimmung der Henlein-Anhänger nach Ankunft unserer Armee auch gesunken sein, so ist sie heute doch wieder auf ihrer früheren Höhe. Weiße Strümpfe und Sieg Heil sind wieder an der Tagesordnung. Sollte es gelungen sein, einem ersten Ansturm zu wehren, dann ist das sehr gut, aber ich sehe keinen Grund für die Siegesstimmung, die sich unter uns und in unserer Presse breit gemacht hat. Es kann keinen Zweifel daran geben, dass wir weiterkämpfen müssen, und zwar – unter anderem – auf zwei wichtigen Feldern: dem der Wirtschaft und dem der Propaganda. Der Kampf auf wirtschaftlichem Feld wird sehr kompliziert und sehr hartnäckig sein, darüber ist man sich jetzt schon eins. Der Kampf auf propagandistischem Feld ist die dringlichste Aufgabe, die wir vor uns haben. Gestatten Sie mir zu sagen: eine Aufgabe, die wir nur höchst erbärmlich erfüllen. Wenn es uns nicht gelingt, jenen Henlein-Anhängern, die es so hart getroffen hat, zu erklären, was sie getroffen hat und warum, dann weiß ich nicht, was wir je zu erklären imstande sein werden. Eine so offensichtliche und klare Sache denjenigen zu erklären, die unmittelbar davon betroffen sind, ist nicht sonderlich schwer, und wenn wir nicht einmal das schaffen, stellen wir uns kein gutes Zeugnis aus.

Freilich, Deutsch wenigstens müssten wir können, wenn wir ihnen etwas erklären wollen. Wir müssten auch unsere Leute auf eine große Veränderung vorbereiten, die allein schon die bloße Tatsache des Nationalitätenstatuts mit sich bringt. Wir müssten uns selbst und andere darauf vorbereiten, dass wir heute sehr viel mehr bezahlen, weil wir manches nicht rechtzeitig bezahlt haben. Wir müssten unsere Leute mit der Mentalität der Leute dort vertraut machen, die ganz und gar anders ist. Das können wir nur, wenn wir uns gründlich klarmachen, welche Aufgabe uns in der veränderten Situation erwartet. Zum Beispiel: In nächster Zukunft hat die Tschechoslowakische Republik in den Minderheitsgebieten zwei Stützen: die Tschechen und die deutschen Sozialdemokraten. Erstere sind dabei fast schwächere Stützen als Letztere, weil sie die Mentalität des deutschen Volkes weniger gut verstehen. Wenn wir uns nicht dazu entschließen, die deutschen Sozialdemokraten im Grenzgebiet mit allen Kräften und dauerhaft zu unterstützen, werden wir langsam allen Einfluss auf diese Region verlieren.

Das wäre ein schicksalsträchtiger Fehler. Und auch wenn die Verhältnisse im Sudetengebiet nicht gut sind, ja vieles dort im Argen liegt und die Feindseligkeiten überhandnehmen, noch ist nichts für immer versäumt und ein für alle Mal verloren. Wenn es der Henlein-Partei nicht gelingt, einen »geschlossenen Raum« zu errichten, und wenn diejenigen im Grenzgebiet, deren gedankliches und existenzielles Anliegen der Kampf und Widerstand gegen den deutschen Faschismus ist, eine erhebliche rechtliche und wirtschaftliche Unterstützung erfahren, so ist es sogar wahrscheinlich, dass das Nationalitätenstatut zum Segen für die weitere Entwicklung des Grenzgebiets wirkt. Auch wenn sich voraussagen lässt, dass es Henlein-Anhänger wohl nicht zufrieden stimmt, aber es wird diejenigen zufriedenstimmen, die Gerechtigkeit fordern – und das sind dort viele. Es wird letztlich auch die Mitglieder der Henlein-Partei zufrieden stellen, wenn sie Arbeit bekommen. Es gibt den demokratischen Deutschen im Grenzgebiet wieder Boden unter den Füßen und in die Hand eine neue Waffe. »Ich bitte Sie, schreiben Sie«, bat mich eine alte, schöne Frau, eine Sozialdemokratin, mit der ich mich lange unterhalten habe, eine äußerst kultivierte, tapfere, ruhige Frau, »schreiben Sie: für alle Schrecken, die wir hier in den letzten Jahren erlebt und gesehen haben, sind wir entschädigt, denn wir haben gesehen, wie Menschen sich für eine Idee zu schlagen verstehen, zu leiden bereit sind und mit welcher Entschlossenheit. Ich bitte Sie, schreiben Sie das: In diesen Menschen liegen die Wurzeln der Rettung für diese vom Nationalsozialismus verseuchte Gegend.«

Přítomnost, 22.6.1938

Hunderttausende auf der Suche nach Niemandsland

Ahasver auf einer Gasse in den Königlichen Weinbergen

Auf einer friedlichen, stillen Gasse in den Weinbergen hielt ein Mensch mich an. Er war zerlumpt und elend, aber er bettelte nicht. Auch für eine Bitte braucht ein Jude wohl Mut, wenn er die Befreiung Österreichs erlebt hat. »Sprechen Sie deutsch?« »Ja.« »Sind Sie Jüdin?« »Nein.« Das war gewiss eine merkwürdige Art, angesprochen zu werden, die mich veranlasste, kehrtzumachen und hinter seinem enttäuschten Rücken herzulaufen, denn mir wurde bewusst, dass dieser Mensch nicht den Mut hat, jemanden um Hilfe zu bitten, der kein Jude ist – und das mitten in Prag, mitten in Europa, an einem stillen, sonnigen Nachmittag des Jahres 1938. Geschichten wie die seine haben wir in den letzten Jahren viele gehört. Er hatte ausgeschlagene Zähne und einen blutigen Gaumen, statt Kleider Fetzen, er hatte keinen einzigen Heller und viele Stunden lang nichts gegessen. Hatte nirgends genächtigt – aus Angst, dass man ihn zurückschicken könnte. Er war immerzu nur gelaufen und gelaufen und gelaufen.

Wie lange kann ein entkräfteter, gedemütigter Mensch ohne Geld unterwegs sein, bis ihn eine Wache anhält. Vielleicht hält sie ihn morgen an, vielleicht übermorgen. Und es wird ihr nichts andres übrigbleiben, als ihn zurückzuschicken, sonst zögen Karawanen verelendeter Menschen heran, wenn sich irgendwo die Grenzen auftäten. Zurückschicken – aber wohin? Papiere hat er keine, von Verwandten weiß er nicht. Die tschechoslowakischen Behörden schicken ihn zurück an die Grenze des einstigen Österreich, und an dieser Grenze seines Staates wird man ihn nicht hereinlassen. Ein Postpaket kann man seinem Besitzer aushändigen, aber ein Menschenpaket stellt man vor die Grenze hin und sagt: Lauf! Und das Menschenpaket läuft ein paar Schritte allein, bis die nächste Wache es aufgreift. In Prag gab es jemanden, der einen Rekord dieses elenden Wanderns erlebt hatte; man hatte ihn an den verschiedenen Grenzen der verschiedenen Staaten sechzig Mal davongejagt.

Im Titelkopf der sozialdemokratischen *Arbeiter-Zeitung* stand zeit ihres Erscheinens ein sehr schöner Satz: »Solange es Stärkere gibt, stets auf Seiten der Schwächeren.« Von allen Dingen würde mich am meisten interessieren, wie sich die so vortreffliche, standhafte, tapfere und aufgeklärte Wiener *Arbeiterschaft* heute gegenüber den Schwächsten der Schwachen verhält, zu den verfolgten Wiener Juden. Mich erfasst ein Schauder, wenn ich erfahre, dass viele österreichische Arbeiter der Misshandlung von Juden ziemlich ungerührt zusehen. Wenn das wahr ist, so ist das wieder ein neuer Beweis, dass der Hass auf die Juden auch in den Besten schlummert und dass nichts so leicht ist, wie ihn zu wecken.

Die Juden als Nation?

Heutzutage glauben viele Juden in der Welt an eine jüdische Nation, obwohl ihnen die Wissenschaft den Charakter einer Nation nicht zugesteht und sie eher für eine Kaste erachtet, die sich selbst nach tausendjähriger Zerstreuung viele charakteristische Merkmale bewahrt hat, und das ohne gemeinsame Sprache, ohne gemeinsame Kultur oder ein eigenes zusammenhängendes Territorium. In einigen Ländern wurden die Juden gewaltsam als Kaste gehalten, und so haben sich natürlich viele Merkmale ihrer Nationalität in markanter Weise bewahrt, wenngleich das nicht ausreicht, um den Juden das zuzusprechen, was wir unter Nationalcharakter verstehen. Die Juden wachsen in die verschiedensten Völker hinein, lassen sich von deren Kultur erziehen – wirken oft ganz erheblich an ihr mit – und übernehmen die im jeweiligen Staat geltenden Rechtsgrundlagen. Wo immer aber während dieser tausend Jahre die rechtlichen und moralischen Stützpfeiler einbrachen, trafen die ersten Schläge die Juden. Ich habe mit zwei Juden gesprochen, zwei sehr unterschiedlichen, mit zwei verschiedenen Welten. Der eine ist Ungar, Schriftsteller, ein kultivierter, gewandter Mensch, mit jenem zauberhaften, melancholischen Sinn für Humor und mit jener Hingabe an das wahre Wesen der Dinge, wie sie so bezeichnend ist für die guten Vertreter dieses bewunderungswürdigen Elements. Er zuckte die Achseln und sagte: »Ich würde gern ein Handbuch schreiben: Wie emigriere ich richtig? Da habe ich schon meine Erfahrungen, emigriert bin ich schon fünf Mal.« Der andere war ein Bauer aus der Slowakei, zugewandert von irgendwoher aus Polen; bei ihm nicht die geringste Spur jener intellektuellen jüdischen Eigenschaften, wie wir sie kennen: ein mit dem Boden beschäftigter und auf den Boden konzentrierter Mensch. Auch er hat mit den Achseln gezuckt und zu mir gesagt, als ich ihn fragte, ob er Felder und Haus gepachtet hat oder ob sie sein eigen seien: »Und wozu wäre dem Juden ein Haus? Er wird ja ohnehin einmal fliehen.«

Sehen Sie – das ist allen gemeinsam. Dem jüdischen Arbeiter und Bauern im Osten genauso wie dem jüdischen Advokaten, Geschäftsmann, Arzt und Schriftsteller im Westen – das Bewusstsein, dass sie einmal flüchten werden. Das Bewusstsein, dass die gesellschaftliche und rechtliche Ordnung, in die sie sich einfügen – die Kultur, die sie lieben, die Sprache, die ihnen zur Muttersprache geworden ist –, dass all das beim ersten Stoß ins Wanken geraten kann, und nirgends wird Hilfe sein.

Umschulung der jüdischen Jugend

Kein Wunder, dass Juden, mehr als andere Menschen, eine Sehnsucht nach Macht entwickeln, die ihnen eine Absicherung auf eigene Faust ist. Macht kann man sich auf verschiedene Arten verschaffen: zum Beispiel durch Geld oder Bildung. Der Boden, der ihnen fehlt, hat viele Juden ins wirtschaftliche Unternehmertum getrieben, und daher ist der moderne Kapitalismus auf den ersten Blick ein »Werk der Juden«. Jedenfalls lässt sich das sehr leicht behaupten und je nach Umständen auch benutzen. Bildung ermöglicht die Ausübung eines so genannten freien Berufs: Daher sind viele Juden Rechtsanwälte, Journalisten, Ärzte, Wissenschaftler usw. »Sechzigtausend deutsche Kinder habe ich behandelt« – schrieb der Wiener Kinderarzt Professor Dr. Knöpfmacher, bevor er sich erschoss [illegible], »und das ist der Lohn.« Bezeichnend für dieses bewundernswerte, zerstreute Element sind eine schmiegsame Vitalität und ein unsentimentaler Blick auf die Wirklichkeit. Wissen Sie, was die Juden in diesen fünf höllischen Jahren in Deutschland getan haben? Sie arbeiten fieberhaft an der Umschulung ihrer Jugend. Junge jüdische Männer, die früher studieren gingen, lernen nun Schlosser, Mechaniker, Installateur, Schreiner, Gärtner und andere handwerkliche Berufe. In Österreich lernen Tausende Juden Arbeiten, die bei einer Kolonisierung von Nutzen sind – Bewässern, Bestellen schweren Bodens, Mauern und Straßen bauen. Diese Menschen rechnen mit einem seltenen Glück, nämlich dass ihnen erlaubt wird, nach Südaustralien oder Südafrika auszureisen, irgendwohin in eine Wüste oder ein Steppenland. Und das alte Schicksalsspiel wird sich wiederholen: Diese zähen Menschen werden alle Schwierigkeiten bewältigen, ein Land besiedeln, sich in ihm niederlassen, werden sich ein Zuhause aufbauen, den Boden im wahrsten Sinne des Wortes »im Schweiße ihres Angesichts« bestellen, um in der dritten Generation zu hören, sie seien hier Fremde, Eindringlinge. Ich habe mit der Frau gesprochen, durch deren Hände jeder jüdische Emigrant geht, der nach Prag kommt. Sie hat mir dargelegt, dass nach den bisherigen Erfahrungen jüdische Kolonisierungsvorhaben in der dritten Generation scheitern – außer in Palästina. Aber Palästina ist eine Sache für sich und noch lange nicht geklärt.

Als gelernte und qualifizierte Handwerker versuchen jetzt Tausende Juden für sich in der Welt einen Platz zu finden, einen Zufluchtsort. Sobald einer von ihnen am anderen Ende der Welt Fuß fasst, können Sie sicher sein, dass er bald darauf seinen nächsten und ferneren Verwandten helfen wird. Nach kurzer Zeit arbeiten sie zu zweit, zu dritt und bilden eine Leiter, über die die Cousins herüberklettern, die Onkel, die Schwager, die Großväter und die Schwiegersöhne mit ihren Frauen, denn die tausendjährige Erfahrung im Emigrieren hat sie eine schöne und bewundernswerte Solidarität gelehrt. Aus Prag ist vor etwa einem Jahr ein junger Jude mit seiner Frau abgereist, irgendwohin auf die Philippinen. Er fuhr mit leeren Händen, nach vielen Qualen. Dort aber hat man ihn mit offenen Armen empfangen, mit rührender Gastfreundschaft, und bald hatte er Arbeit. Es gab eine kleine jüdische Kolonie, polnische Emigranten, die es nach der letzten antisemitischen Welle, die vor dem Weltkrieg durch Europa schwappte, dorthin verschlagen hatte. »Sie haben noch nicht vergessen«, hat dieser junge Mann geschrieben. »Das wundert mich nicht, ich werde auch nicht vergessen.«

Auch Ahasver kann nicht mehr wandern

Ich habe in der letzten Zeit mit zwei Deutschen gesprochen. Mit einem Geschäftsmann aus dem Norden, einem Henlein-Anhänger, der bis vor kurzem noch Aktivist war, einem gebildeten, belesenen Mann, mit einer kaufmännischen Weitsicht, die völlige Verblendung verhindert. Auf meine Frage, was seiner Meinung nach mit der halben Million Juden, die innerhalb von vier Jahren aus Österreich auszureisen habe, geschehen soll, zuckte er mit den Schultern und sagte mit einem leicht ironischen Lächeln:

»Das ist in der Tat eine schwierige Sache. Vielleicht nehmen sich die Staaten ihrer an, die so sehr um sie weinen?«

»Warum sollten sie das? Schließlich sind es doch deutsche Staatsbürger. Ein Jahr später könnte dem Deutschen Reich einfallen, dass es alle Sozialisten vertreibt und dann vielleicht alle Kassendiebe, alle Tuberkulösen oder Schwarzäugigen? Was würde passieren, wenn jeder Staat das so macht?«

»Allerdings, allerdings, das ist schlimm, das ist sehr schlimm, ich frage mich selber, wohin diese Menschen können«, sagte er äußerst höflich und wenig überzeugt.

– – –

Im Zug begegnete ich einem Österreicher, der zu Verwandten nach Česká Lípa fuhr. Ein junger Mann, angeblich Unternehmer in »Steyrn«, braungebrannt, gesund und beschränkt. Er fing von selbst zu reden an und zeigte sich sehr angriffslustig:

»Bei uns ist die Lage jetzt gut. Arbeitslose haben wir keine mehr, wie Sie hier, und allen geht es gut.«

»Das wäre schön, wenn das wirklich so wäre, aber ich fürchte, Sie irren sich«, entgegnete ich.

Er erhob sich, baute sich vor mir auf, der ganze Waggon erstarrte, denn es sah aus, als wollte der Österreicher sich auf mich stürzen.

»Was können Sie denn darüber schon wissen? Und woher?«

»Zum einen aus der Zeitung, zum anderen höre ich, was die Leute erzählen, die aus Österreich kommen. Den Juden zum Beispiel geht es bei Ihnen nicht gut, und fast alle sind ohne Arbeit.« Und da ging mit dem Mann etwas vor sich, was ich nur schwer beschreiben kann. Er brach in ein glucksendes, hochmütiges Lachen aus, klatschte sich mit den Händen auf die Schenkel, die in kurzen Hosen steckten, begann auf der Bank herumzuhüpfen und geiferte vor Begeisterung. »Hohoho, hehehe, ja, da haben Sie freilich recht, bei Gott, den Juden geht es nicht gut, das haben Sie richtig erraten, o nein, den Juden geht es ganz und gar nicht gut, ach was … hehehe, denen geht's hundserbärmlich …«

Atemringen, Geifern, ein wunderlicher Anfall sadistischer Wonne, aus dem dieser letzte Satz in die völlige Stille des konsternierten Waggons verklang. Wir alle schauten wie unter einem bösen Zauber. Der Mann neben mir, ein Bauer, wie's schien, spuckte aus und rückte ab. Nach ihm wir Übrigen. Der Österreicher blieb allein im Abteil zurück.

Hier haben Sie in aller Anschaulichkeit den untersten und obersten Punkt einer Skala, die den deutschen Blick auf das Schicksal der deutschen Juden zeigt. Es geht ihnen wirklich nicht gut.

– – –

Was mit den Juden in Österreich geschieht, ist schlimmer als alles, was ihnen je widerfahren ist. Ja, nicht einmal was sie 1933 in Deutschland erlebt haben, war so entsetzlich. Das war ein grausames, brutales, blutiges Pogrom. Die jüdische Geschichte ist voller Pogrome – in verschiedensten Zeiten und Ländern wurden Juden ermordet, um ihr Vermögen bestohlen und aus dem Land hinausgeworfen. In Österreich gibt es außer dieser Art von Pogrom noch etwas völlig Neues. Eine Sache rein deutscher Natur – in ihrer Grobheit, konsequenten Unmenschlichkeit und rechtswidrigen Schamlosigkeit einmalig in der Geschichte: das kalte Pogrom.

Ein kaltes Pogrom ist eine programmatische, stille, von der Staatsmacht verfügte Verordnung, die den Juden zwar nicht das Leben selbst nimmt, aber jede Möglichkeit, dieses Leben zu leben. Die Juden in Wien sitzen schreckensstarr in ihren Wohnungen, zittern, wenn jemand klingelt. Die Nazi-Streifen gehen ununterbrochen um. Ein alter, kranker Jude zieht nach dem Mittagessen die Jalousien herab, damit er einschlafen kann. Kurz darauf klingelt eine Streife: Warum sind die Jalousien unten? Hat der Jude nicht zufällig ein arisches Mädchen bei sich? Dass das ja nicht mehr vorkommt! Manchmal klingelt die Streife, um Frau, Kinder und Mann für einen Arbeitstrupp zu kassieren. Sie treiben sie in die Kasernen der SS oder SA und befehlen ihnen, die Toiletten zu putzen, die Gänge zu schrubben, Geschirr zu spülen. Manchmal werden sie zu schwerer Arbeit hinter der Stadt eingeteilt: zum Straßenbau, zum Ausheben von Gräben, zur Erweiterung von Konzentrationslagern. Rechtsanwälte, Ärzte, Schriftsteller, Kaufleute arbeiten bis zum Umfallen mit Hacke und Spaten, die sie nicht zu handhaben wissen. Aber auch Frauen und Mädchen, ja auch schwangere Frauen. Manchmal kehren sie von der Arbeit heim, manchmal auch nicht. In ganz Wien gibt es fast keine Familie, die nicht irgendwen vermisst. Die Juden stehen um zwei Uhr nachts auf und machen sich auf den Weg in den Wald hinter Wien, die Nazi-Streifen machen ihre Runde nämlich am frühen Morgen. Oder sie suchen eine andere Wohnung auf und durchsitzen die Nacht bei Freunden, denn alleine haben sie in der Nacht Angst.

Die Stadt Wien hat angefangen, ihre Gärten für Juden zu schließen – die anderen österreichischen Städte haben es ihr natürlich gleich nachgetan. Zuerst wurde der Lainzer Tiergarten geschlossen, dann der Türkenschanzpark, Schönbrunn, der Stadtpark. In den kleinen Gärten in der Wiener Vorstadt haben die Bänke zweierlei Schildchen: Nicht für Juden – und Nur für Juden. Aber Fürst Liechtenstein hat interessanterweise abgelehnt, seinen herrlichen Garten für Juden zu schließen, im Gegenteil, er stellt ihn den Juden ganz zur Verfügung. Er ist von morgens bis abends bevölkert. Ansonsten gehen jüdische Frauen mit ihren Säuglingen, Kinderwagen und Kleinen – auf den Friedhof. Ein trauriger, seltsamer Garten für kleine Kinder.

Am 21. Juni wurde in Frankfurt der Internationale Kinderschutzkongress eröffnet, den die Association internationale pour la protection de l'enfance *unter der Schirmherrschaft von*

Josef Goebbels durchführt. Das Dritte Reich hat für die Teilnehmer eine Studienfahrt durch Nord- und Süddeutschland organisiert, um ihnen vorzuführen, wie das Dritte Reich für die Kinder sorgt. Ich weiß nicht, ob das Dritte Reich auch gezeigt hat, wie es für die Kinder seiner jüdischen Staatsbürger sorgt: ob es gesagt hat, dass jüdische Kinder entweder gar nicht in die Schule gehen dürfen oder in gesonderten Bänken sitzen müssen, mit einem Schulbuch in der Hand, in dem es vor Schimpfwörtern gegen die Juden nur so wimmelt. An einer Hochschule studieren dürfen sie jedenfalls nicht. Sie sind ausgeschlossen von allen Hilfs- und Unterstützungsaktionen. Sie dürfen auf keinen Spielplatz, in kein Bad, keinen Luftkurort. Ich weiß eigentlich gar nicht genau, was sie überhaupt dürfen. Oberst Locker-Hampson, ein konservativer englischer Abgeordneter, hat an Hitler telegrafiert: »Wir Engländer, die wir das Wohl Deutschlands im Sinn haben, beobachten mit Bedauern, dass Ihre Ausfälle einzig und allein gegen hilflose Minderheiten gerichtet sind. Warum überfallen Sie nur Schwache und Wehrlose? Wenn Sie schon jemanden attackieren müssen, warum nicht jemanden, der ebenso stark ist wie Sie?«

Nun gut, so verhält sich das Dritte Reich zu seinen Bürgern, dasselbe Reich, das schon seit Monaten aus allen Lautsprechen plärrt, wie sehr die Deutschen in der Tschechoslowakei unterdrückt werden.

– – –

Eine Frau – keine Jüdin – erlebte im Prater etwas, was mir noch entsetzlicher erscheint als die Berichte von den Misshandlungen der Menschen: Eine Gruppe SA-»Männer« (langsam müssen wir dieses Wort in Anführungszeichen setzen, denn es unterscheidet sich zu sehr von dem, was wir unter einem Mann verstehen) führte ein paar Juden zu einem Baum und zwang sie, auf die Äste hinaufzuklettern und »Vögel zu machen«. Unten standen bewaffnete Kerle, oben hockten erwachsene Menschen, bärtige Juden, junge Frauen und Männer und auf das Gebrüll: »Wie macht ein Vogel?«, antworteten sie: Piep, piep, piep, tju, tju, tju! Und die Frau rannte wie um ihr Leben, in Angst, den Verstand zu verlieren.

Hauseigner, in deren Häusern auch ein paar Juden wohnen, wurden angewiesen, diesen jüdischen Mietern zu kündigen. Umgekehrt müssen diejenigen Eigner, in deren Häusern viele Juden wohnen, den Ariern kündigen und in die leer gewordenen Wohnungen gekündigte Juden aufnehmen. So entstehen »jüdische« Häuser und »arische« Häuser. (Ein arischer Hausherr kann allerdings seine jüdischen Mieter auch sofort auf die Straße setzen und braucht sich um einen Wohnungstausch nicht zu kümmern.) Gauleiter Bürckel machte auch gar keine Anstalten zu verhehlen, dass diese Maßnahme der Anfang einer neuen Ghettoisierung ist.

– – –

Wohin würden Sie gehen, wenn Sie Angst hätten, dass jemand an Ihrer Tür klingelt und Sie in ein KZ verschleppt? Auf die Straße? Aber der Wachtmeister an der Kreuzung hält Sie an und fragt: Sind Sie Jude? Bejahen Sie, winkt er die nächstbeste Streife heran und liefert Sie aus. – Ins Kaffeehaus? Aber in den Kaffeehäusern findet jeden Augenblick eine Razzia statt, die nach Juden sucht. Manche nehmen sie mit, andere lassen sie da. Wer für diesmal verschont bleibt, bekommt einen Stempel in die Hand, wie ein Ferkel, wie ein Stück Vieh – bei der nächsten Razzia können Sie nur noch die Hände ausstrecken. – Ins Kino? Aber die Vorstellung wird fast jedes Mal unterbrochen, das Licht geht an, und die Juden müssen raus. Ins Theater dürfen die Juden nicht. Wohin also? Über die Grenze? Aber die ist geschlossen. Ein Jude, tschechoslowakischer Staatsbürger, will nach Prag fahren. Greift zum Telefon, um nachzufragen, ob er Wien verlassen darf. Als er das zuständige Amt erreicht, entspinnt sich folgendes Gespräch:

»Könnten Sie mir bitte Auskunft geben …«

»Arier oder Nichtarier?« unterbricht ihn die Stimme im Telefon.

»Nichtarier …«

»Keine Auskunft.« Und der Hörer macht klack.

Verfügt ein Jude über Eigentum, kann es passieren, dass er eines Tages ein Schreiben erhält: Im Interesse des Staates müssen Sie Ihr Eigentum verkaufen. Der Jude wird sich natürlich sofort fügen und schreibt zurück, welchen Wert das Eigentum etwa hat, erklärt, dass er bereit ist, »im Interesse des Staates« zu verkaufen, unterschreibt und schickt ab. Und erhält postwendend Antwort, dass ein gerichtlich bestellter Gutachter zu ihm kommt. Der kommt auch tatsächlich und schätzt die Villa mit Garten – auf zwei Mark. Das Dokument wird amtlich gestempelt, alles erfolgte nach Recht und Gesetz, auf einer österreichischen Straße gibt es einen Elenden mehr.

Die Arisierung von Geschäften und Unternehmen ist ein weiteres Netz, dem keiner entschlüpft. Jüdische Inhaber hat man zur Entlassung ihrer Angestellten gezwungen. Die Firma Gerngross zum Beispiel, ein Konfektionswarenhaus, wie es viele in Wien gibt, hat an einem einzigen Tag 180 jüdischen Mitarbeitern gekündigt. Ein reichsdeutscher Kommissar taucht im Geschäft auf, und von da an ist alles unter seiner Kontrolle, unterliegt seinen Anordnungen und Befehlen. Bei einem jüdischen Geschäftsmann kaufen freilich nur Juden – sofern sie noch etwas kaufen können. Alle Unternehmen fallen somit ohne jede Entschädigung in staatliche Hand oder in die Hand reichsdeutscher Privatpersonen. Innerhalb von zwei Tagen hat man auf diese Weise in Österreich fünfundzwanzig große Unternehmen arisiert (Sanatorien, eine Brauerei, Fabriken, Geschäftshäuser etc.). Der Sekretär der Wiener Kommission »für Arisierung«, Mischitz, hat zwar erklärt, dass man zunächst diejenigen Betriebe arisieren müsse, die den arischen Konkurrenz machen. Verstehen Sie: Was dem Staat vorerst noch nützt, muss man verschonen. Aber was in jüdischer Hand verbleibt, sieht sich dem Boykott ebenso ausgesetzt, der Kündigung von Krediten und einer unbarmherzigen Steuerlast. Die jüdischen Konten sind beschlagnahmt, das Bankgeheimnis ist aufgehoben. Steuern werden willkürlich auferlegt und fast immer ist ein »Steuervergehen« Vorwand für eine Verhaftung. Aber es gibt auch andere Wege.

So wurden die Wiener Weinhändler per Dekret gezwungen, für Wein, der vor dem 14. März gekauft wurde, den aktuellen Marktpreis zu zahlen, ansonsten würde er konfisziert. Da aber die Weinpreise seit dem Anschluss enorm gestiegen sind, beträgt der Preisunterschied fast fünfzig Prozent – und der Händler ist mit einem Schlag ruiniert.

Juden, die über Bargeld verfügten, versuchten das Naheliegende: Sie wollten Schmuck dafür kaufen. Ein Ring verliert seinen Wert nicht, du kannst ihn leicht verstecken und fortschaffen. Die Goldschmiede haben zwar Schmuck verkauft, aber jeden Kauf auch sofort gemeldet – oder besser gesagt, die Kommissare, die man in ihre Geschäfte gesetzt hat. Am nächsten Tag erschien eine Streife im Haus und konfiszierte den Schmuck.

Und so verlieren täglich zahllose Menschen ihre Beschäftigung und kommen an den Bettelstab. Fremde Staaten – vor allem Amerika – haben in Wien Hilfsküchen eingerichtet und geben den Juden wenigstens zu essen. Aber die amerikanische Hilfsorganisation durfte keine Lebensmittel einführen, nur Devisen, für die sie Lebensmittel in Österreich kaufen muss. Auch an den Suppen, die ein fremder Staat an österreichische Bürger verteilt, versteht das Dritte Reich zu verdienen. Und nicht nur einmal ist es passiert, dass SS-Männer in der Suppenküche erschienen und vor den Augen der hungrigen Menge die Suppenkessel auf den Boden ausgossen. Aber das machte sich nicht bezahlt. Das amerikanische Konsulat schritt sofort ein, wies nach, dass die Suppe amerikanisches Eigentum ist, und forderte mit Erfolg umgehende Entschädigung. Am nächsten Tag bekamen die Juden die doppelte Portion.

Vor den ausländischen Vertretungen stehen Scharen von Juden ganze Nächte lang, bemühen sich um ein Visum. Meistens vergeblich. Die Mehrheit hat nicht einmal einen Pass, und hätte sie einen, bestünde keine Hoffnung, dass einer der Staaten seine Grenzen öffnet. Durchgangsvisa werden nur ausgestellt, wenn der Inhaber des Passes die Einreisegenehmigung in ein anderes Land vorweisen kann. Eine Ausreise gelingt nur selten und zufällig. Ist es da noch ein Wunder, dass jeder im Ausland nach Hilfe sucht, so gut er nur kann? Ein Wiener Jude, sagen wir Goldstein mit Namen, ging auf die Post, bat um das Telefonverzeichnis von New York und schrieb sich die Nummern aller ihn New York ansässigen Goldsteins heraus. Eine stattliche Anzahl. Und da ein Jude nach Amerika nur dann gelangt, wenn er von einem in Amerika lebenden Verwandten eine Bürgschaft vorweisen kann, mit der dieser mit seinem ganzen Vermögen dafür haftet, dass der Zuwanderer der öffentlichen Wohlfahrt nicht zur Last fällt – eine solche Bürgschaft heißt Affidavit und ist heute die größte Sehnsucht aller deutschen Juden –, schrieb unser Goldstein allen amerikanischen Goldsteins in New York einen Brief, in dem er ausführlich um Hilfe bat – eben um so ein Affidavit. Es waren viele, viele gleich lautende Briefe – und tatsächlich fand sich in New York ein Goldstein, der einem völlig fremden Menschen, den er nie gesehen hatte, ein Affidavit schickte. Das ist kein Witz. Es ist die Wahrheit. Und diese kleine Wahrheit bezeugt: Über das jüdische Schicksal wacht die jüdische Solidarität, denn es gibt auf der ganzen Welt keinen Juden, der in seinem tiefsten Innern nicht dächte: Morgen kann es auch mich erwischen. Diese Solidarität ist bisweilen rührend, liebenswürdig und naiv. Hier in Prag lebt eine jüdische Babe, eine orthodoxe Jüdin, die Enkel in Deutschland hat. Und da man so viel davon redet, dass die Juden in Deutschland eine arische Großmutter brauchen, beschloss die alte Frau zu opfern, was ihr am heiligsten war: Um den Enkeln zu helfen, nahm sie die Taufe.

Ahasver hat Halt gemacht. Einige Menschen sind viel zu müde und wollen einfach nicht weiter. Ich denke, es gibt viele Juden, die gar nicht so sehr die Schläge fürchten wie die Demütigungen – und was für Demütigungen das sind, lässt sich gar nicht beschreiben. Sie sterben freiwillig. Vielleicht auch ein bisschen stolz, stumm und verächtlich. Allein in Wien sind 8000 Seelen aus dem Leben geschieden. Beerdigt werden darf nur des Nachts, und so viele Begräbnisse sind es in einem fort, dass selbst am Sabbath beerdigt wird. In der Praterstraße hat sich ein jüdischer Kaufmann mit seiner Frau, dem Sohn, der Schwiegertochter und dem fünfjährigen Enkel das Leben genommen. Am nächsten Tag haben SS-Männer an das geschlossene Geschäft ein Schild gehängt: Zur Nachahmung dringend empfohlen! Ja, so handelt ein stolzer, tapferer deutscher SS-Mann.

Es scheint, als gäbe es für die Wiener Juden nur noch einen einzigen Weg: vom Westbahnhof nach Dachau. Jede Woche steht in den frühen Morgenstunden ein Zug bereit, der Wiener Juden ins Konzentrationslager bringt. Acht Waggons, Mann an Mann. Sie sitzen nebeneinander, Schulter an Schulter, den Kopf zurückgelehnt, die Hände reglos im Schoß, das Gesicht wie gemeißelt. Sitzen in dumpfer Verzweiflung fünf oder sechs

Stunden, bis sich der Zug in Bewegung setzt. Polizeiwagen bringen die Verhafteten bis auf den Perron, so dass die Scharen, die den Bahnhof umlagern, nicht erkennen können, ob unter ihnen der Vater ist, der Bruder, der Ehemann oder der Sohn.

Allerdings: Dieses Schicksal trifft nicht nur Juden, auch deutsche Arier, die dem Regime unbequem sind. Und ebenso wenig beneidenswert ist das Schicksal nichtdeutscher Arier. Die Verhaftungen in den vergangenen Tagen betrafen zum Beispiel – Tschechen in Wien.

Wird die Welt eine Lösung finden?

Vorerst scheint mir keine Lösung für alle in Sicht, obwohl viele Juden dennoch irgendwo eine Zuflucht finden. Manche glauben an Palästina, an das Wiedererstehen einer jüdischen Nation, an eine jüdische Erziehung, die jüdische Kultur und die jüdische Heimat. Wir sehen ja aber, was für einen Ausweg Palästina darstellt. Die Arbeit und die Leistungen dort mögen enorm und bewundernswert sein, aber es könnte doch nur ein Drittel all jener aufnehmen, die ein Zuhause suchen. Es kann also nicht die territoriale Basis für 15 Millionen über die Welt verstreute Juden werden. Gerade weil eine jüdische Diaspora weltweit besteht, hängt das Schicksal der Juden davon ab, ob die Welt ihren nächsten Schritt Richtung Barbarei oder Freiheit tut. Nicht zufällig sind vergleichsweise viele Juden in der sozialistischen Bewegung aktiv. Die Juden fühlen mehr als irgendwer sonst ein Bedürfnis nach sozialer Gerechtigkeit und wirklicher bürgerlicher Gleichberechtigung. Es gibt ein paar wenige glückliche Länder, in denen man Antisemitismus nicht einmal künstlich hervorrufen könnte. Wenn Sie fragen warum, so werden Sie finden, dass es vor allem an der völligen Verschmelzung der Juden mit dem Volk liegt, mit dem sie seit Jahrhunderten gemeinschaftlich leben. Die physische und psychische Verschmelzung der Juden mit den übrigen Völkern, meine ich, ist die einzige menschliche, vernünftige und würdige Lösung – falls die Welt ihnen dazu die Chance gibt.

Přítomnost, 27.7.1938

Die sozialistische Bewegung hat immer auf die Hilfe derjenigen gerechnet, denen sie zu Recht und Aufstieg verhelfen will: auf die Hilfe der Ärmsten und sozial Schwächsten, auf die Hilfe der Fabrikarbeiter und Kleinbauern. Zwischen einem armen Bauern und einem Fabrikarbeiter besteht aber ein wesentlicher und auch charakterlich prägender Unterschied: Dem Bauern gehört das Stück Land, das er bebaut, auf dem er sich zu Tode rackert, über dem Tag für Tag die Sonne auf- und wieder untergeht, auf das der Regen fällt und sein Schweiß – auch wenn es nur wenig Kartoffeln bringt und nur etwas Hafer trägt, es ist seins. Es gehört ihm. Er hat sich daran gewöhnt, es gegen die Unbilden der Natur, den Schuldenberg, die Nachbarn zu verteidigen. In diese Verteidigung zu investieren – darin besteht der ganze Erfolg seiner Existenz. Arbeiten und seine Arbeit verteidigen, auf dieses Gebot vor allem sind seine Gefühle und Gedanken gerichtet.

Der Industriearbeiter hat nicht mehr als zwei Hände. Ihm gehört weder die Wohnung noch ein Teil der Fabrik, weder die Maschine, an der er arbeitet, noch die Produkte, die er herstellt. Alles ist fremd, nichts ist sein. Die sozialistische Bewegung vergisst oft, dass der psychologische Faktor zugleich ein wichtiger politischer Faktor ist. Und ein oberflächlicher Materialismus macht sich nicht klar, dass die seelischen Regungen der Menschheit sehr materielle Regungen sind, denn tief eingefressen und hineingetrieben ins menschliche Herz hat sich das Anhaften an allem, was ihm gehört. Dem Fabrikarbeiter steht der Internationalismus viel näher, denn zwei Hände können überall ihre Arbeit tun, und ein französischer, deutscher oder auch amerikanischer Stahlarbeiter sind sich auffällig ähnlich. Der Kleinbauer aber kann von seinem Feld, das ihn ernährt, nicht weglaufen. Nur ein einziges Feld auf dieser Welt ist seines, man kann es nicht woandershin tragen, man kann es nicht verlassen. Man kann auf ihm arbeiten, man kann auf ihm sterben, aber nicht von ihm weglaufen. Die Erde ist eine uralte, konservative Sache, und der tschechische Bauer unterscheidet sich sehr von einem italienischen oder holländischen. Der tschechische Bauer steht auf dem Boden seines Feldes und zugleich auf dem Boden seines Vaterlandes, denn das Vaterland, das sind unter anderem alle Felder, Raine, Wälder, Gewässer bis da und da hin – und nicht weiter. Das ist das wichtigste aller Gesetze seines Gleichgewichts.

Dieser Unterschied bewirkt – unter anderem –, dass der Sozialismus nur holpernd und auf Umwegen vorwärtskommt. Und dieser Unterschied – unter anderem – bewirkt auch, dass ein großer Teil der armen tschechischen Bauernschaft politisch nicht da steht, wo er stehen sollte.

Das Gesicht des Dorfes

Das Dorf ist angeblich eine Familie. Aber nirgends sonst sind die sozialen Unterschiede vermutlich so drastisch und die gesellschaftlichen so zahlreich wie zwischen Bauer und Bauer. Das Dorf zerfällt – wie alle Welt – in Reiche und Arme, und das Leben ist hier wie überall sonst für die Reichen leichter, für die Armen schwer, schwerer und ganz schwer. Reichtum hat viele Stufungen, doch ab einer gewissen Grenze gibt es nach oben beim Lebensstandard der Reichen nicht mehr allzu viel Unterschiede. Auch Armut hat viele Stufen, doch jede davon macht einen großen Unterschied. Ob wir zwei oder drei Häuser haben, macht keinen Unterschied, aber ob wir genügend Brot oder nur noch Kartoffeln haben, durchaus.

In einem durchschnittlichen tschechischen Dorf gibt es ein paar Bauern, die genügend Land besitzen – das heißt, die Ernte reicht nicht nur für den eigenen Bedarf, sondern sie können auch noch verkaufen. Ihm wird eine moderne und sichere höhere und ausgefeiltere Form von Getreidemonopol willkommen sein, denn er wird seine Ertragsüberschüsse mühelos zu den festgesetzten Preisen verkaufen. Dann gibt es die mittelgroßen Bauern im Dorf – Bauern, die etwas verkaufen können, aber auch zukaufen müssen. Diese kleineren Bauern machen die große Mehrheit aus, von 1.600.000 Landwirtschaften gehören 86 % zu den »Betrieben«, die weniger als 10 Hektar Grund haben. Für sie stellt sich der Vorteil eines Getreidemonopols nicht mehr so eindeutig dar, und wenn die Preise der Waren, die diese Bauern kaufen, auch nur ein bisschen steigen, würde er sich rasch in Luft auflösen. In den ärmeren Gegenden verkaufen diese Bauern zum Beispiel Hafer und Gerste, manche ein bisschen Roggen, aber dafür kaufen sie bessere Sorten Roggen- und Weizenmehl. In fruchtbaren Korngegenden verkaufen sie Roggen und Weizen und kaufen wiederum Kleie und Futter zu. Die kleinsten, die Häusler und Landlosen mit einem Handtuchfeld, können in einem Getreidemonopol im Grunde keine Verbesserung sehen. Das Dorf zum Beispiel, in dem ich abends mit den Bauern gesprochen habe, hatte 121 Höfe folgender Größe: 34 Höfe bis 1 Hektar, 65 bis 5 Hektar, 12 bis 10 Hektar, nur 8 bis 20 Hektar und lediglich 2 bis 30 Hektar.

Je nach Gegend können diese Zahlen variieren, doch das Verhältnis unter ihnen bleibt gleich. Auch wenn ich die mittleren und kleineren Bauern einem Kreuzverhör unterzog, eiferten sie gegen die Vorteile der Großbauern und verteidigten die Notwendigkeit von zweierlei Preisen. Ein alter Bauer, ein Bibelleser, sagte mir rundheraus: »Ja, gute Frau, das muss man auch wissen, dass fast auf jedem Haus Schulden liegen. Ein Bauer mit 2 Hektar hat auf jedem Hektar im Durchschnitt 4500 Kč Schulden, ein Bauer mit 2–5 Hektar 3600 Kč, mit 5–10 Hektar 2250 Kč und ab 20–50 Hektar nur noch 2110 Kč. Das ist ein Unterschied, oder? Und weiß man denn, was der Boden für den Lebensunterhalt hergibt? Das ist nicht so einfach. Bei uns zum Beispiel reichen 40 Morgen (1 Hektar sind etwa 5 Morgen), um eine vierköpfige Familie zu ernähren, aber die meisten von uns haben nicht so viel Land. Das haben nur die reicheren.«

Der Oberlehrer der dreiklassigen Schule hat mir erklärt, was es heißt, reicher zu sein: zweimal im Monat Fleisch, die Kinder kommen winters in Schuhen zur Schule und können sich Schulhefte ohne weiteres leisten. Weniger als 30 Morgen ist zum Leben schon zu knapp, der Boden ernährt keine ganze Familie, man muss noch anderswo arbeiten als nur auf der eigenen Scholle. Und das ist das häufigste Phänomen im tschechischen Dorf: der Bauer, der auch Arbeiter ist, sei es nur für bestimmte Zeit. Und gerade er ist im Dorf der politisch und kulturell aktivste, der beweglichste, tatkräftigste und reifste. Erst nach sechs Uhr kehren die Arbeiter in Scharen auf ihren Fahrrädern ins Dorf zurück und greifen, ohne sich auszuruhen, nach der Sense oder dem Schubkarren und laufen los, um in der Dämmerung das Feld zu bestellen. Und dennoch sind sie die Einzigen, durch deren Hände die abgewetzten Bücher der Gemeindebibliothek wandern, Bücher, die der Bibliothekar mit bewundernswerter Bedachtsamkeit und Umsicht ausgesucht hat, und das trotz des mageren Budgets, das die Gemeinde ihm dafür gewähren kann. Am Abend sitzen die Bauern im Wirtshaus beim Bier, die Arbeiter-Bauern aber stehen vor der Trafik, die ein Radio hat, und hören die letzten Nachrichten des ČTK. Eine einzige Flasche Bier macht die Runde – mehrere haben zusammengelegt. Diese Leute stehen schon auf dem Sprungbrett in eine modernere Welt und haben doch durch ihr Stückchen Land die rechte Besonnenheit. Es ist ein vorwärtsgewandter, aufgeklärter und guter Menschentyp, schwer wie ein Stein, doch setzt er sich in Bewegung, hältst du ihn nicht mehr auf.

Die Arbeit neben der eigenen Scholle kann alles Mögliche sein. Manchmal steht ein Webstuhl im Haus – heutzutage meist stumm und unbewegt. Da, wo er klappert, lässt bewundernswerte Geschicklichkeit das Schiffchen zwischen den Kettfäden sausen, die Frau nebendran wickelt Spulen mit weißem und bunten Garn auf. Hunderte Tischtücher, Handtücher für Hotels, Bezüge für Ehebetten bringt die Post in die Stadt. Die Heimweber haben freilich schwere soziale Bedingungen – wie allgemein die Weber in Heimarbeit auf den Dörfern. Eine Krankenversicherung zum Beispiel haben sie erst ab einem Monatsverdienst von 180 Kč – aber die Hälfte von ihnen verdient nicht so viel.

Wo Wälder sind, gibt es Arbeit im Holz. Hier in der Gegend haben 1930 Frost und Schneelast die Hälfte des Waldes vernichtet. Allein konnten die Einheimischen das nicht schaffen, und aus der Karpatenukraine sind Ruthenen gekommen. Wie von zuhause gewohnt haben sie gefällt, was sich fällen ließ, und damit mehr Schaden als Nutzen gebracht – aber der Gegend und den Waldarbeitern haben sie ein Andenken hinterlassen: seltsam gekrümmte Sägen, die schneller arbeiten. Sehen Sie, auf diesen Wegen erobert der Fortschritt die Welt.

Die Waldarbeit ist schwer. Für den Festmeter entrindetes, geschnittenes und geschichtetes Holz zahlt die Forstverwaltung 12 Kč, aber mehr als einen Meter am Tag schaffen zwei Arbeiter nicht. Für lange, gerade, entrindete Stämme werden 8 Kč gezahlt. Manchmal, wenn der Arbeiter nicht den ganzen Tag im Wald sein kann, sind es nur 5 Kč. Die übrig gebliebenen Stümpfe kaufen die Leute, roden sie, eine unglaubliche Schinderei, zahlen dafür 5 Kč und müssen sie selbst aus dem Wald fahren. Sie haben kein Gespann und zahlen für den Transport bis zu 40 Kč. Ich habe mit einem arbeitslosen Arbeiter, der Stümpfe gerodet hat, errechnet, auf wie viel ihn das Heizen im Winter kommt. Auf 100 Kč. Das war der ärmste Kerl im ganzen Dorf, und der Hunderter fürs Holz muss bar bezahlt werden.

Die Maurer fahren weit ins Umland hinein, manchmal ins Landesinnere, das sind schon mörtelveschmierte Arbeiter. Sie bringen Neuigkeiten und Nachrichten mit, schauen sich um in der Welt, gewinnen Einsichten. Die restliche häusliche Produktion liegt in den Händen der Frauen: Sie machen Netzarbeiten, ziehen Korallen auf, fertigen Spitzen, Handschuhe (2 Kč bekommt eine Frau für ein Dutzend Filethandschuhe). (Manchmal macht die ganze Familie Netzarbeiten, und kommt eine Bestellung ins Haus, stricken die Kinder mit – gehen dann oft auch nicht in die Schule.) Frau und Kinder leisten auch den Großteil der Plackerei auf dem Feld, und weil die reicheren Bauern zur Erntezeit Hilfskräfte mieten, macht die Frau des Arbeiter-Bauern die Erntearbeiten bis zu dreimal. Auf den eigenen Feldern, und für ein Stück Brot oder weniges Geld auch auf fremden.

Und die Kinder? Wissen Sie, wer aus der Stadt kommt, hat den Eindruck, dass es hier gar keine Kinder gibt. Es sind lebenserfahrene kleine Erwachsene. Die Stadtkinder sehen den Wald und freuen sich an ihm, die Kinder von hier sammeln darin Schwarzbeeren, Himbeeren und Schwammerl, und der Ertrag daraus ist für die Familie eine bedeutende Hilfe. Dabei muss ein achtjähriges Mädchen noch auf zwei kleinere Kinder aufpassen, muss den Erwachsenen das Essen aufs Feld bringen, Hühner und Gänse hüten und die Kaninchen und die Ziege füttern. Ferien haben die Kinder nie, und das Gesetz, dass sie keine schwere Arbeit verrichten dürfen, taucht nebelhaft im Bewusstsein hoch, wenn man ein kleines Mädchen mit seinen dünnen Ärmchen einen schweren Schubkarren schieben sieht.

Im Dorf leben auch Arbeitslose. Zur Miete, in einem Gemeindequartier, einige in ausgemusterten Waggons mitten im Dorf. Im Fenster sind Blumen, vor dem Haus kleine Kaninchenställe, drinnen leben Mensch und Ziege zusammen. Der Mann hat ein Akkordeon, die Frau geht aufs Feld, die Kinder in die Schwammerl. Auf dem Herd kochen Nudeln, in den Backofen verirrt sich vielleicht auch mal ein Eichhörnchen. Es ist schlimm. Aber auf einer Parkbank oder unter dem Brückenbogen ist es noch schlimmer …

Dorf, Maschine und Kultur

Das ist bezeichnend und interessant: Wo man eine Maschine hat, dient sie meist der Arbeit oder dem Vieh, weniger dem Menschen. Der Mensch auf dem Land ist eine Arbeitskraft, ein alter Mensch eine reduzierte Arbeitskraft, und ein kranker Mensch ist eine Last. Umgekehrt ist ein toter Mensch schon wieder eine öffentliche Angelegenheit, an ihm hängt das Prestige der Familie, und für das Begräbnis wird viel Geld ausgegeben, Feierlichkeiten und Glocken, ein gewisser barocker Pomp, der mit Religion nichts zu tun hat.

Ansonsten hat ein Bauer – selbst ein reicher – erstaunlich wenige persönliche Ansprüche. Ein hartes Lager, ein harter Stuhl, ein Holztisch – das ist sein ganzer persönlicher Luxus. Auf einem großen Hof mag eine Pumpe sein, aber die führt in den Stall. Eine Badewanne ist etwas völlig Unbekanntes, ein Lehnsessel findet sich auch auf größeren Höfen nicht, und was ein Kanapee ist, weiß keiner im ganzen Dorf. Die Toiletten sind ohne Abflussrohr – dafür ist der Schweinestall aus Beton, sein Abfluss ist ausgezeichnet. Die Tiere bekommen sorgfältig zubereitetes Futter, die Menschen meist Kartoffelsuppe, Knödel, Getreidekaffee, Kartoffelnocken. Der Veterinär wird lieber gerufen als der Arzt, und über die kalbende Kuh wacht bei flickerndem Lämpchen in fiebriger Erwartung die ganze Familie. Das alles hat nichts zu tun mit Empfindsamkeit. Es ist einfach nur ein Gefühlsleben, das sich angepasst hat an eine Wirklichkeit: Und diese Wirklichkeit wiederholt sich ewig und schenkt Leben: Du säst, du arbeitest, du erntest. Eine Wirklichkeit, von der die Stadtmenschen sich meilenweit entfernt haben.

Die wenige Maschinen dienen zur Erleichterung der Feldarbeit. Hie und da ein Schubkarren. Dreschmaschinen fast überall. Eine elektrische Kreissäge selbst im ärmsten Dorf. Und ein Motorrad haben heute statt eines Fahrrads viele reichere Bauern. Man sieht auch Autos, hinter dem Steuer eine Frau mit Kopftuch, geladen hat sie Säcke, ein Kalb oder Geflügel. Und man sieht Kramläden auf Rädern: Lastwagen bringen Gemüse, Geflügel, Obst und Brot und holen die Himbeeren, Schwarzbeeren und Schwammerl, die das Dorf verkauft. Der Landarzt hat einen Wagen, um alle seine siebzehn Gemeinden auch zu erreichen. Der Metzger hat einen Wagen, um schneller auf dem Markt zu sein. Dass ein Auto auch einem Ausflug dienen könnte, ein Fluss zum Baden wäre, ein Wald zum Spazierengehen und ein Rain zum Verweilen – das ist dem Dorfbewohner im Großen und Ganzen noch nicht beigefallen.

Das einzige für den Menschen bestimmte Gerät ist hier das Radio. Wären die leitenden Redakteure des tschechoslowakischen Rundfunks imstande, einen Sommer unter den Menschen auf dem tschechischen Land zu verbringen, sie wären geplättet von der Erkenntnis, welch große Rolle das Radio hier spielt – und was für eine erbärmliche. Freilich, die Lieder von Stelibský, Vacková und Jára Beneš singt das ganze Dorf, »um den Hirtenbub zu erfreuen und das Vieh zu bilden«, wie Poláček[72] schrieb. Dem Aufguss entpolitisierter Wirklichkeit, den das ČTK als Tagesnachrichten bezeichnet, lauschen die Menschen begierig und versuchen den sorgsam zwischen den Wörtern versteckten Sinn zu enträtseln. Im Bemühen, unparteiisch zu sein, sind wir weder fett noch salzig. Wir jagen einer vermeintlichen Objektivität hinterher und verunklaren und vernebeln nur. Wir vergessen, dass das Radio, wenn es nur wollte, die Menschen entschlossen, klar, wahrheitsgemäß und schnell informieren könnte. Im Moment ist der einzige Sprecher, den jeder versteht, Sportredakteur Laufer. Der ein-

72 Karel Poláček (Rychnov nad Kněžnou 1892 – Gleiwitz 1945), tschechischer Schriftsteller, Journalist, begnadeter Humorist, gestorben im KZ Gleiwitz.

zige Mensch im Rundfunk, der vor dem toten Mikrofon eine lebendige Sprache für lebendige Menschen spricht. Wenn doch ebenso lebendig diejenigen ins Mikrofon sprechen würden, die über wichtigere Dinge berichten als über unsere Prachtjungs, die das Leder treten.

Mit dem Radiogerät sind die kulturellen Quellen auf dem Dorf meist schon erschöpft. Zeitungen gibt es nur relativ wenige und überwiegend billige Abendblätter. Die Bibliothek steht und fällt mit dem geistigen Horizont ihres Bibliothekars, und nicht jede hat so ein Glück wie die, in der ich mich umgeschaut habe. Theater wird hier und da von Laien gespielt. Kino nur mobil und mit einem Film, in dem Anny Ondráčková[73] noch tschechisch sprach und pummelig war. Kulturelle Parteiarbeit gibt es im Grunde nirgends – das, bitte schön, geht an die Adresse aller Parteien. Erziehungs- und Bildungsbroschüren Fehlanzeige, Versammlungen nur rein politischer Art und nur vor den Wahlen. Hygieneerziehung fast null.

Aber jetzt kommt das Bemerkenswerteste: Der hiesige Arzt erzählt mir vom Befinden seiner Menschen: Infektionskrankheiten so gut wie keine. Tuberkulose sehr selten. Sterbefälle: vor allem Säuglinge und Altersschwache. Die Liste der Erkrankungen sehr kurz. Hier auf dem Land sind die Leute beneidenswert gesund. Und sehr reinlich. Sie waschen sich von Kopf bis Fuß, wenn auch nur an Trog oder Pumpe – und dennoch bringen sie dem Arzt zum Händewaschen den Melkeimer, und das ist der Gipfel aller Bequemlichkeit. Ein Stück weiter in der Stadt sieht es schon schlimmer aus. Infektionskrankheiten treten auf, und die Tuberkulose wird häufiger. Dort lebt die Industriearbeiterschaft, dort sind Fabriken, die Menschen haben viel komfortablere Wohnungen, haben Wasserleitung und Wannen, Elektrizität, Gas, Bäder, können Gemüse bekommen, Obst, sie essen viel häufiger Fleisch. »Da ist schon Zivilisation«, lächelt das kluge, ein wenig traurige Gesicht des Arztes. Und wo Zivilisation ist, sind auch Krankheiten.

73 Anny Ondráčková (Tarnów, Polen 1902 – Hollenstedt 1987), international bekannte tschechische Filmschauspielerin, Ehefrau des deutschen Box-Weltmeisters Max Schmeling (1905–2005).

Und noch eine merkwürdige Sache: Wie aus heiterem Himmel haben sich die Menschen hier das Trinken abgewöhnt. Vor zwanzig Jahren, noch vor fünfzehn Jahren, hat man hier getrunken, dass die Berge grün davon wurden. Zum Frühstück einen Schnaps mit einer Scheibe Brot, und wenn der Bauer die Erntehelfer einstellte, musste er aus der Stadt einen Korn beischaffen. Für jede gemähte Reihe bekamen die Schnitter ein »Stamperl«, und der Abend nahm sein Ende im Wirtshaus. Das hat fast völlig aufgehört – und niemand weiß, warum eigentlich. Vielleicht aus Sparsamkeit, vielleicht aus Einsicht, aber es gibt keine Trinker. Kommt jemand ins Wirtshaus und verlangt einen Korn, fragt der Wirt gleich: Liegt eins von euch krank?

In diesen fünfzehn Jahren haben die Leute auch gelernt, den Boden besser zu bestellen. Ein Bauer hier hatte 120 Morgen Land, und für die Ernte reichte eine einzige große Scheuer. Seine zwei Söhne haben jeder die Hälfte des Landes geerbt. Heute hat keiner von ihnen auch nur einen Fingerbreit mehr, aber Scheuern hat jeder schon zwei, und beide sind voll. In diesem Umfang etwa holen die Menschen aus dem Boden heute mehr heraus als früher.

Das Volk in der Verteidigung

Aus diesem kleinen Dorf (es zählt ca. 700 Seelen) wurden am 21. Mai 8 Leute zu einer außerordentlichen Übung einberufen. Keiner von ihnen wusste, was vor sich ging, und alle waren sie überzeugt, dass Krieg herrscht. Sie hatten eine Stunde Zeit anzutreten. Aber schon nach einer Viertelstunde klopften die Nachbarn beim Fahrer ans Tor: »Also was ist, fahren wir?« Ein Ersatzhemd, Strümpfe und Unterhosen trugen sie unterm Arm, hatten die Arbeit und die Sorge um die Familie in die Hände der Frauen gelegt und waren aufgebrochen. Der Fahrer wollte gerade erst seinen Koffer packen, aber was sollte er tun gegen diese selbstverständliche und rasche Bereitschaft? Er packte seine Sachen und ging mit, obgleich noch genügend Zeit war. Einem Bauern händigte man den Einberufungsbefehl direkt auf dem Kartoffelacker aus. »Mama, gibt mir die Seife rüber, ich rücke ein«, sagte er, wusch sich die Hände und zog los.

Das ist natürlich eine überaus schöne Verteidigungsbereitschaft. Dieses ruhige, friedliebende und friedfertige Volk würde sich so zutiefst schämen davonzulaufen, dass Tapferkeit schlichtweg selbstverständlich ist. Dieses Volk, das auf dem eigenen Boden steht, will Frieden, eine gute Ernte, will leben, aber es geht mit einer Selbstverständlichkeit zu den Waffen, als ginge es Mittag essen. Ohne Abschied, ohne begeistertes Liedchen. Fast keiner wusste, dass acht aus dem Dorf gegangen waren. Sie waren in einer halben Stunde zur Stelle.

Und kehrten auf sehr eigene Weise zurück. Unbemerkt von den Nachbarn. Ein Dorf schließlich hat keine Geheimnisse, jeder weiß von jedem, die Nachrichten fliegen von Mund zu Mund. Aber keiner der acht hat gesagt, wo er war. Nicht der eigenen Frau, nicht dem Nachbarn, auch untereinander nicht. Eines Tages waren sie zurück, nahmen ihre Arbeit mit selber Ruhe auf, mit der sie von ihr gelassen hatten, und keiner von ihnen erwähnte mit einem einzigen Wort, was er erlebt hatte. Kein Wort, wo sie waren, was sie gemacht hatten, welche Waffen sie in der Hand gehabt hatten. Verschwiegenheit ist stets freiwillig, kein Befehl, keine Angst und kein Versprechen kann einen Menschen zum Schweigen veranlassen, wenn er nicht schweigen kann – oder nicht will.

Ich habe mit einem Mann gesprochen, der den Weltkrieg mitgemacht hat. Er hat kein bisschen Begeisterung fürs Morden und die Soldaterei. Hand- und Fußgelenke sind knotig wie Wurzeln im Wald, und das Gesicht ist wie verwitterter Stein. Er hat mir davon erzählt, wie der Offizier sie behandelt hat. Er hat bei ihnen geschlafen, mit ihnen gegessen, mit ihnen geredet. Offiziere sind sonst eine Kaste für sich, vom gemeinen Fußvolk durch Welten getrennt, »anderer Tabak, andere Sprache und weiße Handschuhe«, wie in der »Großen Illusion«.[74] Aber unsere Offiziere haben offenbar verstanden, was das Volk braucht: Dass der Offizier kein Herr ist, sondern Soldat. Ich weiß nicht, wo jener fabelhafte Mensch stand, aber ich weiß, dass er für Burschen und Männer Briefe nach Hause geschrieben hat, denn ihre schwieligen Hände können die Feder kaum halten, und ihre Gefühle sind schwer in Worte zu

74 *La Grande Illusion* (1937), Film von Jean Renoir.

fassen. Er aß dieselbe Menage, eine übrigens gute, rauchte die gleichen »Lunten« und verfertigte für zwei seiner Männer eine Bittschrift an die Steuerbehörde, mit der sie einen langwierigen Streit führten. Ohne ihr Wissen fügte er dem Gesuch eine Empfehlung bei und die Bitte, die Angelegenheit rasch zu regeln. Und Wunder über Wunder, als die Soldaten heimkehrten, war die verwickelte Sache erledigt. Offenbar kann also auch ohne Sieg Heil! und raue Befehle etwas gelingen. Ich weiß nicht, ob dieser Offizier nicht ein weißer Rabe ist. Aber ich weiß, dass das ein guter Weg zur Schaffung einer guten Armee ist.

Dieses Volk wird man nicht treiben müssen, sollte der Augenblick kommen, den wir nicht wünschen. Es würde sich zur Wehr setzen und sich verteidigen, mit der gleichen selbstverständlichen und überlegenen Entschlossenheit wie im Mai.

Přítomnost, 10. 8. 1938

Im Grenzgebiet: Wie viele Punkte für uns?

Was denkt der kleine Henlein-Anhänger?

Das Sudetengebiet wurde – wie wir alle – von vier Monaten Anspannung überrollt. Aber es scheint, als könnte Propaganda tatsächlich zaubern. Während sie bemüht ist, in uns die Vorstellung zu wecken, ein Krieg stünde vor der Tür, während die demokratisch gesinnten Menschen an der Grenze die Geschütze der deutschen Manöver hören, während in jedem von uns die Befürchtung keimt »und wenn doch«, hat sie den Denkapparat ihrer Landsleute erfolgreich in Watte verpackt. Während die Tschechen und deutschen Demokraten im Norden sozusagen mit blanken Händen warten, ob es zum Krieg kommt, zu einem Putsch der Henlein-Partei, zum Streik oder zu Sabotage-Aktionen, zu einem Pogrom – betten sich die meisten Henlein-Anhänger in aller Ruhe und im festen Vertrauen auf einen baldigen Anschluss zum Schlaf.

Die Nachrichten von den gewichtigen Ereignissen mochten bis zu den Menschen in Amerika und Australien dringen, in

Liberec und Cheb ist davon nichts angekommen. Nicht die Entente zwischen Frankreich und England. Nicht die Erklärung Frankreichs. Und auch Englands Erklärung nicht. Nicht Roosevelts Rede, nicht die von Hull. Nicht die Erklärung Litvinovs; nichts von alledem haben sie mitgekriegt. Der Kutscher, der Chauffeur, der Kellner, der Arbeiter in der Textilfabrik, der Heizer, der Hilfsarbeiter – sie alle leben, sofern sie Henlein-Anhänger sind, in den angenehm operettenhaften Bildern, die sie sich aus den Fotografien des angeschlossenen Wien zusammenfantasiert haben: Das deutsche Heer marschiert friedlich ein, besetzt ebenso friedlich die Gegend, umkränzt sie mit ihren Fahnen, und auf tschechoslowakischem Staatsgebiet empfängt dieses deutsche Heer nichts als ein Wald erhobener Arme. Auch der Umstand, dass sich das alles ein wenig hinzieht und dass dieser Tag doch seltsam lang auf sich warten lässt, dass er sich von Termin zu Termin hinausschiebt, dass man die Lieder umschreiben muss, weil die Texte sich nicht mehr reimen (Im Mai holt er sich die Tschechei …), selbst das weckt nicht den geringsten Verdacht, dass womöglich irgendwo irgendetwas nicht stimmt. Die Erinnerung an unsere Armee hat sich offenbar schon verflüchtigt, die Überraschung, die sie hervorrief, ist halb vergessen. Die jungen Henlein-Anhänger tragen Uniform oder ihre Bergler-Tracht und gerieren sich wieder selbstbewusst, wie die, die es offenbar besser wissen.

Die ganze Gegend »bekennt sich zur nationalsozialistischen Weltanschauung«, grüßt mit erhobenem Arm und ruft Sieg Heil, trägt das Abzeichen der Sudetendeutschen Partei und weiße Strümpfe, beschlagene Absätze hallen über das Pflaster, die Mädchen tragen Schneckenfrisur mit Schleifchen, Dirndl und Lodenjoppe. Im Grenzgebiet hält die gesamte Henlein-Partei in den Kostümen der nationalsozialistischen Weltanschauung Parade und ist fest überzeugt, dass ihr nichts passieren kann.

Henleins Ordnungstrupps marschieren schweigend durch Städte und Dörfer. Diese Ordner – zwischen 16 und 21 Jahren und von der Oberrealschule – üben von Freitag auf Samstag oder von Samstag auf Sonntag, wie man marschiert, und schwärmen in militärischen Formationen und energischen

Schritts in die Umgebung aus. Die Turner – die Anführer dieser Trupps – sind übrigens im Besitz von Pässen und fahren regelmäßig über die Grenze zu Übungen in Deutschland. Übungen von besonderer Art, eine Übung im »Näherkommen«. Haben sie dann in Deutschland gelernt, wie man sich »näher kommt«, fahren sie wieder zurück in die Tschechoslowakei, um der deutschen Jugend hier beizubringen, wie man diejenigen, die näher kommen, begrüßt … Jede Straße über die Grenze ist beschrankt, und an diesen Schranken ereignet sich Tag für Tag das gleiche symbolische Theater: Von deutscher Seite her marschieren uniformierte Trupps bis dicht an die Schranke heran, auf unserer Seite stehen unterdes die Henlein-Anhänger und grüßen mit erhobener Rechter in stummer Theatralik ihre »Brüder aus dem Mutterland«. Einige unserer Landsleute griffen geistesgegenwärtig zum photographischen Apparat.

Obgleich es scheint, als würden die Anhänger der Sudetendeutschen Partei im Glashaus leben und sich von der seltsamen Speise ihrer unermüdlichen Propaganda nähren, gewinnt die Formation nach diesen vier bitteren Monaten deutlich an Kontur, und was wir sehen, ist – erstaunlicherweise – für uns nicht so hoffnungslos. Die Mitglieder der SdP sind lang nicht so einig und eines Sinnes, wie man auf den ersten Blick meinen möchte und wie uns die »Zeit« gerne einreden würde. Und gerade diese Unterschiede sind zwei Pluspunkte für uns – vorausgesetzt, man betreibt hier eine vernünftige Wirtschafts- und Nationalitätenpolitik.

Die Führung der Henlein-Partei selbst muss uns nicht interessieren. Seit Henlein auf die Vorschläge Runcimans[75] geantwortet hat, dass »er fragen muss«, macht sich unter uns keiner mehr Illusionen über die Gesinnung und politische Orientierung dieser Leute. Weil wir sehr gut wissen, dass sie immer nur wollen werden, was zu wollen man ihnen befiehlt, kommen

75 Lord Walter Runciman besuchte im Auftrag der britischen Regierung im Sommer 1938 die Tschechoslowakei, um sich über die Lage im Grenzgebiet zu informieren. Das Ergebnis seiner Mission war ein Bericht an Ministerpräsident Chamberlain mit Lösungsvorschlägen für die Situation in der ČSR, die aber weder für Henlein noch für Beneš akzeptabel waren.

wir schneller zum Ziel, wenn wir uns dafür interessieren, was unsere Nachbarn wollen. Die Mitglieder der SdP zerfallen in drei etwa *gleich große* Lager: die alten Parteikader, die eine gewaltsame Lösung bevorzugen, und zwar jedwede Form von gewaltsamer Lösung. Eine andere Lösung oder auch Zugeständnisse werden sie nicht zufriedenstellen, diese Leute sind ein klarer und offenkundiger Punkt gegen uns und vermutlich ein dauerndes Problem für die Republik. Das ist das *eine Drittel*. Das zweite Drittel sind die unter massivem Terror in die SdP Eingetretenen. Und das dritte Drittel hat seinen Weg zur SdP aus Verbitterung über ihr wirtschaftliches Elend gefunden.

Wie die Zweiten beschaffen sind, habe ich in groben Zügen im Mai dargestellt. Es ist immer das gleiche: Terror, Boykott, Einschüchterung, Entlassungen, Drohungen – und auf der anderen Seite: dem Druck erliegen, Angst, unendliche Müdigkeit. Und dennoch sind diese Leute ein Punkt für uns. Man muss nur den Terror beseitigen, vor allem den Terror der Arbeitgeber gegen Arbeiter und Beschäftigte, damit diese Leute langsam wieder Kraft schöpfen und dahin zurückkehren, wo sie ursprünglich standen und wo sie vielleicht auch heute gern stünden, müssten sie keine Angst haben.

Wie jenes letzte Drittel aussieht, kann ich sagen: Ich habe mit einem Eisenbahner gesprochen. Er spricht sehr gut tschechisch, erst nach einigen Sätzen habe ich bemerkt, dass er kein Tscheche ist. Nein, er sei Deutscher. Und Mitglied der tschechischen nationalsozialen Partei – und er zeigt mir seinen Parteiausweis –, habe eine Tschechin zur Frau und zwei Kinder, die in eine tschechische Schule gehen und kein Deutsch sprechen. Er habe vier Brüder – ebenfalls Deutsche. Zwei hätten Arbeit in Deutschland, zwei in Varnsdorf. Alle vier hätten eine eigene Wohnung und zahlten den Eltern eine kleine Unterstützung, nur er könne den Eltern keinen Heller beisteuern, im Gegenteil, er lasse sich aushelfen von ihnen. In der Familie sei er natürlich Zielscheibe ewigen Spotts: Da siehst du ja, was die Tschechen dir geben! In zehn Jahren ist es ihm nicht gelungen, eine feste Anstellung zu bekommen – Vertragsarbeiter zu sein heißt nämlich, von einer Stunde auf die nächste gekündigt werden zu können und keine Sozialversicherung zu haben. »Ich habe jetzt wieder ein Gesuch eingereicht für ein Bahnwärterhäuschen, das frei werden wird«, sagt er. »Das ist schon das fünfte Gesuch in meinen zehn Jahren hier. So wahr ich lebe, schlägt man's mir ab, geh ich auch zur Henlein-Partei.«

Dieser Mann hatte keine Ahnung, dass ich die Feder zu führen verstehe, und wusste nicht, dass ich ihn ausfrage. Und als er redete, haben ihm die Hände gezittert, und Tränen liefen ihm über die Wangen herab. Wenn Sie meinen, das sei eine Ausnahme, irren Sie sich. Es ist ein *typischer Fall.* Und diese Menschen, die etwa ein Drittel ausmachen, sind ein weiterer Punkt für uns. Ich kann mir nicht vorstellen, dass es schwer ist, Arbeit für sie zu beschaffen, ihre Situation zu überprüfen und ihre Verbitterung zu mildern, die so geschickt von der anderen Seite angefacht wird.

Als sich die sudetendeutsche Frage in ihrer ganzen Bedrohlichkeit erhob, hat es viel Arbeit gekostet, die Menschen zu überzeugen, dass es sich nicht nur um eine innenpolitische, sondern vor allem um eine bilaterale und auch internationale Frage handelt. Dies im eigenen Land zu erklären war nicht leicht, und umso schwieriger war es im Ausland. Inzwischen haben offenbar alle begriffen, was seit fünf Jahren auf der Hand liegt: Es geht nicht nur um eine Minderheitenregelung oder die Nationalitätenfrage, es geht um einen Wall gegen den deutschen Imperialismus, der in der Henlein-Partei einen so effizienten Rammbock hat. Aber gerade heute, wo wir – und wahrlich ohne Propaganda – eine so lobenswerte Klarheit erreicht haben, gerade heute müssen wir erneut zum anfänglichen Kern des Problems zurückkehren: zu der Tatsache, dass es eben *auch* um ein innenpolitisches Problem geht. Zwei Drittel der SdP-Mitglieder ermutigen zur Hoffnung auf positive Ergebnisse. Diese zwei Drittel sind zwei Punkte für uns. Oder besser gesagt: Es sind die beiden Punkte, an denen wir ansetzen sollten, um den Menschen einen Weg zurück zu eröffnen – all jenen, die ihn gehen wollen.

Erst muss es möglich sein auch armen Leuten vom großen Brotlaib sich ein Stück zu schneiden.

Dreigroschenoper

Ein Blick auf die Statistiken eines Gebietes mit hoher Arbeitslosigkeit hilft, sich zu verdeutlichen, wie schwer diese Situation auf den Schultern des Volkes lastet und die Kulisse der ganzen »Radikalisierung« abgibt.

In der Umgebung von Liberec zum Beispiel befinden sich viele Textilfabriken. Seit undenklichen Zeiten gab es hier kleinere und größere Webereien, die der ganzen Gegend Arbeit verschafft haben. Im Grunde hat man hier vor allem vom Export auf den Balkan gelebt, nach Rumänien und Jugoslawien; die exportierte Ware reichte für den relativ armen Markt dort qualitativ und quantitativ gerade aus. Die industrielle Entwicklung in diesen Staaten hat die Textilindustrie in den Sudeten fast völlig lahmgelegt. Die Fabriken konnten nicht mit dem Westen konkurrieren, sie waren technisch nicht für die Produktion moderner Qualitätsware ausgerüstet. Und der Binnenmarkt konnte nicht alle, ja nicht einmal die Hälfte ernähren. Mangel an flüssigem Kapital – zum Beispiel aufgrund nicht ausgezahlter Kriegsanleihen deutscher Unternehmer – beschränkte die Modernisierung der Produktion, die sich neue Märkte hätte erobern können. Die Weltwirtschaftskrise versetzte einen letzten Schlag, und die Konjunktur nach der Krise – besser gesagt die Wiederbelebung der Industrie – hat sich nicht in einem solchen Maße auf die Konsumgüterherstellung ausgewirkt, dass die Menschen hier vor der Arbeitslosigkeit bewahrt werden konnten.

Seit 1929 haben im Umkreis von Liberec 40 Fabriken ihre Arbeit eingestellt und 5894 Menschen entlassen. Diese Fabriken hatten zuvor um einen Kredit ersucht. Eine davon, die Firma Siegmund, hat 1935 geschlossen. Solange sie voll ausgelastet war, beschäftigte sie 355 Arbeiter. In den letzten Tagen nur noch 200 Arbeiter und 10 Angestellte. Diese Firma hatte beim Finanzamt eine staatliche Bürgschaft für die Aufnahme einer Hypothek in Höhe von 3.000.000 Kč beantragt. Es ist aufschlussreich, mit dem Bleistift in der Hand die Zahlen durchzugehen, mit denen sie ihren – im Übrigen abgelehnten – Antrag begründete:

Die Arbeiter dieser Fabrik waren in vier umliegenden Gemeinden wohnhaft: In diesen vier Gemeinden hat der Staat zwischen 1931 und 1936 Arbeitslosenunterstützung in folgender Höhe ausgezahlt:

Vor Einstellung des Fabrikbetriebs

	Althabendorf	Altpaulsdorf	Ruppersdorf	Ratschendorf
1931	66.867	43.193,60	98.164	85.494,60
1932	142.637	79.719	168.991,60	116.154
1933	154.107	97.086,30	161.340,10	114.591
1934	135.761,20	86.199,10	190.758,20	84.741,20

Nach Einstellung des Fabrikbetriebs

	Althabendorf	Altpaulsdorf	Ruppersdorf	Ratschendorf
1935	229.295,60	135.066,70	237.012,10	109.898,30
1936	260.652,40	125.262,20	209.768,80	167.791

	Althabendorf	Altpaulsdorf	Ruppersdorf	Ratschendorf
Gesamt	989.320,20	566.526,90	1,066.034,80	678.670,10

Die Arbeitslosenunterstützung für alle vier Gemeinden beläuft sich also auf 3.300.522 Kč in fünf Jahren. Wenn wir einmal davon ausgehen, dass nur 100 ehemalige Arbeiter der Firma Siegmund nach dem Genter System 39 Wochen im Jahr mit durchschnittlich 50 Kč unterstützt würden – hieße das eine zusätzliche jährliche Belastung des Staatshaushalts um 195.000 Kč. Außerdem gehen dem Staat Steuerzahlungen verloren. Die Firma Siegmund hat von 1928 bis 1934 Steuern in folgender Höhe entrichtet:

Umsatzsteuer	1,258.056 Kč
Gewerbesteuer	603.866 Kč
Grundsteuer	4.003 Kč
Lohnsteuer der Beschäftigten	58.589 Kč

Dazu müssen noch der Verlust an Sozialabgaben und die verlorenen Devisengewinne aus dem Exportgeschäft gerechnet werden. Es ist also eine große Frage, ob die Ablehnung der Dreimillionen-Bürgschaft für den Staat zum Vorteil oder zum Nachteil war. Zumal wenn man weiß, dass keiner, der hier seine Arbeit verloren hat, eine neue findet: Wo auch? Die Arbeitslosen werden über Jahre hin auf die staatliche Unterstützung angewiesen bleiben.

Haben Sie schon einmal irgendwo eine große Spinnerei oder Webmaschinen gesehen? Ein Arbeiter bedient zwei bis drei zugleich. Ein regelrechter Strom aus gespannten Fäden, die sich wie durch ein Wunder zum fertigen Stoff reihen. Und die Finger des Arbeiters spielen darin ein flinkes, geschicktes Spiel. Das ist Akkordarbeit, und der Mann an der Maschine kann den Blick nicht einen Moment wenden. Es ist der schreckliche Wettlauf eines einzigen Menschen an zwei Maschinen gegen die Zeit, während draußen Dutzende Menschen zugrunde gehen und an überflüssiger Zeit ersticken. Verstopft die Maschine, muss sie gereinigt, geschmiert und neu eingestellt werden, und die Zeit, die auf Spulen, Hebel, Nadeln, Muttern und Schrauben verwendet wird, ist unbezahlte Zeit, die gibt der Arbeiter dem Fabrikanten umsonst, zahlt sie aus eigener Tasche. Und jetzt stellen Sie sich einen Menschen vor, der an dieser Maschine Jahre zugebracht hat, er hat die Maße all ihrer Rädchen in seinen Fingern, in den Ohren jeden Ton ihres Gelärms. Und auf einmal steht die Maschine still. Zuerst drei Tage die Woche. Dann steht sie ganz und gar. Dann schließt die Fabrik. Die Maschinen werden billig irgendwohin in den Osten verkauft. Eine Weile noch stehen die leeren, gespenstischen Mauern, mit ihnen auch ein bisschen Hoffnung, dass die Arbeit darin wieder beginnt. Aber dann, eines Tages, werden auch die Mauern niedergerissen. Und du, Mensch, schau, wie da im Schutt deine letzte Hoffnung auf Arbeit stirbt.

Ich weiß nicht, ob die Firma Siegmund henleintreu war oder nicht. Ich weiß nicht, ob ihre Arbeiter Tschechen sind oder Deutsche. Ich weiß nur so viel: Insofern sich der Mensch auf der Welt durch Arbeit erhalten muss, ist diese für ihn nicht nur Unterhaltsquelle, sondern Quelle jeglicher Lebenswerte, auch der moralischen. Soll dieser Mensch verstehen, dass für ihn ein demokratischer Staat vorteilhafter ist als ein totalitärer, dann muss man ihn wissen, fühlen und erleben lassen, dass es hier *für ihn etwas zu tun gibt*. Wenn wir das schaffen, gewinnen wir einen Punkt *für uns*.

Was geschieht mit unseren Arbeitslosen?

Unsere Arbeitslosen – gehen nach Deutschland arbeiten. Aus dem gesamten Grenzgebiet sind über einhunderttausend Menschen in Deutschland beschäftigt. In den verschiedensten Bereichen: beim Straßenbau, bei Befestigungsarbeiten, beim Bau unterirdischer Schutzräume. In Textilfabriken und Motorenwerken. In der Landwirtschaft. Diese Menschen passieren die Grenze entweder täglich oder einmal die Woche. Vielleicht auch nur einmal im Monat. Viele von ihnen arbeiten in Arbeitslagern im Innern des Reiches (Braunschweig 3000, Magdeburg 1400, Erfurt 1600, Würzburg 1100, Aschaffenburg 700 – das sind ungefähre Zahlen, und ich führe sie nur an, um zu zeigen, dass sie alles andre als klein sind). Die Bedingungen, unter denen gearbeitet wird, sind höchst verschieden. Genommen werden alle in gleicher Weise; in der ersten Woche teilt man ihnen irgendeine unwichtige Arbeit zu, nach einigen Tagen führt man sie zu einem polizeilichen Verhör, und erst nach Feststellung aller persönlichen und politischen Umstände werden sie zu weiteren Arbeiten eingeteilt, wichtigeren und sehr wichtigen. Vertraulicheren und streng vertraulichen. Und nicht nur politisch instruiert werden sie, sondern auch militärisch geschult. Hinter Žitava[76] arbeiten tschechoslowakische Staatsbürger an militärischen Befestigungsanlagen auf deutscher Seite. Sie arbeiten dort in drei Schichten.

76 Dt. Zittau.

Die deutschen Arbeiter aus der Tschechoslowakei bekommen natürlich denselben Lohn wie die reichsdeutschen Arbeiter, nur hat die Reichsmark für sie eine andere Kaufkraft (ein Beispiel, zufällig herausgegriffen: Ein Kleid aus Kunstfaser, das in Deutschland 600 Kč kostet, bekommt man in Liberec für 220 Kč. In Seidenberk kostet ein Glas Bier 4,70 Kč und Gulasch in Lebertran 12 Kč.) Die Reichsmark, in Kronen getauscht, machen aus dem, der sie verdient, das, was man hier einen Valutagewinner nennt. Das ist derjenige, der sich in Deutschland mehr schlecht als recht satt isst, über die Woche den Gürtel enger schnallt und dann am Samstag 200–300 Kč bar nach Hause bringt (über das hinaus, was er selber verbraucht hat), und das sind 80–120 Kč mehr als ein qualifizierter Textilarbeiter in den Sudeten hat. Und da es Schwierigkeiten mit dem Valutatausch gab, kam man den Arbeitern in Deutschland entgegen und zahlte sie zu einem Drittel in Reichsmark aus, zu zwei Dritteln in tschechosl. Kronen. Dabei rechnete man ihnen die Mark nach dort gültigem Kurs um – sie bekommen für 1 RM also 11 Kč. Ein Drittel des Lohns deckt die Ausgaben des Arbeiters im Reich. Für den Rest kauft er sich gute, günstige tschechische Butter, gutes, günstiges Selchfleisch, gutes, günstiges tschechisches Brot und nimmt es mit, wenn er zur Arbeit fährt – zur Arbeit an deutschen Befestigungsanlagen gegen die Tschechoslowakische Republik. Woher Deutschland so viele tschechische Valuten hat – das freilich weiß ich nicht.

Bemerkenswert entwickelt sich das Verhältnis des deutschen Arbeiters zum Arbeiter aus den Sudeten. Der Henlein-Anhänger von uns ist in Deutschland sehr verhasst. Ja, so verhasst, dass es verschiedentlich zu Raufereien kam, zu Sabotage, sogar zum Streik – sofern man die Verbitterung der Arbeiter in einem totalitären Staat Streik nennen kann. Der reichsdeutsche Arbeiter fühlt sich durch den deutschen Arbeiter aus dem Sudetengebiet in seinem Lebensstandard gedrückt. Und nicht nur das. Der deutsche Arbeiter ist längst kein solcher Nazi – wenn er es je gewesen sein sollte – wie der sudetendeutsche. In ihm flammt keine so große »nationale Begeisterung« mehr und die »Unterdrückung der Deutschen in der Tschechoslowakei« betrachtet er mit weit aufgerissenen Augen. Beim Bau einer Straße unweit von Dessau kam es zur Prügelei, als unsere Arbeiter den deutschen »nationale Lauheit« vorhielten. Unser Henlein-Anhänger stößt in Deutschland auf eine eisige Wand, und das umso mehr, als er sich direkt in die Dienste der Gestapo stellt. Damit hat man mehrere Fliegen auf einen Streich: Die Gestapo erfährt einiges über die Tschechoslowakei und auch über die Bürger im eigenen Land – denn der Eifer des kleinen Henlein-Anhängers kennt keine Grenzen. Diesen Eifer kennen wir hier nur allzu gut, und nun erfahren ihn die Arbeiter in Deutschland an der eigenen Haut. Ich vermute, dass außer Herrn Henlein nicht eine einzige Seele auf dieser Welt sich von diesem Eifer betören lässt.

Reichsdeutsche Arbeiter kommen auch über die Grenze. Sie kommen zu uns – um Zeitungen zu lesen. Sie kommen zu uns – um Bücher zu kaufen. Sie kommen zu uns – um Hörnchen zu kaufen. Etliche Male schon sind Reichsdeutsche im Grenzgebiet auf unsere Wachtposten zu, um einige Mark für die Verteidigung des Staates zu geben. Und die Henlein-Anhänger, wenn sie von der Arbeit zurückkehren, berichten voller Empörung, in Deutschland höre man – Mělník.[77]

Und hier ist wieder ein Punkt für uns. Ein Vorteil, der im Moment gering scheint, aber eines Tages unabsehbar viel bedeuten kann. Ich habe in letzter Zeit immer wieder Politiker behaupten hören, dass das Volk in einem totalitären Staat keine Rolle spiele, seine Wünsche fielen nicht ins Gewicht und seine Stimme werde nicht gehört. Mag sein. Aber diese bittere Wirklichkeit gilt nur so lange, wie kein Krieg ist. Die Staaten können ihrem Volk Unermessliches aufbürden, den Menschen alle Rechte nehmen, ihnen die Freiheit rauben, können freie Menschen zu Hörigen machen. Sie können ihrem Volk fast alles antun – aber eines können sie nicht: ohne Volk Krieg führen. Mit jedem Augenblick des Krieges wird das Volk mehr und mehr Macht gewinnen und sichtbarer auf die Bühne der Geschichte treten, als Element, das etwas zu sagen hat.

77 Radio Mělník, im Sommer 1937 in Betrieb genommener Sender des Prager Rundfunks mit rein deutschsprachigem Programm, jedoch ohne Einfluss der Henlein-Partei.

Der Punkt der größten Hoffnung

Am 1. Mai stellte sich die Situation im Grenzgebiet noch folgendermaßen dar: ein großer Umzug der SdP und einiger demokratischer Gruppierungen. Während der Wahlen und der vorangegangenen Kampagnen dasselbe: die große Mehrheit der SdP und alle möglichen Streitigkeiten unter den anderen, Wahlagitation, der übliche Parteienwahlkampf, jeder gegen jeden. Sagen wir es so: auf der einen Seite die totalitären Sitten, auf der anderen Seite die demokratischen Unsitten. Erregte die geschlossene Bereitschaft der SdP Schrecken, so erregte die politische Zersplitterung derjenigen, die sich ihr entgegenstellen sollten, Angst. Die Diskussion darüber, wie man sich entgegenstellen sollte, beanspruchte so viel Zeit, dass die demokratischen Ansprachen zum 1. Mai und der demokratische Zusammenschluss bei der Wahlkampagne dadurch geschwächt wurde. Die Tschechen standen unschlüssig vor den deutschen Demokraten, die Sozialdemokraten verhielten sich reserviert gegenüber den Kommunisten, die Grenzler gingen in plumpe Opposition zu allem Sozialistischen überhaupt. Damals hat jede Gruppe sich auf ihre Weise und auf eigene Faust behauptet. Wer die Gegend hier bereiste, dem stießen die Kleinlichkeit der Parteiprobleme und die Kurzsichtigkeit in der Betrachtung der Lage sauer auf.

Aber die letzten vier Monate haben genügt, um alle Uneinigkeiten fortzuspülen und alles Trennende niederzureißen. Die Tschechen reden mit den deutschen Sozialdemokraten in gebrochenem Tschechisch oder gebrochenem Deutsch, aber herzlich. In den kleineren Städten und auf den Dörfern gibt es gemeinsame deutsch-tschechische Abende, tschechische und deutsche Lieder werden gesungen, tschechische und deutsche Gedichte vorgetragen, tschechische und deutsche Zeitungen gelesen. Ich bezweifle nicht, dass in den politischen Theorien deutliche Unterschiede fortbestehen. In der Lebenspraxis aber gibt es nur eine große Schar von Menschen, die über die Grenze hinweg die Maschinengewehre bellen hören und auf den Stechschritt der uniformierten Wachen schauen, auf die schwarzen Soldaten, die in Aš Spalier stehen, die die Bewegung der motorisierten Truppen beobachten und wissen: Wenn hier etwas passiert, ergeht es uns allen gleich.

Die Verschreckteren haben schon längst ihren Besitz fortgeschafft, Möbel und was eben ging, die Fabrikanten haben ihre Warenlager ins Binnenland verlegt oder sie auf die Schnelle abverkauft und weit unter Preis. Die, die geblieben sind, sind durch und durch ruhig. Und ganz und gar eins. Sie sind bereit und wachsam. Sie wechseln sich in einer Art freiwilliger ziviler Bereitschaft ab. Vereinshäuser stehen nicht einen Moment verlassen. Niemand geht aus der Redaktion, ohne zu sagen wohin. Man trifft sie um Mitternacht genauso dort an wie mittags. Sie sind ganz anders als noch im Mai. Ihre Nerven haben zehnmal mehr mitgemacht als die unseren. Sie sprechen nur ungern. Sind abgemagert, sehen fast wie Soldaten aus, sie sind kurz angebunden und blicken den Dingen direkt ins Gesicht. Aber vor allem: Sie ziehen an einem Strang. Deutsche, Tschechen, Sozialdemokraten, Nationalsoziale und Kommunisten. Und alle arbeiten, trotz der Anspannung, die Frauen kochen, die Kinder gehen zur Schule. Und keiner von ihnen beschwert sich, keiner behauptet, dass er das nicht durchhalten wird. Ohne Pathos reden sie über so große Dinge, wie es der Krieg ist oder das Sterben. Sie sind erstaunlich undramatisch. Ja, reißen Witze und lächeln.

»Ich würde von hier nie weggehen«, sagt einer, der sicher jederzeit gehen könnte.

»Die Kameraden alleine lassen – wie könnte ich das?«

»Und ihr in Prag, wie macht ihr das?«, sagt gutmütig ein anderer, »wie werdet ihr die Chose denn schaukeln?«

»Was wir machen werden? Was schon, hier stehen und vielleicht sterben. Oder wissen Sie vielleicht einen besseren Rat?«, sagt ein Straßenwärter zu mir, das Gesicht ist von der Sonne gesprungen und um die Augen fächert sich ein fast fröhliches Lachen.

Ich spreche mit einem Theoretiker der deutschen sozialdemokratischen Partei über seine prinzipielle Einstellung zu den Arbeitslagern, deren Einführung man bei uns diskutiert. »Im Grunde sind wir nicht dagegen«, sagt er und winkt, Einwänden vorgreifend, ungeduldig ab:

»Da wäre die Jugend wenigstens aufgehoben, wäre der Arbeitslosigkeit und der nationalsozialistischen Erziehung entrissen. Nein, Arbeitslager sind nicht ideal. Aber wissen Sie, jetzt hängt alles davon ab, welche Bereitschaft sich in der demokratischen Welt entwickeln wird. Wenn die demokratische Welt sich auf demokratischer Basis wendig genug zeigt, um mit der Welt der Diktaturen in Wettstreit zu treten – haben wir gewonnen. Und glauben Sie mir, wir müssen heute so manches aufgeben, was wir gestern noch mit Händen und Füßen verteidigt haben, heute müssen wir flexibel denken, rasch handeln, Theorien über Bord werfen und mit unseren Gedanken verfahren wie ein Generalstab. Verlieren? Von wegen! *Wir können höchstens sterben, aber verlieren können wir nicht!*« Und sein blondes deutsches Gesicht lächelt breit, als würde er scherzen.

Ich weiß nicht, wie ich es sagen soll, aber diese Leute strahlen unmittelbare Ruhe und Zuversicht aus. Eine Ruhe ohne den geringsten Schatten von Stumpfheit, eine Zuversicht ohne jeden hohlen Optimismus. Womöglich werden Sie mir nicht glauben – aber ich wollte gar nicht mehr wegfahren. Man sitzt da mit diesen Menschen, von denen man nicht einmal wirklich weiß, wie sie heißen, hinter der Stadt auf einem Rain. Sie sind gekommen, um mich zum Bahnhof zu begleiten, im Dunkel glimmen die Feuerchen billiger Zigaretten. Hier fällt ein tschechischer Satz, da ein deutscher. Jemand übersetzt. In die nächtliche Stille kracht ein Schuss. Ein zweiter. Ein dritter. Dann eine ganze Salve. Und auf einmal verspüren Sie ein entschiedenes, fast unerträglich starkes Gefühl der Solidarität mit diesen Menschen, die Sie kaum kennen. Sie haben Lust, sich zu ihnen hinzusetzen und zu sagen: Ich warte hier mit euch ab, wie das ausgeht. Fast schämen Sie sich, dass Sie abfahren nach Prag, ein Stück weg in die Sicherheit.

»Richten Sie in Prag aus, dass wir uns nicht fürchten!«, sagen sie mir zum Abschied. »Wir fürchten uns nicht!«

Ich sage Ihnen: In diesem letzten Satz stecken zehn Punkte für uns.

Přítomnost, 7. 9. 1938

Sag mir, wohin du flüchtest – und ich sage dir, wer du bist

In den letzten Jahren und Monaten haben wir – auf Bildern und Fotografien – viele, viel zu viele Flüchtlinge gesehen. Frauen mit Kindern in einem Tunnel einer U-Bahn in Spanien, Frauen, Kinder und Alte an Bord englischer und französischer Schiffe, chinesische Frauen mit Ranzen und Bündeln. Seit Jahren schleppen sich Menschen ohne Zuhause, ohne Geld, ohne Arbeit von Grenze zu Grenze, wir alle wissen davon, wir alle sind darüber entsetzt, und wenn wir auf diese Bilder schauen, krampft sich unser Herz voller Mitgefühl. Jetzt sind sie hier, unter uns, mitten in unserem Altweibersommer. Mag sein, dass unserem kleinen Land im gegenwärtigen Geschehen eine außergewöhnliche Rolle zufällt: Jeder Ansturm des deutschen Faschismus und allem, was damit zusammenhängt, wirkt sich hier anders aus als überall sonst. Die Überraschungen, mit denen Deutschland die Welt in Staunen erstarren lässt, verlieren allmählich ihren Überraschungseffekt, denn sie folgen einer kausalen Gesetzmäßigkeit und werden eintönig. Für Überraschung in der Welt aber sorgt ein kleines, friedliches Land im Herzen Europas. Einen österreichischen Spaziergang bei uns zu wiederholen, wie es Deutschland seinem Programm gemäß versucht, war bisher kein Erfolg beschieden.

Auch die Flüchtlingslager sind bei uns anders als die sonstigen Lager für Menschen, die der Faschismus aus ihrer Heimat vertrieben hat. Das äußere Bild unterscheidet sich freilich nicht sonderlich und kann es auch gar nicht: Pritsche an Pritsche, Ranzen mit eilig zusammengesuchter Wäsche, trocknende Strümpfe, Windeln, Knäuel aus Dutzend Decken, rundum Militärtassen, eine Feldküche, Scharen von Kindern, die nichts verstehen und, wo sie sind, stören, und über allem die Trauer der Menschen, die ihr Zuhause verlassen haben, die eigenen vier Wände, das eigene Bett, ihren Herd, die paar Töpfe und die Sicherheit, die ein privates Leben auf eigenen Quadratmetern gibt. Diese Sicherheit war dort im Norden freilich bis vor kurzem recht gering: Monatelang hatten die Menschen in imaginären Schützengräben gelebt – die letzten Wochen in angespanntem Warten. Die Mütter starrten nachtsüber hoch an die Decke, und früh standen sie todmüde zur Arbeit auf, überwach und erschöpft. Über den Kindern ballte sich die unverständliche Bosheit ihrer Kameraden von der anderen Seite. Die Männer taten ihre Arbeit, mit zusammengebissenen Zähnen und geballter Faust. Alle *wussten*, dass etwas lauert, aber was es wäre und wann es zuschlüge, das wussten sie nicht. Aber sie wussten, dass sie mit leeren Händen warten, und ahnten, dass die Hände des Feindes nicht leer wären. Das war eine schreckliche Zerreißprobe für die Nerven – und *es waren nicht die Nerven unserer Leute*, die nachgaben.

Jetzt haben wir hier die ersten Flüchtlinge. Ich werde Ihnen nicht schildern, warum und aus welchen Gründen sie kommen. Es sind weit mehr als zweitausend Frauen, Kinder und Alte. Die Männer begleiten höchstens die Transporte der Frauen und Kinder und kehren sogleich wieder um. (Ein ungeschriebenes Gesetz der Welt, das bei uns noch jeder in Ehren hält: Der Kapitän verlässt das sinkende Schiff zuletzt. Und es ist ein schönes Gefühl, dass von den Führern der demokratischen deutschen Parteien alle an ihrem Platz geblieben sind – und wer nicht dort war, hat sich stehenden Fußes aufgemacht.) Die Flüchtlinge sind in der Überzeugung gekommen, dass Krieg herrscht und sie auf der Flucht sind. Manchmal haben die Henlein-Anhänger ihnen direkt in die Fenster geschossen. Manchmal haben sie Schüsse in der Ferne gehört. Manchmal haben die Organisationen sie zur Flucht aufgerufen. Die meisten sind in der Nacht aufgebrochen, auf Umwegen, um die Ordnungsdienstler zu meiden. Ich habe einen Kinderwagen mit abgeschossenem Rad gesehen. Und eine Frau, die hier bei uns in wenigen Tagen niederkommt. Auch ohne Wäsche sind einige losgelaufen, und manche selbst barfuß. »Ich hatte Knödel im Topf, die konnte ich gar nicht mehr rausnehmen« – und da bleibt Ihnen das Herz für einen Augenblick stehen, denn das Maß für das menschliche Schicksal liegt in den alltäglichen Dingen. »Ich hab grad Griebenspeck ausgelassen, nicht mal Zeit war, das Feuer zu löschen, das ist mir alles verbrannt« – erzählt eine andere.

Sie erzählen die alltäglichsten Dinge, denn das Leben ist Alltag, und das Grauen hat alltägliche Form, ist unpathetisch und fürchterlich menschlich. Es geht über den Topf mit den kochenden Knödeln, über den zerlassenen Griebenspeck und den Menschen, der hinplumpst – zum Bahnhof. Stunden im Zug, neue und immer neue Flüchtlinge, schlafende Kinder, Rucksäcke, Menschen, die sich hastig etwas übergezogen haben. Neue, immer neue Bahnhöfe – und ganz am Ende Prag.

Ist das schrecklich? Ja, das ist schrecklich. Aber ich werde Ihnen sagen, welche Überraschung Prag der Welt in diesem – vergleichsweise so geringen – Geschehen bereitet hat: Diese Menschen sind hier glücklich! Sie kamen gezwungenermaßen, verschreckt, hungrig und halbnackt. Und jetzt? Schon viele Nächte haben sie zu Hause in ihren Betten nicht so gut geschlafen wie auf unseren Pritschen. Schon lange haben sie nicht so viel gegessen und so gut. Manche holen sich zweimal, dreimal Essen am Tag, und sie bekommen es mit einem Lächeln. Für die Säuglinge kocht man in Kesseln Griesbrei. Für die Kinder gibt es Milch. Ich habe Kinder aus der Ubikation im Strahover Stadion getroffen; Sie kamen gerade vom Petřín, von dort hatten sie auf Prag hinuntergeschaut. War es schön, Kinder? Es war schön! Sehr, sehr schön! Prag ist wunderschön! »Ich hab g'want«, sagte ein kleines Mädchen. Und warum hast du geweint? Was ist denn hier zum Weinen? »Es ist so schön und die Leut' san so brav!« schluchzte die Kleine.

Und die Leute sind wirklich sehr freundlich, und es stimmt: Es ist zum Weinen. Vor den Ubikationen in Nové Vysočany zwänge ich mich durch eine Schar Frauen – hier leben nur bedürftige Menschen – und sie haben die Arme voller Geschenke: einen Brotlaib, eine Milchkanne, Spielzeuge, Federbetten, Kleider, Mehl, Gries, eine Lampe, eine Decke. Im Büro gibt eine Arbeiterin eine Strickjacke ab, eine rosafarbene, frisch gewaschene. Man will ihren Namen aufschreiben. »Aufschreiben, ach was«, wehrt sie ab und geht still und scheu davon, mit der schönen Scham der Armen, die gern viel geben würden, aber nur wenig geben können. Vor den Garderoben des Stadions ganze Menschentrauben. Eine Frau, gutmütig, beleibt und freundlich, hat einen riesengroßen Kranz Würste gebracht, richtige Speckwürste, und sie verteilt sie unter die Kinder. Noch das Mädel dort! Und der Bub hat auch noch nicht! Na komm schon, musst dich nicht zieren! Die Frau kommt angeblich jeden Tag. Ich stehe eine Weile im Büro, die Tür will sich nicht schließen. Die Prager strömen ununterbrochen, jeder bringt etwas an. Und wissen Sie, sie geben nicht nur, sie verstehen es auch zu geben! Aus Baxas »Kinderherberge«[78] hat man den Aro-Firmenchef angerufen, ob er nicht Kinderkleider habe, die er billig abgeben könnte. Warum billig? Ich geb sie so. Und hat es getan, immerhin zweihundert Stück. Kurz darauf waren sie da – und nicht nur die Kleider, jedes Kind hat auch noch eine Puppe bekommen. Natürlich haben die Kinder sich viel mehr über die Puppe als über die Kleider gefreut. Der Arme hat am Luxus immer mehr Freude als an etwas Nützlichem, das ist die seltsame Psychologie der Dankbarkeit, von der die Satten nichts wissen. Gib dem Hungrigen ein Brot, er wird es dir danken, gib ihm einen Pfirsich, und sein Gesicht strahlt. Brot ist eine gute Tat, ein Pfirsich das menschliche Zugeständnis, dass jeder das Recht auf einen Festtag hat. Ein Kleid ist eine Gabe, aber die Puppe ist ein Festtag, etwas Außergewöhnliches. Die Satten werden nie begreifen, dass der Hunger dem Magen weniger wehtut als der Seele.

– – –

Ich stehe mit Frauen aus Cheb vor Baxas Kinderherberge. Währenddessen fahren Lastwagen Mehl, Gries, Schmalz und Erbsen heran. Zwei Besitzer großer Hotels kommen und versprechen, täglich Milch für die Kinder zu liefern, eine Käsereibesitzerin bietet Schmand und Käse an. Ein Arzt kommt, bietet an, die Flüchtlinge zu untersuchen und gegebenenfalls zu behandeln. Eine Frau kommt und bringt Schuhe. Leute kommen und fragen: Was fehlt denn noch? Was braucht ihr denn noch? Und als ich weggehe, hält eine Frau mich an und ereifert sich: Ihnen hat man auch kein Mädel gegeben? Nein, sie verteilen keine Mädels, denn sie hoffen, dass die Flüchtlinge bald wieder heimkehren können, heute herrscht dort schon Ruhe und Frieden. Wenn sie die Kinder über einzelne Familien

78 Primator Karel Baxa hatte in der ehemaligen Gröbova vila, dt. Gröbe-Villa, 1937 die so genannte »Baxova domovina dětských zájezdů«, eine Herberge für bis zu 300 Kinder auf Ausflugsfahrt nach Prag eingerichtet. Während der Sudetenkrise wurden hier Flüchtlingskinder untergebracht.

verstreuen, wäre es dann sehr schwer, sie wieder zusammenzusuchen. Mädels geben sie also nicht heraus – aber es ist absolut sicher, dass die Prager die deutschen Kinder mit Freuden unter sich aufteilen, wenn es denn nötig würde.

Ich stehe im Schlafraum zwischen den Pritschen und rede mit den Frauen. Zuerst sind es drei, dann zehn, bald ist es ein ganzer Haufen. Sie überstürzen sich im Erzählen. Das ist mein Kind, und das ist der Nachbarin ihrs, das ist das von der Tochter, der Bub da hat keinen Vater daheim – die Mutter ist schon gestorben –, wir haben ihn einfach mitgenommen. Die verworrene Familie dieser zweihundert Menschen entflicht sich in einzelne Schicksale, gewinnt ein Gesicht und Ausdruck. Es sind arme Leute und es sind die, die da oben schon lange fünf Jahre kämpfen.

»In Cheb hat man uns erzählt, dass uns die Tschechen bespucken werden, dass sie uns beschimpfen und dass sie uns einsperren. Die Tschechen haben uns aber begrüßt wie Freunde, sie benehmen sich uns gegenüber so schön. Wir wollen allein schon deshalb zurück, damit wir es denen zu Hause sagen. Wir werden das nicht vergessen! Wir hatten Angst vor euch, als wir fuhren. Und jetzt sind wir hier so gern!«

»Ein Volk kehrt heim«

hieß der Satz, der nach der Annexion Österreichs durch die deutschen Zeitungen tönte. In Wirklichkeit wanderte ein erheblicher Teil des Volkes ins Konzentrationslager, ein zweiter großer Teil ist zu Hause geblieben und beißt die Zähne zusammen – und sehr viele kamen von »daheim« und übernahmen führende Positionen und sicherten sich fette Pfründen.

Bei uns ist noch nichts dergleichen geschehen. Lediglich einige tausend Menschen haben eine entsetzliche Nacht voller Angst und Schrecken erlebt, und weil Angst und Schrecken schon Monate dauern, sind sie geflüchtet.

Geht es um Leben und Tod, flüchtet man dahin, wo man auf Schutz hoffen kann. Das ist ein zuverlässigeres Kriterium als das der Parteizugehörigkeit, der Überzeugung, zuverlässiger als alles Überlegen, denn in dem Augenblick, wo es ums Leben geht, den Müttern um das Leben der Kinder, handeln sie blindlings und instinktiv.

Es wird eine erneute Überraschung für die Welt sein, dass so viele Tausende Deutsche sich zu uns flüchten, wenn sie ihr Leben bedroht sehen – Deutsche! Die Familien der SdP-Führer sind über die Grenze ins Ausland geflohen, Tausende Deutsche in tschechische Städte und nach Prag. Zu uns, die wir wahrlich selbst nicht in Sicherheit leben, zu uns Tschechen, von denen die deutschen Sender verkünden, dass wir sie verschlingen wollen. Diese Tatsache spricht Bände: Tausende Deutsche halten die Tschechen für größere Freunde und Beschützer als die heutigen Reichsdeutschen. Tausende Deutsche wissen, wer heute ihr Feind ist und wo die bessere Heimat. Gut, sie sagen, sie werden nicht vergessen, wie wir sie empfangen haben. Aber auch wir werden ihnen nicht vergessen, dass sie zu uns gekommen sind. Hier zeigt sich mehr als sonnenklar: Was vielen Tschechen, die über das Deutsche Reich verbittert sind, nur eine papierene Behauptung schien, gilt doch: Deutscher ist nicht gleich Deutscher!

Was daraus noch folgt?

Es erhebt sich die Frage: War die Flucht der Sudetendeutschen wirklich nötig? Bitte, verstehen Sie mich recht: Ich zweifle nicht einen Moment, dass sie völlig verständlich ist, berechtigte Gründe hat, ja ich zweifle nicht einen Moment, dass sie für uns alle ersprießlich war, wir konnten einander kennenlernen, uns näherkommen, austauschen und Prag konnte sich den demokratischen Deutschen so zeigen, wie es ist. Frage ich mich, ob die Flucht objektiv notwendig war, dann denke ich nicht an gestern, sondern an heute und morgen. Einige tausend Sudetendeutsche hat die Eisenbahn in ruhiger Zeit spielend bewältigt, und ebenso leicht ließ sich Hilfe, Obdach und Verpflegung organisieren.

Aber die Frage ist, wie unsere Eisenbahn und unsere Infrastruktur mehrere hunderttausend Menschen bewältigt hätten, angenommen es wären immer mehr Menschen aus ihren Heimatorten geflüchtet, weil andere auch flüchten oder weil die Nachricht kam, dass man sich hier und dort auf den Weg macht. Wird man Frauen und Kinder in Sicherheit bringen müssen, dann ist die Frage, ob man es den Parteifunktionären überlässt, den Zeitpunkt dafür zu bestimmen, wie es zum Großteil im Norden der Fall war. Auch wenn jeder Einzelne einen solchen Aufruf nach bestem Wissen und Gewissen veranlasst, kann man sich auf seine Unfehlbarkeit nicht einfach verlassen. Deshalb ist eines dringend erforderlich: dass den Menschen über ihre Empfänger klar und deutlich mitgeteilt wird, was sie tun sollen. Und mehrmals am Tag. Damit sie unerschütterlich glauben, dass darauf Verlass ist. Damit sie sich gegen die Panikbotschaften der Nachbarn behaupten können. Damit sie sicher sein können: Nicht eine Stunde zu früh, aber auch nicht eine Minute zu spät erreicht uns die Anweisung, was wir tun sollen.

Wenn Tausende Deutsche zu uns nach Böhmen kommen: Seid willkommen, seid unsere Gäste! Das aber ist eine Episode aus bösen Tagen, deren Wiederholung wir uns nicht erlauben dürfen. Wir können uns nicht erlauben, die Nerven zu verlieren und Aufregung zu verursachen. Wir können uns nur eins erlauben: uns richtig zu verhalten. Das heißt: Tag für Tag arbeitend unsere Pflichten erfüllen – und wären sie noch so gering. Maschinen bedienen, Zeitungen machen, auf den Postämtern sitzen. Jeder von uns auf dem Quadratmeter, der ihm zugewiesen ist. Jeder von uns genau die Pflicht, die ihm obliegt. Das gesamte Geschehen, das man Leben nennt – und es ist unser aller Leben – ungestört und kontinuierlich in Gang zu halten – genau das müssen wir schaffen.

Přítomnost, 21.9.1938

Drei Tage im Querschnitt

Am Mittwoch – dem 21. September –, noch in den Morgenstunden, kroch die Nachricht durch Prag: Wir stehen allein. Die Regierung hat beschlossen, die sudetendeutschen Gebiete abzutreten – hat es beschlossen nach englisch-französischem

Vorschlag und unter direktem Druck beider westlichen Großmächte. In den frühen Stunden ging die Nachricht noch vereinzelt von Telefon zu Telefon, von Redaktion zu Redaktion, von Mensch zu Mensch. Die Menschen standen starr, mit sich krampfendem Herzen, fassungslos, verletzt in ihrem tiefsten Glauben. Allein? Das war so unglaublich, dass wir nicht glaubten. Das war nicht zu glauben, und wir konnten nicht glauben. Keiner wusste etwas, wir alle begannen zu ahnen. Nachrichten breiten sich aus wie Feuerbrand. Ein falscher Alarm erlischt von selbst. Aber was der Wahrheit entspricht, leistet hartnäckig Widerstand, wächst, gewinnt Gestalt, beginnt zu atmen und leben. Mittags war es bereits keine Nachricht mehr, es war etwas Lebendes, was sich unter uns erhob. Es atmete, nahm das menschliche Herz in die Zange. Gegen Abend wusste noch niemand Sicheres, aber die Menschen hielten es zu Hause, hielten es alleine nicht aus. Und als es dunkel wurde, als der Rundfunk die erzwungene Regierungsentscheidung, die Grenzen preiszugeben, meldete, waren die Straßen schon voller Menschen. Aus den Vorstädten strömten Massen ins Zentrum der Stadt, auf dem Land setzten sie sich in Marsch. Sie kamen in Arbeitskleidung, die Frauen mit Kopftuch und Kind auf dem Arm, die Männer aus ihren Kanzleien, Werkstätten, Häusern. Das war noch keine Demonstration. Das war eine Prozession. Eine verzweifelte Prozession, quälend und erschütternd. Jeder kann sein Leben für seine Freiheit geben, für die Freiheit zu sterben ist seine Pflicht und sein Recht. Aber hier geschah weitaus mehr, denn man hatte den Leuten gesagt, vergeblich sterben dürften sie nicht. Und sie sagten: Kämpfen ist nie vergeblich.

Jeder Mann und jede Frau aus dem Volk trägt, ohne es zu wissen, diese Wahrheit vom ersten bis zum letzten Tag in sich. Sie kämpfen um ein größeres Stück Brot, um Essen für die Kinder, um ein geräumigeres Zimmer, um ein Buch, um Klarheit im Kopf. Sie schlagen sich für die Zukunft der Kinder, für die Absicherung ihrer Frauen, für ein geruhsames Alter. Umsonst bekommen sie nichts, auch kein Begräbnis. Unausgesetzt mühen sie sich um ein besseres Leben – oder darum, wenigstens die eigene Sprache sprechen zu dürfen, um das Recht auf Freiheit. Um die Geltung ihrer Stimme in der Lenkung ihrer

Dinge.[79] Nie war irgendetwas umsonst, und nichts hat so viel Blut gekostet wie die Freiheit des Menschen. Und im Laufe von Jahrzehnten und Jahrhunderten hat sich in der Welt ein ungeschriebenes Gesetz verfestigt: Keiner bekommt, der nicht kämpft. Alles verliert, wer sich nicht verteidigt.

Dieses Gesetz haben die Menschen auf die Straßen hinausgetragen. Ich denke nicht, dass sich so etwas oft ereignen kann: Die Menschen haben geweint, weil sie das Ihre nicht verteidigen sollten. Sie saßen auf den Gehsteigen, standen um Redaktionshäuser. Einer dem anderen unbekannt, sprachen sie doch in bekannter Sprache: Wir wollen uns nicht ergeben. Wir können uns nicht ergeben. Die Menschen auf der Straße wissen nichts von Wirkmacht und Dynamik der Diplomatie. Nichts vom Gewicht der Versprechen und den Winkelzügen, sie zu umgehen, nichts vom Gewicht generalstäblichen Kalküls und wirtschaftlicher Realität. Sie kennen den Krieg von heute nicht und haben keine Vorstellung von dem, was kommt, wenn ein Krieg ausbricht. Aber sie tragen von alters her das Gesetz des Kampfes im Blut, ein gesundes und tapferes Gesetz.

Gegen Morgen schwanden Verzweiflung, Enttäuschung und Zorn, Besonnenheit gewann Oberhand. Die überflüssigen Aufrufe des Rundfunks, man solle Ruhe bewahren! Niemand hat die Ruhe gestört. Die Fabriken blieben geschlossen. Die Frauen haben sich nicht an den Herd gestellt. Die Vorstädte waren wie ausgestorben. Die Läden stumm. Der Menschenstrom sammelte sich zur Demonstration. Mancherorts und zeitweise war sie organisiert, meist aber geschah alles spontan. Tausende setzten sich in Bewegung, und nicht einer störte die Ruhe. Zehntausende zogen durch Prag – und trotzdem fuhren

79 Anspielung, wenn auch etwas ungenau, auf die Zeile *a vláda věcí tvých k tobě se navrátí, ó lidé český!* (Die Lenkung deiner Dinge kehrt, o Tschechenvolk, in deine Hand zurück) aus Jan Amos Komenskýs (Nivnice 1592 – Amsterdam 1670) *Kšaft umírající matky Jednoty bratrské* (1650), dt. *Vermächtnis der sterbenden Mutter, der Brüderunität.* Die Schrift beklagt, dass die Böhmischen Länder nach dem Westfälischen Frieden 1648 keine Religionsfreiheit erhielten. – Zu neuer Popularität gelangte die Zeile nach dem Einmarsch der Warschauer-Pakt-Truppen in Prag 1968 in Marta Kubišovás Lied *Modlitba pro Martu* (Gebet für Marta) als Symbol von Widerstand und staatlicher Autonomie.

Autos und klingelten Telefone, Post wurde ausgetragen, Zeitungen gedruckt. Die Lastwagen schoben sich nur bedächtig voran: keiner, der gehupt hätte, die Menschen wichen zur Seite, die Fahrer fuhren fast zärtlich und scheu. Jeder verstand jeden. Die Prozession zog über die Narodní třída, wälzte sich wie ein Strom, sang nicht, rief kaum etwas, zog einfach dahin. Die Männer in der ersten Reihe riefen anderen auf dem Gehsteig zu: Zieht eure Hüte! Und die Männer auf dem Gehsteig zogen die Hüte und sagten: Ihr habt Recht. Wer auch immer im Ausland behauptet hat, dass in Prag Unruhen herrschten und Aufruhr, der hat nicht nur gelogen, sondern nicht im Geringsten begriffen, worum es uns ging: Die Menschen demonstrierten ihrer Regierung, der Welt, sich selbst, dass sie nur an die Logik der Tapferkeit glauben, die Tapferkeit gebiert – auch jetzt, wo ein so mächtiger Verbündeter wie Frankreich ins Wanken gerät. Noch nie war eine Demonstration so ernsthaft, so konzentriert und wahrhaftig. Noch nie war eine Demonstration so friedlich. Noch nie so einträchtig. Am Samstag sagte der verantwortliche Minister, dass sich in der Tschechoslowakei keine Regierung finden würde, die ein Plebiszit zulassen könnte, und fände sie sich, würde sie augenblicks fallen. Drei Tage später sollte diese Voraussage sich erfüllen: Die Regierung trat zurück.

Donnerstagnachmittag

Am 22. Spetember glich die Stadt einem aufgeregt schwirrenden Bienenstock. Vor den Lautsprechern hatten sich Menschentrauben versammelt. Man erwartete die Bildung einer neuen Regierung. Demonstriert wurde nicht mehr, man stand beieinander, redete, wartete. Hier und dort fiel jemandem ein, dass er noch gar nichts gegessen hatte. Und er aß widerwillig ein Stück Brot oder eine Semmel. Die Frauen hielten die Kleinen im Arm. Auf dem Gehsteig Burschen, Kinder, alte Frauen. In regem Gespräch oder auch schweigend. Aber keiner – in diesem ganzen hunderttausendköpfigen Strom – keiner glaubte ans Ende. »Wir werden gehen!« »Natürlich werden wir gehen!« »Und wenn wir erst gehen, dann sind wir nicht mehr allein!« Die Männer erzählten Ereignisse aus dem Krieg. Die Legionäre trugen ihre Abzeichen und Orden – ein stiller Aufruf zur Tapferkeit. Die übernächtigten, müden Augen fielen fast zu, die Menschen hatten die Nacht auf dem Gehsteig verbracht, nichts gegessen und nicht geschlafen. Endlose Gedankenspiele, Vermutungen, Voraussagen, die Warterei, die Ungewissheit, quälend lange Stunden. Wir alle haben in diesen Tagen begriffen, was in den letzten Monaten in Österreich geschehen war: eben genau das. Dort hatten sich ebensolche Stunden gezogen. Tage und Nächte schwankten die Menschen von Angst zu Hoffnung, von Tapferkeit zu Ohnmacht, von der Entschlossenheit, das Leben einzusetzen, zur Unausweichlichkeit, es kampflos hinzugeben. Stück für Stück wurde ihnen der Glauben genommen, die Müdigkeit wuchs, der Kleinmut, die Stumpfheit. Sechs Monate dauerte dieses grausame Spiel, dann hatte der deutsche Kanzler gesiegt, ohne zu kämpfen. Zerrieben, zermalmt, zermürbt haben die Menschen sich brav in ihr Joch gefügt, denn so war zumindest dem quälenden Schwanken ein Ende gesetzt. Am Donnerstagabend kehrten die Menschen in Prag nach Hause zurück, wie nach schwerer Krankheit ein jeder. Mehr solche Tage – und wir hätten verloren. Niemand kann ohne Erlahmen einer so unausgesetzten Anspannung seines gesamten Denkens und Fühlens über lange Zeit standhalten. Und die Entschlossenheit, in den Kampf zu ziehen, zur Verteidigung aufzubrechen, in einer Lage, wie sie sich am Donnerstag zeigte, ist die größte Anspannung, die ein Mensch leisten kann. In der Zeit größter Sorge und härtester Bedrängnis können wir von Glück sagen: dass diese Stunden nicht lange währten. Eine wahrhaft tödliche Müdigkeit kann den Menschen befallen. Und keiner könnte ihn mehr ermuntern zur Tapferkeit.

Freitagnacht

Am 23. September[80] mehrten sich Zeichen der Müdigkeit. Die Menschen versuchten zu arbeiten. Keiner redete mehr.

80 Die Bedrohung der Tschechoslowakei durch das nationalsozialistische Deutsche Reich führte während der Sudetenkrise 1938 zu zwei Mobilmachungen – einer teilweisen im Mai 1938 und einer allgemeinen vom 23.9. bis 29.9.1938.

Jeder wollte den Gedanken und Spekulationen entfliehen. Die Hände streckten sich nicht nach der Zeitung. Niemand stand am Empfänger. Man wich sich aus. Die Frauen machten ihre Besorgungen und stellten sich an den Herd. Die Kinder gingen zur Schule. Die Stadt bewegte sich in einer stumpfen, müden Ruhe. Das Zentrum sah fast wie immer aus. Die Menschenscharen waren verschwunden. In den Fabriken wurde gearbeitet, in den Gruben Kohle gefördert, in den Kanzleien verwaltet. Die letzten Rädchen normalen Lebens liefen ihre Drehungen eher durch Ausdauer denn durch Arbeit. Und um zehn Uhr abends kam die allgemeine Mobilisierung.

Wir standen nicht gemeinsam vor dem Empfänger. Wir standen jeder für sich. Aber eins weiß ich dennoch gewiss: Allen in diesem Land fiel ein riesiger Stein vom Herzen. Als käme frischer Wind auf, als ströme neue Kraft heran. Noch waren die letzten Worte des Mobilisierungsaufrufs nicht verklungen, da rannten die Menschen schon auf die Straße hinaus. Manche ohne Jacken, andere in Arbeitsmontur. Männer mit kleinen Koffern, an ihrer Seite die Frauen, sie waren barhäuptig, hatten sich rasch etwas übergezogen. Wenigstens bis an die Kreuzung. Dort stand schon ein ganzes Grüppchen. Die Elektrischen wurden in die Remise gefahren, die Gleise blieben leer. An jeder Kreuzung organisierte sich in Windeseile eine zivile Regelung des Transports, man hielt Autos an, zählte die leeren Plätze und lud die Verteidiger ein. Egal, ob Privatauto oder Taxi – es musste fahren –, und fuhr gern. Mancher kam im Nachtgewand angerannt, in Pantoffeln und Jacke, holte seinen Wagen aus der Garage und transportierte. Die Grüppchen wuchsen, vereinten sich, aus jeder Straße ergoss sich ein kleiner Quell, und auf der Hauptstraße schwoll alles zum Bach, im Zentrum zum Fluss. Der Abschied der Frauen war tapfer, dafür gebührt ihnen Ehre.

Mit fortschreitender Nacht nahm die Betriebsamkeit im Stadtzentrum zu. An den Straßen standen Menschen und salutierten. Auf den Straßen fuhren Menschen – und salutierten. Die Menge wurde dichter, der Menschenstrom wuchs. War es Begeisterung? Das kann ich nicht sagen. Wir sind keine Nation, die mit Begeisterung in den Krieg marschiert. Aber es war eine erstaunliche Bereitschaft, ein Aufatmen, eine Ermutigung, alle lächelten, aber keiner sang. Die Leute grüßten sich, aber sie jubelten nicht. Alle gingen unendlich gern, aber keiner trunken von der Aussicht auf Kampf. Nie habe ich so große Scharen in so harmonischer Bewegung gesehen. Kein schiefes Wort, nirgends auch nur eine einzige Phrase, nicht eine Entgleisung, nicht der leiseste Anschein von Unordnung. Der Bahnhof war belagert, an den Zügen hingen Kränze aus Menschen. Niemandem musste man Mut zusprechen. So sachlich wie der Mobilisierungsaufruf, so sachlich erfolgte der Abmarsch. Wer in den Straßen unterwegs war, dem schnürte es die Kehle zu: vor Tränen? Stolz? Ergriffenheit? Erleichterung? Ich weiß es nicht. Aber eines weiß ich: Ein Volk, das sich so zu verhalten weiß, kämpft nicht vergeblich.

Durch die Stadt fuhren allerdings auch viele, die aufs Land hinauswollten. Mit Bettzeug, Kindern, Lebensmittelpaketen. Keiner hat sie zurückgehalten, keiner ihnen gesagt, dass sie auf den Straßen stören. Im Zug ebenfalls viele Zivilisten. Auch sie fuhren ohne Probleme, auch für sie reichte der Platz. Mitten in der größten Bewegung erfolgte die erste Verdunkelungsübung. Niemand wusste, dass es kein Fliegerangriff war. Und all die zahllosen Menschen bewahrten die Ruhe und verfügten sich in die Bunker. Verteidiger, Passanten, ihre Frauen. In den Häusern wurden die Bewohner von den Wachtrupps der CPO[81] in die Keller gebracht. Darunter verlassene Frauen mit Kindern, für ihre erste verlassene Nacht. Alles erfolgte in größter Ruhe. Ohne Geheul, ohne Gejammer, ohne Tränen. Und zu diesem Zeitpunkt wusste noch keiner, dass wir doch nicht ganz allein stehen.

Weit hinter die Stadt hinaus strömten Züge, Privatwagen, Lastautos. Strömten vom Land wieder zurück in die Stadt. Im Dunkeln. Und in großer Ordnung. – Vor dem Flughafen in Ruzyně traten die Männer mit ihren Köfferchen in sackschwarze Nacht. Ab dort war der Himmel weit und breit schwarz wie Tinte. Der Lichtglanz über dem friedlichen Prag war erloschen.

81 CPO – Civilní protiletecká ochrana (Ziviler Luftschutz).

Samstagmorgen

Die Stadt ist verändert. Die Parks sind zerwühlt, die Fenster mit schwarzem Papier verklebt, und in den Schulen sind Soldaten, der Abend beginnt mit der Dämmerung, und in der Nacht erscheint die Stadt als apokalyptische Vision. Am Tag hängt über ihr eine schlaffe Spätsommersonne. Der Nachthimmel ist voller Sterne. Und über diesen Himmel sollen Kampfbomber anfliegen?

Noch sind wir viele, die geblieben sind. Wir warten.

Přítomnost, 28.9.1938

Monat September

Die folgende Zusammenschau von *Zeitungsnachrichten* aus den Tagen dieses dramatischen und schmerzlichen Monats September berücksichtigt ausschließlich die Entwicklung der Situation in den westlichen Ländern. Es handelt sich um Nachrichten, die uns in unserem blinden Vertrauen, am Tag als wir sie lasen, entweder unwichtig oder unglaublich erschienen. Es ist die traurige Dynamik einer sich überstürzenden Entwicklung, die uns alle nach ungeheuerlichen Erschütterungen in eine völlig neue Situation stellt. Jetzt aber ist es hilfreich, wenigstens in groben Zügen zu wissen, was passiert ist. Wir wollen heute weder beten noch klagen: Wir wollen uns die Dinge in aller Klarheit vor Augen führen, wir wollen leben, und wir wollen rasch und überlegt handeln.

1. September

Am Samstag hat Sir John Simon, Mitglied der englischen Regierung, eine maßvolle und Oppositionsmitglied Winston Churchill eine scharfe Warnung an die Adresse Deutschlands gerichtet. Es war kein Zufall, dass das, was ein Regierungsmitglied mit Rücksicht auf seine Stellung nicht öffentlich äußern kann, von W. Churchill völlig unzweideutig gesagt wurde.

2. September

Für neue Verwicklungen bei dem Versuch der tschechoslowakischen Regierung, mit der SdP eine Einigung auszuhandeln, hat heute die plötzliche Reise Konrad Henleins zu Reichskanzler Hitler nach Berchtesgaden gesorgt. Die Prager Zentrale der Sudetendeutschen Partei erklärte, Henlein habe diese Reise auf englischen Wunsch angetreten.

»Daily Mail«: Wenn Henlein die Vorschläge der Regierung endgültig ablehnt, wird Lord Runciman die Rolle des bloßen Vermittlers aufgeben, aktiv agieren und einen *eigenen* Plan zur Beilegung des Streites vorlegen. Man geht davon aus, dass eine Ablehnung in dem Fall kaum möglich wäre, da hinter diesem Vorschlag nicht nur das gesamte moralische Gewicht Großbritanniens und Frankreichs stünde, sondern auch das der Vereinigten Staaten. *Die britische Regierung ist entschlossen, mit allen Mitteln darauf hinzuwirken, dass der Streit friedlich beigelegt wird.*

Ministerpräsident Daladier sprach eine Warnung an die Linke aus, ihr Kampf gegen Deutschland sei ein Kampf gegen Windmühlenflügel.

»Times«: Hitler überprüft den vierten Vorschlag der tschechsl. Regierung in Hinblick auf die Interessen des Reiches. *Eine dieser Interessen ist die Zerschlagung der französisch-tschechoslowakisch-russischen Allianz.*

4. September

Es ist sehr zweifelhaft, ob Hitler und seine deutschen Beobachter, die England kennen, der Überzeugung sind, dass die britische Regierung die Situation für so ernst hält, wie sie behauptet.

Berlin: Der tschechoslowakische Nachbarstaat ist ein Versuchsfeld für eine *friedliche Revision Europas.*

5. September

Der Außenminister in Paris: Frankreich wird in jedem Fall treu an den geschlossenen Verträgen und Allianzen festhalten, wird treu zu den Verpflichtungen stehen, die es eingegangen ist.

6. September

Goebbels in Stuttgart: Wir wissen sehr wohl, was man uns in London antun wollte, wenn man dazu fähig gewesen wäre. Wir haben Persönlichkeiten, und die Zukunft wird zeigen, ob unsere Persönlichkeiten nicht ein größeres Gut darstellen als freie Valuta und Goldbarren …

Die Plakate auf dem Nürnberger Reichsparteitag: Moskau marschiert nach Europa – auf der Hauptschlagader über Prag.

7. September

England hat sich durch seine erklärte Vermittlerrolle in der Frage der Einigung mit den Sudetendeutschen quasi direkt verpflichtet, für die territoriale Geschlossenheit und Autonomie des tschechoslowakischen Staates zu garantieren, falls dieser infolge seiner innenpolitischen Zugeständnisse bedroht wäre.

»News Chronicle«: Sollte die Tschechoslowakei in einen Krieg gezwungen werden, wird Frankreich in den Krieg ziehen, zieht Frankreich in den Krieg, dann wird auch England in den Krieg ziehen …

Auf der Ministerkonferenz, bei der Sir Henderson zugegen war, gab man Ribbentrop zu verstehen, dass die britische Regierung bereit sei, die von Sir John Simon in Lanapark ausgesprochene Warnung entsprechend zu verschärfen. Ribbentrop erwiderte Henderson sogleich, dass er das für Bluff halte. Henderson versicherte Ribbentrop, er würde sich irren. Nach dieser Unterredung kamen in London ernste Zweifel auf, ob Hitler über die offizielle britische Sicht der Situation richtig informiert ist. Noch vor Ende der Woche wird Henderson Gelegenheit haben, Hitler persönlich mitzuteilen, *wie sehr Groß-*

britannien an einer friedlichen Beilegung des sudetendeutschen Problems gelegen ist und wie weit zu gehen es bereit wäre, um eine gewaltsame Lösung zu verhindern.

8. September

London: England hält genau wie Frankreich den tschechsl. Regierungsvorschlag für so großzügig und weitreichend, dass er unmöglich abgelehnt werden könne, sollte Deutschland tatsächlich eine Einigung wünschen.

»Times«: Es könnte sich für die tschechoslowakische Regierung lohnen, darüber nachzudenken, ob *der Vorschlag, der von verschiedener Stelle Unterstützung findet, wirklich ganz und gar zu verwerfen ist, nämlich die Tschechoslowakei zu einem homogenen Staat zu machen, indem sie ihre Randgebiete mit der fremden Bevölkerung aufgibt.* Der Vorteil, dass die Tschechoslowakei dann ein homogener Staat wäre, würde die Nachteile durch den Verlust der sudetendeutschen Grenzgebiete aufwiegen.

Die englische Regierung dementierte: Territoriale Zugeständnisse entlang der tausendjährigen Grenze Böhmens und Mährens sind aus wirtschaftlichen und strategischen Gründen schlichtweg undenkbar, ganz abgesehen von historischen und nationalen. *Der englische Regierungssprecher erklärte gegenüber Jan Masaryk, es sei ein großer Fehler zu glauben, der Artikel in der Times vertrete den offiziellen Standpunkt.*

»Times«: In den letzten Wochen gab es immer wieder Anzeichen, wie sehr die öffentliche Weltmeinung gegen eine gewaltsame Lösung mobilisiert wird. Russland ist ein Fall für sich. Es verspricht die eifrige Erfüllung seiner Bündnisverpflichtungen gegenüber der Tschechoslowakei, und an der russischen Grenze sammeln sich bereits russische Abteilungen.

9. September

Paris: Paris und London sind schon in dem Sinne informiert, dass die diplomatischen Memoranden nicht bis zu Hitler gedrungen sind. Hitler ist sich nicht bewusst, mit wem er sein Spiel treibt, und überzeugt, dass die bisherigen Erklärungen nicht ernst gemeint sind, dass England für die Tschechoslowakei keinen Finger rühren würde, und allein kann Frankreich nichts ausrichten. Daher ist es auch für Frankreich wichtig, dass die englische Regierung noch rechtzeitig vor der Abschlussrede Hitlers[82] gegenüber Hitler selbst unmissverständlich Stellung bezieht.

»United Press«: Lord Runciman schaltete sich per Telegramm in die Diskussion über den Times-Artikel ein und forderte die Regierung auf, unmissverständlich Position zu beziehen und damit den in Prag entstandenen Eindruck zu beseitigen.

»Times«: Gestern Nachmittag war Henderson bei Göring zu Gast und nahm an den Jagden auf Görings Schloss in der Nähe von Nürnberg[83] teil.

11. September

London: Runciman hat erklärt, dass er den letzten Vorschlag der tschechoslowakischen Regierung für definitiv hält.

»Evening Standard«: Lord Runciman hat die tschechoslowakische Regierung zu weitreichenderen Zugeständnissen gedrängt als von Präsident Beneš beabsichtigt. Daher fühlt die gesamte englische Öffentlichkeit, dass Großbritannien die moralische Verantwortung für die Zugeständnisse trägt, zu denen es die Tschechen getrieben hat.

Sir Neville Henderson führte erneut ein mehrstündiges Gespräch mit Ribbentrop und konnte ihn auch diesmal nicht überzeugen, dass Britannien nicht untätig zusehen könne, sollte es zu einer Aktion gegen die Tschechoslowakei kommen.

82 Hitlers Abschlussrede am 12.9.1938: Diese Rede auf dem *6. Reichsparteitag des Deutschen Volkes* (5.–12.9.1938) stand unter dem programmatischen Titel Reichsparteitag Großdeutschland. Darin unterstellte er den Tschechen Misshandlungen der Sudetendeutschen und verhöhnte die tschechoslowakische Demokratie.

83 Burg Veldenstein – Göring erwarb die mittelalterliche Burg oberhalb von Neuhaus an der Pegnitz (Mittelfranken) erst 1939, wohnte mit seiner Familie aber schon vorher dort. Der Besitzer Hermann von Epenstein war Taufpate seiner Söhne, die in Neuhaus und Velden zur Schule gingen.

London: Botschafter Henderson hat sich mit dem Reichskanzler zum Tee getroffen und sich mit ihm freundschaftlich über nichtpolitische Dinge unterhalten.

14. September

Standrecht in acht Bezirken.

Ministerpräsident Daladier erklärte beim Verlassen des Ministerrats, dass sich die Dinge allem Anschein nach regeln lassen. »Man muss«, sagte er »ruhig und kaltblütig bleiben und den Ereignissen entschlossen entgegensehen.«

15. September

Winston Churchill: Sehr wenige Menschen außerhalb Deutschlands lassen sich von der nationalsozialistischen Propaganda täuschen. Für die arbeitenden Massen jedes Landes bedeutet das – bis vor kurzem noch so unbekannte – Wort Tschechoslowakei nicht weniger als Selbsterhaltung … Würden zum Beispiel Großbritannien, Frankreich und Russland Hitler jetzt eine gemeinsame Note oder gleichzeitige Noten schicken, aus denen hervorgeht, dass ein Angriff auf die Tschechoslowakei umgehend eine gemeinsame Reaktion zur Folge hätte, würde zusätzlich Präsident Roosevelt erklären, dass diese Note in den Vereinigten Staaten moralischen Rückhalt hat, und zwar in all ihren Konsequenzen, könnte man große Hoffnung, ja Gewissheit haben, dass eine Katastrophe verhindert wird, die unsere Zivilisation sehr leicht vernichten könnte.

Chamberlains Brief an Hitler: Im Hinblick auf die zunehmend kritischere Situation schlage ich vor, dass ich mich im Bemühen um eine friedliche Lösung sogleich auf den Weg zu Ihnen mache. Ich schlage vor, dass ich mit dem Flugzeug anreise, und bin ab morgen reisebereit. Teilen Sie mir bitte so bald wie möglich mit, wann Sie mich empfangen können, und nennen Sie den Ort der Zusammenkunft. Ich wäre Ihnen für baldige Antwort dankbar.

Chamberlain: Ich reise zu einem Treffen mit Kanzler Hitler, da es so aussieht, als wäre es eine jener Situationen, in denen persönliche Gespräche zwischen mir und ihm förderliche Ergebnisse zeitigen könnten. Meine Politik war stets um die Erhaltung des Friedens bemüht. Die Tatsache, dass der Reichskanzler meinen Vorschlag angenommen hat, berechtigt mich zu der Hoffnung, dass mein Besuch nicht ergebnislos bleibt.

Daladier erklärte: Gestern gegen Abend habe ich mit Blick auf die rasche Entwicklung der Ereignisse in der Tschechoslowakei, welche die Verhandlungen vor Ort unendlich erschweren, die Initiative zu einer direkten und persönlichen Kontaktaufnahme mit dem britischen Premier Chamberlain ergriffen, um gemeinsam mit ihm die Möglichkeit eines außerordentlichen Vorgehens zu prüfen, das uns in den Stand setzen würde, mit dem Deutschen Reich die effektivsten Mittel *für die Gewährleistung einer freundschaftlichen Beilegung des Konflikts zu erörtern. Die Übereinstimmung der Konzepte unserer beiden befreundeten Regierungen macht mich daher überaus glücklich.*

16. September

London: Chamberlain nutzt seine Unterredung mit Hitler, um ihm zu erklären, dass England und Frankreich im Falle eines Angriffs auf die Tschechoslowakei in den Krieg eintreten. Frankreich: Beruhigend muss auf alle Misstrauischen wirken, dass diese Reise auf Initiative des französischen Ministerpräsidenten Daladier erfolgt und mit Zustimmung von Léon Blum, einem der größten Freunde überhaupt, die unsere Republik in Frankreich hat.

17. September

In Berchtesgaden: Chamberlain: »Warum, Herr Kanzler, haben Sie mich diese Reise machen lassen? Damit ich Zeit verliere?«

Hitler: »Wenn die Selbstbestimmung nicht anerkannt wird, hätte *ich* Zeit verloren.«

Chamberlain gegenüber den Journalisten: »Ich habe mit Hitler ein sehr freundschaftliches Gespräch geführt.«

Ribbentrop: »Als Reichsaußenminister kann ich Ihnen versichern, dass mich die Unterredung des Reichskanzlers mit Chamberlain mit Befriedigung erfüllt.«

Berchtesgaden: Als Chamberlain ins Hotel trat, wurde er vom Fotografen erwartet. Chamberlain wirkte ernst, aber nicht verstimmt. Chamberlain wird die Nacht im Hotel verbringen, wo für seine Abordnung 25 Zimmer reserviert sind. Von seinem Fenster aus hat er einen herrlichen Blick auf die Berge.

Rom: *Man hält es für wahrscheinlich, dass es zu einer Konferenz zwischen Frankreich, England, Deutschland und Italien kommt. Das englisch-deutsche Treffen in Berchtesgaden könnte Ausgangspunkt weiterführender Verhandlungen sein.*

Der Delegationsrat der britischen Regierung de la Warr in Genf: Ich hoffe, dass wir in Zukunft auf dieses Jahr als eine Zeit werden zurückblicken können, in der wir dem Fortschritt weitere Weg geebnet haben.

Lord Runciman auf dem Flughafen in England: Die Situation ist delikat. *Jetzt liegt alles in Gottes Hand.*

Staatspräsident Lebrun, Ministerpräsident Daladier und Herriot sind in ihren Beratungen zu dem Schluss gekommen, dass man die Parlamentsferien nicht unterbrechen müsse.

Chamberlain: Der Posten des Ministerpräsidenten ist im Grunde der eines Verwaltungsratspräsidenten einer großen Kapitalgesellschaft. Diese Gesellschaft heißt British Empire and limited.

18. September

Chamberlain, so könnte man sagen, bemüht sich noch in der zwölften Stunde um eine Einigung, damit ein Krieg verhindert wird. Er wäre womöglich zu jedem Opfer bereit, um sich seinen Traum vom Weltfriedensstifter zu erfüllen, genau wie sein Bruder Austin Chamberlain, der Schöpfer von Locarno.[84]

84 Sir Joseph Austen Chamberlain (Birmingham 1863 – London 1937), Friedensnobelpreis 1925, war zusammen mit Aristide Briand und

J.L. Garvin im »Observer«: Mit einer Kapitulation Englands den Frieden billig zu erkaufen ist im Namen Chamberlains und aufgrund seines Charakters und auch im Namen und aufgrund des Charakters von England selbst absolut ausgeschlossen.

19. September

Osuský,[85] der tschechoslowakische Botschafter in Paris, erklärte: »Mein Heimatland wurde vor Gericht gestellt und verurteilt, ohne überhaupt geladen zu werden. Einer der Richter begab sich zu Hitler, um ihn nach seiner Meinung zu fragen, aber uns hat keiner nach unserer Meinung gefragt. Dabei ist einer der Richter unser Verbündeter, und in einem zweiten, so hatten wir gehofft, bekämen wir einen mächtigen Freund …«

20. September

»Times«: *Großbritannien hat das Recht Frankreichs, am Bündnisvertrag*[86] *mit der Tschechoslowakei festzuhalten, nicht bestritten, gab aber darüber hinaus zu verstehen, dass es sich zu einer militärischen Unterstützung Frankreichs nicht verpflichtet sieht, sofern die territoriale Integrität Frankreichs nicht bedroht ist und Frankreich nicht angegriffen wird.*

Die Bedingungen, auf die sich die britische und die französische Regierung geeinigt haben, sind eine so völlige Kapitulation, dass die liberal Denkenden in aller Welt sie nicht für glaubhaft halten, bis sie nicht offiziell bestätigt und verkündet sind.

»New York Post«: Dieser Vorschlag sieht auch auf eine Entfernung von 3000 Meilen aus wie der größte Verrat auf Erden.

Gustav Stresemann einer der maßgeblichen Architekten der Verträge von Locarno (1925), die einer Stabilisierung der Friedensordnung in Europa dienen sollten.

85 Štefan Osuský (Brezová pod Bradlom 1889 – Herndon, USA 1973), 1920–1939 Botschafter der Tschechoslowakischen Republik in Paris.

86 Bündnis- und Freundschaftsvertrag zwischen Frankreich und der Tschechoslowakei vom 25.1.1924.

21. September

Der französische Botschafter in Prag, Delacroix, ging in seiner Drohung so weit, von dem französischen Außenminister Bonnet zu übermitteln, dass Frankreich die Tschechoslowakei ihrem Schicksal überlassen werde, wenn sie nicht ohne jeden Vorbehalt auf den englischen Vorschlag eingeht.

Minister Mandel[87] fragte Daladier: Erklären England und Frankreich damit, dass sie der Tschechoslowakei ihre Hilfe für den Fall versagen, dass diese den Vorschlag ablehnt?

Daladier antwortete eindeutig: Nein.

Außenminister Bonnet um sechs Uhr morgens in einem Telefongespräch mit Prag: Ich kann nicht versprechen, dass Frankreich seine Verpflichtungen erfüllt, wenn die Tschechoslowakei angegriffen werden sollte, weil sie die ultimativen Bedingungen nicht akzeptiert hat.

22. September

Chamberlains Ansprache ins Mikrofon vor seiner Abreise nach Godesberg: *Die Lösung des tschechoslowakischen Problems ist die entscheidende Voraussetzung für eine Verständigung zwischen England und Deutschland, und ohne die kann der Frieden in Europa nicht gewahrt werden.* Mein Bestreben ist, den Frieden in Europa zu wahren, und ich hoffe, dass dieser Weg zum Ziel führt.

Eden: Noch ist es nicht zu spät für eine entschlossene und feste Haltung. Wird Chamberlain diese Haltung nicht zeigen, so wird England sie von seinem Nachfolger einfordern. Auch das französische Volk bereitet sich vor, seine Führer zur Rechenschaft zu ziehen.

87 George Mandel (Chatou 1885 – ermordet in den Wäldern von Fontainebleau 1944), französischer Journalist, bekleidete verschiedene Ministerposten in der Dritten Republik; er lehnte die Appeasement-Politik der Westmächte ab und war ein entschiedener Gegner Hitlers.

23. September

Mobilmachung in der Tschechoslowakei.

Chamberlain in Godesberg: Ich bin ein alter Mann und diese Sitten nicht gewohnt.

Chamberlain gegenüber den Journalisten: *Man kann es nicht als völliges Scheitern betrachten.*

Garvin im »Observer«: Die Wahrheit ist, dass man den britischen Premierminister bei seinen beiden peinlichen Reisen nach Deutschland vor ein Ultimatum gestellt hat, und zwar ohne die geringsten Konzessionen.

26. September

Hitler: Die Tschechoslowakei ist die letzte territoriale Forderung, die ich Europa noch unterbreiten muss.

27. September

Chamberlain: Sicher wissen Sie schon, dass ich alles getan habe, was ein *Einzelner* tun kann, um diesen Streit zu schlichten.

28. September

Chamberlain: Ohne Freiheit ist das Leben nicht wert, gelebt zu werden.

29. September

Chamberlains Rede im Parlament: *Nach diesem letzten Versuch habe ich einen allerletzten Versuch unternommen …*

Gerade habe ich Hitlers Einladung für morgen bekommen … Ich mache mich also wieder ans Packen. Chamberlain zu seiner Frau und seinem Volk vor dem Haus: *Ihr könnt beruhigt schlafen gehen, jetzt ist alles in Ordnung.*

Chamberlain vor der Abreise nach München: Schon als Junge habe ich mich immer wieder so lange von neuem um die Dinge bemüht, bis sie gelungen sind. Genau dies tue ich auch heute. Ich hoffe, ich werde nach meiner Rückkehr mit Hotspur in Richard IV. sagen können: out of this nettle, danger, we plucked this flower, safety …[88]

30. September

Um halb zwei in der Nacht wird das Abkommen der Vier unterzeichnet: Chamberlain, Daladier, Mussolini, Hitler. Die tschechoslowakische Regierung wird über das Abkommen informiert.

Prag erfährt: *Es war Runcimans Plan.*

General Syrový: Es gab keine andere Wahl.

Chamberlains Rückkehr: Der Jubel der Menschen in London ist unbeschreiblich. Chamberlain bekommt unverzüglich den Hosenbandorden, Englands höchste Auszeichnung, und die Ritterwürde verliehen. Lord Runciman wird zum Earl ernannt. Chamberlain wird als nächster Kandidat für den Friedensnobelpreis vorgeschlagen.

Daladiers Rückkehr: Die deutsche Bevölkerung bereitet Daladier kurz vor seiner Abreise begeisterte Ovationen. Daladier sagte: Seien Sie versichert, dass die Franzosen keine Feindschaft gegen Deutschland hegen. *Beide Völker müssen zu einem herzlichen Einverständnis finden.*

Chamberlain hatte vor seiner Abreise noch ein Sondertreffen mit Hitler: Wir haben beschlossen, auch die übrigen Angelegenheiten zwischen beiden Ländern durch ähnliche Abkommen zu regeln.

– – –

88 »Harry Hotspur« alias Sir Henry Percy; erst Freund, dann Rebell gegen Henry IV, als dieser seine Zusagen gegenüber den Percys nicht einhielt. – Hier Anspielung auf Shakespeares Henry IV, Part I, II, 3. Dt. nach Schlegel/Tieck: »aus der Nessel Gefahr pflücken wir die Blume Sicherheit«.

Mit jeden Tag endet und beginnt auch etwas. Mit dem 30.IX. endet nicht nur die territoriale Integrität der Tschechoslowakei, sondern es beginnt auch unser ungeheurer Kampf um die Freiheit und Wahrung unserer nationalen und wirtschaftlichen Unabhängigkeit, an dem wir alle mit unserer ganzen Kraft arbeiten wollen. Es beginnt aber auch ein Kampf von noch gewaltigerer Dimension: der Kampf der Völker aller Länder um Freiheit – und auch an diesem Kampf wollen wir uns mit aller Kraft beteiligen. Ein Kampf endet nicht wegen eines Zugeständnisses. Nach dem Frieden von Versailles kann dieser »Frieden für immer«[89] den Menschen keinen echten, dauerhaften Frieden bringen. Bis an die Zähne bewaffnet, in ein Erdreich aus Beton vergraben wie Maulwürfe, leben offenbar *alle* Staaten in Angst und Schrecken vor einem Krieg. Einander über die Grenzen hinweg mit Waffen drohend, fürchten sie sich, die Waffen zu ergreifen, und werfen vorläufig die Happen über Bord, die für sie *vergleichsweise billig* sind. Zuerst Abessinien. Dann Spanien. Dann Österreich. Dann China. Heute uns.

Wir sollten ohne Zittern, ohne Wanken und ohne Tränen auf das blicken, was geschieht. Denn das Leben steht nicht still, und die Geschichte endet nicht mit dem dreißigsten September. Die Welt wird weiter leben und weiter kämpfen – einstweilen vielleicht in Frieden, solange die Happen reichen. Manch einer wird noch erfahren, wie bitter es ist, ein Happen zu sein. Einmal aber wird auch dieser von zwei Leuten am grünen Tisch unterzeichnete »ewige Frieden« ins Wanken geraten. Setzen wir all unseren Willen darein, dass es in Zukunft nicht mehr möglich sein wird, das Schicksal der Nationen über deren Köpfe hinweg zu entscheiden.

Přítomnost, 5.10.1938

89 Im Original *věčný mír* – ewiger Frieden. Evt. hat Jesenská Chamberlains legendäre Worte nach der Unterzeichnung der Münchner Verträge, nämlich »peace for our time«, verhört zu »peace for all time«.

Die täglichen Nachrichten auf den letzten Seiten

Die jüngsten Tage haben viel Neues gebracht. Unter anderem auch, dass wir lernen müssen, zu schreiben und zu lesen. Derjenige, der eine Feder in der Hand hält, muss die doch sehr große Abneigung gegen seine tägliche Arbeit niederringen: Geschuldet ist sie dem Gefühl der Vergeblichkeit, das sich an jedes geschriebene Wort hängt, aber auch diesem merkwürdigen Eiertanz, den man beherrschen muss, wenn man nicht nur schreiben, sondern auch *etwas sagen* will. Der Leser erfährt ansonsten aus seiner Zeitung amtliche Nachrichten, die er schon im Rundfunk gehört hat, oder aber amtliche Nachrichten, die eher amtlich als Nachrichten sind. Des Langen und Breiten wird ausgeführt, wer sich mit wem getroffen hat, um über dies oder jenes zu beraten. Man berichtet, wie lange die Betreffenden miteinander gesprochen haben, wie sie auseinandergegangen sind, wer bei der Unterredung anwesend war, wie und in welcher Richtung sie nach Hause fuhren und wer sie auf dem Bahnhof empfangen hat. Alles enthält dieser Bericht, nur nicht, *worauf man sich geeinigt hat.* Den Journalisten bleibt einstweilen nichts anderes, als diesen Typ der Berichterstattung zu pflegen und darauf zu vertrauen, dass seine Leser so erfahren sind, dass sie die Atmosphäre um die führenden Namen selbst erspüren und aufgrund des ihnen bekannten Charakters und der früheren Handlungen eines Menschen dessen Zukunftspläne erahnt. Auch die amtlichen Nachrichten halten sich nämlich genau an die Wahrheit, nur ist diese Wahrheit in so viele höfliche Phrasen gehüllt, dass man schon wissen muss, wie lange man sie enthüllen soll, damit sie nackt ist.

Der Leser, der sich keinen (egal welchen) Illusionen hingibt und genau das lesen kann, was er vor sich *sieht*, und nicht das, was er *zu sehen wünscht*, ist heutzutage im Vorteil. Er hat sich so viel klaren Kopf bewahrt, dass er seine Informationen auch aus tatsächlich neutralisierten Nachrichten herauszulesen versteht. Dem demagogisch verbildeten Leser ist dagegen nur schwer zu helfen. Wer der demagogischen Propaganda erliegt, hat die befremdliche Eigenschaft, zum Himmel zu blicken und überzeugt zu sein, selbiger wäre grün, und schaut er ins Gras, gäbe er sein Leben dafür, dass es rot ist. Mit den Farbenblinden vernünftig über Farben zu reden war aber auch schon schwierig, als es noch möglich war, viele Reden zu führen. Unsere heutige knappe Ausdrucksweise hat höchstens demjenigen Informationen zu bieten, der sie auch wirklich *sucht*, weil er nicht schon von vornherein überzeugt ist, dass er sie kennt. Lernen Sie lesen! Lernen wir schreiben! Zwischen dem Leser und dem Autor steht nicht nur das Papier, sondern auch der Zensor. Unsere Beziehung wird jetzt also nicht mehr so unmittelbar sein, und auch nicht so bunt und lebensprall. Aber die Wahrheit lässt sich auf allerlei Wegen sagen, und wer Ohren hat zu hören, vernimmt sie aus dem geflüsterten genauso wie aus dem lauten Wort. Ich will Ihnen beweisen, dass die Zeitungen auch dann über ihre Zeit sprechen, wenn sie vor allem über sie schweigen – und zwar in sehr deutlicher Sprache. Zum Beispiel auf den letzten Seiten.

Auf den letzten Seiten befinden sich die Inserate. Inserate dienen bestimmten wirtschaftlichen oder gesellschaftlichen Interessen, sind ein Hilfsmittel derer, die etwas wollen. Wenn wir einmal auflisten, was die Leute wollen und suchen, ersteht vor unseren Augen ein klares, lebendiges und kompaktes Bild unserer Zeit.

Gegen Ende September waren die letzten Seiten voll mit Unterkünften für die Sommerfrische. Ein bisschen merkwürdig ist es schon, Ende September in Dobrá Voda, Postupice, Veselice, Řevnice, Týniště, Lhota, Nespeky, Poříčí ein Zimmer mit Bett, ein Zimmer mit Herd, ein Zimmer mit Küche zu inserieren! Bis Sie dann bei einem Inserat entdecken »sichere Gegend, Kaufmann am Ort« – und schon haben Sie begriffen. Sie erinnern sich an die Nacht des 23. September, als wir alle zum ersten Mal auf einer verdunkelten Straße standen. Der eine mit einem Köfferchen, jemand mit Kind begleitete den Vater, ein anderer stand als Luftschutzwart die ganze Nacht vor einem Haus, wieder einer hielt Autos an, bepackte sie mit unseren Verteidigern, die zum Bahnhof eilten, und irgendwer stand auch wenigstens an der Ecke und nickte den Soldaten einen Gruß zu. Wohl kaum einer von uns hat damals geschlafen. Aber schon da fuhren zahllose Wagen in die entgegengesetzte Richtung und nicht dahin, wohin die Menge strömte:

Wagen, die mit Federbetten beladen waren, mit Kindern, Frauen, Lebensmittelpaketen und Schmalztöpfen, sausten über die großen Ausfallstraßen den Peripherien entgegen. Diese Menschen fuhren aus Prag hinaus aufs Land – meist Frauen und Kinder –, und im Grunde war es vernünftig, denn in dieser Nacht schien ein feindlicher Fliegerangriff nicht ausgeschlossen. Wer hier eine Aufgabe hatte, blieb, wer nicht, war sowieso nur im Weg und tat gut daran, hinauszufahren. Und obwohl man auf dem Land sonst kaum eine Unterkunft auftreibt, waren die Seiten ein paar Tage voller Inserate. Auf dem Land hatte man die Gelegenheit erkannt und räumte frei, was ging.

– – –

Und dann brach das Ganze zusammen, die Männer rückten ein, aber es kam nicht zum Krieg und Grüppchen um Grüppchen kehrte langsam zurück. Sie gingen mitten unter uns durch die Straßen und mieden die Blicke der anderen, als wären sie schuld daran, dass sie nicht hatten kämpfen können. Und wir schlagen die Augen nieder, wenn wir ihnen begegnen, um ihnen mit unserer überflüssigen Neugier nicht wehzutun. Das waren die letzten gemeinsamen Augenblicke in diesen Tagen, unser gemeinsames stilles: »Adieu, Armee!«

Und dann kamen die ersten Augenblicke der neuen Tage. Die Menschen in Nordböhmen verloren ihre Arbeit, ihren Besitz und die Heimat. Flüchtlinge, Emigranten im eigenen Land. Die Frage: Was nun? Wohin jetzt? Auch hier in Mittelböhmen haben viele schon ihre Arbeit verloren oder fürchten sie zu verlieren. Ergebene Menschen wie unternehmerische. Rührend schlichte wie Fischer im Trüben. Ohne oder auch mit Geld. Ohne oder mit Hoffnung. Bittende, Suchende. Auf den letzten Seiten der Zeitungen findet sich ihr Porträt in den kurzen Inseraten, Porträts von Menschen, unter denen der Boden wegbrach. Und allen ist eines gemeinsam: Sie wollen wieder Fuß fassen, sich und ihre Familien absichern, einen Ausweg finden, rechtzeitig handeln. Auf diesen letzten Seiten der Zeitung wird viel deutlicher als auf den ersten, dass sich rettet, wer kann – und meistens auf eigene Faust.

In einem Prager Sonntagsblatt habe ich nicht weniger als 276 Inserate folgender Art gezählt:

Verkaufe Apotheke in einem schönen nordböhmischen Kurbad.

Verkaufe drei erstklassige Zinshäuser in Teplice-Šanov. Chiffre: weit unter Preis.

Verkaufe Hopferei in Žatec.

Kaufe Haus in Prag im Tausch gegen landwirtschaftliches Anwesen bei Žatec.

Verkaufe Waldbesitz und Hof in Nordböhmen. Chiffre: Rentabel.

Verkaufe oder tausche gegen Zinshaus in Prag Hühnerfarm mit Gerätschaft.

Verkaufe Villa in Karlovy Vary, eingerichtet mit Fremdenzimmern, 3 Stockwerke, 15 Zimmer, schöne Lage, 3200 m^2 Garten.

Verkaufe Keramische Fabrik in Westböhmen. Chiffre: 6.000.000 Kč.

Die Zahl dieser Inserate geht in die Hunderte. Und wer seinen Besitz im Norden loswerden will, sucht offenbar etwas Neues im heutigen Böhmen:

Suche Lagerraum und Fabrikobjekt in Prag, Arbeitsfläche ca. 250 m^2, mit Wasser- und Eisenbahnanschluss.

Eröffne in Prag Gemischtwarenladen, suche Verkaufsware auf eigene Rechnung. Chiffre: Zahle bar und im Voraus.

Miete Stadel oder Scheune zum Einlagern überführten landwirtschaftlichen Geräts. Chiffre: Grenzländer.

Suche Fabrikräume, ca. 1000 m^2 Arbeitsfläche mit Zentralheizung und Elektrokraft. Chiffre: Weberei.

Größerer Lagerraum zu mieten gesucht, 600 bis 800 m^2, trocken, geeignet zum Einlagern von Kistengarn.

Kaufe Fabrikimmobilie mittlerer Größe an Hauptbahnstrecke und wenn möglich am Fluss. Elektrischer Anschluss von Vorteil.

Suche Grenzländer als Kompagnon zur Gründung oder Überführung der Produktion nach Prag. Chiffre: Werkstatt, Ladengeschäft verfügbar.

Wohl noch zahlreicher als die Nachfragen dieser Art sind die Angebote: Gemischtwarenläden, Wäschemangeln, Bäckereien, Kolonialwarengeschäfte, Molkereien, nicht Dutzende, sondern Hunderte wöchentlich. Für 2000 Kč, für 5000 Kč. Selbst Fabriken stehen zum Verkauf. Und die Städte melden sich auch:

Über geeigneten Platz für neue Fabrikobjekte verfügt die Stadt Bzenec.

Die Stadt Mirovice im Kreis Písek empfiehlt sich Industrieunternehmern zur günstigen Errichtung neuer Fabriken.

Hier geht es um kapitalstarke Leute – oder zumindest um Leute mit Ersparnissen –, die ihren Besitz im Norden verloren haben und ihn zu transferieren versuchen. Es stellt sich die Frage: Sind das eigentlich Deutsche oder Tschechoslowaken? Ist ihr Gewerbeschein noch gültig? Brauchen sie einen neuen?

Und es sind auch viele mit so genanntem freien Beruf darunter, die irgendwo wieder Fuß fassen wollen:

Kaufe Anwaltskanzlei in Mittelböhmen.

Rechtsanwalt aus den Sudeten, 33 Jahre, deutsch und tschechisch sprechend, mit zehnjähriger sehr erfolgreicher Praxis sucht aufgrund veränderter politischer Verhältnisse Mitarbeit bei einem Kollegen auf dem verbliebenen Territorium.

Kaufe Vorschusskassengehäuse ohne Hypothek. Chiffre: Bar. (Sollten Sie sich den Kopf zerbrechen, was ein Vorschusskassengehäuse ist, so vermute ich: eine Firma.)

Rechtsanwalt aus dem Grenzgebiet sucht Regiekostengemeinschaft mit Prager Kollegen. Chiffre: Sofort. (Interessant, die häufigste Chiffre lautet: »sofort«.)

Verkaufe Prager Arztpraxis an tschechischen Arzt aus dem Grenzgebiet.

Jüdischer Arzt mit langjähriger Krankenhauserfahrung übernimmt jede neue Arbeit und zahlt Vermittlungshonorar.

Suche gut gehende Praxis in Prag oder Umgebung. Chiffre: Neue Existenz.

Beteilige mich mit Kapital und Tatkraft an größerer Aktiengesellschaft zur Herstellung von Holzprodukten, übernehme ggf. auch ganz.

Und die Menschen aus dem Grenzgebiet suchen nicht nur, sie sind offenbar auch gesucht, vor allem die qualifizierten Arbeiter aus unseren früheren Betrieben im Grenzland.

Seifenkoch für große tschechische Fett- und Seifenfabrik gesucht.

Routinierter Vertreter mit eigenem Auto für den Bereich Galanterie- und Bürstenwaren gesucht, Erfahrung in der Zusammenarbeit mit den heute deutschen Fabriken erwünscht.

Techniker und Chemiker aus Konstruktion und Produktion und tschechischer oder slowakischer Nationalität, die ihre Stelle wechseln und eine solide Existenz im Landesinneren aufbauen möchten, reichen ihre Bewerbung mit genauen Angaben zur bisherigen Tätigkeit unter folgender Chiffre ein: Solide neue Zukunft.

Holzspielzeuge! Drechsler und Holzwarenhersteller, die sich mit der Fertigung des bisher in Rudohoří hergestellten Holzspielzeugs beschäftigen möchten, meldet euch! Chiffre: Feste Anstellung.

Chauffeur und Gärtner für große Villa in Prag gesucht. Stelle geeignet für Grenzländer oder Flüchtlinge. Angebot unter: Sicherheit.

Prager Wollstofffabrik sucht ab sofort 20 Wollweber. Chiffre: Arbeiter aus dem Norden.

Tschechischen Vertretern der Firmen: Becher, Karlovy Vary, Richter, Rossbach bieten sich neue Arbeitsmöglichkeiten bei der Fa. Leo Fischel, Likörfabrik, Domažlice, die den genannten Firmen mit ihrem echten Jägerbitter und neueren Spezialitäten schon zwanzig Jahre Konkurrenz macht.

Chemiker mit Spezialkenntnissen aus den abgetretenen Gebieten gesucht, Chiffre: Sofort.

Wir suchen einen erfahrenen Leiter für eine Kammgarnspinnerei. Chiffre: Mittelböhmen.

Erstklassiger Oblatenbäcker für Schokoladenfabrik gesucht. Chiffre: nur Tschechen.

Bergbaufachmann für die Wiedereröffnung eines kleineren Stollens im Gebiet Rakovník gesucht.

Und schließlich kommen die, die sich keine Hoffnung auf Arbeit oder Verbleib bei uns machen. Hand in Hand mit ihnen erscheinen auf der letzten Seite auch diejenigen, die ihnen »helfen« oder sogar an ihnen verdienen:

Berate Emigranten in die USA oder Australien (Affidavits, landing permits etc.) Chiffre: USA.

Beschaffe Ausreisegenehmigung nach Honduras. Veranlasse auch die Freigabe gesperrter Geldeinlagen. Chiffre: Honorar nur bei Erfolg.

Organisiere Umschulung für Existenzgründung im Ausland, nach kurzer Schulung Selbstständigkeit. Chiffre: Kosmetische Präparate.

Würde gerne lernen belegte Brötchen und kalte Speisen in einem Buffet herzurichten. Chiffre: Existenzgründung im Ausland.

Verkaufe ganze Wohnung samt einfacher Einrichtung, Zimmer und Küche. Chiffre: Reise aus.

Verkaufe Grabstelle auf Friedhof in Vinohrady, Schiffskoffer, Teppiche, Schrank, Staubsauger. Chiffre: Ausreise.

Gut erhaltenen Zetka, sechs Jahre alt, verkauft Grenzländer, gezwungenermaßen und aus verständlichen Gründen zu sensationell niedrigem Preis. (Spüren Sie auch, wie gern er seine Maschine hat?)

Suche Vertretung in Chile. Chiffre: Langjährige Praxiserfahrung im Sudetengebiet.

Siedele israelitische Ärzte, Anwälte, Geschäftsleute sofort nach Übersee um. Habe Genehmigung. (?)

Wer hilft achtunddreißigjährigem Handwerker in Amerika eine rentable Produktion aufzubauen? Maschinen leicht überführbar. Chiffre: Genauer Plan.

Suche Affidavit oder Reiseerlaubnis egal wohin. Chiffre: Honorar.

Übernehme Erkundigungen für Aussiedler. Chiffre: Erfolg garantiert.

Emigranten, aufgepasst! Luxusbäckerei, Bonbons und Eis zu machen lernen Sie rasch! Ernsthaft!

Derartiges gibt es zu Hunderten. Die letzten Seiten der Zeitungen sind voll davon. Dann findet sich hier und da ein Inserat wie: Vierundzwanzigjährige Emigrantin mit kleinem Kind erbittet um Gottes willen Hilfe.

Und es gibt ja auch noch die Zehntausende, die nicht inserieren, weil ihnen dafür das Geld, der Mut, die Erfahrung und das Vertrauen fehlen. Auch zum Suchen nämlich braucht man Hoffnung.

Ja, das also ist »unsere große Zeit«. Eine große Zeit mit tausend Schatten und nur vereinzelten schwachen Fünkchen Licht: Sie hat die Menschen gesiebt und geschliffen. Viele haben inseriert – auch auf den ersten Seiten der Zeitung. Ein paar »Mutige« sind schließlich über die Grenze. An ihrem Platz, unerschütterlich, es als Pflicht erachtend, zu bleiben und hinter ihrem Wort zu stehen, halten nur wenige Journalisten die geistige Stellung, aber die große Mehrheit der Nation. Ich bin fest überzeugt, dass sie zusammen das Fünkchen in diesen »großen Zeiten« sind, die ohne gebrochenes Rückgrat und gesunkenen Mut durchzustehen so schwer ist.

Přítomnost, 19. 10. 1938

Was bleibt von der KSČ?[90]

Was auch immer sich in der Kommunistischen Partei in den letzten Jahren getan hat, nie ging es lautlos vonstatten. Diese Partei hat sich stets durch starke und polternde Worte hervorgetan. Starke Worte gehörten zu ihren Waffen, um der Welt ihre Absichten zu verkünden. Kommunistische Demonstrationen, Umzüge und Kundgebungen haben die kommunistischen Resolutionen, Proteste und Forderungen begleitet. Bezeich-

90 Komunistická strana Československa – Kommunistische Partei der Tschechoslowakei.

nend für unsere Tage ist, dass das wichtigste Ereignis – nämlich die Lähmung und Verbannung der KSČ aus dem öffentlichen politischen Leben – so geräuschlos vor sich ging, als wäre es geradezu selbstverständlich. Dabei ist das nichts Geringes, denn die Kommunistische Partei der Tschechoslowakei war die letzte legale Sektion der Komintern in Mitteleuropa. Alle, die über die veränderten Verhältnisse in der Tschechoslowakei nachdenken, sehen dieses Ereignis offenbar als natürliche Folge des Münchner Abkommens: Die Stille um das Erlöschen der Parteiaktivitäten erstaunt dennoch sehr, denn die KSČ hat in den letzten Jahren nichts anderes getan, als sich für eine Verteidigung der Tschechoslowakischen Republik zu rüsten. Und jetzt, wo sie von den neuen Entwicklungen in Europa betroffen ist, steht sie ihnen hilflos gegenüber und wundert sich womöglich selbst am allerwenigsten, wie still es um sie geworden ist.

– – –

Angesichts dessen, dass die Kommunistische Partei ihre Tätigkeit eingestellt hat, erhebt sich die Frage, was sie für das Volk an Positivem bewirkt hat. Heutzutage fällt keine Bilanz besonders erfreulich aus. Das Volk, soweit in dieser Partei organisiert, wird sich fragen, was ihm das gebracht hat. Es war nie einfach, Mitglied der Kommunistischen Partei zu sein. Wer ein kommunistisches Parteibuch besaß, blieb länger ohne Arbeit als andere, und viele Menschen sahen sich aufgrund dieser Mitgliedschaft in gesellschaftlichem oder politischem Gegensatz zu ihrem Umfeld. Die Kommunistische Partei, die die Opfer ihrer Mitglieder annahm, wusste sehr wohl, dass man diese nicht aus Langeweile erbrachte. Die Arbeiter und Bauern, die sich in der Kommunistischen Partei organisierten, waren der festen Überzeugung, dass diese Partei sich für ihre politischen und materiellen Interessen einsetzen will und wird. Und eben weil sie davon so fest überzeugt waren, haben sie das Risiko einer Mitgliedschaft auf sich genommen – wahrlich, etwas anderes als ein Risiko war es nicht. Die meisten traten auch gar nicht deswegen ein, weil sie sich davon eine sofortige Verbesserung ihrer persönlichen materiellen Situation versprachen, sondern, weil sie überzeugt waren, dass die Welt eine politische und wirtschaftliche Ordnung braucht, die »den Werktätigen und Bauern Arbeit, Brot und Freiheit geben könnte«. Die Garantie dieser Ordnung – das erhofften sie sich von der Kommunistischen Partei, und zwar *nur* von ihr. Sie vertrauten darauf, dass diese Partei dafür genügend politischen Weitblick und genügend politische Kraft besäße.

Früher hat die KSČ das Volk bei seinen Lohnkämpfen indirekt unterstützt. Indirekt deshalb, weil die KSČ – anders als in den letzten Jahren die Kommunistischen Parteien in Frankreich und Spanien – auf die Sozialpolitik in der Republik direkten Einfluss nehmen konnte. Während der letzten fünf Jahre hat sie sich aber offenbar nicht einmal mehr um indirekten Einfluss bemüht. An der Spitze der sozialen Kämpfe des Volkes standen eher die Sozialdemokraten und auch viel aufrichtiger und wirksamer. Die roten Gewerkschaften waren immer in einer heiklen Situation. Ihre Mitglieder waren zu weiten Teilen nicht qualifizierte oder arbeitslose Arbeiter. Die roten Gewerkschaften waren arm und konnten ihre Mitglieder stets nur in sehr bescheidenem Maß unterstützen. Doch trotz dieser fehlenden oder nur elend geringen Unterstützung blieben die Arbeitslosen über viele Jahre den roten Gewerkschaften treu, wohl wissend, dass diese weitaus weniger Kraft hatten, ihre Mitglieder wieder in Arbeit zu bringen. Sie blieben, weil sie sehr fest und sehr ehrlich glaubten, dass man gerade diese Gewerkschaften mit dem politischen und persönlichen Gewicht jedes Einzelnen unterstützen müsse, denn diese Gewerkschaften kooperieren mit der Partei, die ihnen »Brot, Arbeit und Freiheit« erkämpft.

1933 hat sich der politische Kurs der Kommunistischen Partei geändert,[91] sie wechselte von der Offensive in die Defensive. Anstelle des »Kampfes *für* Arbeit, Brot und Freiheit« trat nun der »Kampf *gegen* den Faschismus«. Zu dieser Kehrtwendung entschloss die KSČ sich praktisch über Nacht. Und

91 Die Politik der KSČ bedeutete die Akzeptanz der Einheitsfront gegen den Faschismus, in der alle demokratischen und linken Parteien zusammenarbeiten sollten. Konkret bedeutete es auch, dass für die KSČ die Sozialdemokratie nicht mehr wie bisher als »die soziale Stütze des Faschismus« galt.

als sie Ausschau hielt, auf wen sie sich dabei stützen könnte, musste sie erkennen, dass es ebenjene Säulen waren, die sie bis dahin einzureißen versucht hatte: »die verfaulte Demokratie«, die »Armee der Bourgeoisie«, die »imperialistische Regierung der Tschechoslowakei« und die sozialdemokratische Partei, die tags zuvor noch eine »soziale Stütze des Faschismus in den Reihen der Arbeiterschaft« gewesen war. Die KSČ kam zu dem Schluss, das einzige Mittel gegen den Faschismus bestünde darin, »kleine bedrohte Staaten gegen die expansiven Gelüste des Faschismus« zu unterstützen und eine Volksfront mit jedem zu bilden, der sich dazu bereit fände. Das war alles andere als ein Umsturz. Das bedeutete, von Grund auf alle Begriffe zu ändern, die die Mitglieder der KSČ in langen politischen Schulungen gelernt hatten. Arbeiterköpfe sitzen nicht auf Wendehälsen. Das Leben eines tschechoslowakischen Arbeiters ist nicht geschaffen für komplizierte politische Kenntnisse, wie man sie im Studium erwirbt. Sein politisches Bewusstsein hat sich immer der verkürzten Sprache der Losung bedient, die einen Menschen ganz und gar verschlingen kann und meist eigentlich kein *Bewusstsein* ist, sondern ein *Glaube*. Hat aber jemand für seine Weltanschauung, die ihm ein und alles war, viele Opfer gebracht, dann gibt er sie nur schwer wieder auf. Nach jener politischen Kehrtwende brodelte es unter den Mitgliedern, und die Partei hat dafür in vielerlei Weise bezahlt. Vor allem mit dem Verlust der parteiinternen Demokratie. Da die KSČ für ihren Kurswechsel kein anderes Argument hatte als den Kurswechsel in der Außenpolitik der Sowjetunion – und dieses eine Argument wurde nicht einmal öffentlich zugegeben –, blieb ihr nicht anderes übrig, als von ihren Mitgliedern blindes Vertrauen, eiserne Disziplin und völligen Gehorsam zu fordern. Eigenschaften, die man gemeinhin nicht mit Persönlichkeit und eigenständigem politischen Denken verbindet. Es war nur natürlich, wenn die KSČ daraufhin viele politisch geschulte, gebildete und erfahrene Köpfe verlor. Auf ganz verschiedenem Weg: Entweder gingen sie von allein oder sie wurden ausgeschlossen, andere, wenn sie auch nicht mehr mit Herz und Seele dabei waren, blieben in der Hoffnung, dass die politische Führung der KSČ bereit wäre, mit ihnen in eine aufrechte Diskussion zu treten. Alte Mitglieder wurden durch gehorsame ersetzt, und Gehorsam war das, was die KSČ an erster Stelle von ihren Gefolgsleuten fordern musste, wenn sie ihre Kader dazu bringen wollte, zu verteidigen, was sie früher hatten einreißen sollen. Ein straffes Regime musste geschaffen werden, und straffe Regimes sind bekanntlich immer »im Interesse des Volkes«. »Im Interesse des Volkes« bestand die KSČ darauf, dass alle ihre Mitglieder anders über die Dinge denken sollten als bisher. Die Menschen gerieten in ernsten Konflikt mit ihrem Gewissen und ihrem moralischen Anspruch – und genau diesen Konflikt bezeichnete die KSČ als Verrätertum, »Trotzkismus«, Erbärmlichkeit, Heuchelei.

Innerhalb der Partei und organisatorisch ist die Wende gelungen, freilich nicht ohne einen gewissen Wechsel bei Mitgliedern und Wählern. In Wirklichkeit ist sie jedoch ganz und gar fehlgeschlagen. Der Kommunistischen Partei ist es nie gelungen, irgendwen davon zu überzeugen, dass sie nicht mehr kommunistisch ist, nur diejenigen eigenen Mitglieder, die im Gehorsam eine derartige Vollkommenheit an den Tag legen, dass hier das Wort »überzeugen« freiem menschlichen Denken zum Hohn gereicht. Die Tragik der Kommunistischen Partei ist folgende: In dem Moment, als sie ihre »revolutionäre Politik« de facto einfach aufgegeben und sich und ihre Mitglieder ganz der Außenpolitik der Sowjetunion unterstellt hat, in dem Moment, als sie sich von ihrem ursprünglichen Programm und ihrer ureigenen Ideologie losgesagt hat – wurde sie von niemandem mehr ernst genommen. Keiner konnte sicher sein: Ist das der Wolf im Schafspelz oder ist er wirklich zum Lamm geworden? Da jeder wusste, dass die KSČ politisch nicht selbstständig war, konnten die anderen Parteien in ihr auch keine wirklich verlässliche Stütze erkennen, zumal sie sich »opportunistischer« gerierte – um uns der kommunistischen Terminologie zu bedienen – als die Sozialdemokraten, und »nationaler« als die Nationalsozialen. Die der Sozialdemokratie hundertmal angetragene Allianz kam nicht zustande, ein Zusammenschluss der Gewerkschaften gelang nur teilweise und um den Preis der völligen Kapitulation der roten Gewerkschaften, und ihr kulturelles Gewicht hat die KSČ zugleich mit ihrem moralischen Gewicht eingebüßt, denn Kunst gelingt nicht, wo keine Freiheit ist, und Gedichte blühen nicht da, wo kein Gedanke blüht. Dieses Misstrauen hat – unter anderem – wohl dazu beigetragen, dass sich bei uns keinerlei Volksfront formiert hat und auch keine Volksfront-Regierung, wie in Frankreich, wo sie so hervorragend über die »französisch-russischen Abkommen« wachte.

Der 30. September traf die Kommunistische Partei in völlig desolater Verfassung. Die kommunistische Presse druckte auf ihren Titelseiten noch eine Proklamation der elf »brüderlichen« Sektionen gegen das Münchner Abkommen, und am 20. Oktober wurde die Tätigkeit der KSČ kraft Gesetz eingestellt. Das traf freilich nur noch die Partei in ihrem äußeren Bestand. Die Partei als Organ einer bestimmten, klar definierten Weltanschauung war in ihren Grundfesten erschüttert.

– – –

Die Kommunistische Partei hat dem Volk aber ein großes Erbe hinterlassen. Ein unseliges, wie ich fürchte, denn es ist propagandistisch verzerrt: Ich meine das blinde Vertrauen in die Sowjetunion. Dieses Vertrauen fußt nicht auf Überlegung und Besonnenheit, sondern auf *Glauben*. Die Sowjetunion ist für bestimmte Arbeiterschichten zur Legende geworden, ganz in der Art der Blaník-Ritter. Wenn das tschechische Volk völlig darniederliegt, kommt die Rote Armee und rettet es. So oder ähnlich träumt man sich seinen Glauben an die Sowjetunion. Die KSČ, mit keiner anderen politischen Aufgabe befasst, als Loblieder auf Sowjetrussland zu singen, hat diese ihren Mitgliedern in den verschiedenen Phasen ihrer Politik verschieden ausgemalt: erstens als Land gigantischen Unternehmertums, über das der *Arbeiter herrscht*. Zweitens als *Heimat aller Arbeiter* der Welt und wahres Vaterland aller Werktätigen. Drittens als nicht zu bezwingendes *Bollwerk gegen den Faschismus*. Und schließlich als eigentlich einzigen Verbündeten, den wir gehabt hätten und der bereit wäre, an unserer Seite *auch gegen ganz Europa* zu marschieren, obwohl es dazu kein einziges Dokument gibt und das tatsächliche Verhalten der Sowjetunion eher nahelegt, dass sie bereit wäre, allein zu marschieren und sogar einen Präventivkrieg zu riskieren. Wenn die Sowjetunion in der Welt als »Vaterland aller Werktätigen« auftreten könnte – und wollte –, hätte sie dazu vor dem 30. September genügend Gelegenheit gehabt. Wenn sie entschlossen gewesen wäre, nur an der Seite der Tschechen in einen Weltkrieg zu ziehen, hätte sich sicher ein Mund gefunden, dies kundzutun. Nichts lässt erkennen, dass sie irgendetwas anderes im Sinn hätte als ihre eigenen *staatlichen Interessen*. Russland hat sich als Weltmacht präsentiert, die bis zur letzten Sekunde ehrlich entschlossen war, die sich aus den ratifizierten Verträgen ergebenden Verpflichtungen zu erfüllen. Dies zu tun war *unter bestimmten Bedingungen tatsächlich ein Staatsinteresse der Sowjetunion*. Doch diese Bedingungen sind nicht eingetreten.

Tschechoslowakischer Arbeiter, angesichts des 30. Septembers, angesichts der Auflösung der Kommunistischen Partei, angesichts der messianischen Propaganda mit den Absichten der Sowjetunion kann man dir, mein Freund, nur eines raten: Hör auf zu glauben. Von nirgendwoher kommt ein Retter. Es gibt keinen Blaník. Du stehst allein – und wirst dir selbst helfen. Kommunistische Parteien entstehen und vergehen. Der Gedanke des Rechts und der Freiheit ist alt und ewig. Er kann nicht untergehen. Er wird immer wieder auftauchen, wird, wie immer, neu aus dem Dunkel tauchen.

– – –

Das zweite Vermächtnis der Kommunistischen Partei sind ihre Mitglieder. Wir haben sie in den letzten Tagen gut kennengelernt. Sie standen überall da, wo es galt, dem Faschismus die Stirn zu bieten, fest und wahrhaft entschlossen. Sie sind Entbehrung und Disziplin gewohnt und verachten das Weichliche. Sie haben ein kämpferisches Herz und zaudern nicht. Kein bisschen Luxus hat sie mit übertriebenem Hang zur Bequemlichkeit geschwächt. Da, wo das Volk um seine gerechte Existenz, seine Zukunft kämpfen wird – da werden viele von ihnen an Ort und Stelle sein. Das freilich ist ein unfreiwilliges Vermächtnis, ein Vermächtnis, für das die Kommunistische Partei nichts kann. Dennoch ist es ein positives Vermächtnis, und eine Nation, die Männer braucht, wird diese an ihren Platz zu stellen wissen.

Přítomnost, 26. 10. 1938

Adieu, Jules Romains!

(Entgegnung auf den Artikel in der vorangegangenen Nummer der Přítomnost)[92]

Ich fühle mich berufen, Ihnen zu schreiben, und gerade weil ich unter meinen Brief nur einen unbekannten Namen setzen kann. Von den Politikern, Dichtern und Vertretern unserer kulturellen Öffentlichkeit, mit denen sie im vergangenen Frühjahr auf die französisch-tschechische Allianz anstießen, sind Ihnen, wie Sie schreiben, viele Polemiken, Artikel, Memoranden, ja auch Gedichte zugegangen. Ich bin kein Politiker, ich kann Ihnen nur einen rein persönlichen Brief schreiben. Vor einem halben Jahr hätte ich das wohl kaum gewagt. Ich dachte immer, Politik sei ein Geschäft für gelernte Politiker, und wir Übrigen tun gut daran, uns in diese komplizierte Sache, die wir so wenig verstehen, nicht einzumischen. Tage kamen, die, wie Sie schreiben, Frankreich Milliarden gekostet haben – und seinen Verbündeten, die Tschechoslowakei, noch einiges mehr. In diesen Tagen ist mir bewusst geworden, dass Politik in einem Menschenleben ebenso wichtig ist wie die Liebe. Sie reicht bis an die Haut, legt sich wie ein Hemd um den Körper, greift dir ans Herz wie deine innersten Gefühle. In diesen Tagen dachte ich an meinen besten Freund, der stets behauptete, politische Artikel müsse man schreiben wie Liebesbriefe – mit der gleichen inbrünstigen Intimität, dem gleichen Ernst und einer ebenso fiebernden Ungeduld. Sonst wären es keine politischen Artikel, sondern Papier, das kaltlässt. Und solange die ganz und gar Unpolitischen die »Politik« – also das, was geschieht – nicht als ebenso wichtig für sich erachten wie die Angelegenheiten ihres Privatlebens, so lange wird sich die große Masse gleichgültig zwischen den Ereignissen dahinwälzen und sich gar nicht klarmachen, dass diese Ereignisse bis unter ihr Dach reichen, bis an die Schüsseln, in die sie mittags ihre Suppe gießen. Sei es mir also verstattet, Ihnen zu schreiben, mir, einer namenlosen Angehörigen des tschechischen Volkes und einer Ihrer Leserinnen, in

92 Ausgabe vom 25.1.1939.

deren Leben Sie – der Schriftsteller – eine große Rolle gespielt haben.

– – –

Ich gehöre der Generation an, die in ihren Jugendjahren die Jahrhundertwende erlebt hat. Mein Gott, was waren wir für eine Generation! »Schöngeister« hat man uns genannt, und in der Tat zu Recht. Wir haben von der Kultur gelebt, haben sie verschlungen, haben uns damit geradezu gemästet. Auf den Spaziergängen am Ufer flüsterten wir uns Březinas Verse zu. Kannten jeden Takt jeder klassischen Sinfonie und aus der Kammermusik. Lasen Dostojevskij, Čechov, Turgenev, Flaubert mit derselben Begeisterung wie die heutige Jugend Kriminalromane. Wir lasen ganze Nächte durch, hörten abendelang Musik und kamen aus einer Art Verzauberung nicht mehr heraus. Das gewöhnliche Leben fanden wir allzu grob und rau für unsere empfindsamen, hehren Seelen. Sorgsam mieden wir, was nach Schweiß roch, nach menschlicher Schinderei und überhaupt nach Mensch. Ein Mensch war für uns die ein oder andere Figur aus einem berühmten Roman und dann natürlich: wir, die Auserwählten. Wir lebten in einem nebulösen Rausch kultureller Schönheit. Die ersten Schläge des Krieges krachten störend in unsere Träume. Wir waren Ausländer gewohnt, die durch Prag spazierten und sagten: Hübsches Mädel, Busserl, das war alles, was sie auf Tschechisch zustande brachten. In den ersten Kriegstagen lernten wir Ausländer kennen, die nur ein einziges tschechisches Wörtchen kannten: bolí – es tut weh. In den Wartesälen der Bahnhöfe lagen Verbundene, die Krankenhäuser waren voll mit zerschossenen Leibern, jämmerlichen, eiternden Stücken menschlichen Lebens. Wir erwachten in eine entsetzliche Wirklichkeit.

Und in diesem ersten klaren Erwachen der so empfindsamen Menschen erreichte uns Ihr Buch: »Sur le quais de la Vilette«. Pariser Vorstädte, Streik. Angriff der Autobusse. Anders als in der Literatur, die wir kannten, ging es dort nicht um die Seele des Menschen, hier setzte sich die Straße in Bewegung. Generalstreik, in geordneter Formation fuhren Autobusse gegen einen Polizeikordon, und der Mensch, der das alles vorantrieb, war ein Chauffeur. Nicht einer, Hunderte. Die Straße, die Busse und das Volk – das haben Sie uns gebracht. Von da an haben wir nicht nur die Ausnahmemenschen, sondern auch das gewöhnliche Volk gesehen. Sie haben uns gelehrt, dass jeder Mensch eine Ausnahme ist und dass die Scharen dieser Ausnahmemenschen das Volk sind. Sie haben den Schleier der Schöngeistigkeit zerrissen, haben ein mächtiges Loch hineingehauen, und vor uns weiteten sich Horizonte. Ich sage nicht, dass Sie mehr getan haben. Aber für uns war das unendlich viel. Wir waren empfänglich und liebten die Wahrheit. Und haben uns dann selbst auf die Suche nach ihr gemacht.

Ich hatte schon immer eine große Liebe für die Gesichter der Menschen. Es ist etwas Staunenswertes darin, und versteht man in einem Gesicht zu lesen, ist es ein kleines Wunder. An die Wand meines Studentenzimmerchens habe ich mir oft Fotografien von Menschen gehängt, die ich nicht kannte: Aber ihre Gesichter gefielen mir. Auch Ihr Bild, Meister. Ein grob modelliertes Gesicht und eine große Höckernase, kühner Blick und dichtes schwarzes Haar. Hinter Ihnen eine Unmenge Bücher und vor Ihnen ein Schreibtisch. So ein Bild an der Wand ist für den Zimmerbewohner fast wie ein Freund – oder Kumpan, wenn Sie so wollen. Sie freuen sich und schauen es an. Sie weinen und schauen es an. Es ist ein Stück von Ihnen, es drückt etwas von Ihnen aus – zumindest meinen Sie, dass es so ist. Bei mir war es die ungemein schmerzhafte und schwere Rückkehr aus einem fünfzehnjährigen Traum auf den Boden der Erde. Und außerdem waren Sie für mich – wie für uns alle – Mut, Glaubwürdigkeit und Kühnheit in Person. Ihr Bild hing an besagter Stelle, bis –

– – –

Vor einigen Tagen las ich in der *Přítomnost* Ihre Verteidigung. Wäre ich Politiker, würde ich – sofern bekannt – alle Fakten im Zusammenhang mit den Septemberereignissen auflisten, in der Hoffnung, dass eine so glasklare Sache dann auch Ihnen deutlich wird. Aber ich bin kein Politiker. Ich bin nur Angehörige einer kleinen Nation, die von der Politik betroffen ist. Und daher kann ich Ihnen nicht politisch, sondern nur privat antworten und kann Ihnen das sagen, was Ihnen jeder andere dieser Nation auch sagen würde. Wir sind eine tapfere und hochentwickelte Nation – aber eine kleine. Kleine Nationen haben viele Katastrophen überstanden, einfach und allein deswegen, weil sie klein sind. Jeder von uns nimmt das als selbstverständlichste Sache des Lebens. Und gerade weil wir uns dessen so bewusst sind, ließe sich keinem von uns so ohne weiteres einreden, dass eine Großmacht aus Liebe zu uns ein Bündnis mit uns schließt. Es mag Sympathien zwischen einzelnen Staaten geben und vielleicht auch Verbindendes. Aber weder das eine noch das andere reicht für eine militärische Allianz. Dazu bedarf es gemeinsamer Interessen und einer gemeinsamen Sache. Wenn Frankreich bereit war, ein Bündnis mit uns zu schließen, so hatte *Frankreich* Interesse an diesem Bündnis mit uns. Jeder Bauersmann und jeder Flickschuster bei uns wird Ihnen das sagen. Wenn Frankreich uns dann im entscheidenden Augenblick nicht zur Seite stand, hat es uns eben verraten, das liegt auf der Hand. Aber es hat auch sich selbst verraten. Das heißt: vor allem sich selbst. Wenn das französische Volk nämlich behauptet, dass es nicht nötig wäre, wegen drei Millionen Deutschen, die in ihr Vaterland zurückwollen, Krieg zu führen, so ist das ein Irrtum, denn vielleicht wäre es ja nötig, für viele Millionen Franzosen und für ganz Frankreich in den Krieg zu ziehen. Solange Sie, Meister, die Septembertage als Katastrophe bezeichnen, die *Frankreich* ereilt hat – so lange bleibt Ihre Verteidigung gegenstandslos.

Das Politische mögen andere mit Ihnen erörtern. Aber die Wahrheit dieses ganzen Geschehens ist zu teuer bezahlt, als dass wir sie nicht klar und deutlich sehen und nicht die *persönliche* Notwendigkeit einer Entgegnung verspürten.

Nur so viel noch: Sie sprechen von der Moral unseres und von der Moral des französischen Volkes. Kein Volk auf der Welt liebt den Krieg. Jeder Mensch auf Erden hat Angst vor ihm. Lebendiges Fleisch liebt das Leben und nicht die Wunden, nicht den Eiter und das Sterben. In diesen Septembertagen sind wir, und teilweise auch die Franzosen, eingerückt: Keiner von uns wollte sterben. Und doch sind wir beide mit aller Selbstverständlichkeit und tapfer eingerückt. Während wir aber kampflos wieder abzogen, habt ihr gelacht und gejubelt –

und wir haben geweint. Ihr habt gejubelt, weil man euch erlaubt hat zu leben. Das mag verstehen, wer will. Wir jedenfalls nicht – wir nämlich haben geweint, weil es uns verwehrt war zu sterben – für unsere *gemeinsame* tschechisch-französische Sache, Meister.

Inzwischen hat sich bei uns vieles verändert. Das Volk ist sensibel und hat ein erstaunliches Gespür. Es verzeiht viel leichter offene Feindschaft als beschönigten Verrat. Unser Mann vom Dorf oder in der Fabrik sagt heute über die Deutschen: Die haben den Bogen raus, bei allem, was recht ist. Und über die Franzosen: Ach, ich sage es lieber nicht. Ich weiß nicht, ob diese Nachricht sie freuen wird.

Adieu, Jules Romains.

Přítomnost, 1.2.1939

Prag, morgens am 15. März 1939

Wie tragen sich die großen Ereignisse zu? Überraschend und mit einem Schlag. Und sind sie erst geschehen, stellen wir fest, dass wir *nicht* überrascht sind. Man hat doch so eine Ahnung und ein Wissen um die Dinge, die kommen werden, nur wird es vom Verstand, dem Willen, dem Wunsch, der Angst, der Eile und der Arbeit übertönt. Sobald die Seele des Menschen eine Sekunde nackt und frei bleibt, mit nichts als ihrem geheimen Gespür, weiß sie sofort: Ich hab's geahnt. Nicht umsonst gehen jetzt so viele herum und sagen: Ich hab's geahnt, ich hab's immer gesagt. Und ich glaube ihnen. Wir alle haben es geahnt, und hätten wir besser auf die Stimme unseres Herzens gehört, als wir zum Beispiel allein zu Hause saßen oder bei Taganbruch müde erwacht sind, hätten wir Worte gefunden für unsere Gefühle, die wahr sind, und nicht nur für die oft so verbogenen Gedanken, dann hätten wir gesagt: Wir rechnen damit. Aber in der Logik der Dinge ist zugleich auch Unlogik. Jeder rechnet im Leben mit einem ganz besonderen Ereignis: mit Glück, Not, Krankheit, Hunger, Tod. Aber wenn es herankommt, erkennt er es nicht. Das Einzige, was er weiß, ist, dass es ihn völlig im Griff hat, ihm weder Zeit noch Möglichkeit lässt zu handeln.

Als am Dienstag um vier Uhr morgens das Telefon klingelte, als die Kameraden und Freunde anriefen, als der tschechische Rundfunk zu senden begann, sah die Stadt unter unseren Fenstern aus wie in jeder anderen Nacht. Der Lichterteppich unter den Fenstern hatte dasselbe Muster, die Kreuzungen bildeten dieselben Kreuze. Nur dass ab drei Uhr langsam ein Licht nach dem anderen anging, bei den Nachbarn, gegenüber, unten, oben, dann in der ganzen Straße. Wir standen am Fenster und dachten: Die wissen es auch schon. Wir haben andere mit einem Anruf geweckt: Wisst ihr es schon? Und sie sagten: Ja. Trüber Morgendämmer über den Dächern, ein bleicher Mond hinter dunklen Wolken, unausgeschlafene Gesichter, eine Tasse heißer Kaffee und regelmäßige Rundfunkmeldungen. So kommen die großen Ereignisse zu den Menschen: lautlos und unversehens.

– – –

In den deutschen Zeitungen war eine Reportage über die deutschen Soldaten, die auf Prag zufuhren: eine friedliche Stadt im Frühlingsmorgenlicht, die Kolonne deutscher Wagen, darauf Männer mit klopfendem Herzen: Wie wird es dort sein? Wie werden die Menschen in diesen fremden Straßen sich verhalten? In der Vorstadt halten sie den ersten Fußgänger an, einen Arbeiter auf dem Weg zur Schicht. Sie erkennen auf den ersten Blick, dass er alles weiß. Er verhält sich ruhig, weist ihnen wortlos und friedlich die Richtung.

– – –

Wie immer, wenn Großes geschieht, verhalten die Tschechen sich fabelhaft. Dem Tschechischen Rundfunk sei Dank für die knappe Sachlichkeit, für die Beharrlichkeit und die Geduld, mit der er alle fünf Minuten gesendet hat: Die deutsche Armee rückt von der Grenze auf Prag vor. Bewahren Sie Ruhe. Gehen Sie in die Arbeit. Schicken Sie Ihre Kinder zur Schule.

Um halb acht machte sich eine Heerschar von Kindern auf den Weg in die Schule, wie immer. Arbeiter und Beamtenschaft fuhren zur Arbeit, wie immer. Die Elektrischen waren voll, wie immer. Aber die Menschen waren anders. Sie standen und schwiegen. Nie habe ich so viele Menschen schweigen gehört. Auf den Straßen nicht ein einziges Grüppchen. Kein Diskutieren und Spekulieren. In den Ämtern hob keiner den Kopf von der Arbeit. Ich weiß nicht, woher diese einhellige Geschlossenheit von Tausenden rührt, dieser einstimmige Rhythmus Tausender Seelen, die sich nicht kennen: Am 15. März 1939 um fünf nach halb neun erreichte die reichsdeutsche Armee die Národní třída. Auf den Gehsteigen strömten die Menschen, wie immer. Keiner schaute hin, keiner wandte sich um. Die deutsche Bevölkerung Prags begrüßte die reichsdeutschen Soldaten.

– – –

Auch sie haben sich uns gegenüber anständig verhalten. Überhaupt ist bemerkenswert, wie sehr die Sache sich ändert, wenn eine Formation zerfällt und ein einzelner Mensch vor uns steht. Auf dem Wenzelsplatz ist ein tschechisches Mädchen einer Gruppe deutscher Soldaten begegnet – und weil es schon der zweite Tag war und bei uns allen die Nerven doch schon ein wenig blank lagen und weil man erst am zweiten Tag besser versteht und mehr nachdenkt –, schossen ihr die Tränen über die Wangen. Und da geschah etwas Merkwürdiges: Ein deutscher Soldat trat auf sie zu, ein einfacher, gewöhnlicher Soldat und sagte: Aber Fräulein, wir können doch nicht dafür …! Er sagte es, als wolle er ein kleines Kind beschwichtigen. Er hatte ein deutsches Gesicht, ein bisschen sommersprossig, leicht ins Rötliche spielendes Haar und eine deutsche Uniform, ansonsten unterschied er sich in nichts von einem tschechischen Infanteristen, von einem einfachen, seiner Heimat treuen Mann. Und so standen da zwei Menschen einander gegenüber und »konnten nicht dafür …«. Und in diesem einfachen, schrecklich alltäglichen Satz liegt der Schlüssel zu allem.

In einem Straßenbahnwaggon kam es zu einem anderen Vorfall: Ein junger Tscheche mit Armbinde führte große Reden: was wir jetzt unternehmen werden und wen wir jetzt alles aufs Haupt hauen und wie wir dem Ganzen eine Ende setzen und es der Welt so richtig zeigen. Außer der Armbinde hatte er am Revers auch ein Hakenkreuz. Und als diese Reden in die große Stille des Waggons fielen, erhob sich auf einmal ein deutscher Offizier, der in der Ecke gesessen hatte, trat auf den jungen Kerl zu und sprach ihn auf *Tschechisch* an: »Sie sind Tscheche?« Der junge Kerl plusterte sich auf und sagte überaus selbstbewusst: »Ja, ich bin Tscheche.« Da nahm ihm der Offizier das Hakenkreuzabzeichen vom Revers und sagte sehr ruhig und sehr nachdrücklich: »Dann haben Sie nicht das Recht, so etwas hier zu tragen.«

Sehen Sie, es gibt Momente, da möchte man auf einen deutschen Offizier zugehen und sagen: Ich danke Ihnen, mein Herr.

Ich habe vor einigen Tagen mit einem Deutschen gesprochen, natürlich war er Nationalsozialist. Er hat sich sehr ausführlich und sehr überlegt zur Stellung der Tschechen geäußert, zu den Vorteilen, die wir nun seiner Meinung nach hätten, und zu den Nachteilen, die er selbst durchaus einsah. Das ist im Großen und Ganzen nicht von Interesse, denn noch ist alles im Werden und auch gut informierte Leute können nicht mehr sagen als ihre Meinung. Interessant aber war sein Bild von den Tschechen, er fragte mich fast schüchtern: Wie können Sie mir erklären, dass so viele Tschechen zu uns kommen und mit Heil Hitler grüßen?

Tschechen? Das ist sicher ein Irrtum.

Das ist kein Irrtum. Sie kommen zu uns aufs Amt, heben den rechten Arm und sagen Heil Hitler. Warum? Ich könnte Ihnen von einem Schriftsteller erzählen, der sich sehr darum bemüht – jetzt schon und mit Hochdruck –, dass seine Dramen in Berlin auf die Bühne kommen. Ich könnte Ihnen von vielen Leuten erzählen, die mehr tun, als sie müssten, und geradezu übereifrig, überemsig sind. Wissen Sie, ein Deutscher hat Verständnis für Nationalstolz, für ein nationales Rückgrat. Glauben Sie mir, für unterwürfiges Verhalten hat ein Deutscher heutzutage bestenfalls ein mitleidiges Lächeln.

– – –

Innerhalb von zwei Tagen hat sich das Gesicht der Stadt bis zur Unkenntlichkeit verändert. In den Lokalen die Männer tragen Uniformen, die wir nicht einmal von Bildern her kennen. Durch die Straßen fahren Wagen, die wir noch nie gesehen haben. Sie fahren hierhin und dorthin, immer wissen sie, was sie tun sollen, agieren höchst entschlossen und zielstrebig, in den Buchhandlungen werden Stadtpläne von Prag gekauft, englische und französische Bücher. Soldatengruppen gehen durch die Straßen, bleiben vor den Schaufenstern stehen, schauen, reden. Und bei alledem steht nicht ein Rädchen still, keine Feder, keine Maschine.

Auf dem Staroměstské náměstí[93] befindet sich das Grab des Unbekannten Soldaten.[94] Von diesem Grab ist jetzt nichts mehr zu sehen, es liegt unter einem Berg von Schneeglöckchen. Eine bewundernswerte Kraft, die heimlich die Schritte der Menschen lenkt, führt scharenweise die Prager hierher, und jeder legt einen Strauß Schneeglöckchen auf dieses kleine Grab der großen Erinnerung. Die Menschen stehen rundum mit Tränen. Nicht Frauen und Kinder: auch Männer, die Tränen nicht gewohnt sind. Und wieder ist das irgendwie ausgesprochen *tschechisch*: das ist kein Klagen, das ist auch keine Angst, ist keine Verzweiflung, kein Gefühlskrampf. Es ist einfach nur Trauer. Irgendwo muss die Trauer hinaus, einige hundert Augen muss sie mit Tränen füllen. So entstehen nationale Gebräuche, so sehen die ersten Quader langjähriger Traditionen aus. Am 15. März werden tschechische Mütter mit ihren tschechischen Kindern zum Grab des unbekannten Soldaten gehen und Schneeglöckchensträuße niederlegen. Und es wird sich als große Opferhandlung in das Bewusstsein der Menschen prägen.

Im Rücken dieser Menge habe ich einen deutschen Soldaten vorübergehen sehen, und er blieb stehen und salutierte. Er hat in die verweinten, geröteten Augen geblickt, auf die Tränen, auf die verschneiten Schneeglöckchenberge, er hat Menschen

93 Dt. Altstädter Ring.

94 Das Grab des unbekannten Soldaten auf dem Altstädter Ring, das seit 1922 bestand und die sterblichen Reste eines tschechoslowakischen Soldaten aus dem Ersten Weltkrieg enthielt, wurde 1941 von Reichsprotektor K.H. Frank liquidiert.

weinen sehen, und geweint haben sie, weil er hier ist. Und er hat salutiert. Er hat wohl verstanden, warum wir traurig sind. Und ich sah ihm hinterher und dachte an jene Große Illusion: Werden wir wirklich je nebeneinanderleben – Deutsche, Tschechen, Franzosen, Russen, Engländer –, ohne uns zu verletzen, ohne uns hassen zu müssen, ohne einander Unrecht anzutun? Werden die Staaten sich eines Tages wirklich verstehen, wie sich einzelne Menschen verstehen? Werden die Grenzen zwischen den Ländern fallen wie in den Beziehungen zwischen den Menschen?

Wie wäre es schön, das zu erleben!

Přítomnost, 22.3.1939

Von Nüchternheit und Geste

Der italienische Ministerpräsident Mussolini hat in seiner Rede auch ein paar Sätze über uns gesagt: In der tschechischen und der deutschen Presse sind sie fast ohne Widerhall geblieben! »Ein Volk, das über so viele Männer verfügt, über ein solches Waffenarsenal, und nicht einmal eine *Geste* zustande bringt, ist für das Schicksal, von dem es ereilt wurde, reif – ja überreif!«

Wir haben keine Geste zustande gebracht. Das ist durchaus wahr. Ich habe den Eindruck, dass wir in Mitteleuropa eine wunderliche Insel mit wunderlichen Bewohnern sind. Staunend lese ich das Buch eines reichsdeutschen Historikers, das die Ankunft der Preußen 1866 in Hradec Králové[95] schildert. Auch damals hat es keine Geste gegeben. Die Menschen hatten auf den Feldern zu tun und haben den Kopf nicht von der Arbeit gehoben. Haben geschwiegen und das ihre getan. Fast ist es, als würden wir eine Schilderung der vergangenen Tage lesen. Als würden bestimmte Momente in der Geschichte sich haargenau wiederholen. Nein, die Tschechen sind kein Volk mit Sinn für Gesten. Und ich sage mit Stolz und Selbstach-

95 Dt. Königgrätz. Angespielt ist hier auf die Entscheidungsschlacht (4.7.1866) zwischen Preußen und Österreich im Deutschen Krieg.

tung: Wir sind ein Volk von Menschen, die arbeiten. Durch Arbeit haben wir uns zu einer eigenen Kultur durchgekämpft, zu einer eigenen Wissenschaft, einer eigenen Musik und einer eigenen Literatur. Von den Vertretern unseres kulturellen und politischen Lebens ist es zum Ackerboden, zum Hammer, zur Maschine nicht weit. Wir sind Leute mit schwieligen Händen, und schwielige Hände verschaffen dem Hirn eine nüchterne, klare Liebe zur Wahrheit. Das ist unser Gut, diese Liebe zur Wahrheit und ihrer Erkenntnis.

Eine tschechische Geste am 15. März 1939 wäre in jedem Falle eine selbstmörderische Geste gewesen. Vielleicht ist es ja schön, umsonst zu sterben. Vielleicht ist es schön, sein Blut in einer heroischen Geste fürs Vaterland zu vergießen. Ich glaube sogar, dass es nicht einmal schwer ist. Wir aber müssen etwas ganz anderes tun. Wir müssen leben. Wir müssen geizen mit jedem Mann, den wir haben, mit jeder Kraft, und sei sie auch noch so gering. Wir müssen in jedem lebenden Menschen das Wort unserer lebendigen Sprache bewahren, unsere nationale Eigenständigkeit und ihren Ausdruck. Wir sind nicht zahlreich genug, um uns Gesten erlauben zu können. Wir müssen alle zusammenstehen und den Boden verteidigen, über den wir gehen, die Sprache, die wir sprechen, die Kultur, die aus uns erwachsen ist, und die Lieder, die wir singen.

Přítomnost, 29.3.1939

Was die Deutschen von den Tschechen erwarten

»Die Tschechen stellen uns jetzt sehr häufig die Frage, was wir eigentlich von ihnen wollen. Allein schon die Tatsache, dass sie uns fragen und dass diese Fragen uns überraschen, beweist, wie sehr wir uns einander entfremdet haben und wie schwierig die Aufgabe ist, vor der wir stehen – wir Deutsche und ihr Tschechen. Sich aufrichtig zu verständigen und vor allem zu verstehen, in welcher seelischen Verfassung ein Tscheche die jetzigen Tage durchlebt. Bereits im Oktober und im November habe ich sehr oft die Frage gehört, was wir von den Tschechen denn jetzt noch wollen, und im Februar, als das Zerwürfnis zwischen Berlin und Prag sich langsam abzuzeichnen begann, wurden die Fragen dringlicher: Was habt ihr mit uns denn *jetzt noch* vor, was erwartet ihr von uns? Eine Antwort darauf fiel schwer, auch wenn wir genau wussten, was wir von den Tschechen erwarten. Aber das ist wie in der Ehe. Einer erwartet vom anderen, dass er sich auf eine bestimmte Weise verhält, aber der andere muss es selbst erspüren und selbst wissen, wie er sich verhalten soll – sobald er fragt und sobald man ihm die Sache erklären muss, wird sein Tun, sein Entgegenkommen, seine freundliche Geste wertlos.

Nun wieder hören wir die Frage: Was erwartet ihr eigentlich von uns? Wir meinen zwar, dass das längst schon bekannt sein sollte, und verstehen die Angst der Tschechen um ihre nationale Existenz nicht, die ihnen der Führer ja garantiert hat, verstehen auch nicht, was eigentlich an unserer Erwartung noch unklar sein kann. Aber dennoch will ich es versuchen – und es sei einmal deutlich gesagt, und nicht von einem Politiker oder wichtigen Journalisten, sondern von einem Mann, der glaubt, dass er denkt und fühlt, wie sein ganzes Volk heute denkt und fühlt.

Vor allem also: Wir haben erwartet, dass die Tschechen die Ereignisse im Sommer und im Herbst 1938 völlig anders bewerten würden, als es der Fall war. Warum wollten die Tschechen einfach nicht einsehen, dass durch das Münchner Abkommen kein Unrecht geschehen ist, sondern Unrecht gutgemacht wurde? Im Jahr 1919 habt ihr uns eurem Staat einverleibt, ohne uns zu fragen. Wir haben zunächst protestiert, aber dieser Protest wurde von der Staatsgewalt unterdrückt. Wir haben uns durch die von uns gewählten parlamentarischen Vertreter zu Wort gemeldet, aber ihr habt unsere Proteste so wenig zur Kenntnis genommen wie alle unsere sonstigen Forderungen, Wünsche und Beschwerden. Und habt euch dabei auf Wilsons vierzehn Punkte berufen, auf das Selbstbestimmungsrecht aller Völker. Ihr versteht nicht, ebenso wenig wie offenbar auch die Briten und die Franzosen, dass dem deutschen Volk, jedem Deutschen von den Jahren 1918 und 1919 her eine tiefe Wunde geblieben ist, oder wenn wir es psychologisch fassen: ein ›Trauma‹. Ihr habt das Wilson-Programm überall da geltend gemacht, wo es euch zupass kam, und überall da missachtet, wo es mit dem Konzept eures siegreichen Friedens kollidierte. Ihr habt die Ungarn nach dem Recht auf Selbstbestimmung geteilt, aber zugleich habt ihr drei Millionen Ungarn unter strategischen Gesichtspunkten in andere Staaten inkorporiert. Ihr habt gedacht, ihr könntet aus Anleihen, Almosen und Einmischung eine Eigenstaatlichkeit aus dem Boden stampfen. Noch 1931 war euer Beneš so kühn, dem Deutschen Reich mit Krieg zu drohen, wenn es zu einem Anschluss Österreichs käme!

Wir fragen euch, wisst ihr das denn nicht? Habt ihr nie darüber nachgedacht? Und wenn doch, ist euch dabei nie eingefallen, dass man Unrecht gutmachen muss und dass das in München geschehen ist? Im Herbst habt ihr gesagt, dass wir uns von eurem Land Stücke abschneiden wie Gliedmaßen lebendigen Fleisches. Und was habt ihr 1919 mit der ungarischen Grenze gemacht? Nach dem System, nach dem ihr damals die Grenzen Ungarns festgelegt habt, hätte man in München die deutsch-tschechische Grenze noch 30 km weiter ins Land hinein verlegen müssen. In euren Zeitungen wollte das Jammern über das Schicksal von Polička[96] kein Ende nehmen – man hat es zurückgegeben; Wir haben 1919 Hunderte Poličkas verloren, im Namen der Gerechtigkeit, wie man uns sagte, und zum Zwecke der Völkerverständigung. Und das wisst ihr nicht? Oder habt ihr das so schnell vergessen oder nie auch nur einmal darüber nachgedacht? Im Oktober meinten wir schon, dass ihr zur Besinnung kommt und dass ihr die Wahrheit anerkennt. Stattdessen mussten wir in den Zeitungen lesen, zwischen den Zeilen heraushören, aus dem Geflüster erlauschen und schließlich offen aus den Reden eurer Staatsmänner vernehmen, dass ihr der Meinung seid, euch sei ein ungeheures Unrecht geschehen. Unrecht angetan haben euch vielleicht eure Verbündeten, aber nicht Adolf Hitler, der eine Ordnung geschaffen hat, und zwar exakt nach den Grundsätzen, die ihr uns 1918 als Muster eines gerechten Friedens vorgesetzt habt. Ihr habt euch wegen der einen Million Tschechen beklagt, die unter deutsche Oberhoheit geraten sind. Dass die Hälfte davon Kolonisten

96 Polička, dt. Politschka, eine Stadt im Bezirk Svitavy, dt. Zwittau, wurde nach dem Münchner Abkommen zwischen dem 10.10. und 24.11.1938 von der deutschen Wehrmacht besetzt, dann als rein tschechische Stadt an die ČSR zurückgegeben.

waren, die man während der vergangenen zwanzig Jahre in das deutsche Gebiet geschickt hat, das habt ihr verschwiegen. Eure Staatsmänner haben erzählt, dass euer Staat ärmer geworden sei, kein einträgliches Gut mehr darstelle, sondern nur noch eine Chaluppe. Ist das nicht zugleich ein Bekenntnis, dass unsere Heimat, das Sudetenland, zwanzig Jahre Kolonialgebiet war, in das ihr eure Leute geschickt habt: Beamte, Offiziere, Geschäftsleute, Unternehmer, Eisenbahner, Briefträger, Wirte etc., und auf dessen Kosten ihr eure tschechischen Städte herausgeputzt und vergrößert habt? Wir erwarten von den Tschechen, dass sie auch das wissen. Mündlich und schriftlich haben uns immer wieder sehr schöne, aber sehr unverbindliche Worte erreicht, demokratische Heilsbotschaften, aber vier- bis fünfhunderttausend Deutsche haben gehungert, die Hoffnung verloren und unseren jungen Leuten blieb nichts anderes übrig, als aus der Heimat zu fliehen, denn drei Viertel der üblichen gewerblichen Berufe waren ihnen verschlossen. Unsere einst so blühenden Dörfer und Städtchen verkamen zu Brachen, zu Industriefriedhöfen, und Jahr für Jahr stieg in rein deutschen Gebieten die Zahl der tschechischen Kolonisten. Freilich, stürzt eine Nation aus dem Traum von Macht und Herrschaft in die Erkenntnis ihrer Machtlosigkeit, so ist das gewiss ein Unglück, aber deswegen nicht unbedingt Unrecht. Würden die Tschechen *diese Tatsache* anerkennen, fiele ihnen der Weg in die neue Zeit leichter.

Wir Deutsche aus dem alten Österreich haben 1918 die Fehler unserer Vorkriegspolitik begriffen. In unserem ganzen Land gab es keinen deutschen Politiker, der nach 1918 nicht erklärt hätte, dass wir unser Unglück verdienen, weil wir uns nicht im Stande gezeigt hätten, unsere geschichtliche Rolle zu erfüllen. Die gesamte junge sudetendeutsche Generation, die die SdP, nachdem sie alle anderen Parteien weggefegt hatte, um sich versammelte, stand in Opposition zur alten Vorkriegspolitik, sie war gegen eine Politik des kleinlichen nationalen Gezänks, gegen die Unterdrückung anderer Nationalitäten, und sie hat die alten Politiker vor allem deswegen davongejagt, weil sie deren Schuld und Unfähigkeit erkannt hatte. Wir erwarten, dass sich auch im tschechischen Volk endlich ein ähnlicher Ernüchterungsprozess vollzieht und man sich um eine gedankliche Wende bemüht.

Eine kritische Liquidierung der Vergangenheit: Das ist es, was wir von den Tschechen seit dem Herbst 1938 erwarten. Wir waren erstaunt und sind es immer noch, dass die Tschechen sich nicht bemüßigt fühlen, endlich einen kritischen Standpunkt zu einer Gestalt einzunehmen wie Masaryk. Staatsgründer? Ja freilich! Doch die Gründung seines Staates geschah nicht im Interesse der Tschechen, sondern um einer ideologischen Doktrin willen. Kein Deutscher wird euch nötigen, den Namen dieses Mannes aus den Gedanken oder dem Gedächtnis zu tilgen. Doch haben wir erwartet, dass ihr von selbst begreift, dass es nicht Hitler, sondern Masaryk war, der eurem Volk diese schwerste existenzielle Prüfung der letzten drei Jahrhunderte auferlegt hat. Wir haben erwartet, dass ihr euch in die Lektüre von Pekař[97] vertieft, dieses leidenschaftlichen Patrioten, wahren Realisten, dieses Historikers mit weitem Horizont, dessen Urteil Überblick hat, und dass ihr Masaryk am Format seines verkannten Kritikers messt.

Nein, wir verlangen nicht von euch, dass ihr euch gegenseitig denunziert. Es hat keinen guten Eindruck auf uns gemacht, dass so viele Tschechen seit dem 15. März zu uns kamen und nach der Verhaftung dieses oder jenes Mannes schrien, der angeblich Kommunist sei oder Beneš-Anhänger oder was auch immer. Die deutsche Polizei braucht keine Ratschläge von privat. Sie braucht keine Denunzianten. Es war uns keineswegs angenehm, dass manch ein Tscheche, dessen Gefühle vom Vortag wir mehr als gut kennen, sich über Nacht zum eifrigen Bewunderer des neuen Deutschland gemausert hatte. Von entscheidender deutscher Stelle wurde erklärt, dass wir keinerlei Begeisterung erwarten. Im Allgemeinen weiß man von uns, dass wir Denunzianten nicht schätzen, und wir müssen auch nicht betonen, dass wir nicht angewiesen sind auf politische Untermieter, die auftauchen, wenn die Arbeit getan ist, und sich an einen gedeckten Tisch setzen wollen. Die tschechische Rechte hatte von 1933 bis 1938 eine große Aufgabe. Sie hat sie nicht erfüllt. Sie war nicht in der Lage, sich Macht zu verschaf-

97 Josef Pekař (Malý Rohozec 1870 – Prag 1937), bedeutender tschechischer Historiker, der T.G. Masaryk in seiner Deutung der Geschichte widersprach.

fen und sie vernünftig anzuwenden. Die Deutschen erwarten und wünschen auch gar nicht, dass nun unter ihrem Schutz eine Bewegung aufkommt, die den Nationalsozialismus mehr schlecht als recht nachahmt. Den betreffenden Personen wurde dies aus berufenem Munde in in aller Deutlichkeit mitgeteilt.

Wir erwarten, dass die Tschechen auf ihrem Territorium selbst für Ordnung sorgen. Für Ordnung in der Wirtschaft, die ihre liberalen Traditionen endlich abstreifen muss, Ordnung in der Verwaltung, Ordnung im kulturellen Bereich. Das Reichsprotektoratsgesetz vermeidet es, wie alle neuen deutschen Gesetze, die nicht aus dem formaljuristischen Denken des römischen Rechts hervorgehen, sondern direkt aus dem Leben und die dem Leben auch dienen wollen, starre Formen für das deutsch-tschechische Zusammenleben auf dem Reichsterritorium festzulegen. Das Gesetz lässt Freiraum für beide Seiten. Es ermöglicht sehr weitreichende Eingriffe in die Eigenständigkeit der Tschechen und gewährt ihnen eine fast unbegrenzte Selbstverwaltung in allen nationalen Fragen. Die Deutschen erwarten, dass die Tschechen aus eigenem Antrieb einen Weg suchen, der zu einem friedlichen Zusammenleben führen könnte. In unbedeutenden wie wichtigen Dingen müssen die Tschechen inzwischen bemerkt haben, dass vorläufig niemand den Wunsch hegt, sich in ihre Angelegenheiten einzumischen. Aber glaubt ihr, dass uns Reminiszenzen an Wilson und Denis, ob es nun um die Benennung eines Bahnhofs geht oder um ein Denkmal, besonders willkommen wären? Wir wissen, dass die tschechische Jugend zwanzig Jahre lang im Geiste Masaryks erzogen wurde und ihre Vorstellung von der Welt dem wirklichen Leben daher nur wenig entspricht. Aber wir erwarten von den Tschechen, dass sie aus eigenem Antrieb Illusion und Ideologie aufgeben und zur Realität zurückfinden, überlassen es ihnen vorläufig, ihre Presse, ihren Film, ihre Literatur, ihre Schulen und ihre nationale Bildung den Forderungen des neuen Lebens anzupassen.

Das Protektoratsstatut gewährt den Tschechen freie Entscheidung: Entweder sie bauen aus eigener Kraft Neues auf oder geben dem Alten weiterhin Vorzug.

Wir haben die Vitalität, die Ausdauer und die nationale und politische Leistungsfähigkeit der Tschechen stets bewundert und bewundern sie noch heute. Die Disziplin, mit der das Volk die schwere Krise überwunden hat, die Ruhe, mit der es dem staatspolitischen Experiment des Herrn Beneš ein Ende gesetzt hat, imponieren uns, wie uns die stumme Trauer der Menschen imponierte, die eine Blume auf dem Grab des unbekannten Soldaten niederlegten. Die Geste unseres deutschen Generals beweist, dass wir Deutsche ein so würdiges Handeln verstehen. Wir werden euch nicht zwingen, Begeisterung zu empfinden für das, was über euch hereinbrach wie ein Gewitter aus scheinbar heiterem Himmel. Wir Deutsche befinden uns mitten in einer Revolution, mitten in einer Umwertung aller Werte. Ihr Tschechen habt an dieser Revolution keinen Anteil. Ihr habt gerade das Erlebnis einer eigenen Revolution hinter euch; sie folgte der Gesetzmäßigkeit der Französischen Revolution. Zwischen Nationen mit so unterschiedlich alter Entwicklung ist unmöglich eine völlige Übereinstimmung der Gefühle zu erzielen. Wir verlangen aber von euch, dass ihr nicht nur auf das schaut, was euch gegenwärtig mit Schmerz und Trauer erfüllt, sondern dass ihr nüchtern und ehrlich die Vorteile zu würdigen wisst, die für euch mit dem Eintritt in das Deutsche Reich verbunden sind.

Ihr seid nun Teil eines großen organischen Wirtschaftsraums, ihr werdet von allen Vorteilen profitieren, die die Deutschen aus ihrem wachsenden Territorium ziehen. Ihr seid besser als bisher geschützt vor der Gefahr eines Krieges, und im Falle eines solchen garantiert euch die Lage Böhmens und Mährens im Herzen Europas, dass ihr unter diesem Krieg weniger leiden werdet als andere. Ihr werdet keine Armee haben und keine eigene Außenpolitik, für eine ehrgeizige Nation ist das sicherlich schwer. Aber die Kraft der tschechischen Nation hat nie in der Bildung eines eigenen Staates gelegen, sondern immer in einer Politik, die es verstand, die Nation zu erhalten. Die Tschechen haben ihre Nationalität über Jahrhunderte hin und durch alle Krisen zu bewahren vermocht, sie werden sie sicher auch jetzt in ihrer neuen staatlichen Form behaupten. Staatsbildende Politik ist nicht Sache eines Volkes, das nie staatlich gedacht hat, sondern immer nur national. Eure großen Experimente mit der Eigenstaatlichkeit haben nie ein glückliches Ende genommen. Ihr habt eure Schicksale unter dem Schutz der deutschen Kaiser trefflich gelenkt; das werdet ihr auch unter dem Schutze des Führers tun. Dies zu begreifen und euer Leben entsprechend einzurichten – das ist, was wir von euch erwarten.«

Der Deutsche

II

Mir fiel die überaus schwere Aufgabe zu, auf Ihren Brief zu antworten. Wir beide – Sie und ich – stehen freilich nicht nur auf ganz anderem gedanklichen Boden, sondern befinden uns auch in einer ganz anderen Situation. Sie können allerlei lauthals verkünden. Und daher strecke ich freiwillig die Feder überall da, wo Sie von der Vergangenheit sprechen. Damit will ich nicht sagen, dass Sie meiner Ansicht nach nichts als die Unwahrheit sagen. Aber jeder von uns hat es anders erlebt. Hat dieselbe Sache, dasselbe Geschehen am jeweils gegenüberliegenden Ufer des gedanklichen Stromes erlebt. Aber welchen Sinn hat es jetzt, davon zu reden, dass irgendwo in der Vergangenheit eine Schuld liegt, ein Unrecht und seine Wiedergutmachung? Selbst wenn der Schlag, der die Tschechen 1938 ereilt hat, die bloße Wiedergutmachung eines Unrechts wäre, das man den Deutschen 1918 angetan hat – es waren andere, die diesen Schlag ausgeteilt, und andere, deren Haupt ihn erlitten. Die Menschen von 1939 haben wenig Schuld an dem, was 1914 und 1918 geschah. Diese Menschen wurden hier geboren, sind hier aufgewachsen und in ihre Schulen gegangen, und mit ungeheurem Fleiß und viel Beharrlichkeit haben sie breite Schichten ihres Volkes zum Licht der Bildung geführt; über Jahrhunderte hin war ihnen dies verwehrt geblieben. Sie haben ihre junge alte Sprache herangezogen, wie man Blumen im Beet heranzieht, und ihre Gedanken getragen wie Menschen anderswo Schmuckstücke. Wir haben gebaut, haben aufgebaut, unser Stück Land geliebt und damit geprahlt. Und wenn Sie Wort für Wort Recht haben sollten, wir konnten dennoch nicht anders fühlen.

Aber ich stimme völlig mit Ihnen überein, wenn Sie behaupten, dass unsere einstigen Verbündeten an unserem Schicksal größere Schuld haben als die Deutschen selbst. Die Deutschen haben uns gegenüber lediglich ihre Macht angewandt. Ganze Jahre und ganze Monate haben sie uns offen gesagt, was sie zu tun gedenken. Ich denke, es gibt hier in Böhmen nicht einen einzigen Menschen, der nicht wüsste, dass heimtückisch lediglich unsere Verbündeten waren. Gerade dieses Wissen hat sich schmerzvoller auf das Volk gelegt als alles andere.

Ich wiederhole: Jetzt ist die Hauptsache nicht, wie das alles passiert ist und wer die Schuld daran trägt – sondern: Wir stehen jetzt hier nebeneinander und mit dieser Tatsache müssen wir versuchen so zu Rande zu kommen, dass wir weiterleben können. Die Hauptsache ist, dass wir verstehen: wie weiter?

Gestatten Sie, dass ich einige Ihrer Sätze zitiere, die mir wichtig erscheinen:

»Es war uns keineswegs angenehm, dass manch ein Tscheche, dessen Gefühle vom Vortag wir mehr als gut kennen, sich über Nacht zum eifrigen Bewunderer des neuen Deutschland gemausert hatte …«

»Die Deutschen erwarten und wünschen auch gar nicht, dass nun unter ihrem Schutz eine Bewegung aufkommt, die den Nationalsozialismus mehr schlecht als recht nachahmt …«

aber:

»Wir erwarten, dass die Tschechen, auf ihrem Territorium selbst für Ordnung sorgen. Für Ordnung in der Wirtschaft, die ihre liberalen Traditionen endlich abstreifen muss, Ordnung in der Verwaltung, Ordnung im kulturellen Bereich.«

»…wir überlassen es vorläufig den Tschechen, ihre Presse, ihren Film, ihre Literatur, ihre Schulen und ihre national Bildung den Forderungen des neuen Lebens anzupassen …«

Glauben Sie denn, es ist Zufall, dass wir sind, wie wir sind? Sie selber äußern einen Satz, der freilich nicht tiefer in Ihr Bewusstsein zu dringen scheint: Wir Deutschen befinden uns mitten in einer Revolution, inmitten einer Umwertung aller Werte; *Ihr, die ihr Tschechen seid, habt an dieser Revolution keinen Anteil.* Sie benennen den Kern der Sache. Als die Nationalsozialisten vor einem Jahr in Wien einmarschierten, war es nur selbstverständlich, dass sie von den österreichischen Bürgern rasche Anpassung forderten. Die österreichischen Bürger sind nämlich Deutsche. Sie hatten Zugang zum Gedanken der deutschen Revolution, wie Sie selbst es nennen. Und nicht nur, dass sie diesen Zugang hatten, sie trugen auch den Keim der Begeisterung in sich, waren also bereit, sich mitreißen zu lassen. Dieser Wirbelsturm ist ein deutscher Wirbelsturm und muss freilich jeden Deutschen mit sich reißen, denn er gibt ihm Gelegenheit zur Teilhabe an einer heftigen Bewegung in der Geschichte. Wir haben unseren Charakter und Sie sagen selbst, er sei widerstandsfähig. Dieser Charakter ist anderen Wurzeln entwachsen, andere Quellen haben ihn genährt und andere Gebete ihn erhalten. Nichts von dem, was das deutsche Volk in den letzten zwanzig Jahren durchgemacht hat, ähnelt dem, was die Tschechen in den letzten zwanzig Jahren durchgemacht haben.

Angst, unsere Nationalität zu verlieren, haben wir nicht.

– – –

Ein Wort in Ihrem Artikel schmeckt allerdings bitterer als alles andere. Das Wort *vorläufig* …
Vorläufig überlassen wir es den Tschechen … Vorläufig erwarten wir von den Tschechen. Ich bitte Sie, begreifen Sie eines: dass wir kein Vorläufig mehr ertragen. Versuchen Sie, sich einen Augenblick hineinzudenken in das, was wir durchgemacht haben: Einmal war es so. Dann wieder so. Und schließlich anders. Immer wenn wir schon dachten, das Ziel wäre erreicht, war doch, wie wir feststellen mussten, wieder alles vergebens. Stellen Sie sich die Arbeiterscharen vor, die täglich ihren Pflichten nachgehen. Die Scharen der Bauern, die heute auf ihren Feldern arbeiten. Stellen Sie sich ein Achtmillionen-Volk vor, das endlich in Ruhe und Frieden arbeiten will, damit es seine Sache erhält. Stellen Sie sich vor, wie vielen Erschütterungen jeder Einzelne von uns ausgesetzt war: Und sagen Sie nie mehr wieder das Wort *vorläufig* … Wenn Sie wirklich Respekt vor dem tschechischen Volk und der tschechischen Nation haben, wie Sie schreiben, dann zeigen Sie es dadurch, dass Sie aus Ihren Gedanken jedes Provisorium streichen und jede Überraschung, die das Wort vorläufig in sich birgt.

Milena Jesenská
Přítomnost, 12.4.1939

»… sein Glück anderswo suchen?«

Die Angestellten der Auslandsvertretungen, die Angestellten der Passabteilung in Prag und die Angestellten des Immigration Office könnten heutzutage wohl einiges über die neue Emigrationswelle berichten. Vor den Konsulaten stehen die Leute schon ab Mitternacht, und die Mitarbeiter aller dieser Konsulate sinken vor Müdigkeit zusammen, denn sie müssen täglich Hunderte abweisen, bevor sie einen Menschen finden, der alle Zauber aufweist, die ein Emigrant in unseren Tagen braucht. Und dennoch geschehen Wunder: Menschen emigrieren. Mit einem Koffer und zehn Mark. Wohin? Sie zucken die Achseln. Was werden Sie da machen? Alles. Egal was. Wovon werden Sie leben? Vielleicht finden sich da gute Menschen, die über die ersten Wochen helfen, wir haben ja schließlich auch geholfen – und auf der Welt herrscht so eine ganz eigene Gerechtigkeit: Du hilfst einem Unbekannten, siehst ihn niemals mehr wieder, und nach drei Jahren vielleicht, wenn du hungrig auf der Straße stehst, hilft am anderen Ende der Welt irgendwer dir, denn die Vorsehung schickt ihren Lohn auf Umwegen.

Meistens sind es Juden, die ausreisen. Verständlich, dass sie möglichst schnell fortwollen, und sie können sich und uns dadurch nur helfen. Sie haben neue Pläne für eine neue Zukunft, suchen all ihre Fähigkeiten zusammen für neue Beschäftigungen und neue Arbeit. In der Zimmerecke, vor den Fenstern, die auf die Prager Dächer schauen, in einer halbleeren Wohnung, in Gedanken teils schon auf der anderen Seite des großen Teichs oder des Kanals, teils zitternd beim Anblick der Dächer Prags, erzählen sie halblaut ihren Traum: irgendwo eine Hühnerfarm, ein Häuschen, ein Stück Garten. All diese Träume sind unklar, und keiner hat je eine Hühnerfarm auch nur gesehen. Und sprechen sie von der Hühnerfarm, so wollen sie sagen: ein Ort, wo die Sonne aufgeht, keine Autos fahren, kein Rundfunk etwas meldet, keine Flugzeuge dröhnen – ein Ort, zu dem möglichst keine Nachrichten dringen. Es gibt solche Orte noch auf der Welt, behaupten sie mit leuchtenden Augen und ihr ganzes Sein lechzt nach Ruhe und Frieden, wie Rekonvaleszenten nach den Strahlen der Sonne.

– – –

Das kann man ihnen wohl kaum verübeln. Wahrscheinlich werden es nicht sehr viele sein, die weggehen. Zum einen ist es heute nicht einfach, ins Ausland zu fahren, zum anderen können die Menschen nur mit leeren Händen aufbrechen und dazu finden nicht viele den Mut. Die Mehrheit des tschechischen Volkes denkt nicht an Emigration, weil es Menschen sind, die hier ihre Arbeit und ihr Zuhause haben, ein Stück Land, sie haben hier ihre Pflichten, ihre Wurzeln, ihren Willen und ihre Sprache. Nicht jeder ist geschaffen für eine Verpflanzung. Nicht jeder ist geschaffen für die Emigration.

Emigration – das heißt nicht nur Sorge, Not, ein neues und schweres Leben. Emigration ist auch ein seelischer Zustand. Ein seelischer Zustand, der darin besteht, dass man ständig zurückschaut. Wissen Sie, gesunde Menschen machen Pläne, denken stets nach vorn, überlegen, einen neuen Schrank anzuschaffen, oder freuen sich darauf, dass sie im Sommer ans Meer fahren, dass sie im Frühling unter den Fenstern Krokusse setzen, dass sie die Kinder zum Studium schicken. Gebrochene Leute leben von der Erinnerung. Konzentrieren ihr Sein um etwas Gestorbenes. Ihre seelische Kraft liegt in der Liebe zu dem, was sie verlassen mussten. Ihre schöpferische Kraft erwächst nicht aus dem Lebendigen, sondern aus dem Respekt vor dem Unlebendigen. Die Tage und die Zeit laufen voran, aber ihre Gedanken sind an etwas festgeknetet, was sich nicht mehr weiterbewegt hat. Allein die Tatsache, dass sie leben, wird sie zwangsläufig immer weiter davon entfernen. In ihrem Innern erschaffen sie sich die Legende von der Heimat.

Eine Legende der Vergangenheit. Früher oder später erliegen sie einer seltsamen Täuschung: Sie sehen die Wirklichkeit nicht. Je größer die Liebe zu dem Verlorenen ist, umso zäher weigern sie sich, zur Kenntnis zu nehmen, dass ihre Heimat sich verändert hat. Die einfache Volksweisheit, dass »das Leben weitergeht«, ist ebenso unbarmherzig wie wahr. Wer sich dieser Gesetzlichkeit entziehen will, gleicht der Witwe, die den Rest ihres Lebens das kleine Grab gießt, in dem der liebe Verstorbene schon längst nicht mehr verwest. Die meisten Emigranten verfallen dem Blick zurück. Nur wenige haben die Kraft, sich dagegen zu wehren. Als sie weggingen, gehörten sie womöglich zur Elite einer hochentwickelten Nation, zu deren intellektuell repräsentativem Teil, zur tragenden geistigen Schicht. Doch wie durch geheimen Zauber beginnt diese geistige und seelische Reife nach wenigen Jahren zu verknöchern. Es fehlt an den Voraussetzungen für eine Weiterentwicklung und sie bleiben stehen, wie ein Uhrwerk, das niemand mehr aufzieht. Zu schöpferischer Arbeit treibt einen das Umfeld. Und wenig Menschen haben so viel seelische Festigkeit und Kraft, um ihre ureigensten Leistungen aus einem fremden Umfeld zu ziehen.

– – –

Ich bezweifle nicht, dass die Menschen, die ausreisen, für eine Arbeit an der geistigen Entwicklung der Nation meist verloren sind. Sie haben sich von dem großen Organismus losgerissen, beginnen irgendwo auf fremdem Boden ein privates Leben und können allein schon durch ihren Körper nicht mehr erklären, was die tschechische Sache sei. Und hätten sie einen noch so starken Willen, sie fallen vom Volk ab wie im Herbst die bunten Blätter vom Baum. Sie sind nicht etwa Abtrünnige. Doch Emigranten. Das heißt: Menschen, die unlebendig etwas Lebendiges lieben. Es zu lieben reicht aber nicht. Man muss ihm dienen, ihm helfen, es weiterentwickeln, wecken, hüten und dafür kämpfen.

Sind wir so viele, dass wir emigrieren dürften? Können wir uns den Luxus eines stillen Privatlebens irgendwo weit hinter dem Ozean oder dem Kanal leisten? Können wir es uns leisten, unsere geistigen Ressourcen hier so auszudünnen? Das ist, worüber ich nachdenke, wenn ich mit den Leuten spreche, die sich aufmachen und das »Glück anderswo suchen«.

Die Deutschen wundern sich so sehr über uns und fragen so erstaunt: Warum fürchtet ihr so sehr um eure Nationalität? Man hat euch doch gesagt, dass sie euch nicht genommen wird. Man hat euch doch versprochen, dass sie euch erhalten bleibt? Ihr habt doch ein Versprechen und ein Ehrenwort? Wozu die Befürchtungen?

– – –

Dabei muss man sich klarmachen, dass das kleine Stückchen tschechischen Landes heute übervölkerter ist als die deutschen Lande. Nicht nur übervölkert, von Menschen überflutet, die in den letzten Monaten existenziell betroffen waren. Ich weiß nicht – und denke, niemand weiß es –, wie viel Arbeitslose uns aus der ehemaligen Armee erwarten, wie viele Staatsbedienstete entlassen werden, wie viele Tschechen aus der Slowakei zurückkommen. Ganz sicher wird ihre Zahl nicht gering sein. Diese Menschen werden natürlich einen Lebensunterhalt suchen. Und allein die Tatsache, dass kaum alle bei uns im Land etwas finden, verursacht eine Art Emigration. Jeder Tscheche, der emigriert, hinterlässt ein Stück freigewordenes Land. Jede verpflanzte Blume hinterlässt etwas Humus für eine neue. Werden wir emigrieren, dünnen wir aus. Werden wir ausdünnen, haben wir weniger Kraft. Und wenn wir weniger Kraft haben, sind wir als Nation weniger widerstandsfähig. Auf ausgewaschenem Boden wachsen mickrige Blumen.

– – –

So, meine ich, müssen wir das betrachten. Wir sind eine Nation. Und müssen es bleiben. Jeder, der weggeht, nimmt ein Stück Scholle und etwas Wurzelwerk mit sich. Aber solange wir zusammenbleiben, wächst uns allein aus unserer Zahl Kraft zu – auch ein Bewusstsein von Nähe und Recht. Die Lücken zwischen uns müssen sich füllen – das ist ein physikalisches Gesetz: Es gibt keinen luftleeren Raum. Du gehst weg – und an deine Stelle setzt sich ein anderer. Also bleibe, halte stand und geh nicht. Wache über deinen Platz und verteidige ihn!

Přítomnost, 12.4.1939

Das ist ein deutsches Lied, und eins der schönsten.[98] Sofern es um Soldatenlieder geht, sind die deutschen immer schöner – und soldatischer – als unsere. Wir haben unser *Kvíteček za čepicí, Má milá pojď, ať také něco užiješ, Rozmarina,*[99] eher ein lyrischer, privater Gesang zum Takt der Tritte. Die Deutschen haben Soldatenlieder für ganze Kerls und zum Marschieren. Überhaupt würde ich sagen, wenn mich jemand fragen würde, worin auf den ersten Blick der deutlichste Unterschied zwischen Deutschen und Tschechen besteht: im Tritt. Wenn die tschechischen Soldaten unter dem Fenster vorbeizogen, flog übers Pflaster hin ein leichtes Schnalzen. Jetzt geht ein einziger deutscher Landser durchs Kaffeehaus und die Gläser erzittern und von der Decke fällt Putz – aber sie sind natürlich der Meinung, sie treten leise und vorsichtig auf, ich will niemandem Unrecht tun, aber dem deutschen Charakter fehlt's von den Knien abwärts.

Im Gang zeigt sich vor allem die Beziehung des Soldaten zur Armee und dann auch die Beziehung des Bürgers zur Armee: Selbstbewusstsein und soldatische Tugenden marschieren eins, zwei, eins, zwei durch die Welt. Die gesamte deutsche Nation wurde jahrhundertelang in dem Gedanken erzogen, Soldatsein sei eines Bürgers höchste Tugend. Der Deutsche ist Soldat selbst um den Preis, dass sein Privatleben in den Hintergrund tritt, dass er nicht alle Schulen schafft, wie er es sich in seiner Jugend vielleicht ausgemalt und ersehnt hat, dass er kein Handwerk erlernt und dass er mit strammem Schritt zum Marschlied Soldatendienst tut.

Bei uns war die Armee etwas anderes. Privatleute schlüpften vorübergehend in den Soldatenrock, und die Übrigen haben das im Großen und Ganzen nicht weiter beachtet. Sie schritten leise, traten bescheiden auf, und nie waren es so viele, dass

98 Refrainstrophe aus dem Kanonensong im ersten Akt der *Dreigroschenoper* von Bert Brecht. Jesenská zitiert ihn mit vorgetäuschter Naivität und provoziert so den Zensor bewusst.

99 Tschechische Soldatenlieder aus dem Ersten Weltkrieg, dt. in etwa: »Blümlein an der Kappe; Liebchen mein, marschier mit mir, sollst auch etwas erleben; Rosmarin«.

sie das Bild der Straßen oder irgendeiner Stadt verändert hätten. Für Kaffee- und Wirtshäuser hatten sie kaum Zeit. Bauer, Schuster, Häusler, Lehrer, Arzt und Arbeiter gingen ihre Bürgerpflichten lernen, ohne darin eine besondere Leistung zu sehen. Ich denke, der Schuster hat sich dabei eher etwas auf sein solide genähtes Schuhwerk eingebildet, der Arbeiter eher auf den runden Lauf der ihm anvertrauten Maschine als auf seinen geschickten Umgang mit der Handgranate. Sturzpflug, Breithammer oder Meißel schmiegen sich weicher in eine tschechische Hand als der Abzug eines Gewehrs. Und daher zeigt sich dieser Unterschied auch in der Beziehung zwischen Bürger und Armee. Seien wir ehrlich: Wir haben von ihr eigentlich gar nichts gewusst. Keine Propaganda hat sie uns nahegebracht, keiner hat uns erklärt, was unsere Armee eigentlich für eine Rolle hat. Wir wussten so ungefähr: Wenn es uns schlimm ergeht, werden die Soldaten das Land verteidigen. Wir hatten keine klare Vorstellung davon, wie man so etwas erlernt – und wir haben uns erst recht nicht klargemacht, dass dieses Handwerk in der heutigen Zeit das wichtigste ist. Wir wussten zwar, dass wir hervorragende Leute haben, dass wir alle unser Land lieben, dass wir imstande sind, ausgezeichnete Waffen zu produzieren, weil wir überhaupt ausgezeichnet zu arbeiten wissen. An der Qualität des tschechischen Soldaten hat weder im Inland noch im Ausland irgendwer Zweifel gehegt – aber vor allem deswegen, weil an der Qualität unserer Arbeit eben nicht gezweifelt werden kann. Wenn ein Tscheche etwas macht, macht er es ohne Pathos, still und bescheiden. Und so war auch unsere Armee. Und das ist der springende Punkt: Sind die Deutschen gute Bürger, weil sie gute Soldaten sind, so ist es bei uns umgekehrt: Wir waren gute Soldaten, weil wir gute Bürger waren.

Zwanzigtausend auf der Straße

Mit der Liquidierung unserer Armee standen zwanzigtausend tschechische Soldaten – vom Unteroffizier bis zum General – auf der Straße. Wenn wir die jüngst vergangene Zeit mit abgeschnürtem Herzen durchlebt haben, so gilt das für diese

Menschen hundertmal mehr. Ihr Handwerk war schließlich, unser Land zu beschützen. Dieser Aufgabe haben sie sich verschrieben, sie haben sie erlernt und gelebt. Haben zwanzig Jahre daran gearbeitet – und auf einmal konnten und durften sie es nicht mehr. Etwas ungelenk schlüpfen sie in ihre zivilen Kleider; an seinen Beinen erkennst du den Soldaten und Befehlshaber auch in zivilen Hosen sofort. Und nun gehen sie mit dem wehen Herzen des Pensionärs im eigenen Land umher. Ich kenne Ärzte, die in Pension gingen, als wir uns auf die Fahnen schrieben: »Junge Generation nach vorn«. Jetzt gehen sie an ihrer ehemaligen Klinik tatsächlich und in Gedanken auf Zehenspitzen vorbei, und wenn man in ihre Gesichter blickt, so ahnt man, dass der Verlust der Wirkungsstätte das Schlimmste ist, was einen Mann treffen kann. Und hier handelt es sich um Privatmenschen, die ihren Beruf ausgeübt haben. »Das ganze Leben lang lernt ein Soldat, dass das Leben keinen Wert hat …«, hat mir ein Oberst im grauen Anzug und mit Hemd und Krawatte erzählt. »Wissen Sie, das Leben ist wie ein Papierchen, das der Soldat gegen eine bessere Zukunft seines Volkes eintauscht.« Und diese bessere Zukunft beschrieb sein Arm in einem weitem, hoffnungsvollen Bogen, während das Papierchen zwischen seinem Daumen und dem Zeigefinger dahinschwand, wie eine Münze, die sich in Kleingeld verwandelt. Und diese zwanzigtausend Menschen mit einem Abschluss an der Technischen Hochschule und vor allem mit hohem moralischen Niveau sind unter uns. Menschen, die exzellent geschult sind, die mehr Überblick und moralische Disziplin haben als üblich. Und die Nation? Dem Schicksal sei's geklagt, wir nehmen sie ebenso wenig wahr, wissen ebenso wenig von ihnen wie früher.

Männer, die sich nicht beklagen

Es liegt im Charakter des Soldaten, dass er sich nicht aufs Jammern versteht. Wenn wir nun schon gezwungen sind, die Leute nach ihrem Stand zu beurteilen, gut, dann sind sie ein Stand und eine Zunft, deren erstes Werkzeug der Mut ist. Dann kommen Disziplin und Selbstdisziplin – was in eins fällt – und dann die

Organisation. Wenn Sie mit diesen Leuten sprechen und sich mit ihrer zwölfjährigen Praxis vertraut machen, wird ihnen klar, dass diese riesige Organisation eine Schule der Nation war, eine Schule, die jeder gesunde Mann aus allen Schichten und Klassen durchlaufen hat. Und klar wird auch, dass diese Organisation, so wie sie war, unpolitisch und doch mit einem ausgeprägten Bewusstsein für die Staatlichkeit, dem, woran wir heute so mühsam arbeiten, sehr nahe kam: der Einheit. Soldaten haben eine immense organisatorische Erfahrung, mental stehen sie einem Führer-System sehr nahe – was gar nicht anders möglich ist –, und man stellt sich die Frage, warum in aller Welt, als es darum ging, die staatliche Sache in die Hände einer einheitlichen, unpolitischen Organisation zu legen, dieser geschulte Apparat, der auch anderes als Soldatendienst leisten kann, nicht genutzt wurde. Im Übrigen: Was wir im Moment brauchen, gleicht so haargenau einem Soldatendienst ohne Waffen, und so erscheint es geradezu tragikomisch, dass ausgerechnet diese Männer in der gegenwärtigen Situation keine Arbeit haben. Aber das ist aus und vorbei und müßig, darüber nachzudenken. Heute stellt sich die Frage anders: Was machen sie jetzt und vor allem, was werden sie machen, wenn der Staat ihnen kein Gehalt mehr zahlt, was in erschreckend kurzer Zeit so sein wird.

Sicher, sie liegen nicht auf der faulen Haut. Sie haben nicht eine Minute pausiert. Sobald feststand, dass ihre Arbeit enden wird, haben sie sich in einem anderen Beruf schulen lassen. Der Offiziersverband nahm seine letzte Tätigkeit auf und organisierte für diese Männer Kurse. Sie alle hatten bereits eine sehr gute Ausbildung und einen hohen Wissensstand. Viele von ihnen haben mehrere Kurse absolviert und sind nun in besonderer Weise qualifiziert. Mich hat insbesondere der landwirtschaftliche Umschulungskurs interessiert. Wie verändert es einen Menschen, der »auf Kanonen wohnte« und nun auf einem Pflug wohnen soll? Was geschieht mit demjenigen, der eigentlich zum Töten ausgebildet wurde und jetzt Kartoffeln setzen und Rüben züchten soll? Ist das ein schmerzlicher Umbruch im Denken? Mit dieser Frage ging ich von Soldat zu Soldat auf der Suche nach Antwort.

Manchmal begegnete mir ein geduldiges Lächeln, manchmal amüsiertes Gelächter, immer aber Verwunderung. Ausgebildet zum Töten? Wieso denn das? Ausgebildet zur Verteidigung der Heimat. Ist das nicht dasselbe? Aber natürlich nicht. Wir wollten niemanden töten. Wir wollten verteidigen, damit zum Beispiel Sie nicht getötet würden. Da irren Sie sich gewaltig, wenn Sie das so sehen, sagte mir ein Mann in einer der fast ranghöchsten Uniformen und vielen Orden auf der Brust. Sehen Sie mal: Am ersten Oktober kamen die jungen Männer aus allen Ecken des Landes und wir mussten sie dann *erziehen*. Glauben Sie mir, in manchen Gebieten war das gewissermaßen buchstäblich so. Wir brachten ihnen lesen und schreiben bei, wie man eine Zahnbürste benutzt und wie man sich wäscht. Innerhalb einiger Monate wuchs unter meiner Führung ein Kollektiv heran, das moralische Werte zu pflegen begann, und erst die machen eine Armee: Kameradschaft, Tapferkeit, Aufrichtigkeit, Standhaftigkeit und Genügsamkeit. Sie wissen gar nicht, wie schön das ist, wenn sich in diesem zusammengewürfelten formlosen Haufen sozusagen der erste Gemeinschaftsgeist zeigt. Nach einem Jahr waren das ganz andere Menschen. Und sie sind nach Hause zurück und haben das Gelernte mit sich genommen. Das war eine ungeheure Schule der Nation, Sie ahnen ja nicht, wie wir mit diesen Menschen verwachsen waren und wie kameradschaftlich und gut unser Verhältnis war. Wie viele sind durch meine Hände gegangen! Wie hab ich sie alle studiert! Eingeteilt! Unterrichtet! Wie gut hab ich sie verstanden … Nun ja, mehr habe ich von diesem Mann nicht mehr erfahren, denn bei der Erinnerung an seine Jungs, aus deren Herzen er die besten Funken menschlicher Würde zu schlagen wusste, kullerten die Tränen über seine Wangen wie gläserne Schusser.

Aber Sie sehen eines daran: Es war eine positive, eine schöpferische Arbeit. So eine kollektive Einheit lässt sich nicht ohne individuelle Arbeit zu einem Ganzen schweißen. *Die Frage des Kampfes ist eine Frage der Nerven*, hat ein Soldat mir gesagt. Wenn die Leute gute Nerven haben sollen, muss man sie vorher charakterlich erziehen. Wir krempeln die Leute um. Wir können das. Ein Soldat wird ein besserer Arbeiter sein als irgendwer sonst. Er hat mehr Pflichtbewusstsein, und für ihn ist es ganz selbstverständlich, dass er seine Arbeit so gut wie möglich macht. Er will sein Organisationstalent, sein Können und seine Erfahrungen im praktischen Leben anwenden. Er wird im Garten und auf dem Feld dieselbe Aufbauarbeit leisten wie in den Kasernen. Ja, besser noch. Der Kurs vermittelt ihm zwar vor allem theoretische Kenntnisse, aber die besten und modernsten. Bei uns arbeitet man überall noch nach alter Tradition, und Tradition ist ja auch »eine schöne Sache, aber manchmal ist sie auch ein richtiges Luder, das uns eine Fußfessel anlegt, mit Eisenkugel.« Unser Soldat von früher würde auf tschechischem Ackerboden ein ganzes Dorf auf Vordermann bringen.

Was haben sie gelernt?

Eine ganze Menge. Ich will nur ein paar der Vorlesungen nennen, die sie unter der verständigen und engagierten Führung unserer besten Fachleute absolviert haben: Gesundheitsvorsorge beim Tier. Agrarökonomie (das ist die Lehre von der Verteilung des landwirtschaftlichen Kapitals, von Gewinn, Verzinsung, Amortisation, steuerlichen Abgaben, Versicherung). Milchwirtschaft. Gesundheitslehre der Pflanzen. Obst- und Gemüsebau. Futterpflanzenbau. Hackfrüchte. Getreidebau, Anbau von Hülsenfrüchten und Ölpflanzen. Düngen und Düngemittel. Der Boden und seine Bearbeitung. Zucht und Haltung von Rind und Schwein. Kleintierhaltung. Organisation des landwirtschaftlichen Betriebs. Jeder dieser Bereiche ist eine Wissenschaft für sich. Eine Wissenschaft, die in unseren modernen Zeiten weiter fortgeschritten ist, als der Laie ahnt. Kenntnisse darin sind ein nationales Gut, denn die Schweinezucht zum Beispiel ist eine höchst patriotische Sache und eine richtige Bodennutzung auch. Natürlich, die Soldaten, die nur theoretische Kurse absolviert haben – das Praktische beschränkte sich auf Anschauungsmaterial –, brauchen Erfahrung. Diese Erfahrung muss ihnen vermittelt werden.

Wer von ihnen sich Grund verschaffen kann – sei es durch ein Vermögen, das zum Erwerb eines Stückchen Bodens ausreichen würde, aber das ist eher selten der Fall, oder über Verwandte, die Grund besitzen –, wird die neu erworbenen Kenntnisse schnell umsetzen können. Er hängt den Soldatenmantel an den Nagel und übernimmt einen größeren oder kleineren Hof, einen Obst- oder Gemüsegarten, und ich weiß: Wenn ein Jahr vorbei ist, hat er sich schon bewährt, wie alle ausdauernden und zähen Menschen. Aber es gibt hier auch Männer, die nicht die geringste Aussicht haben, Grund zu erwerben oder irgendwo in der Landwirtschaft unterzukommen.

Und da stellt sich die Frage – verzeiht mir, Jungs, dass ich es zur Sprache bringe –, wie steht die Nation zu ihrer Armee? Wird sie von ihren ehemaligen Offizieren verlangen, dass sie auf gesunden Beinen an der Ecke stehen und betteln, oder setzt sie sie in Lohn und Brot? Bei uns führt man den Patriotismus ständig im Munde. An erhabenen Worten mangelt es nicht und sicher auch nicht an guten Gefühlen. Aber jetzt ist der Augenblick da, von den Menschen auch etwas zu fordern. Ewig wird es dieser Nation zur Schande gereichen, dass ihre Unternehmer, Gutsbesitzer, Produzenten und die vermögende Schicht nicht imstande waren, dem Volk in den heutigen Tagen Arbeit zu geben. Jeder, der fünf Leute beschäftigt, sollte die Verpflichtung fühlen, sechs zu beschäftigen, auch dann, wenn es ihm schlecht geht. Die Eisenbahnzüge, die unsere Leute zur Arbeit ins Ausland befördern, sind unsere schwerste Anklage. Für einen tschechischen Beamten, Arbeiter und Landwirt sollte und müsste sich Arbeit zu Hause finden. Warum gibt es noch keine Kommission, die von Betrieb zu Betrieb geht – ob landwirtschaftlich oder industriell – und überprüft, wie viele Menschen welcher Betrieb noch verkraften könnte? Die gelenkte Wirtschaft in anderen Ländern zeigt deren lichte Seiten und zugleich die Schattenseiten bei uns. Eine gelenkte Wirtschaft kann nämlich – unter anderem – einen Unternehmer dazu verpflichten, dass er so viele Menschen versorgt, wie sein Betrieb tragen kann, auch auf die Gefahr hin, dass seine persönliche Bequemlichkeit dadurch Einschränkungen erfährt.

Und jetzt sind wir in der Situation, dass wir zwanzigtausend ehemals aktive Offiziere versorgen müssen. Der Staat wird bestimmte Maßnahmen treffen. Alles Übrige ist wieder einmal der persönlichen Initiative überlassen, dem Mut des Einzelnen und dem glücklichen Zufall. Die Qualifikation dieser Menschen ist ein nationales Kapital. Aber keiner ordnet an, es zu nutzen.

Zweifeln Sie nicht, dass unsere Soldaten ihr Los auf die eine oder andere Weise meistern werden. Die Nation sollte sich ihrer erinnern und nachholen, was sie versäumt hat: Sie sollte wenigstens jetzt ihrer Armee, auch wenn es nur noch eine Friedensarmee ist, Respekt zollen. Wenn unser weiterer Weg ein Friedensweg ist, wird diese Armee an ihrem Platz genau richtig sein.

Und euch, Jungs ohne Uniform, sage ich nicht Adieu! Ihr seid unter uns und werdet mit uns die Arbeiten tun, die getan werden müssen. Der blaue Kittel auf dem Feld wird euch nicht schlechter stehen als die Uniform. Ich kann mir nicht vorstellen, dass sich hier bei uns für euch keine schöne, ehrbare Arbeit finden ließe. Früher oder später wird die Nation euch brauchen.

Přítomnost, 21.6.1939

Von der Kunst stehen zu bleiben

Wenn etwas sehr, sehr Entscheidendes passiert, was den Lebensalltag aller verändert und Unsicherheit und damit auch Angst hervorruft, dann geraten die Menschen irgendwie in Bewegung. Sie fangen an davonzulaufen. Ich meine nicht physisch davonzulaufen: sondern seelisch. Das ist jetzt allüberall zu beobachten. Menschen, die die ganzen Jahre an etwas geglaubt und mit ihrem Glauben auch andere geleitet haben, verlieren nicht nur den Boden unter den Füßen, sondern auch ihr gesundes Urteil und den Überblick. Sie sprechen das Wort Vaterland aus und denken zugleich »mein Gott, und was wird mit mir passieren?« Und sie verfallen der relativ verschwommenen Vorstellung, dass es gut wäre, etwas zu tun, damit sie entweder so oder so aussehen. Sie setzen sich überstürzt in Bewegung, preschen vor oder stürmen zurück. Menschen, auf die sich die Angst gesetzt hat, Kummer, Panik, Ungewissheit oder Einsamkeit, laufen davon. Die einen nach vorn, die andern nach hinten. Die einen wollen mit dem Kopf durch die

Wand, die anderen stecken ihn in den Sand. Die einen gerieren sich als Märtyrer, obwohl keiner sie martert, die andern suchen das Weite, obwohl keiner sie jagt. Das ist der Kern der Angst: Sie erlaubt es dem Menschen nicht, stehen zu bleiben.

Stehenbleiben nämlich heißt Ruhe, heißt dem Unbekannten ins Auge zu sehen und damit fertig zu werden. Menschen, die nach vorne fliehen, sagen hinterher: Was bin ich nicht für ein toller Kerl. Menschen, die nach hinten fliehen, versichern: Ich war gezwungen. Beide beziehen alles Geschehen der Welt auf sich, stellen sich in den Mittelpunkt aller Ereignisse und sind überzeugt, nichts sei wichtiger als ihre Taten und Handlungen, und beide vergessen den einzigen Sinn, den das Wort *Nation* haben kann, nämlich: nicht allein zu sein. Sobald ein Einzelner sein eigenes Schicksal vom Schicksal der acht Millionen anderen trennt, verliert er in seiner Seele den wesentlichen Kern dessen, was eine Nation ausmacht: das tiefe Bewusstsein der Zugehörigkeit zu einem Kollektiv von acht Millionen. Sobald sein Bewusstsein sich *allein* fühlt – sucht er in seiner Seele nach einer Geste, die ihn in Bewegung setzt. Einsamkeit ist auf der Welt der vielleicht größte Fluch.

– – –

Als ich noch ein ziemlich kleines Mädchen war – es war noch unter Österreich, die Verhältnisse waren ganz andere als heutzutage, und ich würde mir ungern vorwerfen lassen, dass ich mich in Reminiszenzen flüchte. Heute stehen neben uns die Bürger des Großdeutschen Reiches und wir Tschechen erwarten – und gewiss wird es mir keiner verübeln, wenn ich sage, manchmal durchaus mit Bangen –, wie sich unser gegenseitiges Verhältnis entwickeln wird. Damals herrschte die erstickende Zeit österreichisch-tschechischer Spannungen und großer wechselseitiger Nichtliebe, eine Zeit, die den Keim vieler späterer unguter Ereignisse in sich trug.

Als ich also ein kleines Mädchen war, wohnte ich an der Ecke Straße des 28. Oktobers und Graben,[100] und der Wen-

100 »Unter Österreich« hatten die Straßen und Plätze noch deutsche Namen: Graben, heute Na Příkopě; Wenzelsplatz, heute Václavs-

zelsplatz lag vor unseren Fenstern wie auf dem Präsentierteller. Damals freilich war der Graben nicht das, was er heute ist, und auch der Wenzelsplatz hat sich inzwischen sehr verändert. Früher standen dort kleine, sehr schöne Häuser im spätbarocken Stil, und das Ganze glich im Grunde einer kleinen Provinzstadt mit blitzblankem Marktplatz. Die Spannungen zwischen Tschechen und österreichischen Deutschen zeigten sich auf alle mögliche Weise, an Sonntagnachmittagen konnte es aber auch den Charakter einer Demonstration annehmen: Auf der rechten Seite kamen die deutschen Studenten mit ihren bunten Mützen den Graben entlang und auf der linken in Zivil die tschechischen. Manchmal gab es Gewühl, Lieder wurden gesungen, Unfrieden kam auf – ich habe das oft gesehen, aber im Grunde nicht verstanden. Und dann kam ein Sonntagnachmittag, den ich wohl nie vergessen werde: Ich sehe es nur als Erinnerung und weiß nicht, warum es geschah. Vom Pulverturm her marschierten die österreichischen Studenten mit ihren bunten Mützen, aber nicht auf dem Gehsteig, sondern mitten auf der Straße. Gesang, geschlossene Reihen mit hallendem, diszipliniertem Schritt. Auf einmal biegt vom Wenzelsplatz her eine Schar Tschechen ein – und auch sie nicht auf dem Gehsteig, auch sie mitten auf der Straße. Schweigend. Die Mutter hielt mich hinterm Fenster bei der Hand, etwas fester, als nötig. Und in der ersten Reihe der Tschechen ging mein Vater. Ich erkannte ihn vom Fenster aus und freute mich sehr, aber meine Mutter war weiß wie die Wand und freute sich offenbar gar nicht. Und dann ging es Schlag auf Schlag: Aus der Hauergasse kam plötzlich ein Trupp Polizisten gestürmt und stellte sich zwischen die beiden Lager. Der Graben war für die einen wie für die anderen abgeriegelt. Aber beide gingen weiter voran. Immer weiter. Dann erreichten die Tschechen den Polizeikordon und wurden aufgefordert stehen zu bleiben. Wurden noch einmal aufgefordert. Und dann ein drittes Mal. Ich weiß gar nicht mehr, was danach passiert ist. Weiß aber,

ké náměstí; Hauergasse, heute Havířská; allerdings gab es damals noch keine Straße des 28. Oktober – 28. října, denn diese Benennung ehrt den Gründungstag der Tschechoslowakischen Republik, den 28. Oktober 1918. Die hier im 19. Jahrhundert entstandene Straße trug vorher den Namen Obstgasse (Ovocná).

dass ein paar Schüsse krachten, dass sich die ganze stille Schar der Tschechen in eine schreiende verwandelt hat, dass der Graben mit einem Mal leer war, aber einer war vor den Gewehren stehengeblieben – mein Vater. Ich erinnere mich noch genau, ganz genau, wie er da stand. Ruhig, die Arme am Leib. Neben ihm auf der Erde lag etwas furchtbar Seltsames – ich weiß nicht, ob Sie je einen Menschen gesehen haben, der angeschossen zusammengesackt ist. Er hat nichts Menschliches, er sieht aus wie ein weggeworfener Lappen. Eine Minute vielleicht stand der Vater so da, aber für mich und die Mutter waren es Jahre. Dann beugte er sich hinab und begann das menschliche Häufchen Elend, das neben ihm auf dem Pflaster lag, zu verbinden. Die Mutter hatte die Augen halb geschlossen und über ihr Gesicht liefen zwei große Tränen. Ich weiß noch, wie sie mich in die Arme nahm, als wollte sich mich ersticken. Damals hatte ich keine Ahnung, was eigentlich vor sich ging. Ich spürte nur eine große Anspannung, eine unerträgliche Anspannung und die Aufregung meiner Mutter.

Später, als ich öfter gesehen habe, wie Polizisten in die Reihen der Arbeiter schossen, und las, dass Slowaken von tschechischen Gendarmen angegriffen wurden, als ich mir bewusst wurde, wie schwer es ist, nicht davonzulaufen, wenn alle davonlaufen, und wie unermesslich schwer erst *stehen zu bleiben*, wenn etwas geschieht – später erst habe ich verstanden, wie selten das ist: die Kunst stehen zu bleiben.

– – –

Dann habe ich noch einmal etwas Ähnliches erlebt. Allerdings unter ganz anderen Umständen. Es war im Krieg und im Theater. Damals dachten die Tschechen noch gar nicht an einen eigenen Staat und nichts dergleichen bahnte sich an. Das Tschechentum saß ihnen nur im Herzen, wie der Dorn einer Stockrose aus einem tschechischen Garten. Auf der Bühne wurde Tyls *Fidlovačka*[101] gespielt, ein ziemlich naives Stück,

101 *Fidlovačka* (Schusterfest), ein Theaterstück von Josef Kajetán Tyl (Kutná Hora 1808 – Pilsen 1856) mit Musik von František Škroup (Osice 1801 – Rotterdam 1862). Das Lied *Kde domov můj?* (Wo ist mein Heim?) wurde 1918 zur tschechischen Nationalhymne.

veraltet und wenig unterhaltsam. Aber dann auf einmal intonierte man *Kde domov můj*. Verstehen Sie mich recht, das war keine Nationalhymne, von wegen, das war damals ein tschechisches Volkslied. Aber auf einmal ist jemand vor mir aufgestanden. Irgendein Herr, still und ruhig, die Arme am Leib. Ich weiß nicht, was er damit sagen wollte, aber es war eine Art Ehrerbietung gegenüber einem tschechischen Lied. Und dann sind wir alle aufgestanden. Und haben gesungen. Das Lied wurde mehrmals gespielt und so inbrünstig und beseelt wie ein Gebet. *Kde domov můj* war nämlich kein Lied *gegen* jemanden, sondern *für* etwas. Es hat niemandem den Untergang gewünscht, sondern nur unser Fortbestehen. Es ist kein Kampflied, sondern das Lied unserer tschechischen Heimat, dieses Landes ohne pathetische Gegenden, ein Land der Hügel und Hänge, der Felder und Fluren, der Birken, Weiden und üppigen Linden, der duftenden Raine und stillen Gewässer. Das Land, in dem wir zu Hause sind. Es war schön, zu diesem Lied zu stehen, denn es ist immer schön, die Heimat zu lieben. Damals wurde mir bewusst: Stehen bleiben zu können ist würdig, ehrenvoll und aufrichtig.

– – –

Wir sind nicht und waren nie in der Situation, uns jemandem entgegenzustellen. Und haben wir es in jugendlichem Übermut dennoch getan, so sehen wir deutlich: Es hat keine Frucht gebracht. Wir sind auch nicht in der Situation, dass wir guten Gewissens und ruhigen Herzens irgendwem in der Welt glauben könnten. Und haben wir es in jugendlicher Unerfahrenheit dennoch getan, so sehen wir deutlich, wie wenig gereicht hat, damit die großen Staaten abwinken und ihr Wort brechen, das sie dem kleinen Staat gegeben hatten – und dieselben Staaten sprechen jetzt so empört von dem »Unrecht, das den kleinen Staaten geschieht«. In unseren Herzen und unserem Wesen ist gegen niemanden Hass aufgekommen. Dafür aber eine große Liebe für alles Tschechische.

Das ganze vergangene Jahr habe ich eine einzige Sache gelernt: Man muss stehen bleiben können. Mit entblößtem Kopf und einer brennenden Liebe im Herzen, in großer Würde, offen und aufrecht stehen bleiben können an der Seite all dessen, was tschechisch ist. Keine Nation auf der Welt blieb ungebrochen, wenn sie nicht den Mut hatte, ihre nationale Liebe auch zu bekennen: aufrecht und ehrlich. Keine Nation auf der Welt hatte je Zukunft, wenn sie nicht bereit war, zu ihrer Idee zu stehen.

Přítomnost, 5.4.1939

Zu dieser Ausgabe

In ihrer Bibliografie des Werkes Milena Jesenskás erfasste Marie Jirásková insgesamt 1091 ihrer Artikel, Feuilletons und Reportagen aus den Jahre 1919 bis 1939 und 73 Übersetzungen, davon 7 Bücher und 66 kürzere Texte, überwiegend moderner französischer und deutscher Autoren. Für die tschechische, bisher umfangreichste Edition aus Jesenskás journalistischem Werk suchte Marie Jirásková dann insgesamt 355 Texte aus.

Der vorliegende Band mit insgesamt 79 Texten ist in diesem Sinne eine Auswahl aus dieser Auswahl.

Die einzige Ausnahme stellen darin die 4 Berichte über die Internationale Werkbundausstellung in der Weißenhofsiedlung in Stuttgart im Jahre 1927 dar, die in die tschechische Ausgabe nicht aufgenommen wurden. Zwei von ihnen hat die Editorin für an der Bauhaus-Geschichte interessierte Leser ausgewählt. Sie zeigen unter anderem, wie lebendig die bisher kaum reflektierten Kontakte der tschechischen Avantgarde mit dem Bauhaus und der französischen Avantgarde waren. Unter den Übersetzungen Milena Jesenskás kann man übrigens auch den offenen Brief von Hannes Meyer zu seinem »Rausschmiss« aus dem Bauhaus zählen. Veröffentlicht wurde er am 11.9.1930 in der Zeitschrift *Tvorba*.

Die vorliegende deutsche Ausgabe soll einen möglichst komplexen ersten Einblick in das Werk Milena Jesenskás bieten und die Schwerpunkte der drei Schaffensperioden vermitteln, die nacheinander im Wesentlichen mit vier wichtigen tschechischen Presseorganen verbunden waren, den Tageszeitungen *Tribuna*, *Národní listy*, *Lidové noviny* und der Wochenzeitschrift *Přítomnost*. Zu kurz sind dabei in der Auswahl die konkreten Modeartikel gekommen, nicht aber jene über die Mode im Allgemeinen. Weil man aus dem Kontext von Jesenskás Arbeiten und ihren Briefen weiß, dass über die Mode zu schreiben für sie eher Muss als Freude war, weil sie es als eine Beschränkung ihrer Möglichkeiten und Fähigkeiten als Journalistin verstanden hat, hielten wir im Rahmen dieser Ausgabe diese weitgehende Auslassung für akzeptabel.

Das Werk Milena Jesenskás war bisher fast unbekannt, ihr Leben dagegen viel bekannter, in seinen Darstellungen nicht immer ohne die Tendenz, einen »Mythos Milena« zu schaffen. Deswegen hat sich die Editorin in dem Vorwort stärker auf das Werk konzentriert, es nach Schaffensperioden geordnet und kommentiert und dem inzwischen gut bekannten Lebenslauf weniger Aufmerksamkeit gewidmet.

Historisch gesehen stellen die Texte Milena Jesenskás ein wichtiges Dokument über das gelebte Leben der 1920er und 30er Jahre und zu den Fragen nach der Gestalt des modernen Menschen dar. Das Alltägliche mit dem Blick einer Generationsgenossin gesehen und gleichzeitig in ihren Feuilletons kommentiert, stellt mit der Spezifität des weiblichen Blicks einen nicht unbedeutenden Beitrag zu der Zeit, die nach dem Freiraum einer besseren und glücklicheren Welt suchte und unter dem Zugriff des Nationalismus ein Ende fand.

Alena Wagnerová,
in Saarbrücken und Praha
im Pandemie-Jahr 2020